Caspar Addyman

DAS LACHENDE BABY

Fröhliche Wissenschaft:
Was Babys glücklich macht

Aus dem Englischen von
Ursel Schäfer

Verlag Antje Kunstmann

Für meine Mutter

Mit besonderem Dank an Lindsay Addyman und Imogen Heap
für ihre großzügige Unterstützung bei diesem Buch

Inhalt

Was ist so lustig?

Babys sind so ein schöner Weg, um Menschen zu beginnen.
Don Herold, amerikanischer Humorist (1889–1966)

Welch Meisterwerk ist doch der Mensch, wie groß an
Vernunft, wie unbegrenzt an Fähigkeiten, an Gestalt und an
Geste wie wunders harmonisch verschmolzen, im Tun wie
gleich einem Engel, im Begreifen wie gleich einem Gott: das
Schmuckstück der Welt, die Vollendung alles Lebendigen!
William Shakespeare, Hamlet, Zweiter Akt, 2. Szene

Selbst der düstere Prinz von Dänemark muss zugeben, dass Menschen etwas Großartiges sind. Dank Charles Darwin betrachten wir uns nicht mehr allein als den Gipfel der Evolution. Wir sind nur ein kleiner Zweig im Dickicht des Lebens. Wir besetzen eine Nische als soziale, aufrecht gehende Allesfresser. Wenn wir uns auf dem Planeten umschauen, sehen wir, dass wir viele gut angepasste Mitbewohner mit herausragenden Eigenschaften haben, die alle etwas ganz hervorragend können. Adler und Haie sind bessere Jäger als wir. Geparden und sogar Flusspferde können schneller laufen als wir. Grönlandwale leben länger als wir. Pflanzen und Amphibien haben größere Genome. Und Bakterien sind die heimlichen Herrscher der Welt. Aber kein Lebewesen ist so klug, so geschickt, so sozial, so kooperativ und so gefühlvoll wie wir Menschen, von künstlerischem Talent, Sprache und Musikalität ganz zu schweigen. Wir sind als Art beeindruckend, und dennoch kommen wir beinahe vollkommen hilflos zur Welt.

Andererseits: Wenn Menschenbabys nicht so hilflos wären, wären wir nicht so klug. Wenn unsere Babys nicht unsere Hilfe bräuchten, wären wir nicht so sozial. Die Verbindung zu unserem Nachwuchs macht uns sogar musikalisch und künstlerisch kreativ. Für beide sind die ersten beiden Lebensjahre das Trainingsset – für einen Wohlfühlfilm.

Babys sind eine reine Freude, und dieses Buch feiert ihre Leistungen und ihre Begeisterung dabei. Beides hängt eng zusammen. In ihren ersten beiden Lebensjahren arbeiten Babys sehr hart, doch für sie ist es wie Spiel. Sie lernen viel, und sie lachen viel. Neugier und Entzücken treiben sie an. Überraschende Entdeckungen und tägliche Fortschritte sorgen dafür, dass sie immer weitermachen. Von den Eltern kommen Unterstützung und Ermutigung – sie befriedigen die Grundbedürfnisse der Babys und strukturieren ihr Leben. Aber die Babys erklimmen die Berge und stehen triumphierend auf den Gipfeln.

In diesem Buch wird nicht aufgezählt, was man tun und lassen soll, wenn man einen Superhelden großzieht. Es ist kein Elternratgeber voller Empfehlungen und Warnungen. Es geht vielmehr um die Wissenschaft, ein Baby zu sein. Nicht als Vater, sondern als Entwicklungspsychologe interessiere ich mich für die Sicht der Babys. Ich möchte wissen, was sie denken, wie sie lernen und warum sie dabei so viel Spaß haben. Ein Baby zu sein ist ein großes Abenteuer mit vielen Höhen und Tiefen. Elternratgeber helfen Ihnen, die Tiefpunkte zu vermeiden, aber ich glaube, man kann auch von den Höhepunkten viel lernen.

Ich befasse mich seit 2005 wissenschaftlich mit Babys, aber erst 2012 habe ich begonnen, das Lachen der Babys ernst zu nehmen. Meine jüngere Schwester hatte gerade ihr zweites Kind bekommen, und mein jüngerer Bruder trat als Comedian auf. Ich überlegte, was wir alle gemeinsam tun könnten. Und dann hatte ich *die* Idee! Max konnte das Baby zum Lachen bringen, und ich konnte erklären, warum das funktionierte. Es stellte sich heraus, dass Comedians das Lachen ziemlich ernst nehmen, deshalb fand Max die Aufgabe zu leicht.

Aber die Idee blieb in meinem Kopf, und ich überlegte, ob das Lachen von Babys ein angemessener Forschungsgegenstand war.

Wie ich feststellte, gab es bis dahin nur sehr wenig Forschung dazu. Lachen ist etwas Spontanes und deshalb schwierig im Labor zu untersuchen. Das gilt ganz besonders für Babys: Sie lachen zwar oft, es kann uns aber bisweilen Rätsel aufgeben, dass sie über gänzlich unerwartete Dinge lachen. Comedy für Babys ist schwieriger, als man vielleicht denkt. Nur wenige Wissenschaftler hatten die Herausforderung angenommen, das Lachen zu studieren; Lachen galt üblicherweise als Marker für etwas anderes, als eine Möglichkeit, um frühen Humor und Spaß zu verstehen, oder als Hinweis auf das Temperament des Babys und seine gute Laune. Selten betrachtete man Lachen als zentrales Element der Entwicklung.

Lachen kommt im Alltag eines Babys häufig vor und ist für alle Menschen immer faszinierend. Ich spürte, dass es wichtig sein musste. Ich richtete eine Website ein und entwarf eine detaillierte Studie zum Babylachen. Journalisten aus aller Welt berichteten über das Projekt, Tausende Eltern aus Dutzenden von Ländern füllten meinen Fragebogen aus. Hunderte andere schickten mir kurze »Feldstudien« und Videos von dem, was ihre Babys zum Lachen brachte. Ich nahm das Babylachen wirklich sehr ernst.

Inzwischen bin ich zu dem Schluss gekommen, dass ich mit meiner Intuition im Wesentlichen richtiglag. Lachen ist wichtig für unsere frühe Entwicklung, und die Evolution hat das Lachen tief in uns verwurzelt. Das heißt nicht, dass Babys, die lachen, sich besser entwickeln. Es gibt keine empfohlene Tagesdosis Lachen. Am besten stellt man sich das Lachen als fröhliches Gegengewicht zum Weinen vor. Wenn ein Baby weint, konzentrieren wir uns nicht auf das Weinen an sich: Wir unterbrechen das, was wir gerade tun, und versuchen, das Problem zu lösen, von dem uns das Baby berichtet. Lachen ist das Gegenteil, damit teilt uns das Baby seine Erfolge mit. Ich glaube, es lohnt sich, innezuhalten und diese Triumphe näher zu betrachten. Tatsächlich könnte das der Sinn und Zweck des Lachens sein.

Während ich das Lachen studierte, dehnte sich mein Interesse auf all die Aspekte aus, wie Babys gedeihen und wie sie sich anstrengen, ihre größeren Ziele zu erreichen. Deshalb geht es in diesem Buch um die Gefühle der Babys, um ihre Kontakte, ihr Lernen und ihre Neugier. Es behandelt die ersten beiden Lebensjahre ungefähr in chronologischer Reihenfolge, aber ich habe vermieden, zu viele Meilensteine zu setzen. Meilensteine haben keine besondere Bedeutung. Jedes Baby geht seinen eigenen Weg. Dieses Buch befasst sich mit dem Weg, nicht mit dem Ziel.

Auch jenseits der ersten beiden Lebensjahre haben wir noch viel mit Wachsen und Lernen zu tun. Die Grundlagen, die wir schaffen, sind wichtig. Die Untersuchung unserer Anfänge hilft, uns selbst besser zu verstehen. Glauben Sie ja nicht, dass es in diesem Buch nur um Spaß und Spiele von Babys geht. Es steckt eine Menge ernsthafte wissenschaftliche Forschung darin, und ich werde viele Schlüsselkonzepte erklären, die weit über die Babyzeit hinaus Bedeutung haben. Wir werden uns mit so großen Fragen befassen wie der, wie der Geist arbeitet, wie wir uns entwickeln, was Gefühle sind und was Kunst ist. Dabei werden wir erleben, dass Babys es mit intellektuellen Giganten wie René Descartes, Sigmund Freud, Noam Chomsky und Ludwig Wittgenstein aufnehmen können.

Letzten Endes soll dieses Buch jedoch das Unmögliche leisten und den wunderbaren Klang eines Babylachens noch zauberhafter machen. Wenn mir das nicht gelingt, suchen Sie sich am besten ein Baby und lassen Sie sich von ihm unterhalten.

Eine Anmerkung zu den wissenschaftlichen Quellen

Im gesamten Buch bemühe ich mich, frühere Leistungen zu würdigen. Wissenschaft ist ein kooperatives und kumulatives Unterfangen. Isaac Newton prägte 1675 den berühmten Satz: »Wenn ich weiter geblickt habe, so deshalb, weil ich auf den Schultern von Riesen stehe.« Wissenschaftlicher Fortschritt vollzieht sich durch Evolution. Revolutionen in der Wissenschaft verwerfen selten Früheres, sie verfeinern es eher. Wir streiten über die Details, aber wir arbeiten alle am selben großen Bild.

Nur ein kleiner Teil der Forschung in diesem Buch ist meine eigene, und meistens gebe ich nur eine Zusammenfassung. Es ist wichtig, die Personen zu würdigen, die die Arbeit geleistet haben, und darauf hinzuweisen, wo das vollständige Original zu finden ist. Populärwissenschaftliche Bücher verstecken diese Information oft in Fußnoten oder Endnoten oder lassen sie ganz weg. Ich ziehe das Verfahren vor, das psychologische Fachzeitschriften praktizieren: Wenn man eine Studie referiert, nennt man die Namen der Verfasser und das Erscheinungsjahr (Autor und Autor, Jahr). Eine frühe Arbeit über glückliche Babys stammt beispielsweise von Charles Darwin. Seine Schrift »Biografische Skizze eines kleinen Kindes« erschien 1877 in der Zeitschrift *Mind,* und der Verweis darauf sieht so aus: (Darwin 1877). Natürlich können Sie die Angabe überspringen. Aber immer, wenn Sie einen Verweis sehen, sollten Sie sich bewusst sein, dass diese Personen die wirkliche Arbeit geleistet haben. Der vollständige Titel des Werks und wo es veröffentlicht wurde finden sich im Literaturverzeichnis am Schluss des Buchs.

Auch auf Fußnoten habe ich verzichtet. Wissenschaftler sind ein pedantisches Volk, die immer Ausnahmen, Annäherungen und Alternativen hervorheben. Das ist für alle sehr mühsam, deshalb habe ich es gelassen (ich habe sogar versucht, Klammern zu vermeiden).

Kapitel eins

Eine Zeit vor dem Lächeln

Als das erste Baby zum ersten Mal lachte, zerbrach sein
Lachen in tausend Stücke, und die hüpften alle herum, und
so nahmen die Elfen ihren Anfang.

J. M. Barrie, Peter Pan, 1904

Das erste Lachen eines Babys ist ein magischer Augenblick. Eltern erinnern sich noch nach Jahren daran. Es passiert irgendwann nach den ersten Wochen bis zum Alter von vier oder fünf Monaten, und das erste Lachen wird sehr wahrscheinlich klein und fein sein, ein leichtes, gehauchtes Glucksen. Ein Baby kann die schnellen Kontraktionen der Zwischenrippenmuskeln noch nicht koordinieren, die nötig sind, um richtig zu lachen, aber der Klang ist trotzdem eindeutig.

Für den griechischen Philosophen Aristoteles ist der Moment, in dem wir zum ersten Mal lachen, der Zeitpunkt, an dem die Seele in den Körper einzieht und wir wirklich zu Menschen werden. Er meinte, das Lachen unterscheide uns von den Tieren. Damit irrte er sich natürlich. Auch Tiere können lachen und tun es, die Grenze zwischen uns und anderen Arten ist graduell, eine Sache von Genen und Kultur. Statt von Seele würden wir heute wohl von »Bewusstsein« sprechen, und wir wissen, dass es langsam entsteht.

Das erste Lachen eines Babys ist ein ganz besonderes Ereignis, das als große Veränderung erlebt wird. Manchmal ist es eine spontane Bekundung des Wohlbefindens und der Zufriedenheit: »Ich habe es warm und bin glücklich und voll mit Muttermilch.« Oder es ist die Reaktion auf etwas, das das Baby sieht, etwa einen Schatten an der Wand. Am allerbesten ist es, wenn das Lachen durch etwas ausgelöst

15

wird, was ein Elternteil macht – ins Zimmer zurückkommen oder dem Baby einen Kitzelkuss geben. Wie flüchtig das erste Lachen auch sein mag, Eltern werden darin erkennen, dass Lachen »ein aufgeplatztes Lächeln« ist. Zum ersten Mal bringt ein Baby sein absolutes Entzücken über die Welt zum Ausdruck.

Die meisten Eltern vergessen diesen Augenblick nie. Als ich 2012 eine weltweite Umfrage zum Babylachen durchführte, machte sich eine Mutter, Mary, die Mühe, mir ausführlich über den »engelsgleichen Ton« zu schreiben, den ihre kleine Tochter von sich gab, als sie ihren Bauch küsste. Das Ereignis lag mittlerweile 42 Jahre zurück, aber für Mary war es immer noch ganz präsent, und der Gedanke daran ließ sie »lächeln vor GLÜCK«. Viele Geschichten klangen ähnlich. Das ist ziemlich erstaunlich, weil die Erinnerung von Erwachsenen im Allgemeinen sehr vage und unbestimmt ist. Was haben Sie gestern zu Mittag gegessen, was haben Sie an Ihrem letzten Geburtstag gemacht? Nicht viele Ereignisse in unserem Erwachsenenleben prägen sich wirklich gut ein. Selbst Hochzeitstage verschwimmen. Aber das erste Lachen unserer Kinder, ihre ersten Schritte, die ersten Worte bleiben uns im Gedächtnis und bringen uns noch Jahrzehnte später zum Lächeln. Erinnerungen an das erste Lächeln können schlechter fassbar und diffus sein. Eltern fällt es meistens schwer, zu sagen, wann das Kind zum ersten Mal lächelte, und noch schwerer, sich daran zu erinnern. Dabei spielen mehrere Dinge eine Rolle. Ein Lächeln ist nicht nur unmerklicher und flüchtiger, den Eltern wurde auch vielfach beigebracht, an ihrem eigenen Urteil zu zweifeln.

Immer wieder hört man, ein Lächeln vor der sechsten Lebenswoche habe nichts zu bedeuten; es sei nur aufgestaute Luft oder ein Zeichen, dass das Baby gerade in die Windel macht, und nicht wirklich ein Ausdruck von Vergnügen oder Zufriedenheit. Dieser Mythos ist weitverbreitet und hält sich hartnäckig. Ich bin ihm sogar auf Hebammenseiten im Internet begegnet. Ich lehne diese Auffassung radikal ab. Natürlich ziehen Babys komische Gesichter, wenn sie rülpsen oder pupsen. Doch sie lächeln auch aus echter Zufriedenheit. Die Eltern, die ich befragt habe, waren überzeugt, dass sie bei ihrem Baby schon ganz früh echtes Lächeln gesehen hatten, und ich glaube ihnen. Zweifellos sind Eltern ein bisschen voreingenommen, aber sie beobachten ihr Baby auch genauer als jeder andere. Niemand bezweifelt, dass die ersten Schreie und die ersten Tränen echt sind. Wenn ein Baby unglücklich ist, erkennt das jeder. Doch seltsamerweise bestreiten Experten oft, dass frühe positive Gefühle echt sind, und behaupten, das erste Lächeln sei kein »richtiges Lächeln«.

Das macht es noch schlimmer: Frischgebackene Eltern hören von Experten, dass sie sich bei einer so grundlegenden Sache irren. Weil sie ohnehin unsicher sind, ist das nicht gerade hilfreich. Die Schlüsselbotschaft dieses Buchs lautet, dass Eltern und ihre Babys das meiste selbst herausfinden. Niemand ist auf ein Baby perfekt vorbereitet. Aber Eltern wissen mehr, als sie denken, und sie lernen schnell. Für das Baby sind die ersten Lebenswochen sogar noch anstrengender und verwirrender, aber ihr zaghaftes Lachen und Lächeln sind Zeichen, dass sie Fortschritte machen. Niemand sollte ihnen das wegnehmen. Glücklicherweise werden wir feststellen, dass die Eltern recht haben und nicht die Experten, denn Babys können Freude sogar schon vor der Geburt empfinden und ausdrücken.

Ein weiterer Meilenstein für junge Mütter wird oft übersehen. Wann hat das Baby seine Mutter zum ersten Mal zum Lachen gebracht? Das passiert früher, als man gemeinhin denkt. Natürlich kann es ganz am Anfang ein breites Lächeln geben. Vielleicht, wenn die Mutter erstmals vermutet, dass sie schwanger ist. Oder wenn der zweite blaue Strich auf dem Schwangerschaftstest die Vermutung bestätigt? Oder vielleicht ein bisschen später, wenn sie eine andere Mutter mit ihrem neugeborenen Baby sieht und ihre Zukunft dadurch für sie konkreter wird?

Heimliche Freude

Aber ich meine nicht diese Augenblicke. Mir gefällt die Vorstellung, dass ein Baby seine Mutter zum ersten Mal direkt zum Lachen bringt, wenn sie spürt, dass es sich in ihrem Bauch bewegt. Eine gute Freundin hat mir erzählt, dass sie lachen musste, als sie merkte, dass ihre ungeborene Tochter Schluckauf hatte. Doch auch viel harmlosere Dinge bringen eine Mutter zum Lächeln. Oft ist es einfach die Freude über eine greifbare neue Realität.

An Chitra Ramaswamys Buch *Expecting* über ihre Schwangerschaft gefällt mir eine Passage ganz besonders. Darin schildert sie, wie sie mit Freunden zum Abendessen ausgeht, um ihren Geburtstag zu feiern. Im fünften Monat schwanger, kann sie die exotischen Köstlichkeiten auf der Speisekarte nicht wirklich genießen, und die Bewegungen ihres Babys lenken sie vom Gespräch mit ihren Freunden ab.

> Ich nippte am Champagner, der eher wie Apfelmost schmeckte, und tat so, als würde ich der Unterhaltung folgen, während das Baby in meinem Bauch strampelte. Ich erzählte nichts von diesem kurzen Feuerwerk. Ich hatte nicht das Bedürfnis, darüber zu sprechen. Niemand anderer konnte es spüren, niemand anderer konnte es verstehen. Es war mein geheimer Morsecode, der eine Botschaft an mein Inneres sandte. Freude durchströmte mich. Es war einer der glücklichsten Augenblicke in meinem Leben, ich kann ihn zurückrufen, wann immer ich will, und ich tue es oft (Ramaswamy 2016, S. 84f.).

Diese ganz private Freude wurde zu einem der glücklichsten Augenblicke in ihrem Leben. Ramaswamy zitiert dazu auch eine Schlüsselszene aus Tolstois *Anna Karenina*, einem Meisterwerk des Realismus. Anna ist schwanger mit dem Kind ihres Geliebten Wronski, aber zwischen ihnen stehen hohe Hindernisse, denn sie ist mit einem anderen verheiratet. Sie hat geträumt, dass sie bei der Geburt sterben wird, und erzählt es Wronski, was zu einer weiteren angespannten Diskussion über ihre aussichtslose Affäre führt. Doch plötzlich werden Annas große Ängste von einem Glücksgefühl in den Hintergrund gedrängt, als sie spürt, wie sich das Baby in ihrem Bauch bewegt.

Jahrtausendelang waren die ersten Kindsbewegungen das erste

große Ereignis in der Schwangerschaft. Bevor es Schwangerschafts-tests und moderne medizinische Methoden gab, konnte eine Frau erst von da ab mit Sicherheit sagen, dass sie schwanger war. Die alten Griechen und Römer glaubten, in dem Augenblick ziehe die Seele in den Körper ein. Sie dachten, die Bewegungen zeigten den Zeitpunkt an, in welchem dem Fötus Leben »eingehaucht« werde – *animus* und *anima* sind die lateinischen Wörter für Geist und Seele, und beide haben ihre Wurzeln in einem noch viel älteren proto-indoeuropäischen Wort für Atem oder Atmen.

In der Rechtsordnung sind die ersten Kindsbewegungen ebenfalls der Zeitpunkt, der Leben von potenziellem Leben trennt. Im englischen Common Law war Abtreibung bis zu diesem Augenblick zulässig, und Angriffe auf eine Frau, die zu einer Fehlgeburt nach den ersten Kindsbewegungen führten, wurden schwerer bestraft. Bis 1869 vertrat sogar die katholische Kirche diese Auffassung; Abtreibungen vor den ersten Kindsbewegungen galten als Vernichtung von potenziellem Leben und nicht von tatsächlichem Leben. Die juristischen Definitionen drehen sich heute darum, ob der Fötus außerhalb des Mutterleibs lebensfähig ist. Das englische Recht geht davon aus, dass ein Fötus ab der vollendeten 24. Woche »lebensfähig geboren werden kann«, und juristisch zur Person wird ein Baby in dem Augenblick, wenn es seinen ersten Atemzug tut, in Deutschland ab Beginn der Geburt.

In der privaten Geschichte einer Schwangerschaft sind die ersten Kindsbewegungen ein großer Meilenstein. Die allerersten Regungen sind greifbare Freude, buchstäblich ein »berührender« Augenblick. Von da an hat die Mutter eine neue Verbindung zu ihrem kleinen Mitbewohner und kann damit beginnen, Mutmaßungen über seine Persönlichkeit anzustellen. Sie vergleicht die Bewegungen im eigenen Leib mit dem, was andere Mütter erleben – wird er oder sie eher spät am Abend munter oder früh am Morgen? Wie reagiert er oder sie auf Musik, auf die Stimmungslage der Mutter, auf Kaffee oder Kuchen?

Eine Frau, die zum ersten Mal Mutter wird, spürt die Bewegungen ihres Kindes üblicherweise zwischen der 16. und der 20. Woche. Beim zweiten Kind werden die Kindsbewegungen bereits einige Wochen früher wahrgenommen, weil die Uteruswände dünner sind. Aber der Fötus bewegt sich schon lange, bevor die Mutter es registriert. Die ersten Bewegungen erfolgen vier bis acht Wochen nach der Empfängnis. Zu dem Zeitpunkt kann die Mutter noch nichts spüren, denn der Fötus ist erst so groß wie eine Linse.

Schon vor Einführung der hormonellen Schwangerschaftstests in den 1970er-Jahren merkten die meisten Frauen die starken Veränderungen in ihrem Körper, wenn ein befruchtetes Ei sich eingenistet hatte. Alles beginnt mit einer Flut von humanem Choriongonadotropin (für Eingeweihte hCG), das freigesetzt wird, wenn sich die Plazenta bildet. Das hCG informiert die Eierstöcke, dass eine Schwangerschaft eintritt, und bringt sie dazu, weiter Progesteron zu produzieren, während die Plazenta die Produktion von Östrogen übernimmt. Die Spiegel dieser beiden wichtigsten weiblichen Hormone steigen die gesamte Schwangerschaft hindurch an. Ein drittes wichtiges Hormon, Oxytocin, kommt später, um die Zeit der Geburt, ins Spiel.

Progesteron erhöht die Körpertemperatur der Mutter und steigert ihren Stoffwechsel, was zusätzliche Energie erfordert – einer der Gründe, warum werdende Mütter dauernd müde sind. Progesteron setzt auch die Muskelspannung herab, was in späteren Stadien der Schwangerschaft nützlich ist, aber am Anfang Auswirkungen auf Magen und Darm haben und Sodbrennen durch den Rückfluss von Magensäure verursachen kann. Das Östrogen verändert Geruchs- und Geschmackssinn, und man vermutet, dass es schuld ist an der Morgenübelkeit mit Erbrechen und Magenkrämpfen. Zu allem Überfluss hat die Frau gerade erst festgestellt, dass sie schwanger ist. Es ist nur nachvollziehbar, wenn sie sich ein bisschen wackelig fühlt und im Dunkeln tappt, und da ist die erste Bewegung des Babys beruhigend.

Im Dunkeln können wir lauschen. Das Leben im Mutterleib abzuhören war 200 Jahre lang ein wichtiger Bestandteil der Geburtshilfe. Das schlichte Stethoskop und sein moderner Verwandter, das Ultraschallgerät, wurden beide von Geburtshelfern erfunden. 1816 entwickelte René Laënnec das Stethoskop. Es war ihm unangenehm, dass er sein Ohr auf den Brustkorb einer Frau legen musste, um ihr Herz abzuhören, und so erfand er ein Hörrohr. Laënnec und seine Kollegen erkannten, dass die neue Erfindung ihnen auch ermöglichte, den Herzschlag eines ungeborenen Kindes abzuhören. Die ersten Berichte über die kindliche Herzschlagfrequenz stammen aus dem Jahr 1821, von Laënnecs Schüler Jean-Alexandre Le Jumeau de Kergaradec (Wulf 1985). Das Y-förmige Stethoskop tauchte 1851 auf und hat sich seither nicht sehr verändert. Damit kann man den Herzschlag eines Babys ab der 22. Schwangerschaftswoche hören, allerdings in Abhängigkeit von der Lage im Mutterleib (und je nachdem, wie laut die Geräusche im Bauch der Mutter sind). Mit einem Stethoskop könnte man sogar feststellen, ob es Zwillinge werden.

Die Messung der fötalen Herzfrequenz und ihrer Variation gibt den Ärzten Aufschluss über den Gesundheitszustand des Fötus. Die Herzfrequenz wird durch zwei komplementäre Systeme geregelt, das sympathische und das parasympathische Nervensystem. Das sympathische Nervensystem steigert die Herztätigkeit, und das parasympathische hemmt sie. Normalerweise befinden sie sich im Gleichgewicht, und die Herzfrequenz geht mal herauf und dann wieder zurück. Ein sehr schneller oder sehr langsamer Herzschlag oder auch fehlende Variabilität können für Ärzte ein Warnsignal sein.

Der Pionier beim Einsatz von Ultraschall in der Gynäkologie war Ian Donald, Geburtshelfer am Glasgow Royal Maternity Hospital. Er wusste, dass hochfrequente Schallwellen in der Industrie zum Einsatz kamen, um Fehler bei Schweißnähten und Verbindungen zu entdecken, und fragte sich, ob das nicht auch bei Gewebe funktionieren könnte. 1955 besuchte er den Anlagenbauer Babcock & Wilcox in Glasgow. Donald brachte zwei Wagenladungen medizinische Proben mit und stellte fest, dass der industrielle Ultraschall anomale Signale von Tumoren und Zysten aufspüren konnte. Zusammen mit seinen Kollegen baute er ein eigenes Gerät und begann mit dem Einsatz in der Diagnostik. Ihre Erkenntnisse fassten sie 1958 in einem Artikel für die Medizinzeitschrift *The Lancet* zusammen (Donald, Macvicar und Brown 1958). Damit lösten sie eine Revolution in der medizinischen Diagnostik aus.

Ultraschall und die Aufzeichnung der Herzschlagfrequenz sind die beiden wichtigsten Säulen bei der Überwachung der Entwicklung des Fötus. Entwicklungsforscher wie ich nutzen diese Verfahren, um festzustellen, was Babys im Mutterleib erleben. Dank der Herzfrequenzmessung können wir sagen, wenn ein Fötus durch etwas überrascht wird. Mit dem Ultraschall sehen wir, wie ein Fötus sich als Reaktion auf Geräusche, Bewegungen oder andere Reize bewegt. Zusammen mit dem, was wir über die Biologie des heranwachsenden Fötus wissen, ergibt sich ein Bild, was ein Fötus im Mutterleib lernen kann.

Der Ultraschall zeigt uns, dass der Zellklumpen, der einmal das Herz wird, bereits in der sechsten Woche nach der Empfängnis schlägt. Zu dem Zeitpunkt ist der Embryo so groß wie eine Linse, aber Ohren, Mund und Nase sind bereits zu erkennen. Augen und Nasenlöcher sind nur zwei schwarze Pünktchen, Arme und Beine kleine Stummel, Finger und Zehen durch eine Art Schwimmhäute verbunden. Doch ein sechs Wochen alter Embryo bewegt sich bereits als Reaktion auf Berührungen im Bereich von Mund und Nase. Das sind einfach nur Reflexe, aber sie zeigen, dass das Nervensystem sich langsam ausbildet. Wir bekommen eine Vorstellung, warum Babys die Welt erkunden, indem sie alles in den Mund stecken.

Die Frucht des Leibes

In den nächsten beiden Wochen verdoppelt sich der Embryo bis zur Größe einer Heidelbeere, und dann verdoppelt er sich noch einmal bis zur Größe einer Himbeere (an Früchten und Gemüse orientierte Maßeinheiten scheinen der Standard in allen Babybüchern zu sein, die jemals geschrieben wurden). Um die 10. oder 11. Woche herum hat die kleine Erdbeere regelmäßige Schlaf- und Wachphasen. Die meiste Zeit ist der Mutterleib ein Schlafzimmer. Während der

Schwangerschaft verbringt der Fötus über 90 Prozent seiner Zeit schlafend. Die Schlafphasen dauern rund 40 Minuten, es folgen wenige Minuten Aktivität, die im Lauf der Zeit mehr werden. Im Erdbeerstadium sind die Bewegungen minimal, aber eindeutig anstrengend, denn ab der 11. Woche kann man beobachten, dass der Embryo im Mutterleib gähnt (Joseph 2000).

Die 13. Woche ist das Pfirsichstadium, und eine gute Zeit beginnt. Das erste Trimester ist vorbei, ein Drittel der Schwangerschaft geschafft, der Embryo hat sich so weit entwickelt, dass wir ihn von nun an als Fötus bezeichnen. Die ersten willkürlichen Bewegungen kommen um die 16. Woche vor, wenn der Fötus ungefähr 11,5 Zentimeter groß ist, so groß wie eine Avocado. In den Wachphasen macht der Fötus Turnübungen. Jetzt ist er eindeutig als Mensch erkennbar mit einem großen runden Kopf und winzig kleinen Fingern und Zehen.

Die fötale Entwicklung ist nicht einfach nur der Prozess, der von einem heidelbeergroßen Klumpen zu einem munteren Baby führt. Die stetige Verwandlung in dieser Zeit ist nicht weniger dramatisch als die Metamorphose von der Raupe zum Schmetterling. Es teilen und vermehren sich nicht einfach Zellen, sondern ihre Funktionen verändern sich, sie wandern im Körper an unterschiedliche Stellen, wo sie unterschiedliche Rollen erfüllen. Die Heidelbeere hat noch kiemenartige Strukturen, aus denen der Kiefer wird, und einen Schwanz, aus dem das Steißbein wird. Die meisten inneren Organe sind erst in der 20. Woche voll ausgebildet, und Nervenzellen wandern und verbinden sich noch nach der Geburt.

Wie bereits gesagt, wird die werdende Mutter die ersten Regungen irgendwann zwischen der 16. und der 20. Woche spüren (Avocado bis kleine Banane). In der Zeit findet üblicherweise die zweite Basis-Ultraschalluntersuchung statt. Der Arzt oder die Ärztin schaut sich den Fötus genau an, ob sich alles so entwickelt wie erwartet. Auf modernen Ultraschallbildern kann man das Geschlecht des Kindes erkennen, wenn man weiß, wonach man suchen muss. Wahrscheinlich schläft der Fötus während der Untersuchung, aber wenn er sich bewegt, kann es eine hübsche Überraschung geben. Im März 2015 gingen Jen Hazel und ihr Ehemann zur Ultraschalluntersuchung in der 14. Woche zu ihrem Arzt in Olympia im Bundesstaat Washington. Während der Untersuchung klatschte der Fötus – ein Mädchen – in die Hände. Jen schildert die Szene:

> Wir kamen zum Ultraschall, und das Baby auf dem Monitor klatschte dreimal in die Hände. Ohne Musik, einfach so. Und mein Arzt sagte:»Singen wir doch mal was.« Mein Mann hielt seine Videokamera bereit, und der Arzt zeigte die Ultraschallaufnahme noch mal mit dem dreimal Klatschen, und wir sangen dazu: »*If you're happy and you know it [clap your hands]*.«

Sie singen nicht besonders gut – Jen muss zu sehr lachen, und ihr Mann ist offensichtlich nicht textsicher –, aber es ist ein herrliches Video. Nachdem sie es auf YouTube hochgeladen hatten, verbreitete es sich verständlicherweise viral. Bis zu dem Zeitpunkt, da ich das hier schreibe, hat es zwölf Millionen Klicks bekommen.

Kann ein 14 Wochen alter Fötus glücklich sein? Damit sind wir beim Kern dessen, um was es in diesem Kapitel geht. Gibt es eine Zeit vor dem Lächeln? Wann fangen Glücklichsein und Zufriedenheit an? Gibt es beides von Anfang an, oder beginnen die Emotionen erst irgendwann nach der Geburt? Jens Tochter Pip kam ohne Probleme und gesund zur Welt. Sie ist ein glückliches, verspieltes Baby und liebt Musik immer noch. Aber wie sah es aus, als Pip ein zitronengroßer Fötus von 14 Wochen war? War sie glücklich, und wusste sie es? Konnte sie es wissen? Eine einzelne befruchtete Eizelle, eine Zygote, weiß nichts von Glück und kann es nicht zeigen, genauso wenig der kleine Zellklumpen in der Blastozyste oder auch der gähnende erdbeergroße Embryo. Aufgrund vieler Erzählungen von Eltern in meiner Studie zu lachenden Babys glaube ich fest, dass ein erst wenige Wochen altes Baby echte Zufriedenheit zeigen kann. Aber wann geht es los? Wann ist ein Lächeln wirklich ein Lächeln?

Es gibt keine Untersuchungen über Freude bei Föten. Tatsächlich wüsste man nicht, wo man anfangen sollte. Aber Schmerz bei Föten ist ein guter Wegweiser zu Freude. Freude und Schmerz laufen über ähnliche Schaltkreise, und es gibt immer mehr Hinweise, dass ein Fötus am Ende des zweiten Schwangerschaftsdrittels, ungefähr in der 24. oder 25. Woche nach der Empfängnis, rudimentäre Schmerzempfindungen hat. Das Royal College of Obstetricians and Gynaecologists (RCOG) veröffentlichte 2010 eine detaillierte Studie, in der alle verfügbaren Hinweise diskutiert wurden. Die Autoren kamen zu dem Schluss, dass ein Fötus vor der 24. Woche keinen Schmerz empfinden kann (RCOB 2010).

Damit jemand Schmerz fühlen kann, müssen Nervensignale des unangenehmen Reizes zu einem Kortex gelangen, der sie verarbeiten kann. Wenn das Signal irgendwo aus dem Körper das Gehirn nicht erreicht, spüren wir nur eine dumpfe Empfindung. So funktioniert eine Lokalanästhesie: Sie blockiert die Nervensignale an der Quelle. Wenn die Signale den Hirnstamm und das Zwischenhirn erreichen, aber nicht an den Kortex weitergeleitet werden, spüren wir nichts. So wirkt eine Vollnarkose: Alle Signale vom Hirnstamm an den Kortex werden blockiert.

Vor der 24. Woche kann ein Fötus Schmerz nicht empfinden, weil noch nicht alle Verbindungen im Gehirn ausgebildet sind. Vor allem der Thalamus, eine Art Verbindungsstück zwischen Gehirn und Körper, ist noch nicht richtig mit dem Kortex (dem Teil mit den Falten und Rillen, der denkt) verschaltet. Das ist nicht allzu überraschend, wenn man bedenkt, wie kompliziert das Gehirn ist und wie aufwendig die Verschaltung. Jeder Teil muss mit jedem anderen Teil kommunizieren, und die Verbindungen sind lange, schlauchförmige Fortsätze von Gehirnzellen, die sogenannten Axone. Um eine Stelle mit einer anderen zu verbinden, müssen die Zellen in einem Bereich entstehen und zu dem anderen migrieren, dabei ziehen sie den Fortsatz hinter sich her.

Wie man sich vorstellen kann, ist das kompliziert, und die Verschaltung kann erst stattfinden, wenn es etwas gibt, mit dem sich die Nervenzellen verbinden können. Der Thalamus und der Kortex, ursprünglich die kortikale Platte oder Rindenplatte, wachsen unabhängig voneinander. Eine weitere Gruppe von Zellen entwickelt sich in der sogenannten Subplate unterhalb des Kortex. Von der 12. bis zur 18. Woche gelangen Verbindungen vom Zwischenhirn in die Subplate und warten dort ab, während die kortikale Platte reift. Um die 24. Schwangerschaftswoche beginnen sie ihre Wanderung, um sich mit allen Bereichen des Kortex zu verbinden, ein Prozess, der bis zur 32. Schwangerschaftswoche weitergeht. Ebenfalls um die 24. Woche migrieren die Nervenzellen der Subplate-Zone selbst in verschiedene Bereiche des Kortex und verbinden diese miteinander. Beide Prozesse sind wichtig für das Schmerzempfinden. Ein 18 Wochen alter Fötus zuckt vor einem Nadelstich zurück und setzt sogar Stresshormone frei, aber er spürt den Schmerz nicht. Die Signale erreichen das Zwischenhirn und möglicherweise die Subplate-Zone, aber weiter kommen sie nicht. Das reflexhafte Zurückzucken und die Hormonfreisetzung gehen vom Hirnstamm aus.

Ab der 24. Woche gelangen Nervensignale allmählich bis zum Kortex. Die Aufzeichnung von Gehirnströmen bei sehr unreifen Frühgeborenen zeigt ab diesem Zeitpunkt koordinierte neuronale Aktivität als Reaktion auf einen Pieks in die Ferse. Das ist die vom RCGO formulierte Untergrenze für das Schmerzempfinden. Aber wie die Ärzte in ihrem Bericht schreiben, ist das zwar das theoretische Mindestalter, in dem Schmerz empfunden werden kann, aber das Bewusstsein dafür kommt womöglich erst später. Die Aktivität im Elektroenzephalogramm (EEG) ist zu diesem Zeitpunkt noch nicht kontinuierlich wie bei einem Erwachsenen oder einem Neugeborenen. Es ist nicht klar, wann Schmerz wahrgenommen wird und ob die Erfahrung ein Bewusstsein braucht, das erst noch kommen muss.

Ab der 24. Woche beginnt sich das Gehirn ernsthaft zu vernetzen. Der sensorische Input durch Hören, Sehen und Berührung dringt zu den entsprechenden Bereichen des Kortex durch. Wechselseitige Verknüpfungen von Kortex und Hirnstamm entstehen ab der 26. Woche. Feedbackschleifen bilden sich, und die Föten können beginnen, willentliche Kontrolle über ihre kleine Welt im Mutterleib aus-

26

zuüben. Sie hören, fühlen und sehen sogar Dinge, und sie fangen an zu lernen.

Es ist unwahrscheinlich, dass ein Fötus vor diesem Zeitpunkt etwas wahrnimmt. Aber im dritten Trimester nimmt er erstaunlich viel auf. In Untersuchungen zu Veränderungen der fötalen Herzfrequenz hat man festgestellt, dass ein Fötus ab der 26. Woche auf wiederkehrende Vibrationen reagiert und lernen kann, sie zu ignorieren. Er reagiert auch auf Veränderungen der Beleuchtung außerhalb des Mutterleibs, hört die Stimme der Mutter und spürt ihre Berührung durch die Bauchwand (Marx und Nagy 2015).

Meine liebste Untersuchung dazu ist die von Peter Hepper von der Queen's University in Belfast (Hepper 1991). Er testete Neugeborene im Alter von zwei bis vier Tagen, um zu sehen, wie sie auf Musik reagierten, die sie im Mutterleib gehört hatten. Dabei machte er sich die Tatsache zunutze, dass viele Mütter Seifenopern anschauten. Die Hälfte seiner Stichprobe waren Fans der Serie *Neighbours,* die andere Hälfte nicht. Das bedeutete, dass die Hälfte der Babys im Mutterleib viele Male die eingängige Titelmelodie gehört hatte. Als er sie den beiden Gruppen auf der Säuglingsstation vorspielte, nahmen die Bewegungen und der Herzschlag bei den Babys, deren Mütter *Neighbours* gesehen hatte, im Vergleich zur Kontrollgruppe ab, sie schienen aufmerksam zu lauschen. Um auszuschließen, dass sie nicht einfach auf beliebige Musik reagierten, spielte er ihnen die Titelmelodie von *Coronation Street* vor, und es gab keine Reaktion. Ein zweites Experiment erbrachte ähnliche Ergebnisse, aber diesmal bekamen die Babys die Melodien noch im Mutterleib zu hören, über Kopfhörer auf dem Bauch der Mütter. Hepper schreibt, den Babys sei nicht nur die Musik vertraut geworden, sondern sie hätten sie auch mit dem ruhigen, entspannten Zustand in Verbindung gebracht, in den die Mutter beim Anschauen der Serie geraten sei.

Eine verblüffende Erkenntnis aus all diesen Studien ist, dass es anscheinend keine Rolle spielt, ob der Fötus aktiv ist oder »schläft«. Wie gesagt, ein Fötus ist nur 10 Prozent der Zeit aktiv, und die Phasen der Aktivität sind ein traumähnlicher Zustand, der kaum mit dem wachen Interesse eines neugeborenen Babys vergleichbar ist. Einige Forscher gehen sogar so weit zu sagen, der Fötus verbringe die gesamte Schwangerschaft in einem tiefen Schlaf. Der Bewusstseinsexperte Christof Koch schrieb in *Scientific American*:

> Ich wette, dass der Fötus in utero nichts wahrnimmt; dass es sich für ihn so anfühlt wie für uns ein tiefer, traumloser Schlaf. Durch die dramatischen Ereignisse bei einer natürlichen (vaginalen) Geburt wacht das Gehirn jedoch abrupt auf. Der Fötus muss seine paradiesische Existenz in der geschützten, wassergefüllten und warmen Umgebung des Mutterleibs verlassen und gelangt in eine feindliche, luftgefüllte und kalte Welt, die seine Sinne mit absolut fremden Tönen, Gerüchen und Anblicken attackiert – ein höchst stressreicher Vorgang (Koch 2009).

Das ist ein sehr lebendiges Bild, aber ich bin nicht der Meinung, dass das Leben im Mutterleib in einem so sedierten Zustand stattfindet. Die Veränderungen der kindlichen Herzfrequenz in unterschiedlichen Studien sprechen dafür, dass sie auf Ereignisse um sie herum reagieren, und ich denke, manche Eindrücke können dem Fötus sogar Vergnügen bereiten. Anekdotische Berichte von Babys, die auf Ultraschallbildern lächelten, gibt es seit 2000, seit die Auflösung der Bilder so gut ist, dass man Gesichtsausdrücke erkennen kann. Die Psychologin Nadja Reissland und ihre Kollegen von der University of Durham haben solche Bilder systematisch untersucht und dabei sieben fötale Gesichtsausdrücke unterschieden. Sie bestätigen, dass sowohl Weinen wie Lachen im Mutterleib »geübt« werden (Reissland, Francis, Mason und Lincoln 2011).

Reisslands Team nutzte moderne »4D«-Ultraschallaufnahmen mit hoher räumlicher und Tiefenauflösung in Echtzeit und untersuchte zwei Föten mehrfach zwischen der 24. und der 35. Woche. Jedes Mal zeichneten sie zehn Minuten lang den Gesichtsausdruck auf, und was sie sahen, klassifizierten sie mit einem Standardcodierungssystem, um objektive Aussagen zu erhalten. Gesichtsausdrücke können in ihre Mikro-Bestandteile zerlegt werden (gekräuselte Lippen oder angehobene Backen). Das Codierungsschema für sehr kleine Babys wurde angepasst, sodass man Ausdrücke definieren konnte, die ein »weinendes Gesicht« oder ein »lachendes Gesicht« ergaben. Manche wie eine gekrauste Nase gehörten zu beiden Gesichtern. Andere definierten nur Lachen (herausgestreckte Zunge und zurückgezogene Lippen) oder Weinen (heruntergezogene Oberlippe und gerunzelte Augenbrauen). Bei der Kombination der Daten von beiden Föten (zwei Mädchen) stellten die Wissenschaftler fest, dass der weinende Gesichtsausdruck in der Zeit zwischen der 24. und der 35. Schwangerschaftswoche von 0 Prozent auf 42 Prozent zunahm und der lachende von 0 Prozent auf 35 Prozent. Ein fröhlicher Gesichtsausdruck war genauso häufig wie ein kummervoller, und beide tauchen nach und nach auf, wenn der Fötus immer mehr Bewusstsein erlangt. Aus der Sicht des Babys gibt es keine Zeit vor dem Lächeln.

Deshalb sage ich auf entsprechende Fragen, dass Grimassen und Lächeln von Kindern *in utero* ab der 25. Woche etwas bedeuten. Ich glaube, da beginnt das fötale Bewusstsein für Freude und Schmerz. Das unterscheidet sich kaum von der Grenze von 24 Wochen im Bericht der britischen Geburtshelfer. Aber ich persönlich ziehe die 25. Woche vor, wenn der Fötus nach der universellen Obst- und Gemüseskala so groß wie eine Aubergine ist.

Eine frühere Freundin von mir, Belinda, sagte immer, die weiche und elastische Haut von Auberginen erinnere sie an die pummeligen Ärmchen, Beinchen und Bäuche von Babys. Im Supermarkt konnte sie nicht widerstehen und musste immer die Auberginen drücken. Als ich meine Arbeit mit Babys begann, fragte sie mich häufig: »Wie geht es den Auberginen?« Es wurde unser geheimes Codewort. Vor ein paar Jahren, als Belinda mit ihrer Tochter Rosie schwanger war, bekam ich eine glückselige SMS von ihr, in der sie mir mitteilte, die Schwangerschafts-App auf ihrem Smartphone habe sie informiert, dass nach 25 Wochen ihre Blaubeere die nächste Stufe erklommen habe und sie nun ihre eigene kleine Aubergine im Bauch trage.

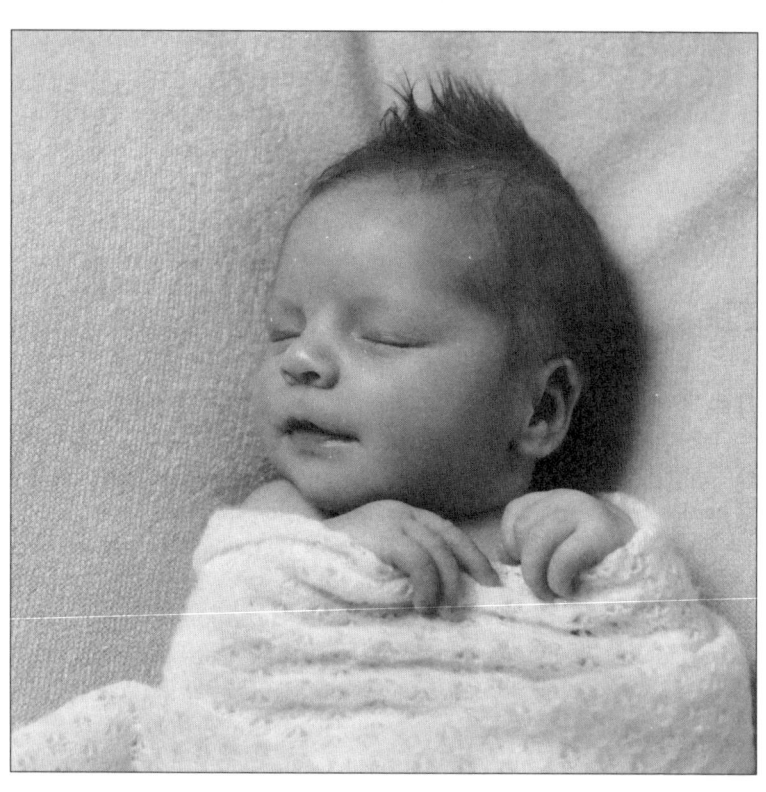

Kapitel zwei

Alles Gute zum Geburtstag

Neugeborene Babys schreien, weil ihre Eltern sich nicht die
Mühe gemacht haben, »Happy Birthday« für sie zu singen.

Anonymes Posting im Internet

Sie erinnern sich nicht an Ihren nullten Geburtstag, aber Ihre Mutter erinnert sich ganz sicher daran. In den letzten Monaten der Schwangerschaft brauchte sie keine Smartphone-App, um zu wissen, dass ihr Baby von einer hübschen kleinen Aubergine erst zu einer Honigmelone, dann zu einer Netzmelone und schließlich zu einer verdammten Wassermelone herangewachsen war. Neun Monate lang hatte sie sich diesen Tag ausgemalt. Die Tasche für die Party war schon seit Wochen gepackt. Vielleicht hatte es ein paar Fehlalarme gegeben. Aber dann war es endlich so weit.

Nun, fast so weit: Babys beeilen sich nicht gern bei ihrem großen Auftritt, auch der Körper der Mutter mag das nicht. Bei einer Erstgebärenden dauert eine normale Geburt etwa acht Stunden, und die Vorgänge laufen weitgehend automatisch ab. Das wichtigste Merkmal der Wehen sind regelmäßige, koordinierte Kontraktionen der Uterusmuskulatur, die wie beim Herz von Schrittmacherzellen kontrolliert werden. Häufigkeit und Intensität der Kontraktionen nehmen nach und nach zu, und der Abstand zwischen ihnen verringert sich von zehn Minuten am Anfang auf zwei Minuten am Schluss.

Wenn es keine medizinischen Komplikationen gibt, nimmt die Natur ihren Lauf. Aber die Natur kann Angst einflößend und tödlich sein. Von Philippa Gregory, Autorin historischer Romane, stammt der denkwürdige Satz: »Männer sterben im Krieg, Frauen bei der Ge-

31

burt.« In der Vergangenheit hatten Mütter ein Risiko von eins zu hundert, bei oder nach der Geburt zu sterben. Und in manchen Teilen der Welt ist es immer noch so schlimm oder sogar schlimmer. Laut einem Bericht der Weltgesundheitsorganisation (WHO) aus dem Jahr 2015 betrug das Risiko für ein 15-jähriges Mädchen in Afrika, im Lauf ihres Lebens an einem Problem im Zusammenhang mit der Mutterschaft zu sterben, 1 zu 37. In Europa liegt dieses Verhältnis bei 1 zu 3400.

Babys sind noch schlechter dran. Weltweit kommt eines von 45 Kindern tot zur Welt. Und von den übrigen erleben 49 von 1000 ihren ersten Geburtstag nicht. Der Gesundheitsstatistiker Hans Rosling hat darauf hingewiesen, dass Mütter und Kleinkinder die verletzlichsten und am wenigsten sichtbaren Opfer von Kriegen, Hungersnöten und anderen humanitären Krisen sind. Der größte Gewinn für die Gesundheit der Menschheit wäre eine bessere Versorgung junger Mütter und ihrer Babys.

Im Allgemeinen Krankenhaus in Wien gab es in den 1840er-Jahren zwei Abteilungen für Geburtshilfe, die 1. Geburtshilfliche Klinik und die 2. Geburtshilfliche Klinik. Die Frauen wurden tageweise wechselnd in die eine oder andere Klinik aufgenommen. In der 1. Klinik kümmerten sich Medizinstudenten um die Gebärenden, in der 2. Klinik Hebammen. Frauen, die in die 1. Klinik aufgenommen wurden, baten inständig darum, in die 2. Klinik zu kommen, denn nach allgemeiner Auffassung lag auf der 1. Klinik ein Fluch. Die Daten aus den Jahren 1842 bis 1846 zeigten es eindeutig: In der Hebammenklinik war die Zahl der Todesfälle um 60 Prozent geringer. Ein junger Arzt namens Ignaz Semmelweis wurde damit beauftragt, das zu untersuchen. Er stellte keine Unterschiede bei den Kliniken an sich und bei den Entbindungsverfahren fest. Aber er machte den für die damalige Zeit ungewöhnlichen Vorschlag, die Medizinstudenten sollten ihre Hände mit stark gechlortem Wasser waschen. Als sie das taten, ging die Sterblichkeit in der 1. Klinik auf das Niveau der 2. Klinik zurück. Die Medizinstudenten waren oft direkt von Sektionen in ihren Anatomiekursen in die Entbindungsabteilung gekommen. Manchmal wuschen sie sich die Hände, aber nicht immer, und auf jeden Fall desinfizierten sie sie nicht, warum sollten sie? Es gab keinen Grund. Erst Jahrzehnte später bewiesen Louis Pasteur und Joseph Lister die Theorie, dass Krankheiten durch Keime verursacht werden.

Semmelweis informierte seine Vorgesetzten über das, was er herausgefunden hatte. Er konnte nicht erklären, warum das Händewaschen half, deshalb folgten sie seinen Empfehlungen nicht. Kurz darauf wurde er entlassen und kehrte in sein Heimatland Ungarn zurück. In den Krankenhäusern, in denen er arbeitete, gab es ähnliche Verbesserungen, doch seine neuen Kollegen wollten seine Methoden ebenfalls nicht übernehmen. Zwanzig Jahre lang führte er eine immer gereiztere Korrespondenz mit dem medizinischen Establishment in Europa, das ihn weitgehend ignorierte. 1865 starb er besiegt und gebrochen in einer Nervenheilanstalt. Im englischen Sprachraum bezeichnet der Begriff »Semmelweis-Reflex« die Ablehnung einer neuen Erkenntnis, wenn sie bestehenden Überzeugungen oder etablierten Paradigmen widerspricht.

Erstaunlicherweise könnte heute im Westen, wo es überall Zugang zu fortschrittlichen medizinischen Dienstleistungen gibt, die Lösung, wie Geburten sicherer werden könnten, ebenfalls in mehr Hebammen und weniger Ärzten bestehen. Diese Empfehlung sprachen zumindest Mary Newburn, Leiterin der politischen Abteilung des National Childbirth Trust, und ihre Kollegen in einem einflussreichen Bericht aus, der im *British Medical Journal* veröffentlicht wurde (Johanson, Newburn und Macfarlane 2002). Sie argumentierten, die ganze Kultur rund um die Geburt müsse sich so verändern, dass »die Geburt als ein normaler physiologischer Vorgang« wahrgenommen werde, und man müsse ein »Eins-zu-eins-Verhältnis in der Betreuung während der Wehen anstreben«. Dass medizinisches Personal während der Geburt bereitsteht, ist wichtig, aber medizinisches Personal tendiert dazu, alles zu medikalisieren. In Finnland, wo die Geburt als normaler physiologischer Vorgang behandelt wird, erfolgen 11 Prozent der Entbindungen per Kaiserschnitt. In Großbritannien sind es 25 Prozent, in den Vereinigten Staaten 35 Prozent, in

Deutschland fast jedes dritte Kind. Die geschätzte medizinische Notwendigkeit liegt bei 5 bis 10 Prozent. Weil die Ärzte Angst vor Prozessen haben und auf Nummer sicher gehen wollen, werden sie immer neue Tests und sogar überflüssige Operationen durchführen. Und das ist noch nicht alles.

Wenn den Müttern die Geburt als ein medizinisches Problem dargestellt wird, das behandelt werden muss, dann verlangen sie logischerweise mehr Behandlung. Sie haben mehr Angst vor der Geburt. Sie wollen mehr Rückenmarksanästhesien und Schmerzmittel. In einem medizinischen Umfeld ordnen sich die Hebammen den Medizinern unter. Selbst die Geburtshelfer sind der Meinung, dass sie viel zu sehr auf medizinische Verfahren setzen. Wenn die Geburt als ein natürlicher physiologischer Vorgang betrachtet wird, sind die Ergebnisse für Mutter und Baby besser und die Mütter haben ein angenehmeres Geburtserlebnis. Der Bericht empfahl, so oft wie möglich sollten Hebammen die Geburt leiten und nicht Ärzte. Sie sollte in einem nicht-medizinischen Rahmen stattfinden, und die Mütter sollten ihre Hebammen vorher kennenlernen und ein Vertrauensverhältnis aufbauen können.

Ich habe mit zwei befreundeten Hebammen über ihre Rolle gesprochen, um einen besseren Eindruck von der Geburt zu bekommen. Corinne ist energiegeladen und resolut, nicht medizinisch orientiert und matronenhaft. Man würde eher erwarten, sie bei einer Demonstration gegen Ungerechtigkeit zu treffen als in einem Krankenhausflur. Womöglich haben wir uns tatsächlich da zum ersten Mal gesehen. Seit zehn Jahren »holt« Corinne Babys. Natalie ist klein, strahlend und wirkt immer noch ein bisschen holländisch, obwohl sie seit fast zwei Jahrzehnten in London lebt. Wir lernten uns vor 16 Jahren am ersten Tag unseres Psychologiestudiums kennen. Ich erinnere mich, dass sie immer als Erste ihre Studienarbeiten ablieferte und all die Praktikumsberichte schrieb, für die ich nie Zeit fand. Natalie lief zum Spaß Marathon, ein Hobby, das ich damals nicht verstand. Aber wahrscheinlich bereitet einen das gut auf die Aufgaben einer Hebamme vor.

Das Wort »Hebamme« kommt vom althochdeutschen »Hevianna« und bezeichnet »die Ahnin, die das Neugeborene hält«. Wie Corinne sagt, ist die Rolle der Hebamme so alt wie die Menschheit. Denn zumindest seit wir aufrecht gehen, brauchen wir Hebammen. Durch den Übergang von vier Beinen auf zwei Beine hat sich unser Becken verändert, der Geburtskanal ist enger geworden. Außerdem wurde das Gehirn immer größer, und so benötigen unsere Babys mit den großen Köpfen Hilfe, wenn sie auf die Welt kommen. Zum Glück war der Grund, warum unsere Gehirne so groß wurden, dass wir eine soziale Spezies sind. So war auch Hilfe für Mütter in den Wehen zur Stelle.

Wenn ich Corinne und Natalie frage, was die wichtigste Aufgabe einer Hebamme ist, fallen ihre Antworten ziemlich ähnlich aus: Hebammen unterstützen die Mütter, damit sie das Geburtserlebnis bekommen, das sie haben wollen. Die moderne Geburtshilfe durch Hebammen ruht auf drei Schlüsselprinzipien: informierte Entscheidung, freie Wahl des Geburtsorts und kontinuierliche Betreuung. Am wichtigsten ist die informierte Entscheidung, und das ist mehr als informierte Zustimmung, denn es bedeutet Stärkung der eigenen Stimme und nicht, dass man sich fügt. Hebammen wollen, dass die Mutter das Gefühl der Kontrolle hat. Natalie sagt, in dem Zusammenhang sei es sehr hilfreich, einen Geburtsplan zu erstellen; dann würden die wichtigen Entscheidungen im Voraus getroffen. Das Letzte, was eine Frau in den Wehen gebrauchen kann, ist ein Schwall von Fragen, die sie beantworten soll. Sie kann auf dem Weg begleitet werden, den sie vorab gewählt hat, und die Hebamme wird ihn ihr erleichtern. Wenn ihre eigene Hebamme im entscheidenden Augenblick nicht verfügbar ist, kann sich eine andere Hebamme nach dem Plan richten.

Corinne erklärt, die meiste Zeit während der Wehen »ist es unsere Aufgabe, zuzuschauen und abzuwarten. Zu beobachten. Da zu sein und nichts zu tun. Auf die Bedürfnisse der Frau zu reagieren.« Manche brauchen eine beruhigende Hand, andere wollen lieber allein gelassen werden. Manche brauchen Eiswürfel, die sie zerbeißen können, oder etwas Süßes, damit sie durchhalten. Wenn die Geburt voranschreitet, schlagen die Hebammen der Mutter Optionen vor, statt Entscheidungen zu verlangen. Bei Komplikationen erklärt die beruhigende Stimme der Hebamme der Frau, was passiert und warum.

Wenn etwas die Ruhe unterbricht, kann das die Wehentätigkeit bremsen. Ina May Gaskin, eine Hebammenpionierin in Amerika, der die Wiedereinführung der natürlichen Geburt in den Vereinigten Staaten zugeschrieben wird, hat festgestellt:

> Durch Beobachtung und Erfahrung lernten wir, dass die Anwesenheit einer einzigen Person, die sich nicht gut in die Mutter einfühlen kann, die Wehentätigkeit zum Stillstand bringen kann. Alle Frauen sind sensibel. Manche sind sogar extrem feinfühlig. Anhand der Beobachtung, dass die Wehen schwächer wurden oder aufhörten, wenn jemand das Entbindungszimmer betrat, der nicht achtsam mit den Gefühlen der Mutter war, stellten wir fest, dass wir recht hatten. Wenn der Betreffende das Zimmer wieder verließ, ging die Geburt wieder normal weiter (Gaskin 2017, S. 130).

Dieses Prinzip steht auch hinter Hypnobirthing. Manche Frauen erlernen in den letzten Monaten der Schwangerschaft Entspannungs- und Atemtechniken, die sie während der Wehen anwenden können. Sie lernen, sich selbst zu hypnotisieren, aber nicht, um in eine betäubende Trance zu sinken. Bei meiner Schwester Ishbel hat es funktioniert; sie war bei ihrer ersten Geburt so ruhig, dass man sie erst gar nicht im Krankenhaus aufnehmen wollte. Das Personal glaubte nicht, dass die Geburt schon so weit fortgeschritten war, und wollte sie wieder wegschicken. Auf ihre Empfehlung hin hat es meine Auberginen-Freundin Belinda auch versucht, mit ähnlichem Erfolg. Die Idee dabei ist nicht, Ängste und Schmerz zu blockieren, sondern die Frau soll sich der Gegenwart stärker bewusst werden, damit sie sich in der aktuellen Situation entspannen kann, statt sich Sorgen zu machen, was wohl passieren wird. Ruhig und zuversichtlich in die Geburt zu gehen hilft, dass die natürlichen Vorgänge die Frau so weit tragen, wie es möglich ist. Medikamente können später immer noch dazukommen. Das wichtigste Medikament produziert der Körper selbst – Oxytocin.

Oxytocin

Oxytocin ist der unangefochtene chemische Herrscher bei der Geburt. »Das gute alte Oxytocin«, wie Natalie immer sagt. In den letzten zehn Jahren wurde Oxytocin auch zur »Liebesdroge« und zum »Kuschelhormon« hochgejubelt. Angeblich ist es in großen Mengen vorhanden, wenn Menschen sich verlieben, und in weniger großen Mengen, wenn sie Sex haben oder sich nur umarmen. Bei psychologischen Untersuchungen hat man den Teilnehmern Oxytocin in die Nase gesprüht und dann Aufnahmen ihrer Gehirne gemacht. Die Studien haben ergeben, dass Oxytocin die Empathie steigert, die Introversion reduziert und sogar bei Autismus helfen könnte. Die wissenschaftlichen Grundlagen der meisten derartigen Behauptungen sind bestenfalls »unbewiesen«. Frühere Studien hatten nicht genug Teilnehmer, um verlässliche Aussagen zu machen, oder wurden nicht wiederholt. Es ist noch nicht einmal klar, ob in die Nase gesprühtes Oxytocin überhaupt ins Gehirn gelangt.

Der mütterliche Oxytocinspiegel steigt in der späten Phase einer Schwangerschaft allmählich an und steigert das Gefühl der Zufriedenheit, Ruhe und Sicherheit neben dem Partner. Bei den Wehen wird Oxytocin in noch größeren Mengen freigesetzt und verstärkt die Kontraktionen. Und noch mehr Oxytocin wird produziert, wenn das Baby auf dem Weg durch den Geburtskanal den Muttermund und die Vagina stimuliert, wodurch eine positive Feedbackschleife entsteht. Wenn die Geburt nicht recht vorangeht, kann es sein, dass die Mutter an einen Oxytocintropf gehängt wird.

Oxytocin ist nicht der einzige chemische Stoff, der bei einer natürlichen Geburt ins Spiel kommt. Wenn die Wehen sich ihrem Höhepunkt nähern, arbeitet ein komplexer Cocktail von Hormonen und chemischen Stoffen bei Mutter und Baby zusammen. Relaxin entspannt die Bänder der Mutter, und ein Protein namens Noggin sorgt dafür, dass der kindliche Kopf weich und verformbar wird, damit er besser ausgetrieben werden kann. In einem frühen Stadium können die schnell wirkenden Stresshormone Epinephrin und Norepinephrin bei Gefahr die Wehentätigkeit verlangsamen oder zum Stillstand bringen. Und ganz am Ende der Wehen sorgt eine Flut dieser Stoffe dafür, dass Mutter und Baby nach der Geburt wach und aufmerksam sind.

Auch bei dem langsamer reagierenden Stresshormon Cortisol baut sich während der Geburt ein zehnfach höherer Spiegel als üblich auf. Allem Anschein nach fördert das die Bildung von Rezeptoren für das Stillhormon Prolaktin. Endorphine werden freigesetzt, die es der Mutter erleichtern, Stress und Schmerzen auszuhalten, und eine leichte Bewusstseinsveränderung bewirken. Das führt zu einer Art von Euphorie während der Geburt. Endorphine spielen daneben wohl auch noch die Rolle, die Belohnungszentren im Gehirn von Mutter und Baby vorzubereiten, damit sie beide für Prägung und Bindung gerüstet sind und dafür, zu lernen, wie das Stillen geht. Bei der Mutter stimulieren die Endorphine direkt die Freisetzung von Prolaktin. Prolaktin führt zur Milchproduktion, hat aber noch rund 300 andere Wirkungen im Körper, unter anderem stimuliert es die Synthese von Oxytocin.

Dieses komplexe Gewebe von Einzelwirkungen und sich selbst regulierenden Kreisläufen wird häufig durch medizinische Interventionen bei der Geburt durchbrochen. Zum Beispiel ist ein Problem bei der Epiduralanästhesie, dass ohne Schmerzen der Anstieg von Epinephrin und Norepinephrin ausbleibt. Im Blut der Mutter gibt es weniger von diesen Hormonen, und weniger gehen auf das Baby über, das deshalb nicht gut für die Entbindung vorbereitet ist. Ähnliche Effekte hat man bei Kaiserschnitten festgestellt: Durch Kaiserschnitt geborene Babys haben weniger Stress bei der Geburt, aber sehr viel mehr eine Stunde später. Ein Kaiserschnitt verlangsamt anscheinend den Prozess der Bindung, doch das hängt auch damit zusammen, dass die Mutter sich erst erholen muss. Eine Geburt ist auf jeden Fall ein sehr kompliziertes System, und die meisten Mechanismen hat man bis heute nicht ganz verstanden. In diesen letzten Abschnitten habe ich versucht, Sarah Buckleys 248-Seiten-Werk zu dem Thema zusammenzufassen, in dem sie selbst die Ergebnisse von 1141 Forschungsarbeiten referiert (Buckley 2015).

Corinne sagt mir immer, dass Kinder in einer Art von Starre geboren werden. Sie wachen erst auf, wenn die Nabelschnur durchtrennt ist und ihre Lungen sich mit Sauerstoff füllen. »Bevor das passiert, sind sie anders. Ihre Farbe ist anders. Sie schauen nicht nach außen.« Wenn möglich lassen Hebammen die Nabelschnur drei Minuten pulsieren, damit alles Blut aus der Plazenta herausgezogen wird und in das Baby gelangt. Der erste Atemzug verschließt Löcher im Herzen und verändert den Kreislauf so, dass das Blut nicht mehr durch die Plazenta, sondern durch die Lungen strömt.

Corinne zerstört einen Mythos, bei dem ich mir nie ganz sicher war. Ärzte heben neugeborene Babys nicht an den Füßen hoch, damit ihren Lungen frei werden. Und sie klopfen ihnen auch nicht aufs Gesäß, damit sie zu atmen beginnen.

> Nein! Das wäre grausam. Der Vorgang, aus einer Frau herausgepresst zu werden, reicht üblicherweise aus. Wenn nicht, reiben sie das Baby mit einem Krankenhaushandtuch ab oder kitzeln es an den Füßen, um die Atmung in Gang zu bringen. So wie bei anderen Säugetieren die Mutter ihr Neugeborenes ableckt, um es zu stimulieren, dass es die ersten Atemzüge tut.

Von Menschenmüttern wird nicht erwartet, dass sie ihre Babys ablecken, aber seit 2014 befürworten die meisten Geburtshilfeorganisationen, so auch die American Academy of Pediatrics (AAP) und die Weltgesundheitsorganisation (WHO), explizit frühen Hautkontakt. Früher wurden Babys gleich nach der Geburt weggebracht, um sie zu messen und zu wiegen. Neugeborene blieben auf der Säuglingsstation, und die Mütter bekamen sie nur zum Stillen. Angeblich wollte man damit den Müttern die Erholung von der Geburt erleichtern. Aber inzwischen hat man wiederentdeckt, wie wichtig die Übergangszeit ist. Laut WHO ist »der Prozess der Geburt erst abgeschlossen, wenn das Baby sicher von der Ernährung durch die Plazenta auf die Ernährung durch die Brust umgeschaltet hat«.

Corinne beschreibt das anschaulich: »Nun, wann immer es möglich ist, werden die Babys aus der Mutter heraus auf die Mutter geboren.« Die mütterliche Körpertemperatur steigt um ein bis zwei Grad an, damit das Baby es warm hat, und die Babys bewegen sich instinktiv zur Brust hin und suchen nach der Brustwarze. Sie orientieren sich durch Berührung und Geruch, und manchmal dauert es ein bisschen, bis sie sich auf die Suche machen – sie müssen erst aufwachen. Das ist auch die Gelegenheit, wo das Baby durch die Bakterien der Mutter besiedelt wird, und es hilft der Mutter, sich an die Situation anzupassen. Nach Natalies Erfahrung ist niemand darauf vorbereitet, zum ersten Mal das eigene Baby zu sehen. Es dauert ein bisschen, bis der Eindruck einsinkt, das ist der Beginn der Bindung.

Geburtserfahrungen sind höchst unterschiedlich. Manche Frauen haben ein wunderbares Geburtserlebnis, für andere ist die Geburt ein Albtraum. Ich habe noch niemanden getroffen, der von »Vergnügen« sprach. »Die Freude kommt, wenn man das Baby im Arm hält, das taucht alles in Freude. Aber ich habe noch keine Frau erlebt, die den Vorgang selbst genossen hat«, erzählt Corinne. Wie beim Marathonlaufen kommt auch bei der Geburt die Freude erst, wenn es vorbei ist.

Für Väter oder Partner passieren die größten Veränderungen in der Zeit unmittelbar nach der Geburt. Während der Schwangerschaft war das Baby irgendwie abstrakt, aber jetzt können sie es halten und mit ihm in Kontakt treten. Die Oxytocin- und Prolaktinspiegel der Partner steigen sprunghaft an. Am Ende der ersten Woche kann der Oxytocinspiegel des Vaters genauso hoch sein wie der der Mutter.

Dem emotionalen und hormonellen Hoch, das der Partner erlebt, steht oft ein entsprechender Absturz bei der Mutter gegenüber. Die erste Woche kann sehr schwierig sein. Nach der Geburt gibt es einen hormonellen Einbruch. Die Plazenta signalisiert nicht mehr, dass Schwangerschaftshormone produziert werden sollen, und der Körper versucht, die neunmonatige Schwangerschaft hinter sich zu lassen. In der ersten Woche zu Hause möchte sich der Körper erholen, aber die Mutter bekommt nicht viel Ruhe und Entspannung mit einem Neugeborenen, das sie versorgen und um das sie sich kümmern muss.

Erschöpft und nach einer neunmonatigen Odyssee kann die Rückkehr nach Hause für die Mutter auch enttäuschend sein. Vor allem nach einer schweren Entbindung fühlen sich die Mütter oftmals isoliert. Alles konzentriert sich auf das Baby, und von der Mutter erwartet man, dass sie für alles dankbar ist, während ihre eigene Identität dahinschwindet und sie nicht viel Zeit hat, sich um ihre eigenen Bedürfnisse zu kümmern. Es ist vollkommen normal, sich direkt nach der Geburt überwältigt und sogar deprimiert zu fühlen. Einer aktuellen Studie zufolge haben 81 Prozent der Frauen während oder nach der Schwangerschaft ein seelisches Problem (Royal College of Obstetricians and Gynaecologists 2017). Die tiefe Liebe zu dem Baby stellt sich nicht schlagartig ein, aber darüber können die Mütter nicht so einfach sprechen.

Hinzu kommt, dass eine frischgebackene Mutter oft alleine 24 Stunden am Tag, sieben Tage in der Woche für das Baby verantwortlich ist. Wenn etwas passiert, wird sie sich immer Vorwürfe machen. Auf meine entsprechende Frage hat Corinne über diese Zeit erzählt: »In meiner zehnjährigen Berufstätigkeit als Hebamme habe ich bei Hausgeburten in der ersten Woche nie Eltern erlebt, die nicht zutiefst erschüttert wirkten.« Alle Eltern werden beim ersten Kind durch irgendeinen Aspekt überwältigt werden, aber es wird leichter, und es ist völlig in Ordnung, um Hilfe zu bitten.

Allein die Tatsache, dass es das neugeborene Baby gibt, ist äußerst seltsam. Auf einmal ist eine neue Person der Mittelpunkt im Leben der Eltern. Als mein Neffe Tycho geboren wurde, hatte meine Schwester Schwierigkeiten, das Zimmer zu verlassen, in dem er lag.

Es war schwer für sie, zu begreifen, dass er eine unabhängige Existenz führte, und sie musste immer wieder nach ihm schauen. Die Geburt ist das Gegenteil des Todes, aber manche Gefühle, die sie auslöst, sind gar nicht so anders als Trauer. Sich auf die Anwesenheit oder Abwesenheit einer wichtigen anderen Person einzustellen ist ein Prozess. Bei Müttern kann ein zweites Kind sogar noch zwiespältigere Gefühle auslösen. Es verändert die Beziehung zum ersten Kind, Mutter und Baby Nummer eins sind nicht länger das unzertrennliche Paar. Mütter können Ärger verspüren über das Verlorene. Wieder gilt: Das ist vollkommen normal, aber es kann schwer sein, darüber zu sprechen.

Babys erholen sich schnell von der Geburt. »Babys sind robust«, sagt Corinne. »Ich habe Babys erlebt, die eine wirklich traumatische Geburt hinter sich hatten und sich ziemlich schnell erholten. Ein zusammengequetschter Kopf kann sehr schlimm aussehen. Als ich so etwas zum ersten Mal in meiner Hebammenausbildung gesehen habe, bin ich rausgerannt und habe zwanzig Minuten in der Toilette geweint.«

Es gibt keinen wissenschaftlichen Beleg, dass das Trauma der Geburt einen Menschen durch das ganze Leben begleiten kann. Außer in den seltenen Fällen, dass eindeutige medizinische Komplikationen auftreten, ist eine traumatische Geburt nur ein kleiner Rückschlag. Die Wehen und die Geburt sind nur ein Ereignis in der Entwicklung des Babys. Und nicht ein einzelner Augenblick definiert diese Zeit, alle sind wichtig. Obwohl es sich wie eine Achterbahnfahrt anfühlt, geht die Reise insgesamt nach oben.

Hallo, kleines Äffchen

Manche Babys werden mit dünnen schwarzen Haaren am ganzen Körper geboren. Die Haare verschwinden schnell wieder. Ich war für meine Mutter das erste von drei Kindern, und sie war ziemlich zufrieden mit ihrer Leistung (wie ich im Übrigen auch). Aber ich war ein kleines Felltier. In ihrem Wochenbett machte es ihr großen Spaß, die

Säuglingsschwestern damit zu schockieren, dass sie sie bat, ihr »das kleine Äffchen« zu bringen.

»Aber Mrs. Addyman, das können Sie doch nicht sagen!
Er ist Ihr kleiner Junge!«
»Ja, aber er sieht aus wie ein Affe!«
»Er ist ein wunderschönes Baby.«
»Ein wunderschöner Affe! Geben Sie mir mein Äffchen!«

Und meine Ohren waren vollkommen eingerollt. Als die Säuglingsschwestern erklärten, sie würden sich entrollen, sobald sie mit Blut gefüllt wären, nickte meine Mutter ganz ruhig und sagte: »Ja genau, wie die Flügel eines Schmetterlings.« Ich denke, sie hatten ihr vielleicht zu viel Lachgas gegeben.

Eine Geburt ist schmerzhaft und gefährlich, und das Baby kann unerwartet schnell oder zermürbend spät kommen. Vielleicht gibt es falschen Alarm, und fast immer geht es langsam voran. Die gute Nachricht ist, dass es auch viel schlimmer sein könnte. Verglichen mit unseren Cousins, den Menschenaffen, werden Menschenbabys (mit einer Tragzeit von 280 Tagen) geboren, bevor sie reif sind. Wenn wir den Entwicklungsstand des Gehirns bei einem neugeborenen Schimpansen (253 Tage Tragzeit), einem Gorilla (270 Tage) und einem Orang-Utan (275 Tage) vergleichen, dann müsste ein Menschenbaby nach 625 Tagen im Mutterleib geboren werden, wie ein Forscher errechnet hat. Für jede Mutter, die schon nach neun Monaten das Gefühl hat, gleich zu platzen, ist das ein furchterregender Gedanke. Es wäre tödlich für die Mutter (und würde nebenbei unser an Früchten orientiertes Maßsystem sprengen).

Auch geboren zu werden ist eine große Sache. Aber genau betrachtet erfolgt der Übergang von drinnen zur Welt draußen so allmählich, wie es nur geht. Irgendwann müssen die Babys herauskommen, und Menschenbabys kommen so spät, wie es im Hinblick auf ihre Mütter möglich ist. Wir müssen die sichere Dauerumarmung des Mutterleibs mit ihrer Fünf-Sterne-Vollversorgung mit perfekt regulierter Temperatur und Schallisolierung verlassen und abrupt gegen die Welt draußen eintauschen. Der 24-Stunden-Zimmerservice, der so luxuriös ist, dass sogar das Atmen für das Baby erledigt wird, muss einmal enden.

Die neunmonatige Schwangerschaft bei Menschen ist ein Kompromiss. Ein Baby würde im Mutterleib bleiben, wenn es könnte, aber es muss fliehen, solange es noch geht: das sogenannte Geburtsdilemma. Der Preis dafür ist, dass die ersten drei Monate draußen sich nicht sehr vom Leben drinnen unterscheiden. Das Baby setzt seine intrauterine Routine aus Schlafen, Essen und Wachsen fort.

Ein Grund, warum Babys so früh zur Welt kommen, ist eine Unzulänglichkeit der Natur. Der amerikanische Comedian Penn Jillette drückt es drastischer aus: »Niemand, der gesehen hat, wie ein Baby geboren wird, glaubt noch eine Sekunde an Gott … Die Natur will uns umbringen.« Die Evolution muss mit dem arbeiten, was da ist, und auf dem aufbauen, was früher war, und das führt zu allerhand Improvisation und Kompromissen. Kein intelligenter Designer würde die Geburt so gefährlich machen und versuchen, Babys mit großen Köpfen durch das starre Korsett des Beckens zu pressen. Die Evolution hat das vor vielen Millionen Jahren so entschieden, und wir müssen damit leben. Bei Vierbeinern mit kleinen Köpfen hat es funktioniert. Sogar unsere engsten Verwandten, die Schimpansen, kommen ziemlich gut damit zurecht.

Die Energie, die eine Mutter für die Schwangerschaft aufbringen muss, ist eine weitere Beschränkung. Immer größer zu werden und ein großes Gehirn zu versorgen sind Vorgänge, die viel Energie verbrauchen. In jüngster Zeit wurde die Theorie aufgestellt, wenn Föten noch größer würden und die Schwangerschaft noch länger dauerte, könnte die Mutter nicht genug Energie für sich selbst und ihr Baby zur Verfügung stellen (Dunsworth, Warrener, Deacon, Ellison und Pontzer 2012). Über das Stillen kann Energie viel effizienter zugeführt werden als über die Plazenta, weil die Kalorien direkt in das Kind gelangen. Es ist sinnvoll, die Kinder zu dem Zeitpunkt zur Welt zu bringen, an dem wir es tun.

Soziale Wesen von Anfang an?

Hilflos und zu früh geboren sind Menschenbabys wie keine andere Spezies von ihren Eltern abhängig. Aber sie haben ein paar Tricks in ihren winzig kleinen Ärmeln, damit es mit der Bindung klappt. In den ersten Stunden nach der Geburt sind Babys wach und können kommunizieren. Sie mögen es, wenn man sie hält und leise mit ihnen spricht. Es scheint sogar, als würden sie das Gesicht ihrer Mutter anschauen, die sie hält. Aus zwei Gründen ist das bemerkenswert. Erstens sehen sie nach der Geburt so unscharf, dass ein Gesicht für sie nicht viel mehr ist als ein Dreieck mit drei schwarzen Flecken für Augen und Nase. Zweitens haben sie nie zuvor ein Gesicht gesehen, trotzdem fasziniert es sie mehr als jeder andere Reiz.

Wissenschaftlich wurde das erstmals in den 1970er-Jahren nachgewiesen (Goren, Sarty und Wu 1975), aber bis 1991 blieb die Erkenntnis unbeachtet. Dann wiederholten zwei britische Forscher das Experiment. Mark Johnson und sein Mitarbeiter John Morton bestätigten das ursprüngliche Ergebnis und lieferten eine Erklärung für das, was da wohl passierte (Johnson, Dziurawiec, Ellis und Morton 1991; Johnson und Morton 1991). Sie glauben, dass es um die Interaktion von zwei Gehirnsystemen geht, einem für Erkennen und einem für Lernen.

Sie hatten die Studie in Angriff genommen, weil Mark Johnson wissen wollte, ob Menschenbabys sich von frisch geschlüpften Küken unterscheiden. Zu Beginn seiner Karriere als Biologe arbeitete Johnson bei Professor Gabriel Horn an der Cambridge University. Gemeinsam untersuchten sie die Gehirnmechanismen, die der Prägung zugrunde liegen, dem Prozess, bei dem kleine Vögel lernen, eine Bindung an ihre Mütter herzustellen. Küken folgen ihrer Mutter oder allem, was entfernt wie ihre Mutter aussieht. Das weiß jeder, der schon mal eine Schar Entenküken beobachtet hat, die der Entenmutter hinterhermarschieren. Erstmals untersucht hat die Prägung Konrad Lorenz in den 1930er-Jahren. Er brachte Gänseküken dazu, ihm hinterherzulaufen, wenn er mit seinen Gummistiefeln vorausging. Dafür bekam er den Nobelpreis. Ich glaube, die nobelpreisgekrönten Gummistiefel sind in dem Museum zu besichtigen, das in seinem ehemaligen Wohnhaus im österreichischen Altenberg eingerichtet wurde. Wie bei Iwan Pawlow und seinem Nobelpreis für das Füttern von Hunden steckte auch hinter Lorenz' Forschungen mehr, als der erste Blick vermuten lässt.

Lorenz teilte sich 1973 den Nobelpreis für Physiologie oder Medizin mit Niko Tinbergen und Karl von Frisch. Mit dem Preis wurde ihre Rolle als Begründer der Ethologie, der Verhaltensforschung bei Tieren, gewürdigt. Karl von Frisch ist bekannt durch seine Entdeckung des Schwänzeltanzes der Bienen. Niko Tinbergen untersuchte wie Lorenz instinktive Verhaltensweisen und kritische Phasen in der Entwicklung von Tieren. Die Küken, die ihrer Mutter folgten, zeigten, dass bestimmte Verhaltensweisen von Natur aus angelegt sind, aber dass sie auch einem Paar Gummistiefel nachliefen, beweist, dass der Mechanismus flexibel ist. Der entscheidende Punkt bei diesen Forschungen war, dass sie evolutionäre Erklärungen für tierisches Verhalten lieferten, die auf dessen Bedeutung für das Überleben basierten.

Immer wieder werden die Leser in diesem Buch auf die »Nature-Nurture-Debatte« stoßen, auf den Gedanken, dass manche Fähigkeiten angeboren (*nature*) und andere erlernt sind (*nurture*). Jeder, der sich mit Entwicklungspsychologie beschäftigt, erkennt an, dass beides eine Rolle spielt, aber dennoch gibt es eine Kluft zwischen denen, die meinen, die Gene seien für das meiste verantwortlich, und den anderen, die den größten Anteil beim Lernen sehen. Die Arbeit von Johnson und Morton war wichtig als Beleg dafür, dass wir immer von »Natur plus Lernen« sprechen sollten.

Was die Fähigkeit von Neugeborenen angeht, Gesichtern zu folgen, hat die Natur zwei Gehirnsysteme ausgewählt: einen Kreislauf tief im Innern des Gehirns, der sich rasch auf Muster ausrichtet, die Gesichtern ähneln, und den allgemeineren, höherrangigen Kortex, der aus allem lernt, was er zu sehen bekommt. Dieses Lernen ist *nur-*

ture. Weil Babys viele Gesichter sehen, werden sie Experten für Gesichter. Sie lernen, Personen zu unterscheiden und männliche Gesichter von weiblichen. Weil sie ihre Eltern häufiger sehen als alle anderen, erkennen sie sie am schnellsten. Dabei spielen Gene, Umwelt und Verhalten zusammen. Johnson und Morton legten mit ihrer Theorie eine mechanistische Darstellung dieses Zusammenspiels vor. Johnson nennt den Prozess »interaktive Spezialisierung« und entwickelte die Theorie zusammen mit Kollegen in einem sehr einflussreichen Buch mit dem Titel *Rethinking Innateness* weiter (Elman u. a. 1996).

Dieses Experiment war auch direkt dafür verantwortlich, dass ich mich der Babywissenschaft verschrieb. Aufgrund dieser Forschungen stellte die Birkbeck University in London Mark Johnson 1998 als Professor an und schlug ihm vor, das Centre for Brain and Cognitive Development zu gründen, auch bekannt als Birkbeck Babylab. Als einen der ersten Mitarbeiter rekrutierte er meinen Doktorvater Denis Mareschal, dessen Anfängervorlesungen über die kindliche Entwicklung mich auf das Forschungsgebiet gelockt hatten. Auf Mareschals Empfehlung hin las ich *Rethinking Innateness,* und von da an wollte ich auch Babyforscher werden.

Ein Witz auf Kosten der Wissenschaftler

In meiner liebsten Studie aus der Zeit, als ich mit meiner Doktorarbeit beschäftigt war, wurde eine ähnliche frühe Fähigkeit von Neugeborenen untersucht. 1977 veröffentlichten Andrew Meltzoff und Keith Moore (Meltzoff und Moore 1977) einen bemerkenswerten kurzen Artikel, in dem es darum ging, dass Neugeborene kleine Witzbolde sind. Ihr Artikel enthielt eine wunderbare Bilderserie, die den Kern des Experiments zum Ausdruck brachte. Die erste Reihe zeigte drei Bilder von Meltzoff, wie er die Zunge herausstreckte, den Mund weit öffnete und die Lippen zurückzog. In der Reihe darunter waren drei Bilder von drei sehr kleinen Kindern zu sehen, die ihn nachahmten. Die Kinder waren zwischen 14 und 17 Tage alt, und alle schienen ein Blitzen in den Augen zu haben. Ich hatte das Bild lange als Hintergrundbild auf meinem Computer. Ein Blick darauf hob unweigerlich meine Laune. Leider hat die Studie den Test der Zeit nicht gut bestanden.

Es schien, als wären Meltzoff und Moore über Johnson und Morton hinausgegangen und hätten gezeigt, dass Babys noch viel erstaunlichere Dinge tun, als ihre Köpfe einem Gesicht zuzuwenden. Die Babys von Meltzoff und Moore ahmten einen Erwachsenen nach. Sie konnten Gesichtsausdrücke imitieren, ohne jemals ihr eigenes Gesicht gesehen zu haben und lange bevor sie aus positivem Feedback etwas gelernt haben konnten. Die ursprüngliche Studie setzte auch ungewöhnliche Gesten mit der Hand ein. Die Babys schienen die Gesten zu imitieren wie kleine Möchtegern-Rapper, die Gang-Symbole zeigen.

Die Ergebnisse waren immer umstritten, weil es um sehr viel mehr ging als nur darum, Gesichter zu erkennen. Die Fähigkeit, auf diese Weise nachzuahmen, erfordert nicht nur einen einfachen Schaltkreis für die Gesichtserkennung, sondern einen Gehirnbereich, der in der Lage ist, mehrere Gesichtsausdrücke oder Gesten zu identifizieren. Und all das müsste dann in den Genen verankert sein. Verschiedene Erklärungen in dieser Richtung wurden vorgetragen, zum Beispiel wurde auf »Spiegelneuronen« verwiesen oder auf ein spezielles Gehirnmodul für soziale Imitation.

Einige Experimente schienen die Ergebnisse zu bestätigen, darunter eines mit neugeborenen Schimpansen. Andere konnten die Effekte nicht reproduzieren. Eine aktuelle Übersicht über alle veröffentlichten Studien zu dem Thema (Oostenbroek, Slaughter, Nielsen und Suddendorf 2013) kam zu dem Schluss, dass sich nur das Herausstrecken der Zunge konstant reproduzieren ließ. Das muss keine Nachahmung sein; möglicherweise strecken Babys ihre Zunge heraus, wenn sie aufgeregt sind, oder es ist einfach ein Reflex, der verschwindet, wenn sie älter werden. Die letzte Erklärung erscheint am ökonomischsten.

Neugeborene haben eine Reihe von einfachen Reflexen. Wir haben bereits über den Suchreflex oder *Breast-Crawl*-Reflex gesprochen, durch den sie die Brustwarze für ihre erste Mahlzeit finden. Sie haben auch einen Schreitreflex. Wenn man ein Neugeborenes über eine ebene Unterlage hält, machen die Füßchen ein paar winzige Schritte, die an Gehen erinnern. Und sie haben einen Greifreflex. Sie packen zu und lassen nicht mehr los. Dass ein Neugeborenes in der Lage ist, sich an Mamas Fell festzuklammern, ist für Primaten lebenswichtig, damit sie nicht vom Baum fallen. Alle Affenarten können das, und bei Menschenbabys hat sich dieser Reflex erhalten. Ich erinnere mich noch lebhaft daran, dass ich in Denis Mareschals Kurs im Grundstudium gelernt habe, man könne ein Neugeborenes an der Wäscheleine baumeln lassen, so fest sei sein Griff. Ich habe allerdings noch nie jemanden kennengelernt, der das ausprobiert hat, und ich empfehle es auch nicht. Wenn Babys das Gefühl haben zu fallen, breiten sie die Arme aus und ziehen sie dann wieder eng heran. Damit vermindern sie erst die Gefahr, zu stürzen, und dann sorgen sie dafür, dass sie besser zupacken können. Dieser sogenannte Moro-Reflex, der Menschenbabys nichts nützt, ist ein angeborenes Überbleibsel aus unserer Primatenvergangenheit.

Im Anschluss an ihre kritische Übersicht beschlossen Oostenbroek und Kollegen, eine endgültige Studie zu kindlicher Nachahmung durchzuführen, um zu überprüfen, ob es sich ebenfalls um einen Reflex handelte. Sie zeigten Neugeborenen zu unterschiedlichen Zeitpunkten zwischen einer und neun Wochen nach der Geburt elf verschiedene Gesten (Oostenbroek u. a. 2016). Dazu gehörten das Öffnen des Mundes, das Herausstrecken der Zunge, glückliche und traurige Gesichter, einige Fingerbewegungen und ein paar einfache Töne. Die Babys imitierten keine davon. Mit gleich hoher Wahrscheinlichkeit zeigten sie die entsprechenden Gesten oder nicht. Die Forscher stellten fest, dass das Herausstrecken der Zunge, das Öffnen des Mundes, glückliche Gesichtsausdrücke (Lächeln) und »mmm«-Laute häufig vorkamen. Die Analyse zeigte, dass die Muster früherer Experimente reproduziert werden konnten, wenn nicht alle möglichen Alternativen eingeschlossen wurden. Aber das ist kein Hinweis auf Nachahmung. Zum Beispiel konnte man die Babys am besten zum Lächeln bringen, indem man »mmm«-Laute vormachte, und nicht, indem man sie anlächelte.

Das Hauptargument, warum eine so frühe Fähigkeit zur Nachahmung vielleicht doch nicht existierte, war wohl, dass ein starker Effekt beim Lächeln ausblieb. Wenn Sie Mutter Natur wären und entscheiden müssten, welche gewinnenden Nachahmungseffekte ein neugeborenes Baby zeigen sollte, worauf würde Ihre Wahl wohl fallen? Mit einem Lächeln würden Babys vom ersten Tag an Freunde finden und Menschen für sich einnehmen. Aber die Studien förderten das nicht zutage. Sehr bald nach der Geburt lächelten die Babys und streckten ihre Zungen heraus, jedoch nicht als Reaktion darauf, dass jemand anderer das auch tat.

Ich finde das sehr interessant, weil es dafür spricht, dass das erste Lächeln kein Zeichen von Höflichkeit ist, sondern ein Zeichen von Freude. Babys können schon früh lächeln, aber nur, wenn sie es wollen. Im Übrigen ist das echte Lächeln eines Babys als solches erkennbar. In der Erwachsenenforschung unterscheidet man zwischen Lächeln aus Freude und sozialem Lächeln. In der Psychologie wird das echte Lächeln aus Freude als Duchenne-Lächeln bezeichnet nach dem französischen Wissenschaftler Guillaume-Benjamin Duchenne, der es zuerst beschrieben hat. Beim sozialen Lächeln lächelt der Mund, aber die Augen lächeln nicht mit. Beim Duchenne-Lächeln leuchtet hingegen das ganze Gesicht. Nicht nur der Mund zeigt ein breites Grinsen, sondern ein Muskel rund um die Augenhöhle, der sogenannte Augenringmuskel, sorgt für Fältchen seitlich an den Augen. Das lässt sich schon in den pausbäckigen, verblüfften Gesichtern neugeborener Babys erkennen und auf den Ultraschallbildern von Nadja Reissland.

Wenn man im Internet den Suchbegriff »lächelnde Neugeborene« eingibt, findet man viele hinreißende Beispiele. Ein berühmtes Bild zeigt eine lächelnde Mutter mit ihrem lächelnden Neugeborenen im Arm. Laut Bildunterschrift ist das Baby gerade sieben Sekunden auf der Welt. Ich verwende dieses Bild oft bei meinen Vorträgen. Die Originalquelle habe ich nie gefunden, aber das Lächeln ist unmissverständlich. Und ich habe mich gefreut, von meiner Forscherkollegin Francesca Cornwall zu erfahren, wie kindliches Lachen in der Ausbildung von Betreuungskräften für kleine Kinder helfen könnte. Sie kennt den Unterschied zwischen echtem und sozialem Lächeln. Natürlich hat sie genau hingeschaut, als ihr Sohn mit drei Wochen zum ersten Mal lächelte. Es war ein breites Grinsen mit voller Aktivierung des Augenringmuskels. Als gewissenhafte Wissenschaftlerin machte sie ein Foto.

Obwohl bei einem echten Lächeln zwölf Muskeln beteiligt sind und bei einem sozialen Lächeln nur zehn, ist das echte Lächeln leichter und kommt früher. Ein echtes Lächeln ist spontan und unwillkürlich, es signalisiert echte Freude oder Zufriedenheit. Das soziale Lächeln ist schwieriger, weil es eine absichtliche Handlung darstellt, etwas, zu dem wir uns entschließen müssen. Und die Misserfolge der Untersuchungen zur Nachahmung sprechen dafür, dass neugeborene Babys das noch nicht können.

Das unterstreicht, wie wichtig Lächeln und Lachen sind. Es sind keine sozialen Nettigkeiten. Babys sind von Anfang an sozial, aber der Anfang ist langsam und beginnt mit Authentizität. Das Lächeln, das man auf Bildern aus dem Mutterleib sieht, ist echt. Das erste Lächeln, das Eltern sehen, ist ein echtes Lächeln, es zeigt, dass das Baby glücklich ist. Aber wenn Neugeborene lächeln, weil sie glücklich sind, lautet die nächste Frage: Was macht sie glücklich?

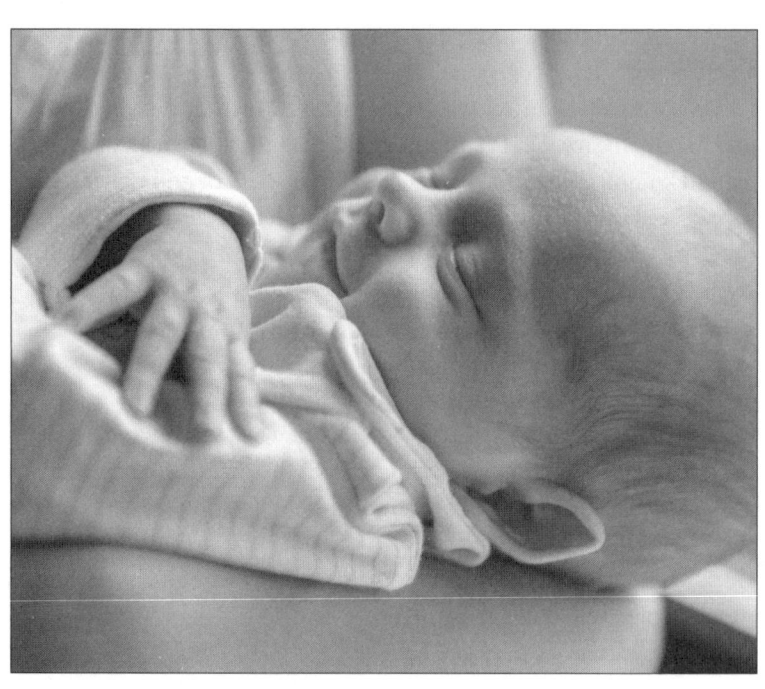

Kapitel drei

Die kleinen Vergnügungen

Ich bin völlig vernarrt in ein Wesen, das nur aus Gefühl und
Gedärm besteht.

Anne Enright, Ein Geschenk des Himmels, 2005

Betrunken von Milch

Wenn Sie einmal pure Seligkeit sehen wollen, dann schauen Sie sich
ein Baby an, das ganz betrunken von der Milch in den Armen seiner
Mutter liegt. Wenn Sie wissen wollen, wo Sie solche Bilder finden,
dann gehen sie auf Instagram und scrollen durch den Hashtag #Milk-
Drunk. Laut dem Blog Milk Drunk Diaries gibt es fast 100.000 solche
Bilder, jedes zeigt den unmissverständlichen Zustand schläfriger,
glückseliger Zufriedenheit, in den kleine Babys geraten, wenn sie es
warm haben und bis zum Platzen voll frischer Milch sind.

Die Begründerin des Blogs, Sophia Walker, hatte maßgeblichen
Anteil an der Verbreitung des Hashtags. Aber seinen großen Erfolg
verdankt er der Tatsache, dass alle jungen Eltern die Situation erkennen – zumindest wenn sie wissen, was sie bedeutet. Bei Sophia Walker funktionierte das nicht auf Anhieb. Wie sie in einer ihrer Kolum-
nen schreibt, war die erste Woche zu Hause mit dem Baby ziemlich
nervenaufreibend. Sie und ihr Mann googelten jedes Zucken, jedes
Schlucken und jeden Laut ihres neugeborenen Sohns, um zu überprüfen, ob alles so war, wie es sein sollte. Und dann passierte es: »Eines Abends, mitten beim Stillen, sackte mein Baby weg und wurde
ganz schlaff in meinen Armen. Mein Mann war so alarmiert, dass er
den ärztlichen Notdienst rufen wollte, aber Dr. Google kam genau
rechtzeitig zu Hilfe und klärte mich auf, was mit meinem Baby los
war: Es war betrunken von der Milch!«

Das beschreibt sehr schön einen deutlich erkennbaren Zustand sehr junger Säuglinge. Sie können glückselig betrunken sein, töricht, sabbernd, besinnungslos betrunken, wabbelig oder auch ärgerlich betrunken. Wie Sophia der Presse sagte, als dieses jüngste Babyphänomen über sie hinwegschwappte: »Es gibt nichts Herrlicheres als ein zufriedenes, benommenes Baby mit vollem Bauch und einem Milchbart! Das Bild schlägt so ein, weil alle Eltern das kennen und lieben. Es ist fast so, als gehörte man zu einem besonderen Klub!«

Sophias Geschichte erzählt viel über das Auf und Ab in den ersten Wochen nach der Rückkehr aus dem Krankenhaus. Für die Eltern wird das Leben nie mehr so sein wie zuvor. Selbst wenn jemand sämtliche Elternratgeber gelesen hat, ist er oder sie auf die Elternrolle nicht vorbereitet. Wie beim Schwimmenlernen bereitet einen die Lektüre eines Buchs nicht auf die praktischen Vorgänge oder den Schock des ersten Mals vor, wenn der Kopf unter Wasser taucht. Und für Eltern geht es die nächsten 18 Jahre so weiter.

Für die Babys sind die ersten Monate außerhalb des Mutterleibs nicht viel anders als das Leben drinnen. Um ein Baby in diesem Stadium zu beruhigen, wickeln wir es ein und wiegen es sanft und versuchen so, die vertraute Umgebung des Mutterleibs wiederherzustellen. Das ist das »vierte Trimester«. Die meiste Zeit geht es um Schlafen, Essen und Wachsen. Aber es geht auch um sogenannte »Rohgefühle« und darum, Nähe zu den Betreuungspersonen aufzubauen. Die Nabelschnur wurde durchtrennt, und an ihre Stelle sind eine neue Abhängigkeit und ein neues Gefühl der Handlungsfähigkeit getreten. Diese beiden Dinge hängen zusammen und sind wichtig, um die ersten Monate zu verstehen. Jetzt, wo das Baby nicht mehr in einem stetigen Strom mit Nahrung versorgt wird, ist die Spannbreite des Erlebens viel größer. Es hat Hunger. Es hat Durst. Es ist ärgerlich. Es erschrickt. Und es lernt, dass es etwas dagegen tun kann. Mit Unterstützung der Betreuungspersonen ist das der Beginn des emotionalen Lebens und des Selbstgefühls und der Beginn des Glücks.

Die Weltgesundheitsorganisation (WHO) empfiehlt, innerhalb einer Stunde nach der Geburt mit dem Stillen zu beginnen und es so lange wie möglich fortzuführen. Eine große Überblicksstudie mit dem Titel »Stillen im 21. Jahrhundert«, die 2016 in der medizinischen Fachzeitschrift *The Lancet* erschien, kam zu dem Ergebnis, dass Stillen für Mutter und Baby das Beste ist. Es schützt die Kinder vor Infektionen, Diabetes und Übergewicht. Die Mütter schützt es vor Brustkrebs, und es kann das Risiko für Diabetes und Eierstockkrebs verringern. Auch das Risiko eines plötzlichen Kindstods wird durch Stillen reduziert, hingegen scheint es keine positive Wirkung hinsichtlich Allergien oder Asthma zu haben (Victora u. a. 2016).

In Ländern mit geringen Einkommen sind die Vorzüge des Stillens seit Langem bekannt. Von 1982 an verfolgten Cesar Victora und Fernando Barros, wie es mehr als 4500 Babys erging, die in ihrer Heimatstadt Pelotas im Süden Brasiliens zur Welt gekommen waren. Sie fanden noch nach 30 Jahren Unterschiede zwischen Babys, die gestillt worden waren, und solchen, die Fertigmilch erhalten hatten; unter anderem hatten die gestillten Babys höhere IQs und höhere Einkommen (Victora u. a. 2015). Ihre Untersuchung belegte zahlreiche Vorzüge des Stillens und trug dazu bei, die Einstellung zum Stillen in Brasilien und in anderen Ländern zu verändern. In den reichen Ländern sind die Vorzüge jedoch womöglich nur gering. Meine Kollegin Sophie von Stumm hat das in Großbritannien in einer großen Studie mit vielen Teilnehmern untersucht und kam zu dem Schluss, »Stillen hat wenig Vorteile für die Intelligenz in den frühen Jahren und das kognitive Wachstum vom Kleinkindalter bis zur Adoleszenz« (Stumm und Plomin 2015).

Die in *The Lancet* veröffentlichte Untersuchung, eine Zusammenfassung von 28 Überblicksartikeln, plädiert nachdrücklich für das Stillen: Es habe in reichen und armen Ländern gleichermaßen Vorteile. Der Co-Autor Simon Murch, ein britischer Kinderarzt, wird mit der Aussage zitiert: »Muttermilch ist die ultimative personalisierte Medizin für kleine Kinder.«

Saugen = Essen = Wohlbefinden

Das Wichtigste beim Stillen ist jedoch die Zeit und nicht die Nahrung. Stillen bedeutet Wohlbefinden und Sicherheit. Für ein Baby liegt das Glück im Land von Milch und Mami.

Vor allem ganz am Anfang. In ihren ersten Lebenswochen müssen Babys lernen, »Saugen ist Essen, und wenn ich esse, geht's mir gut«. Dieses Mantra formuliert Penelope Leach in ihrem Buch *Die ersten Jahre deines Kindes,* einem modernen Klassiker unter den Elternratgebern, von dem über drei Millionen Exemplare verkauft wurden. Wenn Sie einen praktischen Ratgeber von einer Frau lesen wollen, die sich auch in der Wissenschaft auskennt, ist das meine erste Empfehlung. Das Buch erschien ursprünglich 1977 und wurde viele Male überarbeitet und neu aufgelegt, es ist ein würdiger Nachfolger von Dr. Benjamin Spocks *Säuglings- und Kinderpflege* aus dem Jahr 1946. Penelope Leach trägt Spocks Gedanken weiter, dass entspannte, souveräne Eltern es leichter haben und glückliche Babys aufziehen. Ihre Ratschläge orientieren sich immer am emotionalen Erleben des Kindes.

Ein Grund, warum Mütter das Stillen aufgeben, ist, dass das Baby Zeit braucht, um die Situation zu verstehen. Ein hungriges Baby weiß nicht, dass es Hunger hat oder dehydriert ist. Es kann quengelig oder apathisch sein oder wütend und unkooperativ. Das ist verständlich – auch wir Erwachsene werden manchmal unleidlich, wenn wir eigentlich nur eine Tasse Tee und einen Keks bräuchten. Für ein Baby erfüllt die Muttermilch den gleichen Zweck. Die Vormilch, die beim Stillen zuerst kommt, ist relativ wässrig. Sie löscht rasch den Durst. Die Nachmilch, die danach kommt, ist fettreicher. Sie bewirkt, dass das Baby sich am Ende satt und zufrieden fühlt, auch wenn das Ziel nicht immer einfach zu erreichen ist. Ein sehr aufgeregtes Baby kann nicht saugen. Das regt wiederum die Mutter auf, und die Stresshormone können die Milchproduktion hemmen. Beide müssen ruhig und miteinander verbunden sein, damit es mit dem Stillen klappt.

Deshalb schärft Dr. Leach ihren Leserinnen und Lesern eines ein: dass Essen für Babys Gefühl bedeutet. Die kindlichen Gefühle sind so komplex, dass die Mahlzeiten kompliziert werden können.

Mit dem Stillen beginnt die Bindung. Bindung ist mehr als die wachsende Liebe der Eltern zu dem Baby, Bindung geht in beide Richtungen. Professor Ruth Feldman von der israelischen Bar-Ilan-Universität erforscht die Eltern-Kind-Beziehung seit den frühen 1990er-Jahren. Sie sagt, das Herz der Beziehung in den ersten Monaten sei, wie die reifen physiologischen Systeme der Eltern die unreifen Systeme des Kindes bei der Regulierung unterstützen. Und nach Professor Feldmans Ansicht hängt alles am Oxytocin.

Oxytocin ist alt. Es kommt bei vielen Spezies vor, deren letzter gemeinsamer Vorfahr vor 600 Millionen Jahren lebte. Seit damals gibt es Oxytocin, und es hat sich nicht verändert. Daraus können wir folgern, dass es sehr wichtig ist. Bei Menschen hilft es, die frühe Ausbildung der Verbindungen im Gehirn zu koordinieren, es ist zugleich ein Hormon und ein Neurotransmitter. Als Hormon gehört es zum endokrinen System und hat eine allgemeine Wirkung auf viele Organe und Bereiche des Gehirns. Als Neurotransmitter interagiert es mit Dopamin in unserem Belohnungszentrum und spielt eine zentrale Rolle in der Amygdala, dem emotionalen »Herz in unserem Kopf«.

Bei der Mutter sendet Oxytocin nicht nur Signale an die Brust, Milch fließen zu lassen (der sogenannte Let-Down-Reflex), es verändert auch das Gehirn. Direkt nach der Geburt eines Babys ist das Gehirn der Mutter so plastisch und anpassungsfähig wie nie mehr in ihrem Erwachsenenleben. Ein »Babygehirn« existiert tatsächlich und ist nützlich. Eine junge Mutter fühlt sich vielleicht vergesslich und unkonzentriert, aber sie wird empathischer, ist besser in der Lage, Gefühle zu spiegeln und zu regulieren. Oxytocin wirkt auch bei Vätern. Je mehr sie sich an der Betreuung des Kindes beteiligen, desto mehr verändert sich ihr Verhalten (R. Feldman 2012). Der Anstieg des elterlichen Oxytocinspiegels führt dazu, dass auch beim Kind der Spiegel ansteigt; allerdings ist die Wirkung bei Babys schwieriger zu messen, weil es keinen nicht-invasiven Test für Oxytocin gibt. Aber wir wissen, dass eine vorzeitige Geburt und Umgebungsstress den Oxytocinspiegel senken und einfühlsame Pflege ihn steigen lässt. Synchronie spielt bei der Einfühlung eine zentrale Rolle. Professor Feldman hat untersucht, wie Eltern und Babys durch Berührung, Augenkontakt, geteilte Gefühle und die Töne, die jeder macht, aufeinander reagieren. Diese Verbindungen sind am stärksten, wenn ein Baby trinkt. Und dabei spielt es keine Rolle, ob es an der Brust trinkt oder die Flasche bekommt.

Wenn ein Neugeborenes trinkt, wird es eng am Körper gehalten, genau im richtigen Abstand, dass es den Herzschlag der Pflegeperson hört und ihr Gesicht sieht. Die Synchronie zwischen Elternteil und Baby ist eine Feedback-Schleife. Je stärker synchronisiert Elternteil und Baby von Anfang an sind, desto besser wird das Baby in der Lage sein, seinen Teil der Interaktion zu regulieren. Das verbessert die Qualität der Interaktion, und dadurch sind Elternteil und Kind noch stärker im Einklang. Emotionale Stabilität hilft dem Kind, mit der Welt zu interagieren, und die Effekte sind langfristig.

Professor Feldman hat viele Babys ab einem Alter von drei Monaten bis zur Adoleszenz beobachtet. Einige Kinder aus ihren Untersuchungen sind inzwischen 20 Jahre alt. Sie hat festgestellt, dass die aufmerksame Versorgung durch die Eltern in den ersten Jahren bewirkt, dass die Kinder als Teenager und auch später sozialer sind und mehr Empathie zeigen (R. Feldman 2007, 2015). Natürlich kann auch das Gegenteil passieren: Ein schlechter Anfang kann alles noch schwieriger machen. Aber die hoffnungsvolle Botschaft lautet, dass diese Systeme nicht starr sind und graduelle Verbesserungen sich ansammeln. Mehr Aufmerksamkeit heute macht die Dinge morgen leichter, und so weiter.

Gute Brust, böse Brust

Ein bemerkenswerter Punkt in Ruth Feldmans Forschungen ist, dass sie Gedanken in einem neuen Licht erscheinen lassen, die erstmals in der Objektbeziehungstheorie der Psychoanalyse auftauchten. In den

1930er-Jahren vertrat Melanie Klein die Ansicht, die Reaktion eines Babys auf frühe Fütterungsmuster könne darüber entscheiden, ob sie in Zukunft glücklich und beziehungsfähig seien. Wenn ein hungriges Baby gefüttert werde, werde die Mutter zur »guten Brust«. Wenn es keine Nahrung erhalte, sei sie die »böse Brust«. Klein meinte, es führe zu langwierigen Problemen, wenn ein Baby nicht in der Lage sei zu erkennen, dass die gute Brust und die böse Brust in ein und derselben Person nebeneinander existieren.

Ich muss zugeben, dass ich diese Gedanken absurd fand, als ich sie zum ersten Mal hörte. Die blumige Sprache der Psychoanalyse machte es nicht besser. In *Beitrag zur Psychogenese der manisch-depressiven Zustände* schreibt Melanie Klein:

> Das Ich introjiziert von Anfang an sowohl »gute« als auch »böse« Objekte, und für beide stellt die Mutterbrust den Prototyp dar – für die guten Objekte, wenn sie das Kind befriedigt, für die bösen, wenn sie sich ihm versagt. Da das Baby seine eigene Aggression auf diese Objekte projiziert, empfindet es sie als »böse«, und zwar nicht nur insofern, als sie seine Bedürfnisse nicht befriedigen: Das Kind nimmt sie vielmehr als wirkliche Gefahr wahr – als Verfolger, die es verschlingen, sein eigenes Körperinneres ausrauben, es in Stücke schneiden und vergiften, kurz: mit allen Mitteln des Sadismus zerstören wollen (Klein 1996 [1935], S. 35).

Das ist natürlich lächerlich. Babys geraten in Verzweiflung, aber sie fürchten keines der Schreckensbilder, die Melanie Klein malt. Sie sind nicht in der Lage, solche Katastrophenszenarios zu entwickeln. Ihre Probleme sind unmittelbarer. Wenn sie Hunger haben oder sich unwohl fühlen, wollen sie, dass es aufhört. Wenn sie gefüttert werden, sind sie glücklich. Die Forschungen von Ruth Feldman zeigen, dass ihre frühen Interaktionen langfristige Folgen haben, aber nicht so, wie Melanie Klein sich das vorstellte.

Selbst viele Psychoanalytiker waren schockiert von Kleins düsteren Fantasien. Doch ihre Ideen begrüßten sie als eine Weiterentwicklung der Gedanken von Sigmund Freud. Freud interessierte sich nie besonders für Babys als Babys. Die freudsche Psychoanalyse ist eine Form der Gesprächstherapie für Erwachsene, die sich auf Geschichten, Archetypen und Mythen stützt. Geschichten sind in der Therapie menschlicher und nachvollziehbarer, aber für Freud mussten sie vor allem interessant sein. Deshalb war für ihn unser höchst komplexes Unterbewusstsein voll von primitiven Emotionen und ungelösten Konflikten. Nach seiner Sicht werden wir alle mit Fehlern geboren, voller Liebe, Hass, Neid, Angst und Schuld. Tatsächlich ist eine Kindheit nicht so, aber das ließ er nicht gelten, wenn es um eine gute Geschichte ging. Für Freud waren Babys dazu da, dass man ihnen die Fehler der Erwachsenen anlasten konnte, zu denen sie geworden waren.

Freuds jüngste Tochter Anna und ihre Analytikerkollegin Melanie Klein setzten Kinder an die erste Stelle. Sie arbeiteten beide direkt mit Kindern und nahmen das emotionale Erleben von Kindern sehr ernst. Anna Freud veröffentlichte 1927 ihr Buch *Einführung in die Technik der Kinderanalyse*. Darin knüpfte sie an die Auffassung ihres Vaters an, dass es in unserer Psyche Ich, Es und Über-Ich gibt und wir eine Reihe von genau definierten Stadien der psychosexuellen Entwicklung durchlaufen. Melanie Kleins Buch *Die Psychoanalyse des Kindes* erschien 1932. Sie hatte richtig erkannt, dass die emotionale Entwicklung sehr viel komplizierter war, als Freuds sauber getrennte Stadien es suggerierten. Aber sie ging noch viel weiter bei der Schilderung von Wut und Angst in der Kindheit.

Nach Freuds Tod 1939 kämpften Anna Freud und Melanie Klein um sein Erbe. 1944 einigten sie sich, dass sie sich nicht einigen konnten, und die Psychoanalyse teilte sich in eine freudianische Schule, eine kleinianische Schule und eine Mittelgruppe, die sich von beiden distanzierte. Das Anna Freud National Centre for Children and Families in London leistet seit mehr als sechs Jahrzehnten wichtige Forschungen zur geistigen Gesundheit von Kindern. In Großbritannien und Lateinamerika sind kleinianische Ideen weiterhin sehr einflussreich. Das vielleicht wichtigste Vermächtnis hat Melanie Klein womöglich in Gestalt zweier Schüler hinterlassen, Donald Winnicott und John Bowlby. Beide waren ausgebildete Ärzte und Psychiater, und beide hatten sehr viel mit Kindern gearbeitet, bevor sie zur psychoanalytischen Ausbildung zu Melanie Klein kamen. Letztlich wandten sich beide von ihrer düsteren und von Krisen bestimmten Sicht der Mutter-Kind-Beziehung ab.

So etwas wie ein Baby gibt es nicht

So etwas wie ein Baby gibt es nicht, das heißt, wenn man ein Baby beschreiben will, beschreibt man immer ein Baby und eine andere Person. Ein Baby kann nicht allein existieren, sondern ist immer Teil einer Beziehung.

Donald Winnicott, The Child, the Family and
the Outside World, 1964

Winnicott hatte eine sehr viel positivere Botschaft für die Mütter als Melanie Klein: Im Großen und Ganzen haben Mütter eine natürliche Einstellung zur Mutterschaft und besitzen ein instinktives Wissen, wie sie ihre Babys versorgen müssen, denn sie sind selbst einmal Babys gewesen. 1943 hielt Winnicott im BBC-Radio eine Reihe von Vorträgen unter dem Titel »Glückliche Kinder« und entdeckte dabei sein Talent, seine Gedanken mit einfachen Worten auszudrücken. Er wurde danach immer wieder eingeladen, so auch 1945 zu der Reihe »Ihr Baby kennenlernen«; dabei wandte er sich direkt an junge Mütter. Er versicherte den Müttern, sie würden »gut genug« für ihre Babys sein. In den ersten Monaten, in denen es um Halten, Füttern, Aufmerksamkeit für und Einstimmung auf das neue Baby gehe, sei die Mutter für das Baby die Welt.

Nach seiner Auffassung stärkt eine aufmerksame Mutter ihr Baby. Sie registriert, wann es Hunger hat, und wenn sie ihm rasch zu essen gibt, sorgt sie dafür, dass das Baby sich stark, ruhig und zuversichtlich fühlt. Die Mutter verkörpert für das Kind die Welt. Aufmerksamkeit mag als Kleinigkeit erscheinen, aber in der Welt eines Babys hat sie große Bedeutung. Ganz richtig lag Winnicott mit seiner Abneigung gegen »Menschen, die immer Babys auf ihren Knien auf und ab hüpfen lassen, damit sie lachen«. Für ihn war das eine egoistische Handlung, bei der der Erwachsene durch das Baby unterhalten werden will, statt sich auf die Bedürfnisse des Babys in diesem Moment einzustellen.

John Bowlbys Arbeit ähnelt der von Winnicott, ergänzt sie aber auch. Während Winnicott der Objektbeziehungstheorie verhaftet blieb, wurde Bowlby mehr von Biologie, Psychologie und anderen Naturwissenschaften beeinflusst. Konrad Lorenz hatte ihn inspiriert, er korrespondierte mit ihm und anderen Verhaltensforschern. Die Fähigkeit der Mutter, ihr Kind zu versorgen und eine Verbindung zu ihm herzustellen, führte er mehr auf von der Evolution angelegte Instinkte zurück als auf unbewusste Erinnerungen an ihre eigene Kindheit. Seiner Meinung nach waren aus der Sicht des Kindes reale Erfahrungen und Beziehungen wichtiger als Gedanken und Fantasien.

Nach dem Zweiten Weltkrieg übernahm Bowlby die Leitung der Kinderabteilung der Tavistock Clinic in London, eines Zentrums für die Erforschung und Behandlung seelischer Probleme, und bezeichnenderweise benannte er sie um in Abteilung für Kinder und Eltern. Während des Krieges hatte Bowlby sich mit gestörten Kindern und aus London evakuierten Kindern befasst. Er führte viele Probleme auf die Tatsache zurück, dass die Kinder lange von ihrer wichtigsten Bezugsperson getrennt gewesen waren. Ein paar Jahre später bildete er ein Team mit der Kanadierin Mary Ainsworth. Sie arbeiteten direkt mit Babys und Müttern und entwickelten das sehr einflussreiche Konzept der »Bindung«.

> Intime Bindungen an andere menschliche Wesen sind der Angelpunkt, um den sich das Leben eines Menschen dreht, nicht nur im Säuglings-, Kleinkind- oder Schulalter, sondern auch während der Adoleszenz und der reifen Jahre bis hinein in das Alter (Bowlby 1983 [1969], S. 576).

Ich untersuche das ausführlicher in späteren Kapiteln. An dieser Stelle soll es genügen, Bowlby und Winnicott für das zu würdigen, was sie mit ihrer Arbeit erreicht haben. Sie führten nicht nur die Theorien über die kindliche Entwicklung von den düsteren psychoanalytischen Fantasien Melanie Kleins ein gutes Stück auf den vernünftigeren Weg hin zu Ruth Feldmans Neurobiologie der Liebe, sondern hatten auch großen Einfluss auf das Leben vieler Familien. Dazu zählten jene, denen sie direkt mit ihrer klinischen Arbeit halfen, aber auch viele andere, weil ihre Arbeit die gesellschaftliche Wahrnehmung veränderte, was gute Elternschaft im Großbritannien der Nachkriegszeit bedeutete. Sie halfen Eltern, sich von der Vorstellung zu lösen, eine harte Hand und kühle Distanz seien nötig, um den Charakter des Kindes zu formen und zu große Anhänglichkeit zu verhindern, indem sie sehr klar darlegten, wie wertvoll Nähe, Liebe und Empathie sind. Sie bestärkten Mütter, ihren Instinkten mehr zu vertrauen als Autoritätspersonen. Bowlby und Winnicott hätten sicher als Erste gesagt, dass alle Mütter das meiste ganz allein herausfinden.

Die irische Romanautorin Anne Enright erzählt in ihrem Erfahrungsbuch *Ein Geschenk des Himmels* von ihren ersten Erlebnissen beim Füttern. Sie sitzt aufrecht in ihrem Krankenhausbett und wundert sich über ihre neugeborene Tochter, einen »weißen Dracula«, immer hungrig nach Milch, mit einem intensiven Blick und vielschichtigen Gefühlen, die sich im Gesicht spiegeln. Sie ist genauso verblüfft darüber, dass sie Milch produzieren kann, wie darüber, dass ihre Tochter sie aufnehmen kann. In den ersten Monaten erstaunen sie die Geheimnisse der Mutterschaft immer wieder. Erst sehr viel später kommt sie zu dem Schluss:

Die Mutterschaft fällt mir leicht. Doch ist es eine hart erkämpfte Leichtigkeit, auf die ich ziemlich stolz bin (Enright 2005, S. 244).

Was ist Vergnügen?

Ein Rätsel im Zusammenhang mit dem milchtrunkenen Baby haben wir noch nicht vollständig gelöst: Was bereitet dem Baby daran so viel Vergnügen? Wir wissen, dass es isst, um zu wachsen, und dass es, wenn es Nahrung zu sich nimmt, auch emotional wächst. Wir wissen, dass ein voller Bauch den Vagusnerv stimuliert, eine ganze Kaskade chemischer Botenstoffe freizusetzen, wodurch sich die Spiegel von Insulin, Ghrelin, Leptin und anderen Hormonen ändern. Wir wissen, dass diese chemischen Veränderungen den Körper darauf vorbereiten, die Mahlzeit zu verdauen und das Baby in einen glücklichen milchtrunkenen Schlaf sinken zu lassen. Aber wir wissen immer noch nicht, was daran Vergnügen bereitet.

Wenn wir Gehirnspezialisten fragen, heißt es manchmal »dopaminbasierte Belohnungskreisläufe«. Als Antwort ist das weitgehend nutzlos. Wenn wir einen Psychoanalytiker fragen, hören wir, dass Wunscherfüllung glücklich mache. Das ist ebenfalls überwiegend nutzlos. Für sich allein sind die Antworten nicht falsch, aber sie tragen nicht viel zu unserem Verständnis bei. Warum bereitet uns Freude, was uns Freude bereitet? Warum lacht das eine Baby, wenn es die Treppe heruntergetragen wird, während ein anderes immer die Giraffe Sophie bei sich haben will? Warum mag ich Iron Maiden und Sie mögen Madonna? Warum liebt jemand die Oper?

Spielt das überhaupt eine Rolle? In den 1890er-Jahren bemerkte der Philosoph William James, es sei unsinnig, Fragen zu stellen wie: »Warum lächeln wir, wenn wir uns freuen, und runzeln nicht die Stirn?« Die meisten Menschen kämen nicht auf die Idee, so etwas zu fragen. Vielleicht lieben wir die Dinge, die wir tun, weil sie nun einmal liebenswert sind. Um es mit den Worten von James auszudrücken: Eine Henne würde es ungeheuerlich finden, wenn irgendein Lebewesen ein Nest mit Eiern nicht für absolut faszinierend und kostbar halten würde.

Ökonomen und Philosophen machen viel Aufhebens um Vergnügen und Lust, aber ich habe den Verdacht, dass das hauptsächlich widerspiegelt, wie langweilig es ist, ein Ökonom oder Philosoph zu sein. Die Ökonomen übersetzen heute die meisten Dinge zuerst in Geld und dann in unverständliche Gleichungen. Nicht umsonst bezeichnen sie die Ökonomie auch als die »trübsinnige Wissenschaft«. Und wenn Sie das Gegenteil von Vergnügen wollen, empfehle ich Ihnen, den Artikel über Vergnügen (*pleasure*) in der *Stanford Encyclopaedia of Philosophy* zu lesen (Katz 2016).

Aber wir wollen fair zu den modernen Philosophen und Ökonomen sein: Ihre Ideen sind wahrscheinlich so unklar geworden, weil alle einfachen Gedanken schon formuliert waren. Mit dem Satz »Ich stimme Aristoteles zu« oder durch Abkupfern bei John Maynard Keynes kann man nicht Karriere machen. Aus philosophischer Sicht haben die alten Griechen das meiste bereits gesagt. Plato teilte unsere geläufige Einschätzung, dass Vergnügen die Befriedigung biologischer Begierden und Bedürfnisse ist. Ein hungriges Baby ist nicht mehr hungrig. Ein Erwachsener, dem es zu heiß wird, geht aus der Sonne.

Aristoteles kümmerte sich nicht um solche animalischen Vergnügungen und meinte, Vergnügen rühre von dem Gefühl her, die Welt zu beherrschen. Ein gefüttertes Baby freut sich, dass es ihm gelungen ist, Nahrung zu bekommen. Eine erwachsene Person genießt Kunst, weil sie weiß, was es bedeutet, »gute« Kunst zu machen. Epikur, dessen Name zum Synonym für das Streben nach Daseinslust geworden ist, vertrat die schlichtere Ansicht, Vergnügen sei Freiheit von Schmerz, Furcht und »Unruhe in der Seele«. Ein Baby, das es warm hat und satt ist, ist glücklich, weil es nicht unglücklich ist, so wie eine Katze, die in der Sonne liegt. Epikur sagt, Vergnügen finde man in Erlebtem, nicht in Gedanken. Oft werden seine Ideen so gedeutet, als befürworte er einen unbekümmerten Hedonismus, aber seine Philosophie ist differenzierter: Er drängt uns, die Gegenwart zu genießen, weil der größte Feind des Vergnügens die Angst im Hinblick auf Vergangenheit oder Zukunft ist.

Adam Smith, der Begründer der modernen Wirtschaftswissenschaft, hatte ebenfalls kluge Dinge über das Vergnügen zu sagen. Smiths Ideen zu Freihandel und Marktwirtschaft fußten auf seinen Gedanken über die Menschen und die Gesellschaft. Seiner Ansicht nach war Epikurs Vorstellung von Vergnügen zu vereinfachend und ichbezogen. Im ersten Satz seines 1851 erschienenen Buchs *Theorie der ethischen Gefühle* erklärt Smith seine gesamte Philosophie:

> Mag man den Menschen für noch so egoistisch halten, es liegen doch offenbar gewisse Prinzipien in seiner Natur, die ihn dazu bestimmen, an dem Schicksal anderer Anteil zu nehmen, und die ihm selbst die Glückseligkeit dieser anderen zum Bedürfnis machen, obgleich er keinen anderen Vorteil daraus zieht als das Vergnügen, Zeuge davon zu sein (Smith 1977 [1851], S. 5).

Mit anderen Worten: Es bereitet uns Vergnügen, Sinn für das Wohlergehen von anderen zu haben. Mit diesem Prinzip der »gegenseitigen Sympathie« erklärt Smith Freude, Schmerz, Ärger und Kummer. Ziemlich am Anfang seines Buches stellt er das Leid des Kleinkinds, das nur »das Unbehagen des gegenwärtigen Augenblicks« empfinden kann, dem Kummer der Mutter gegenüber, der daraus erwächst, dass sie sich die Hilflosigkeit und Not ihres Kindes vorstellt.

Die Glücksforschung steckt selbst noch in den Kinderschuhen. Die Forscher versuchen, unsere kleinen Freuden zu verstehen, und damit rücken die Babys wieder in den Mittelpunkt. Was Glück betrifft, stimmen die Neurowissenschaftler gern Aristoteles darin zu, dass sich zwei Formen unterscheiden lassen: die Lust des Augenblicks und tiefere Befriedigung oder *hedonia* und *eudaimonia*, wie die alten Griechen sagten. Die Forschung hat sich größtenteils auf hedonistische Lust konzentriert und weniger auf eudämonistische Lebenszufriedenheit, weil Sinn und Zufriedenheit schwierig zu fassen sind. Wir wissen aus eigener Erfahrung, dass Zufriedenheit schwer zu erreichen und noch schwerer festzuhalten ist. Sie ist nicht nur flüchtig, sondern rätselhaft und von einer Person zur anderen komplett verschieden. Außerdem braucht sie Zeit. Etwas ist vielleicht erst rückblickend befriedigend. Deshalb ist es nicht überraschend, dass es bisher noch nicht gelungen ist, Zufriedenheit im Gehirn zu lokalisieren.

Vergnügen ist mehr als nur ein angenehmes Gefühl. Die Neurowissenschaftler Kent Berridge und Morten Kringelbach sprechen von einem »hedonistischen Glanz«, der über bestimmten Erfahrungen liege und sie von anderen unterscheide. Außerdem glauben sie, dass zum Vergnügen drei Bestandteile gehören: Wollen, Mögen und Lernen. Mögen ist die Erfahrung des Vergnügens, Wollen und Lernen passieren vorher und nachher, sie sind die Vorwegnahme und das Nachleuchten (Berridge und Kringelbach 2011).

Der größte Teil der Forschungen zu Vergnügen und Lust dreht sich um die Lust am Essen, nicht zuletzt, weil in Tierexperimenten die Belohnung durch Futter wunderbar funktioniert. Man kann eine Maus oder einen Affen schlecht nach ihren Lieblingssongs fragen, aber bei ihren Essensvorlieben sind sie sehr auskunftsfreudig. Das Gleiche gilt für Babys. Sobald ein Baby anfängt, feste Nahrung zu sich zu nehmen, müssen sich die Eltern auf viele Jahre mit Wutanfällen und Verweigerung einstellen, wenn ihr Kind etwas zu essen bekommt, das es nicht mag. Oder normalerweise schon mag, aber gerade heute nicht, vielen Dank Mami. Für jeden Gesichtsausdruck, der Abscheu vor Essen anzeigt, gibt es ein Pendant, das Entzücken signalisiert. Den Gemüserebellionen steht das Eiscremelächeln gegenüber.

Erstaunlicherweise sind es in unserer erweiterten Affenfamilie immer die gleichen Gesichtsausdrücke, die diese Vorlieben übermitteln. Dieses Wissen verdanken wir einem ungewöhnlichen Experiment, das Berridge und sein Team 2001 unternommen haben (Steiner, Glaser, Hawilo und Berridge 2001). Zuerst gaben sie neugeborenen Babys (mit Saccharose) gesüßtes Wasser und (mit Chinin versetztes) bitteres Wasser und filmten die Gesichter, die sie dabei zogen. Dann wiederholten sie das mit einer bunten Schar unserer Affenverwandten. Sie testeten insgesamt elf andere Arten, darunter alle Menschenaffen (Gorillas, Orang-Utans und Schimpansen) und viele Affen mit fantasievollen Namen wie die Rotkopfmangabe und den Östlichen Graukehl-Nachtaffen. Zur Vervollständigung nahmen sie noch einen Mongozmaki dazu.

Die grundlegende Erkenntnis war nicht allzu überraschend: Alle elf anderen Arten zogen Süßes dem Bitteren vor. Bemerkenswert war, dass sie das mit beinahe identischen Gesichtsausdrücken signalisierten. Menschenbabys und Affenbabys kniffen gleichermaßen die Augen zu und zogen die Nase kraus, wenn sie das bittere Gemisch bekamen, und streckten bei der süßen Limonade die Zunge vor. Und als die Videos noch einmal sorgfältig in Zeitlupe analysiert wurden, breiteten sich die Ausdrücke in genau der gleichen Geschwindigkeit über die Gesichter aus, wenn man die jeweilige Größe berücksichtigte. Bei einem Gorilla breitete sich die Grimasse also langsamer aus als bei einem Goldhandtamarin, aber es war dieselbe Grimasse. Interessanterweise drückten nur Menschen und die anderen Menschenaffen Vergnügen durch Lächeln aus.

Die Schlussfolgerung aus dieser Studie lautet nicht nur, dass alle Affenbabys Limonade mögen, sondern dass unsere hedonistischen Reaktionen Millionen Jahre alt sind. Es ist nicht überraschend, dass die Früchte liebenden Mitglieder der Primatenfamilie allesamt Süßes mögen. Aber unser jüngster gemeinsamer Vorfahr mit den südamerikanischen Affen lebte vor 30–65 Millionen Jahren. Die Lemuren sind sogar noch entferntere Verwandte. Die Ausdrücke auf den Affengesichtern waren nicht alle identisch, aber doch so ähnlich, dass wir zuversichtlich sagen können, dass die Reaktionen gleich waren.

Der Einwand liegt auf der Hand: »Na und? Die einfachen Genüsse von Babys und Affen sind eines, aber über die raffinierten Vergnügungen von Erwachsenen sagt das nicht viel.« Vielleicht doch. Denn selbst die raffiniertesten erwachsenen Gelüste wie die nach gutem Essen, teurem Wein und abstrakter Kunst spiegeln das gleiche grundlegende Vergnügen wider, das wir in dem glücklichen Gesicht eines Seidenäffchen-Babys erkennen.

So sieht es Paul Bloom, ein kanadischer Psychologe, der an der Universität Yale arbeitet. Er ist Experte für Babys und hat drei Bücher über sie und das, was wir von ihnen lernen können, geschrieben. Aber er hat auch sehr viel über andere Themen publiziert, unter anderem über Moral, Empathie und Vergnügen. In seinem Buch *Sex und Kunst und Schokolade: Warum wir mögen, was wir mögen* (2011) vertritt er die »essenzialistische« Position, dass alle Dinge, die uns Vergnügen bereiten, etwas gemeinsam haben, das sie vergnüglich macht. Zum Beispiel verliert ein Kunstwerk, das einem großen Künstler zugeschrieben wird, den Kunstkenner sehr schätzen, schlagartig an Wert und Faszination, wenn sich herausstellt, dass es eine geniale Fälschung ist, weil nun die Essenz des Meisters nicht mehr da ist.

Bloom spricht in seinem Buch nicht viel über Babys, aber ihre Freuden und Vorlieben sind der Ursprung dessen, was wir mögen und was uns Vergnügen bereitet. Eine meiner liebsten Süßigkeiten als Kind waren Cherry Lips, harte, wie Lippen geformte kirschrote Bonbons, deren Konsistenz und Geschmack an Plastik erinnerten. Meine Mutter aß sie in großen Mengen, als sie mit mir schwanger war. Wahrscheinlich stammte meine Vorliebe daher. (Woher ihre Gier danach stammte, wissen wir nicht.)

Julie Mennella hat untersucht, wie Geschmacksvorlieben von Müttern an ihre Babys weitergegeben werden. Sie arbeitet am Monell Chemical Senses Centre in Philadelphia, und ihre frühesten Forschungen zeigten, wenn Mütter in der Schwangerschaft oder während der Stillzeit viel Karottensaft getrunken hatten, mochten ihre Babys Getreidebrei mit Karottengeschmack, sobald sie mit fester Nahrung begannen (Mennella, Jagnow und Beauchamp 2001). Passenderweise war sie durch frühere Untersuchungen mit Kaninchen zu dieser Studie angeregt worden. 1994 hatten Agnes Bilko und ihr Team festgestellt, dass kleine Kaninchen eine besondere Vorliebe für Wacholderbeeren zeigten, wenn ihre Mütter damit gefüttert worden waren. Diese Vorliebe wurde sogar dann weitergegeben, wenn die Wacholderbeeren den Kaninchenbabys nur im Kot der anderen Kaninchen im Nest begegneten. Natürlich konnte man diesen Versuch nicht mit Menschenbabys wiederholen, aber die Forschung zeigt, dass Vorlieben mit dem zusammenhängen, was Babys im Mutterleib oder durch die Muttermilch kennenlernen.

Mennellas Forschungsteam testete Vanille, Anissamen, Minze und Knoblauch, und alle entsprechenden Vorlieben können von der Mutter an das Baby weitergegeben werden. Unsere landestypischen Essensvorlieben könnten mit der Muttermilch auf uns übergegangen sein. Mennella, die Amerikanerin italienischer Abstammung ist, erklärt auf diese Weise gern ihre Vorliebe für Gerichte mit viel Knoblauch. Doch solche Vorlieben haben Grenzen. Viele grüne Gemüse sind ziemlich bitter, und kleine Kinder nehmen Bitteres intensiver wahr. Kinder dazu zu bringen, dass sie Gemüse essen, übersteigt immer noch die Fähigkeiten der Wissenschaft.

Kot und Kichern

Wird das Kind
vom Töpfchen hochgehoben,
hört es von der Mutter
das erste große Lob:
Drum ist es, wenn wir erwachsen sind,
ein gutes Omen,
den Tag mit einem befriedigenden
Schiss zu beginnen.

W. H. Auden, »The Geography of the House«, in:
About the House, 1965

In seinem Buch *About the House* machte es sich W. H. Auden zur Aufgabe, aus der Perspektive jedes Raums über das Leben nachzudenken. Das Gedicht über die Toilette ist ein besonderer Höhepunkt. Es handelt von der elementaren Lust am Kacken, und Auden kombiniert dabei lustvoll Fäkalhumor mit intellektuellen Reflexionen über Luther, Freud und den heiligen Augustinus. Er erkennt an, welches Vergnügen uns allen ein befriedigender Schiss bereitet, und führt das zurück auf unsere frühesten Tage, als wir für diesen Akt der Selbstkontrolle sehr gelobt wurden. Er geht sogar so weit zu sagen: »Alle Kunst kommt von diesem Ur-Akt des Machens.« Leicht paraphrasierend könnten wir sagen, seiner Meinung nach seien alle Akte künstlerischer Kreativität nur Beispiele, wie ihre Urheber versuchten, die Lust eines guten Schisses zu reproduzieren.

Auden hatte selbst keine Kinder und unterschätzt, wie viel Lob Babys für »gutes Kacken« bekommen, lange bevor sie auf den Topf gesetzt werden. Von der Geburt an hören Babys beifällige Laute von ihren stolzen Eltern, wenn sie zur richtigen Zeit ihre Windel füllen. Und das ist auch gut so, denn Eltern erfahren schnell, dass Neugeborene Freude und Scheiße in großen Mengen produzieren.

Wie nicht anders zu erwarten, unterstützen Windelhersteller diese Begeisterung. Mamia und Pampers haben Werbefilme mit »Kackgesichtern« produziert. Sie zeigen eine Reihe von Babys, die eindeutige Gesichter ziehen, während sie glücklich ihre Windeln vollmachen. Beide Filme – gedreht in großartiger Zeitlupe und unterlegt mit bewegender klassischer Musik – haben Branchenpreise gewonnen. Das ist vollkommen einleuchtend, sobald man sich nicht mehr fragt, wie sie diese emotionsgeladenen Darmbewegungen eingefangen haben.

Eltern sind gut beraten, wenn sie im Umgang mit Kot die gleiche fröhliche Haltung einnehmen. Es gibt kein Entkommen. Bei einem durchschnittlichen Baby in einem westlichen Land werden sechs- bis zwölfmal am Tag die Windeln gewechselt, was sich auf bis zu 3000 Windelwechsel allein im ersten Jahr summieren kann. Das ist viel Kacka und Pipi, und nicht alles landet in der Windel. Kot gelangt wundersamerweise überallhin – auf das Baby, auf die Babykleidung, in die Badewanne, auf Möbel, auf Haustiere, auf alles und jedes. Und selbst wenn kein Kot vorhanden ist, verwenden die Eltern viel Zeit darauf, über Menge und Konsistenz zu sprechen und an dem Baby zu schnuppern, ob der nächste Windelwechsel fällig ist.

Es ist erstaunlich, wie zuverlässig kleine Jungen pinkeln, sobald man sie zum Windelwechseln ausgepackt hat. Als ich ganz frisch auf der Welt war, nannten meine Eltern mich »Fontänen-Addy«, weil meine Wasserspiele beim Windelwechseln es mit einer lokalen touristischen Sehenswürdigkeit namens Fountains Abbey aufnehmen konnten. Ein strahlender Sechsjähriger erzählte mir einmal: »Ich habe einen kleinen Bruder bekommen, und er lächelt nur, wenn er pinkelt.« Der freudige Ausdruck auf seinem Gesicht ließ vermuten, dass das womöglich das Beste daran war, einen kleinen Bruder zu haben.

Anne Enright schreibt in *Ein Geschenk des Himmels:* »Babys sind auf unser Lächeln angewiesen, beim Füttern und auch – noch dringender – wenn es am anderen Ende wieder herauskommt.« Freud dachte ähnlich. Ein berühmter Aspekt seiner Theorie der psychosexuellen Entwicklung ist das Konzept der anal-retentiven Persönlichkeit. Freud zufolge entwickeln sich Babys von der Phase der oralen Fixierung im ersten Jahr, in der sich alles um die Brust und die Nahrung dreht, weiter zum analen Stadium mit 18 bis 36 Monaten, in dem es um die Verdauung und den Stuhlgang geht. Er meinte, wenn Eltern ein zu rigides Toilettentraining praktizierten, werde ein Kind beim Heranwachsen zu unflexibel und zu sehr auf Sauberkeit und das Befolgen von Regeln bedacht sein.

Freud hatte recht und unrecht zugleich. Seine Beschreibung der anal-retentiven Persönlichkeit gab die Grundlage für das ab, was Psychologen heute als zwanghafte oder anankastische Persönlichkeitsstörung bezeichnen, ein psychisches Problem, von dem zwei Prozent der Bevölkerung betroffen sind. Aber weder diese Störung noch die damit eng verbundene Zwangsstörung, eine Angsterkrankung, hat etwas mit dem Toilettentraining zu tun. Ich will mich nicht weiter in Freuds Theorien vertiefen, weil sie nicht wissenschaftlich sind und keine Erkenntnisse über Babys liefern. Wann immer Freud über die frühe Kindheit sprach, wollte er eine Vorstellung illustrieren, die er über das Erwachsenendasein hatte. Die Terminologie und Mythologie der Psychoanalyse sind ein Versuch, die Komplexität des ganzen Menschen zu erfassen. Die Psychoanalyse ist bestrebt, eine Geschichte zu finden, die Patient und Therapeut nutzen können, damit der Patient mit der Gegenwart besser zurechtkommt. Ob die Theorie wahr ist, spielt dabei nur eine untergeordnete Rolle.

Kurioserweise betrachtete Freud das Lachen wie das Kacken als »Triebabfuhr«. Der Gedanke geht zurück auf einen Aufsatz über die Physiologie des Lachens von Herbert Spencer aus dem Jahr 1859. Spencer war Philosoph, Anthropologe, Soziologe und politischer Theoretiker. Er ist heute ziemlich unbekannt, aber im 19. Jahrhundert war er ein philosophischer Superstar: ein produktiver Autor und der bekannteste Intellektuelle in Europa, so etwas wie der Bertrand Russel oder Stephen Hawking der damaligen Zeit.

Spencer hatte großen Einfluss auf Freud. Seine Theorie des Lachens lässt sich perfekt in den Satz fassen: »Lachen ist ein aufgeplatztes Lächeln.« Er glaubte, dass Gefühle, die eine bestimmte Intensität überschritten haben, körperlich zum Ausdruck gebracht werden müssen. Dieses hydraulische Modell von Emotionen, die sich aufstauen und dann abgeführt werden müssen, wurde zentral für Freuds Theorien. Aber während es passend ist für Kot, der sich sammelt und erfolgreich ausgeschieden wird, ist es eine schiefe Metapher für unsere Gefühle.

Kapitel vier

Schlafen!?

*Das Lächeln, das auf des Kindleins Lippen flackert, wenn es
schläft – weiß jemand, wo das geboren ward? Ja, es geht ein
Gerücht, daß ein junger, blasser Strahl des zunehmenden
Mondes den Saum einer schwindenden Herbstwolke berührte,
und da wurde das Lächeln zuerst geboren in dem Traum eines
taugebadeten Morgens – das Lächeln, das auf des Kindleins
Lippen spielt, wenn es schläft.*

Rabindranath Tagore, »Der Ursprung«, aus:
Der zunehmende Mond, 1913

Eine überraschende Entdeckung junger Eltern ist, dass Babys oft im
Schlaf lächeln oder sogar lachen. Der bengalische Dichter und Universalgelehrte Rabindranath Tagore hatte eindeutig diese Erfahrung
gemacht und beschreibt sie in seinem Gedicht »Der Ursprung«. Es
steht ziemlich am Anfang von *Der zunehmende Mond*, der Samm-
lung von Gedichten über Kinder und die Kindheit, die in englischer
und deutscher Übersetzung 1913 veröffentlicht wurde, im selben
Jahr, in dem er den Nobelpreis für Literatur erhielt. In typisch lyri-
scher Form schildert Tagore die magischen Augenblicke im Alltag,
die andere übersehen. In einem weiteren Gedicht, »Kindchens Welt«,
staunt er darüber, wie anders die Welt für Babys aussieht. In »Der Ursprung« hält sich Tagore nur kurz bei der Frage auf, ob das Baby-
lächeln im Schlaf einen Hinweis auf kindliche Träume gibt, bevor er
mit eigener kindlicher Begeisterung anderen Ideen nachjagt.

Eine ähnliche Szene taucht ein paar Seiten weiter in einem Gedicht mit dem Titel »Die Schlafdiebin« noch einmal auf. Tagore beschreibt eine Mutter, die ihr Baby für den Mittagsschlaf hinlegt und

mit ihrer Hausarbeit weitermacht. Wenig später geht sie zurück und findet das Baby hellwach vor, wie es über den Boden krabbelt. »Wer hat denn den Schlaf von Kindchens Augen gestohlen?«, fragt sie und klagt über den neuerlichen Besuch der Schlafdiebin. Denn was für eine andere Erklärung könnte es sonst geben, dass dieses Baby, das müde sein müsste, eindeutig hellwach ist? Das Gedicht entwickelt die Fantasie, das Nest der Schlafdiebin zu suchen und den ganzen fehlenden Schlaf zurückzuholen.

Tagore hatte fünf Kinder, aber man bekommt den Eindruck, dass sich in der Regel eine andere Person um sie kümmerte. Im Unterschied zu den meisten Eltern ist Tagore amüsiert über das hellwache Baby. Er findet es lustig, Frustration ist eher nicht zu spüren. Oder Erschöpfung: Vom gestohlenen Schlaf der Mutter oder gar von seinem eigenen ist nicht die Rede.

Um ehrlich zu sein, mir ging es sehr oft genauso wie Tagore. Ich finde Babys faszinierend und frage mich dauernd, was in ihren kleinen Köpfen wohl vorgeht. Ich verbringe viel Zeit damit, sie genau zu beobachten. Weil ich selbst keine Kinder habe, ist es meist eine intellektuelle Beschäftigung, besonders wenn es um das Schlafen geht. Ich frage mich, was Babys träumen. Ich weiß, dass sie oft aufwachen, und ich frage mich warum. Aber alle Babys, die in unsere Labors kommen, sind hellwach oder wachen gerade auf. Wir legen die Termine entsprechend fest. Wir wollen, dass die Babys ihre wachste Phase haben, wenn sie bei uns sind, damit sie bei unseren Tests ihr Bestes geben können; weil wir Schlaf normalerweise nicht untersuchen, taucht das Thema nicht immer auf. Die Eltern wirken oft müde, aber sind zu höflich, um Aufhebens darum zu machen.

Wie wichtig die Schlafmuster von Babys für die Eltern sind, stellte ich erst in Brasilien fest. Ich saß in dem engen Wohnzimmer von Ana Luiza, einer vierzigjährigen Mutter von drei Kindern. Wir befanden uns im zehnten Stock eines gepflegten Hochhauses in Vila Moraes, einem Stadtviertel von São Paulo. Die Wohnung war klein, einfach und blitzsauber, aber trotzdem gemütlich. Die beiden älteren Töchter, acht und vier, hatten ein gemeinsames Zimmer, in dem ihre beiden kleinen Betten gerade Platz fanden. Das jüngste Kind, ebenfalls ein Mädchen, ein Jahr alt, schlief in einer Wiege am Fuß des Bettes ihrer Eltern. Eine Stunde lang hatte ich Ana Luiza zugehört, wie sie über den Schlaf ihrer jüngsten Tochter erzählte. Weil ich damals nur wenig Portugiesisch sprach, verstand ich höchstens ein Fünftel davon. Aber die Kernbotschaft drang laut und deutlich zu mir durch: Der Schlaf des Babys beschäftigt die Eltern sehr. Genau deshalb war ich nach Brasilien gekommen.

Ich war zusammen mit Cinthia Oliveira von Pampers und Luciana Martins von Ketchum, der Kommunikationsberatung von Pampers, unterwegs. Ana Luiza war die sechste Mutter, die wir besuchten. Wir waren bei Yasmin und Baby Felipe gewesen, das in einer Wiege schlief, die mit Hunderten kleiner Totenkopfsticker dekoriert war. Wir hatten Gabriella und Baby Giovanna kennengelernt, die beide viel Rosa trugen. Wir hatten die supergesprächige Helena und ihr superlächelndes Baby João besucht. Jedes Mal hatten die Mütter die Stunde, die uns zur Verfügung stand, mühelos mit Erzählungen über das Schlafen, Einschlafrituale und Windeln ausgefüllt.

Zu den schönen Dingen, wenn man sich mit der Erforschung von Babylachen beschäftigt, gehört, dass man dabei immer wieder in reizvolle, überraschende Richtungen geführt wird. Zwei Monate in São Paulo leben und arbeiten zu dürfen ist in dieser Hinsicht sicher ein Highlight, obwohl ich, als ich zum ersten Mal von dem Projekt hörte, noch dachte, es sei ein Witz. Im Februar 2015 erhielt ich aus heiterem Himmel einen Anruf von Luciana. Sie stellte sich vor und sagte, Pampers Brazil wolle mithilfe der Wissenschaft beweisen, dass Babys lachend aufwachen. Zuerst lachte ich selber, denn normalerweise funktioniert Wissenschaft nicht so. Aber es stellte sich heraus, dass sie es ganz ernst meinte.

Weltweit lief bereits Pampers-Werbung zum Thema »glucksendes Aufwachen«. Die Filme zeigten glückliche Babys, die in ihren Kinderbetten auf und ab hüpften. Die Werbung behauptete, Babys, die in Windeln von Pampers aufwachten, könnten nicht unglücklich sein, weil sie sich nicht unwohl fühlten und nicht nass seien. Das

Pampers-Team in Brasilien wollte noch einen Schritt weiter gehen. Sie wollten mit mir zusammenarbeiten, um diese Aussage wissenschaftlich zu testen.

Als jemand, der die Unternehmenswelt verlassen hatte, um seine Zeit mit Babys zu verbringen, hatte ich meine Zweifel, das gebe ich zu. Doch dann sah ich mir noch ein paar kurze Informationsfilme von Pampers für junge Mütter an. Ich war beeindruckt. Die Filme waren klar und wissenschaftlich solide. Als Nächstes sprach ich mit meiner Kollegin Professor Annette Karmiloff-Smith, die früher schon einmal mit Pampers zusammengearbeitet hatte. Annette ist auf unserem Forschungsgebiet eine Legende. Sie war die letzte Doktorandin von Jean Piaget, dem genialen Begründer der Entwicklungspsychologie, und hat selbst zahlreiche unglaublich einflussreiche Bücher und Aufsätze geschrieben. Als wir uns unterhielten, war sie 76 und arbeitete immer noch sehr viel. Leider starb sie ein Jahr später.

Annette erzählte mir, sie habe bei mehreren Projekten zum Thema Babyschlaf erfolgreich mit Pampers kooperiert. Sie brachte mich mit Dr. Frank Wiesemann zusammen, dem Leiter des Babypflege-Forschungsteams bei Procter & Gamble. Wir telefonierten, und dabei wuchs meine Zuversicht für das Projekt. Frank ist fröhlich, pragmatisch und direkt mit einem typisch deutschen Sinn für trockenen Humor. Er lachte ebenfalls über den übertriebenen Enthusiasmus seiner brasilianischen Kollegen, die »mit Wissenschaft« beweisen wollten, dass Babys lachend aufwachen. In unserem Gespräch stellten wir fest, dass es nur sehr wenig Forschung dazu gibt, wie die Schlafqualität von Babys ihre Stimmung am Morgen beeinflusst. Also buchte ich meinen Flug nach Brasilien.

Die »Experten«?

Bei der Vorbereitung unserer Studie beschäftigte ich mich zum ersten Mal richtig mit dem Schlaf von Babys. Es stellte sich heraus, dass die Experten und Wissenschaftler den Schlaf ganz anders betrachten als die Eltern. Eltern werden genau wie andere Opfer von Schlafentzug mit allem einverstanden sein, was ihnen zu einer ruhigen Nacht verhilft. Die Experten nehmen sich dieser Verzweiflung an, versprechen die magische Formel für ein Baby, das sich an feste Schlafzeiten hält, oder ein absolut zuverlässiges Schlaftraining. Unterdessen befassen sich die Wissenschaftler immer noch mit der Frage, warum wir überhaupt schlafen. Der Zweck des Schlafs ist nach wie vor ein Rätsel für uns.

In Großbritannien ist Gina Ford eine besonders berüchtigte Babyexpertin. Die ehemalige Kinderkrankenschwester hat zahllose Bücher verkauft, die allen Eltern ein zufriedenes Baby versprechen, wenn sie sich an ihre strikten Zeitpläne für Essen und Schlafen halten. Eine typische Regel in ihrem Buch lautet, ein drei Monate altes Baby müsse zweieinviertel Stunden nach dem Hinlegen wieder wach sein, egal, wie lange es insgesamt schläft (Ford 2010 [2004]). Diese doktrinäre Haltung spaltet die Eltern. Viele schwören darauf, dass ihre Routinen Wunder wirken. Für andere ist Gina Ford eine Provokation. Kommentatoren empörten sich insbesondere über Ratschläge wie den, Babys sollten sich ruhig in den Schlaf weinen.

Fords Insistieren, alles müsse einem minutengenauen Zeitplan folgen, hat monomanische Züge. Nach ihrem Buch enthält der tägliche Zeitplan für Eltern mit einem sechs bis acht Wochen alten Neugeborenen 52 Punkte, die sie in 24 Stunden abarbeiten müssen. Und wie es aussieht, dürfen weder die Eltern noch das Baby im ersten Jahr auch nur ein einziges Mal ausschlafen. Nicht einmal am Wochenende. Jeden Tag beginnt der Zeitplan mit dem Eintrag »Spätestens um sieben sollte das Baby wach sein, mit frischer Windel und gefüttert«. Für viele Eltern mit Babys, die scheinbar niemals schlafen, gibt es in Fords Büchern viele hoffnungsvolle Voraussagen, an die sie sich klammern. Aber ihre Ratschläge gründen offenbar auf keinerlei Forschung jenseits ihrer persönlichen Erfahrung als Ratgeberin für Eltern. Es ist schon aufschlussreich, dass zwölf von 21 »Leseempfehlungen« in *Das zufriedene Baby* andere Titel von Gina Ford sind.

Die strikte Routine von Anfang an widerspricht der Auffassung von Dr. Richard Ferber, dem Mann, dessen Name zum Synonym für ein bestimmtes Schlaftraining geworden ist. Für alle Zeiten heißt die Methode »schreien lassen« bei amerikanischen Lesern *Ferberisation*, obwohl Ferber diese Formulierung nie verwendet hat und von Eltern keineswegs eine so strikte Routine verlangt wie Gina Ford.

Dr. Ferber gründete 1979 das Zentrum für kindliche Schlafstörungen am Kinderkrankenhaus von Boston. In seinem Buch *Schlaf, Kindlein, schlaf* aus dem Jahr 1985 (deutsche Ausgabe 1996) empfahl er als Erster eine Schlafroutine, bei der die Eltern das Baby ins Bett legen sollen, solange es noch wach ist, es schreien lassen und die Zeitabstände, in denen sie nach dem Baby sehen, jeden Abend ein bisschen verlängern. Nach dieser Theorie sollen die Kinder nach und nach lernen, auch ohne die Anwesenheit eines Elternteils selbst in den Schlaf zu finden. Kritiker sagen, seine Methode werde nicht dazu führen, dass die Babys nicht mehr verzweifelt seien, sie würden nur lernen, es nicht zu zeigen.

Über die Jahre wurde Ferber von Anhängern und Kritikern gleichermaßen falsch zitiert. Zum einen empfahl er seine Methode nur Eltern, die große Probleme haben, ihre Kinder zur Ruhe zu bringen. Wenn ein Baby die meiste Zeit gut schläft, hat das Schlaftraining nach seiner Ansicht keine Vorteile. Zweitens funktioniert es nicht bei Babys unter sechs Monaten. Sie müssen nachts aufwachen, um zu trinken, und für diese Altersgruppe empfiehlt Ferber das Schlaftraining nicht. Außerdem sieht er keine strenge Routine für den Rest des Tages vor.

Mein liebster Experte ist Dr. Harvey Karp. Dr. Karp würde Ferbers Aussage zustimmen, »die Bedürfnisse eines Babys werden am besten erfüllt, wenn alle gut schlafen«. In seinem Buch *Das glücklichste Baby der Welt* (Karp 2011) geht es hauptsächlich darum, wie ein Baby gut schläft. Aber Karp nimmt die entgegengesetzte Position zu Ford und Ferber ein. Nach seiner Ansicht ist es am wichtigsten, nach dem Baby zu sehen und es rasch zu beruhigen.

Dr. Karp empfiehlt eine Abfolge von »fünf S«, um ein Baby zu beruhigen, das nicht in den Schlaf findet. Das erste S ist »strammes Einwickeln«. Wenn das Baby nicht mehr strampeln kann, wird es ruhig.

Zweitens sollen die Eltern das Kind eine Zeit lang in Seiten- oder Bauchlage bringen. Drittens wirkt ein weißes Rauschen aus Schhhh-Lauten besänftigend. In gewisser Weise ist das die akustische Entsprechung zum strammen Wickeln. Der vierte Punkt ist Schaukeln. Am Anfang sollte es ziemlich heftig sein und dann nach und nach in rhythmische, eintönige Bewegungen übergehen. Das fünfte S ist Saugen – an der Brust, an einem Finger oder einem Schnuller.

Die gute Nachricht lautet, dass die meisten Methoden bis zu einem gewissen Grad zu helfen scheinen. Jodi Mindell und ihr Team (Mindell u. a. 2006) fanden in einer großen Überblicksstudie zu 52 unterschiedlichen Schlafinterventionen heraus, dass Schlaftraining zu verbessertem Schlaf führte. Es funktionierte auch, wenn die Eltern im Zimmer blieben, aber das Baby ignorierten. Das Gleiche galt für eine Schlafroutine, zu der feste Bettzeiten gehörten, die Eltern aber das Baby erst hinlegten, wenn es müde wirkte. Sogar so seltsame Methoden wie »gezieltes Aufwecken« hatten Erfolg. Dabei sollen sich die Eltern die Zeiten merken, wann das Baby meistens weinend aufwacht, und es gezielt 20 Minuten vorher wecken und trösten. Das »Aufwecken« wird dann nach und nach reduziert.

All diese Studien stützten sich auf die Berichte von Eltern, die immer subjektiv sind. Möglicherweise trainieren sie die Eltern einfach, weniger Probleme wahrzunehmen. Zwei aktuellere Studien untersuchten die Methode kontrolliertes Schreien im Sinne von Ferber mittels Aktigrafie. Dabei zeichnet ein Gerät ähnlich wie ein Fitnessarmband alle Bewegungen des Babys in der Nacht auf. In beiden Studien berichteten die Eltern in der Gruppe, die die Babys kontrolliert schreien ließ, über mehr Verbesserungen. Aber noch wichtiger ist eine andere Feststellung: Die objektiven Daten aus den Aufzeichnungen zeigten, dass der Schlaf mit Schlaftraining nicht besser war als in der Kontrollgruppe ohne Schlaftraining (Gradisar u. a. 2016; Hall u. a. 2015).

Wir wissen, dass beim Schreien Puls, Blutdruck und der Cortisolspiegel des Babys ansteigen, was das Einschlafen sicher nicht befördert. Wir wissen nicht, ob es langfristige Wirkungen hat, und wenn ja welche, wenn Babys sich selbst überlassen bleiben. Es gibt bisher keine gut kontrollierte Studie zu den langfristigen Wirkungen von Schlaftraining. Dr. Tracy Cassels, die den Blog Evolutionary Parenting betreibt, schreibt, ohne überzeugende Belege, dass kontrolliertes Schreien hilft, sollten Eltern auf Schlaftraining verzichten. Ich bin ebenfalls der Meinung, dass aufmerksame Fürsorge besser ist.

Warum schlafen wir überhaupt?

Eltern, die sich fragen, warum ihr Baby nicht schläft, können eine zweifelhafte Befriedigung aus der Tatsache ziehen, dass nicht einmal die besten Schlafexperten der Welt genau wissen, warum wir überhaupt Schlaf brauchen. Trotz all unserer Bemühungen haben wir keine umfassende Theorie des Schlafes. Wir verstehen nicht genau, was Schlaf bei Erwachsenen bewirkt, und bei Babys wissen wir es schon gar nicht. Ein Grund, warum die meisten Psychologen sich aus diesen Diskussionen heraushalten, ist, dass durch Schlafmangel erschöpfte Eltern den Satz »Es ist kompliziert« nicht hören wollen.

Schlaf ist nicht mein zentrales Forschungsthema, und um mehr zu erfahren, ging ich deshalb den Flur hinunter zu der Schlafexpertin an der Goldsmiths University, Professor Alice Gregory. Auf den ersten Blick wirkt Alice zu jung und zu witzig, um Professorin zu sein. Aber wenn man sich ihre imposante Liste von über 100 wissenschaftlichen Veröffentlichungen zum Thema Schlaf anschaut, wird klar, dass Alice eine internationale Koryphäe ist und Schlaf in der Tat eine komplizierte Sache.

Wie es der Zufall wollte, hatte Alice gerade *Nodding Off* abgeschlossen, ein populärwissenschaftliches Buch über den Schlaf. Der Untertitel lautet »Schlaf verstehen von der Wiege bis zum Grab«. Damit war sie die perfekte Person, um mir den Schlaf zu erklären. Ich begann mit der ganz großen Frage: Wozu dient Schlaf? Und sie antwortete, das sei die falsche Frage. »Manche Wissenschaftler sagen, zu fragen, warum wir schlafen, sei genauso lächerlich wie zu fragen, warum wir wach sind. Die Forscher diskutieren nicht mehr über die Aufgabe des Schlafs. Sie sind sich mittlerweile einig, dass er vielfältige Aufgaben hat.« Die vier wichtigsten sind Regeneration, Stoffwechsel, Lernen und etwas, das man mangels einer besseren Bezeichnung Therapie nennen könnte.

Die Regenerationshypothese wurde in den 1960er- und 1970er-Jahren von dem Forscherehepaar Ian Oswald und Kristine Adam von der Universität Edinburgh vertreten (Adam und Oswald 1983). In ihrer ursprünglichen Form ist sie ganz einfach. Sie besagt, dass Schlaf den Menschen körperlich und Träumen ihn seelisch wiederherstellt. Regeneration ist nicht einfach »Ausruhen«. Schlaf ist gar nicht so geruhsam. Tatsächlich verbrennt ein Mensch beim Schlafen 12 Prozent mehr Kalorien, als wenn er vor dem Fernseher sitzt. Schlafen ist eine aktive Zeit. Beim Schlafen geht es nicht darum, durch Inaktivität Energie zu sparen, und wohl auch nicht einfach nur um physische Erholung. Laufen Sie einmal einen doppelten Marathon (ich warte solange hier). Ein paar Tage lang werden Sie danach ein bisschen tiefer und ein bisschen länger schlafen, und dann wird sich Ihr normaler Schlaf wieder einstellen (Shapiro u. a. 1981).

Ein wesentlicher Punkt bei der Regenerationshypothese ist die Unterscheidung von verschiedenen Schlafphasen. Schlaf läuft in Zyklen von 90 Minuten ab: Erst durchlaufen wir vier Stadien, in denen der Schlaf immer tiefer wird, dann erfolgt der Übergang in eine Phase des Traumschlafs. Dieser Zyklus wiederholt sich immer wieder bis zum Morgen. Der Traumschlaf ist auch bekannt als REM-Schlaf (*Rapid Eye Movement*, Schlaf mit schnellen Augenbewegungen) oder paradoxer Schlaf. Er heißt REM-Schlaf, weil sich die Augäpfel unter den Augenlidern schnell hin- und herbewegen. Und es ist paradoxer Schlaf, weil das Gehirn genauso aktiv ist wie im Wachzustand. Zum Träumen komme ich gleich, zunächst steigen wir noch etwas tiefer in den tiefen Schlaf ein.

Nur Vögel und Säugetiere träumen, aber alle Tiere müssen schlafen. Reptilien, Amphibien, Fische, Insekten und sogar kleine Fadenwürmer – alle schlafen. Der Schlaf scheint bei allen tierischen Lebewesen Standard zu sein, trotzdem ist es seltsam, weil Schlaf ein so verwundbarer Zustand ist. Wäre es aus evolutionärer Sicht nicht besser, sich einfach im Wachzustand auszuruhen und zu regenerieren? Aber so ist es nicht, und das muss gute evolutionäre Gründe haben.

Einen Hinweis gibt die Tatsache, dass man ohne Schlaf stirbt. Allan Rechtschaffen und Bernard Bergmann von der Universität Chicago haben das mit einigen gruseligen Experimenten in den 1980er-Jahren bewiesen, zumindest für Ratten. In einem erlesen sadistischen Experiment bauten die Forscher eine runde Kammer mit einer horizontalen Drehscheibe im Zentrum, die über flachem Wasser aufgehängt war. Die Kammer war durch eine senkrechte Wand in der Mitte in zwei Bereiche unterteilt. Auf jeder Hälfte der Plattform saß eine Ratte. Die Gehirnströme einer Ratte wurden aufgezeichnet, und immer, wenn sie im Begriff war einzuschlafen, begann die Scheibe zu rotieren. So waren beide Ratten gezwungen, zu laufen, weil sie sonst ins Wasser gefallen wären. Auf diese Weise konnte die überwachte Ratte niemals schlafen. Die zweite Ratte musste sich auch bewegen, wenn die Scheibe rotierte, konnte aber schlafen, wenn die erste Ratte wach und aktiv war. Beide Ratten hatten die gleiche Umgebung, aber nur eine Ratte wurde gezielt am Schlafen gehindert. Und welche Ratte starb? Im Studienprotokoll heißt es: »Die Versuchsratten erkrankten schwer und starben; die Kontrollratten nicht« (Rechtschaffen u. a. 1983, S. 182).

Nach fünf bis 33 Tagen Schlafentzug starben alle acht Ratten, die die Forscher aktiv am Schlafen gehindert hatten, oder mussten eingeschläfert werden. In ihren letzten Stunden hatten die Ratten Wunden, geschwollene Pfoten, Gleichgewichts- und Muskelprobleme und zeigten abgeschwächte Gehirnströme. Nach ihrem Tod fanden die Forscher Geschwüre, Blutungen und Lungenprobleme. Die Kontrollratten waren erschöpft, aber ansonsten ging es ihnen gut. Allerdings wurden auch sie getötet, wenn die jeweiligen Partnerratten starben, damit die Forscher vergleichende Autopsien durchführen konnten. (Für Laborratten geht es nie gut aus, egal, wie die Versuchsanordnung aussieht.)

Zweifellos würde Ähnliches bei Menschen passieren, obwohl ich nur von einem dokumentierten Todesfall weiß. 2012 starb der chinesische Fußballfan Jiang Xiaoshan, nachdem er angeblich elf Nächte hintereinander nicht geschlafen hatte, weil er die Übertragungen der Fußballeuropameisterschaft anschauen wollte. 1964 stellte der 15-jährige Randy Gardner mit elf Tagen und 25 Minuten ohne Schlaf einen Weltrekord auf. Randy schien nicht sehr unter negativen Auswirkungen zu leiden, aber andere, die Ähnliches versuchten, wurden sehr aufgeregt und fantasierten. Wenig später nahm Guinness diesen Rekord nicht mehr auf, weil der Versuch, ihn zu überbieten, gefährlich werden konnte.

In der Wissenschaft setzt sich die Ansicht durch, dass bestimmte physiologische Prozesse verlangen, dass wir schlafen. Wenn der Schlaf unterbrochen wird, stoppen diese Prozesse, mit verheerenden Konsequenzen. Die Gründe sind tief in der Evolution verwurzelt. Wir wissen nicht, wie und wann das Leben begann, aber seit es komplexes Leben gibt, gibt es auch Zyklen von Tag und Nacht; deshalb ist der Schlaf fest in unserem Stoffwechsel verankert.

In der Biologie geht es um Stoffwechselzyklen, und sie bestehen immer aus zwei Teilen. Beim Anabolismus werden aus kleineren Molekülen größere gebildet, ein Vorgang, der üblicherweise Energie verbraucht; beim Katabolismus werden größere Moleküle zu kleineren abgebaut, was üblicherweise Energie freisetzt. Im Grunde ist das Leben ein unendlicher Kampf darum, diesen Kreislauf zu erhalten. Die metabolische Theorie des Schlafs besagt, dass der effizienteste Weg, das zu erreichen, darin besteht, zwei getrennte Vorgänge daraus zu machen: Aktivität im Wachzustand und Regeneration im Schlaf. Der Neurologe Markus Schmidt spricht vom »Laufen der Maschine« und von der »Wartung der Maschine« (Schmidt 2014, S. 126).

Natürlich erklärt das allein noch nicht den Schlaf. Aber der Zyklus von Nacht und Tag organisiert die Chemie des Lebens schon ziemlich lange nach einem zirkadianen Rhythmus. Einige der frühesten Lebensformen, alte Pflanzen und Algen, haben es bereits so gemacht: Fotosynthese funktioniert nachts nicht. Tiere sind nicht so eingeschränkt, aber es ist sehr sinnvoll, sich als nachtaktives oder tagaktives Tier zu spezialisieren. Sonst hat man einen evolutionären Nachteil gegenüber anderen entsprechend spezialisierten Tieren. Die ersten Landtiere waren wahrscheinlich alle tagaktiv: wach am Tag, und in der Nacht schliefen sie. Sie waren Kaltblüter und brauchten wie die heutigen Reptilien die Sonne, die sie auf Betriebstemperatur aufwärmte. Ihnen blieb gar nichts anderes übrig, als nachts zu schlafen. Aber dadurch entstand in der Nacht eine Nische, die sich nutzen ließ. Unsere weit entfernten Vorfahren sind womöglich Warmblüter geworden, um nachtaktiv sein zu können. (Als Warmblüter hat man die Wahl.)

Markus Schmidts Stoffwechselhypothese erklärt auch, warum unser Schlaf zyklisch verläuft. Er stimmt mit Oswald und Adam darin überein, dass der Schlaf der physischen Regeneration dient und der REM-Schlaf der mentalen. Überraschend ist, dass der REM-Schlaf noch mehr Energie verbraucht. Beim Träumen schalten warmblütige Lebewesen ihre Thermoregulation ab, damit sie mehr Energie für den Umbau des Gehirns aufwenden können; deshalb steigt unsere Kerntemperatur, während wir träumen. Wenn das zu lange ginge, würden wir überhitzen, deshalb fallen wir zurück in den tiefen Schlaf, in dem wir wieder abkühlen. Kleinere Säugetiere können Wärme schneller ansammeln und abgeben und müssen die Zyklen deshalb schneller durchlaufen. Mäuse haben mehr Schlafzyklen als Elefanten und träumen weniger. Menschen haben längere Schlafzyklen, wenn es kalt ist. 1983 stellte man in einer Untersuchung fest, dass ein durchschnittlicher Schlafzyklus bei uns 109 Minuten dauert, wenn die Umgebungstemperatur bei 13 Grad liegt, aber nur 85 Minuten bei einer Temperatur von 25 Grad. In einem kühlen Schlafzimmer schläft man besser.

Eine weitere Funktion unserer nächtlichen Auszeit scheint eine Art neuronaler Hausputz zu sein. Der Biochemiker Robert Cantor sieht den Schlaf als »unvermeidliche Konsequenz« der Art und Weise, wie unsere Gehirne Neurotransmitter einsetzen (Cantor 2015). Jedes Mal, wenn eine Gehirnzelle feuert, schwappen chemische Botenstoffe, die Neurotransmitter, über den synaptischen Spalt zwischen zwei Zellen. Die meisten docken auf der anderen Seite an, aber im Lauf der Zeit konzentrieren sie sich in der Gehirnflüssigkeit und den Fettschichten rund um die Zellen. Das hindert die Zellen daran, effizient zu funktionieren, und deshalb muss das Gehirn herunterfahren, um die überschüssigen Botenstoffe zu beseitigen. Erstaunlicherweise wurde dieses Entsorgungssystem für Abfallstoffe, das sogenannte glymphatische System, erst 2013 entdeckt (Xie u. a. 2013).

Auch die Synapsen brauchen Aufmerksamkeit. Die Synapsen machen unser Gedächtnis aus und repräsentieren unsere Erfahrungen. Sie sind die Verbindungen zwischen den Gehirnzellen, und den ganzen Tag über bilden wir neue. Giulio Tononi und seine Kollegin Chiara Cirelli (2014) haben die Vermutung aufgestellt, dass der Schlaf die Synapsen zurechtstutzt; ihre Hypothese belegen sie mit einer großen Studie an Mäusegehirnen. Tononi schreibt, auf funktionaler Ebene sei »Schlaf der Preis, den wir für das Lernen zahlen«. Wahrscheinlich könnte das nicht funktionieren, während die Schaltkreise benutzt werden, aber die Details sind immer noch einigermaßen mysteriös. Woher weiß das Gehirn, welche Verbindung es stutzen soll und welche nicht? Ein Teil der Antwort liegt in unseren Träumen.

Lebe deine Träume

Haben Sie schon einmal Tetris gespielt? Richtig gespielt? Stundenlang? Dem frustrierenden Suchtpotenzial nachgegeben und »nur noch ein Spiel« gemacht, wieder und wieder? Und dann von stürzenden Rechtecken und eckigen Ss und Zs geträumt? Was war mit Ihren Träumen, als Sie Skifahren, Surfen oder Salsa tanzen gelernt haben? Oder in der ersten Woche in einem neuen Job, einer neuen Stadt oder einem neuen Land? In neuen Situationen sind die Träume immer besonders lebhaft.

Wissenschaftler wissen seit jeher, dass Träume den Tag Revue passieren lassen. Aber wozu sie genau dienen, ist immer noch ein Rätsel. Wenn ich Alice Gregory nach Träumen frage, schüttelt sie bedauernd den Kopf. »Ich habe immer einen Bogen um die Traumforschung gemacht. Träume sind nur schwer wissenschaftlich zu untersuchen.« Das ist verständlich, denn wie will man diese höchst subjektive Erfahrung objektiv untersuchen?

Nehmen wir ein einfaches Beispiel: die schnellen Augenbewegungen, die dem REM-Schlaf seinen Namen gegeben haben. Forscher vermuten, dass unsere Augenbewegungen damit zusammenhängen, was wir in unseren Träumen sehen, aber sie konnten das nie beweisen. Am weitesten kam ein Team aus Paris, das Menschen mit einer Schlafstörung untersuchte, die bewirkt, dass man während des REM-Schlafs nicht vollständig bewegungsunfähig ist. Die Muskeln der Betroffenen agieren teilweise ihre Träume aus. Die Forscher fanden eine starke Korrelation zwischen ihren Aktionen und ihren Augenbewegungen. Zum Beispiel »schauten« ihre Augen auf ihre Hand, wenn sie nach etwas griffen, und gingen rauf und runter, wenn sie scheinbar kletterten (Leclair-Visonneau u. a. 2010). Aber als Beweis für Trauminhalte ist das bestenfalls dürftig, wie andere Forscher dargelegt haben.

Trotzdem wollen die Wissenschaftler nach wie vor das Geheimnis der Träume ergründen. Wenn der Schlaf so alt ist wie das Leben, könnte das Träumen vor 220 Millionen Jahren begonnen haben. Alle warmblütigen Lebewesen träumen, ausgenommen Wale und Delfine, die immer nur mit einer Gehirnhälfte schlafen, damit sie nicht ertrinken. Während des REM-Schlafs ist der Körper bewegungsunfähig und der Träumer darum extrem verwundbar. Deshalb schlafen Raubtiere mehr als Beutetiere, und viele große Vierbeiner kommen mit ganz wenigen Stunden Schlaf aus. Pferde, die 98 Prozent der Zeit stehend verbringen, schlafen sehr wenig, und Giraffen können bis zu einer Woche ganz ohne Schlaf auskommen.

Unter den Primaten sind wir Menschen insofern ungewöhnlich, als wir kürzer und tiefer schlafen und mehr träumen. Menschen in Gesellschaften von Jägern und Sammlern schlafen im Durchschnitt offenbar sechseinhalb Stunden pro Nacht. Hingegen kommt ein Schimpanse auf elf Stunden und unser Freund, der Graukehl-Nacht-

affe, auf 17 Stunden. Menschen verbringen 25 Prozent ihrer Schlafzeit im REM-Schlaf. Bei den anderen Primaten sind es rund 10 Prozent und bei Schimpansen 18 Prozent (Samson und Nunn 2015). Bei
Menschenbabys entfallen bis zu 45 Prozent ihrer Schlafzeit auf REM-
Schlaf, und da sie 18 Stunden pro Tag schlafen, bedeutet das acht
Stunden Träumen. Aus dieser Sicht ist Träumen für alle Tiere wichtig, aber am wichtigsten für Menschenbabys.

Die beiden Nutzen des Träumens scheinen Lernen und Glück zu
sein. Es gibt eine Fülle von Hinweisen, dass der Schlaf Gelerntes fes-
tigt und das Gedächtnis stärkt sowie bei der Regulierung unserer
Emotionen hilft. Träumen scheint der Trick zu sein, neue Erfahrungen in unser Modell der Welt zu integrieren und uns auf eine unbekannte Zukunft vorzubereiten. Es hilft uns auch, mit allem fertigzuwerden, was uns ängstigt. Zahllose Studien mit Erwachsenen, Tieren
und Babys haben gezeigt, dass Schlafen das Lernen verbessert. Aber
Lernen ist ein vielfach missverstandenes Konzept. Der größte Teil
des Lernens ist nicht so wie in der Schule. Es ist keine Parade aufbe-
reiteter Fakten, die zusammengepackt und dann als Ganzes ge-
schluckt werden. Lernen funktioniert mehr wie bei einer Ratte, die
durch ein Labyrinth läuft, oder einem Teenager, der Videospiele
spielt, oder wie bei einem Baby, das einfach nur ein Baby ist. Es gibt
keinen Lehrer, und zunächst hat man keine Vorstellung, was man
tun soll. Aber durch Erforschung und Versuch und Irrtum werden
wir immer besser.

Eines der größten Probleme mit der Welt ist, dass sie meistens
nicht sehr viel Sinn ergibt. Das gilt für Ratten, Babys und sogar für Erwachsene. Die meisten Dinge, die uns begegnen, sind unwichtig, unverständlich oder vielleicht einfach nur uninteressant. In späteren
Kapiteln werden wir sehen, was für eine Herausforderung das für Babys ist und wie sie diese Probleme lösen, wenn sie wach sind. Aber an
dieser Stelle interessieren wir uns dafür, welchen Beitrag der Schlaf
und die Träume dazu leisten.

Erinnerung und Lernen sind überlebenswichtig: Wir erinnern
uns an die Vergangenheit, damit wir mit der Zukunft besser zurecht-

kommen. Lernen ist die Fähigkeit zu generalisieren, zu wissen, wie man vergangene Erfahrungen auf gegenwärtige Probleme anwendet. Das kann nicht geschehen, während wir wach sind, weil wir da schon genug zu tun haben, etwa Nahrung finden, Raubtieren aus dem Weg gehen, mit unserem Spielzeug spielen, stehen lernen, sprechen lernen. Aber im Schlaf kann Altes und Neues abgeglichen werden. Und da kommen die Träume ins Spiel. Sie mischen Eindrücke von gestern mit dem, was davor passiert ist, und versuchen, alles zusammenzufügen.

Ein Gehirnbereich namens Hippocampus koordiniert diesen Prozess. Der Hippocampus scheint der Sitz der Erinnerung zu sein; wie ein Bibliothekar katalogisiert er alles, was in unserem Leben geschieht. Die Erinnerungen verteilen sich über das gesamte Gehirn, und der Hippocampus weiß, wo was zu finden ist – oft ganz wortwörtlich, weil unsere mentalen Landkarten ebenfalls im Hippocampus liegen. Er ist aktiv, wenn wir herumlaufen, und ganz besonders aktiv, wenn wir träumen. Vielleicht ist deshalb ein so großer Teil unserer Traumbilder so geografisch und so episodisch.

Warum sind Träume so verrückt? In erster Linie deshalb, weil es nicht ihre Aufgabe ist, einen Sinn zu ergeben. Träume sind wie das Anprobieren eines Kleidungsstücks, um zu sehen, ob die Größe richtig ist. Unsere Psyche betreibt Brainstorming, ohne zu urteilen, nur für den Fall, dass ein paar interessante Verbindungen auftauchen. Mit diesen Hirngespinsten versuchen wir, das Neue mit dem Alten so zu verknüpfen, dass etwas Nützliches herauskommt. Die klinische Psychologin Magdalena Fosse und ihr Team baten 29 Personen, zwei Wochen lang genau über ihre täglichen Aktivitäten und ihre Träume Tagebuch zu führen. Sie stellten fest, dass 65 Prozent der Träume Aktivität widerspiegelten, aber nur ein Prozent tatsächliche Ereignisse wiedergaben (Fosse u. a. 2003). Die Einzelheiten, wie ein Tag abläuft, sind nicht wichtig, die Konzepte schon.

Eine aktuelle Untersuchung hat das illustriert, indem sie zeigte, dass der Schlaf Erinnerungen verstärkt, von denen das Gehirn annimmt, dass sie in der Zukunft nützlich sein könnten. Ines Wilhelm und ihr Team (2011) baten die Teilnehmer ihrer Studie, Wörter oder bestimmte Fingerbewegungen zu lernen oder sich die Orte bestimmter Gegenstände zu merken. Wenn sie nach der Aufgabe schlafen konnten, verbesserte sich ihre Leistung, aber nur, wenn die Teilnehmer damit rechneten, dass sie sich anschließend erinnern sollten. Wenn sie wussten, dass sie nicht getestet werden würden, spielte es keine Rolle, ob sie schliefen oder wach blieben.

Die Lehre daraus lautet: Wenn Sie etwas lernen wollen, schlafen Sie darüber. Während ich an diesem Kapitel arbeitete, fuhr ich durch Kalifornien. Der erste Tag auf amerikanischen Straßen mit den ungewohnten Regeln und einem Auto mit einer nicht vertrauten Linkslenkung war ziemlich beängstigend. Jeder Fahrbahnwechsel drohte schiefzugehen, jede Kreuzung brachte mich in Schwierigkeiten. Ich schlief ziemlich unruhig und träumte viel. Der nächste Tag war nicht annähernd so schlimm, und am übernächsten machte mir die Sache fast schon Spaß. Meine Fahrkünste waren über Nacht besser geworden.

In diesem Zusammenhang ergeben Albträume sehr viel mehr Sinn. Sie sind eine Art Planung für den Katastrophenfall, ein ganzes Arsenal von Worst-Case-Szenarien, und trainieren uns für Situationen, sodass wir womöglich Raubtiere und Rivalen überlisten können. Daran ist nichts Gezieltes oder Rationales. Unser Gehirn schaltet in den Schnellgang und kombiniert die Ereignisse auf neue, interessante Weise, bei der wir womöglich zu Schaden kommen, damit genau das am Tag hoffentlich nicht passiert. Kein Wunder, dass Träume so emotional sind. Wären sie das nicht, sie wären nicht annähernd so hilfreich. Im Lauf des Heranwachsens nehmen unsere ursprünglichen Ängste vor dem Unbekannten ab, aber mit genug Fantasie führen uns unsere Albträume wieder in die alten Zeiten zurück. Ich wette, dass sogar Tiger Albträume haben. Wir träumen von Geistern, Aliens, Zombies und Vampiren, weil wir nie wissen, was auf uns lauert. Womöglich herabfallende Felsbrocken. Und Albträume sind nicht nur gut für unser Überleben, sie sind auch gut für unsere Gesundheit.

Therapie im Schlaf

Schlaf ist die beste Meditation.

Tenzin Gyatso, Seine Heiligkeit der
14. Dalai Lama (geboren 1935)

Der Dalai Lama ist ein großer Fan der Neurowissenschaften. Er besucht neurowissenschaftliche Kongresse und ermuntert seine Mönche, sich in Gehirnscanner zu legen, um bei der Erforschung dessen zu helfen, was in den Gehirnen von erfahrenen Meditierenden vorgeht. Trotzdem wusste er selbst nicht, wie klug er war, als er sagte, Schlaf sei die beste Meditation. Der Dalai Lama steht morgens um 3 Uhr auf und verbringt jeden Tag sieben Stunden mit Meditieren. Aber die Vorzüge eines guten Nachtschlafs weiß er dennoch zu schätzen. Deshalb geht er jeden Tag um 19 Uhr ins Bett, damit er sicher sein kann, dass er acht Stunden Schlaf bekommt. Das Ziel von Meditation ist es, den eigenen Geist in Klarheit zu begreifen und der Welt mit Gelassenheit zu begegnen. Die meisten von uns haben wahrscheinlich nicht die Zeit, sieben Stunden täglich zu meditieren, aber der Nachtschlaf dient einem ähnlichen Zweck.

Wie Alice sagt, streiten die Schlafforscher zwar immer noch darum, welche die wichtigste Funktion des Schlafes ist, stimmen aber zunehmend darin überein, dass Schlaf eine nächtliche Therapie darstellt. Die Formulierung stammt von Matthew Walker, Schlafforscher an der University of California in Berkeley. Nach seiner Auffassung ist das eine wichtige Rolle des Traumschlafs. Er hilft uns, aus unserem Schrecken etwas zu lernen, ohne dass er uns lähmt. Bisher ist das überwiegend Theorie, aber Walker und seine Kollegen haben etliche Belege gesammelt, die für diese Idee sprechen.

Direkt neben dem Hippocampus befindet sich eine Gehirnstruktur namens Amygdala. Sie hat mit Emotionen zu tun, insbesondere mit Angst. Durch Hirnscans und Elektroenzephalogramme (EEG), die Muster von Gehirnströmen aufzeichnen, hat Walker entdeckt, dass während des REM-Schlafs die Schaltkreise aktiv sind, die die Amygdala mit dem Hippocampus verbinden, aber die Reaktionsfähigkeit der Amygdala unterdrückt ist. Das schwächt die emotionale Intensität unserer Erlebnisse ab. Um das zu testen, zeigte er Versuchspersonen Angst einflößende Bilder (wie Haie, Schlangen oder wütende Gesichter). Die eine Gruppe, die danach eine Nacht geschlafen hatte, beurteilte die Bilder als weniger schreckenerregend, und weniger Teilnehmer stuften die Bilder in die höchste Kategorie ein. Die andere Gruppe, die wach geblieben war, fand die Bilder immer noch genauso Angst einflößend (Van Der Helm u. a. 2011).

In den 1980er-Jahren untersuchte die amerikanische Schlafforscherin Rosalind Cartwright die Albträume von Menschen mit Depressionen. Erstaunlicherweise erholten sich die Personen mit den schlimmsten Albträumen am besten. Matthew Walker glaubt, eine Unterbrechung dieses Prozesses könnte dafür verantwortlich sein, dass jemand eine posttraumatische Belastungsstörung (PTBS) entwickelt. Soldaten und Opfer von Gewaltverbrechen oder Katastrophen werden immer wieder von Albträumen heimgesucht, und der ursprüngliche Vorfall verliert nie seinen Schrecken. Wenn die Betroffenen Medikamente bekommen, die die Funktion der Amygdala unterdrücken, schlafen sie anscheinend besser, und die Heilung beginnt.

Ein fragmentierter Schlaf tritt bei psychischen Krankheiten häufig auf. Ein großer Teil der Forschungen von Alice Gregory drehte sich darum, zu verstehen, ob Schlafstörungen ein Symptom, eine Begleiterscheinung oder die Ursache einer psychischen Erkrankung sind. Bisher, so sagte mir Alice, können wir das noch nicht eindeutig beantworten. Aber es kann ein guter Ausgangspunkt für ein klinisches Interview sein.

»Wir wissen, dass der Schlaf mit allen möglichen Arten von Psychopathologie zu tun hat«, erklärt sie. »Manchmal ist es in einem klinischen Setting nützlich, mit einem Gespräch über den Schlaf zu beginnen. Wenn ein Patient vor einem sitzt, und man fragt nach seiner Depression oder seiner Familie, fällt ihm die Antwort womöglich schwer. Das Sprechen über den Schlaf ist eine gute Möglichkeit, eine

Beziehung aufzubauen. Wem macht es schon etwas aus, über seinen Schlaf zu sprechen? Insofern ist es nützlich. Aber schlechter Schlaf kann ein Hinweis auf den Beginn eines anderen Problems sein, für das man sich interessiert.«

Das spricht dafür, dass Freud das Pferd genau verkehrt herum aufgezäumt hat. Er dachte, bei Träumen gehe es um Wunscherfüllung. Träume waren seiner Ansicht nach »der Königsweg zum Unbewussten«. Er forderte seine Patienten und Patientinnen auf, ihre Träume zu erzählen, die er dann mit düsterer Symbolik deutete. Aber die Botschaft lautet, dass man nicht versuchen sollte, die eigenen Träume zu deuten. Man sollte sie einfach geschehen lassen. Wer seine Träume deuten will, sollte die Geschichte ignorieren, dankbar für das Drama sein und versuchen, die Originalität festzuhalten.

Glückliche brasilianische Babys

Zurück in São Paulo beschlossen wir, mittels eines Schlaftagebuchs zu untersuchen, was einen guten Nachtschlaf ausmacht. Wir unterhielten uns mit den Eltern von 117 Babys, die uns eine Menge Basisinformationen über ihre Familie und ihr Baby gaben, unter anderem das Alter des Babys, wo es schlief, was für eine Windel es trug und so weiter. Zehn Tage lang füllten die Eltern jeden Morgen einen Fragebogen aus, wie ihr Baby in der Nacht zuvor geschlafen hatte. Sie teilten uns mit, wann sie es schlafen gelegt hatten und wann es aufgewacht war, wie oft es aufgewacht war oder die Windel in der Nacht gewechselt wurde und wie die Windel am Morgen ausgesehen hatte. Außerdem baten wir die Eltern anzugeben, wie glücklich und munter ihr Baby am Morgen gewesen war und bei welcher Gelegenheit es zum ersten Mal gelacht hatte.

Die Babys in unserer Studie waren zwischen zwei Monaten und zwei Jahren alt. Als Erstes registrierten wir, dass sie in der Nacht alle ungefähr gleich lange schliefen. Babys schlafen nachts im Durchschnitt knapp 10 Stunden. Jüngere und ältere Babys unterscheiden sich darin, wie viel sie am Tag schlafen. Neugeborene schlafen üblicherweise 16 bis 18 Stunden insgesamt. Das nimmt dann schrittweise ab, und bei Zweijährigen sind es nur noch zwölf bis 14 Stunden, immer noch 50 Prozent mehr als bei Erwachsenen.

Natürlich variierte die Schlafdauer sehr. In manchen Nächten waren es nur fünf Stunden, in anderen 13 Stunden. Manchmal ergaben die Daten sogar eine negative Zahl von Schlafstunden in der Nacht. Vielleicht fühlte sich das für die Eltern so an, aber wir waren der Meinung, dass sie aus Erschöpfung die Uhrzeiten in die falschen Spalten eingetragen hatten. Soweit wir konnten, korrigierten wir die Irrtümer. Am deutlichsten trat ein Muster zutage: Je früher ein Baby ins Bett gebracht worden war, desto länger schlief es. Die Zeiten für das Zubettgehen unterschieden sich erheblich, aber die Babys wachten immer zu ähnlichen Zeiten auf. Das klingt einleuchtend, weil die morgendliche Familienroutine nicht viel Spielraum lässt. Aber wir stellten fest, dass die Eltern ihre Babys nur selten wecken mussten.

Ein interessanter Vergleich ergab sich, als wir unsere Untersuchung mit 142 britischen Babys im Alter zwischen sieben und 13 Monaten wiederholten. In vielen Nächten wachten die Babys nach Angaben ihrer Eltern gar nicht auf, aber insgesamt war die Durchschnittsanzahl der Wachphasen größer als in der brasilianischen Studie. In Großbritannien gab es mehr Nächte, in denen die Babys oft aufwachten, eine bedauernswerte Mutter berichtete sogar von 15 Mal in einer Nacht. Die britischen Babys schliefen im Schnitt elf Stunden pro Nacht, über eine Stunde mehr als die brasilianischen Babys. Das hatte nichts mit Magie oder mit Lethargie der britischen Babys zu tun, sie wurden einfach einige Stunden früher ins Bett gebracht als die brasilianischen Babys und eine Stunde früher wieder herausgeholt.

In der britischen Studie baten wir die Mütter auch um Angaben zu ihrer eigenen Schlafqualität. Wir stellten fest, dass sie sehr stark davon abhing, wie oft ihre Babys aufgewacht waren, während es praktisch keine Rolle spielte, wie lange sie insgesamt geschlafen hatten. Eltern macht es nicht viel aus, wenn sie spät ins Bett gehen oder früh aufwachen. Doch sie leiden unter jeder nächtlichen Störung.

Die Wissenschaft hat eine Erklärung für das scheinbare Paradox, dass Babys viel Schlaf bekommen und es gleichzeitig schaffen, ihre Eltern die ganze Nacht wach zu halten. Die kurze Antwort lautet, dass Babys anders schlafen. Das hat mit den Schlafphasen zu tun. Babys sind kleine Säugetiere, und entsprechend der Theorie, dass kleinere Säugetiere kürzere Schlafphasen haben, dauern sie bei ihnen nur 50 bis 60 Minuten gegenüber 90 bis 100 Minuten bei Erwachsenen. Das bedeutet, dass der Schlaf der Babys nicht mit dem Schlaf ihrer Eltern synchronisiert ist; oft geht eine Schlafphase des Babys gerade dann zu Ende, wenn seine Eltern besonders tief schlafen. Damit haben die Eltern keine Chance auf erholsamen Schlaf in der Nacht.

Es kann auch überraschend lange dauern, ein Baby wieder zur Ruhe zu bringen. Das hat ebenfalls mit dem Schlafrhythmus zu tun. Erwachsene fallen schnell in einen tiefen Schlaf und gleiten am Ende des Schlafzyklus in den REM-Schlaf. Babys beginnen mit dem leichteren REM-Schlaf (bei Babys heißt das aktiver Schlaf) und fallen 20 bis 25 Minuten später in einen tiefen Schlaf, was bedeutet, dass es länger dauern kann, bis sie zur Ruhe kommen. All das hat zur Folge, dass der Schlaf von Babys auf uns problematischer wirkt, als er für sie ist.

Ich sprach darüber mit Alice, und sie sagte mir: »Wie wir Schlafprobleme definieren, hängt von unseren Erwartungen ab. Vielleicht will ich mein Kind ins Bett legen, und dann soll es bis zum nächsten Morgen durchschlafen. Wenn es schreit, ist das für mich ein Problem. Aber wenn ich mit meinem Baby schmusen will und es wacht auf, ich lege es in ein Tragetuch und gehe mit ihm auf und ab, dann sage ich vielleicht, mein Baby schläft wie ein Murmeltier.«

Angesichts dieser Bandbreite war unser nächstes Ergebnis bemerkenswert. Wir stellten fest, dass die brasilianischen Babys fast immer sehr glücklich aufwachten. Bei allen Babys und über alle Nächte hinweg vergaben die Eltern für die Laune am Morgen in 80 Prozent der Fälle acht, neun oder zehn von zehn Punkten. Für meine Laune am Morgen gilt das sicher nicht. Konnte das stimmen? Tatsächlich scheint es so zu sein. Eine Untersuchung von Jodi Mindell, die mit unserer Studie nichts zu tun hatte, kam zu einem ähnlichen Ergebnis. In einer Untersuchung mit 1300 brasilianischen Familien fand sie heraus, dass 77 Prozent der Babys glücklich aufwachten (Mindell und Lee 2015).

Besonders interessant für Pampers dürfte gewesen sein, dass wir einige verblüffende Auswirkungen von Windeln auf den Schlaf registrierten. Im Allgemeinen waren die Babys morgens voller Energie, 60 Prozent bekamen dafür eine Acht, Neun oder Zehn. Einige Babys waren schlapper, sie bekamen eine Zwei oder Drei. Ein Blick in ihre Windeln zeigte, dass diese Babys die trockensten, am wenigsten beschmutzten Windeln hatten. Anscheinend hatten sich diese Babys besonders wohl gefühlt und noch geschlafen, als sie von ihren Eltern geweckt wurden. Sie wirkten auch nicht im Geringsten weniger glücklich. Generell konnten wir feststellen, je mehr Schlaf ein Baby bekommen hatte, desto munterer war es am Morgen.

Die Fröhlichkeit am Morgen könnte auch vom Windeltypus abhängen. Wir teilten die Gruppe in solche mit hochsaugfähigen Windeln und solche mit einfacheren und stellten fest, dass mehr Schlaf Babys in besseren Windeln glücklicher machte, aber nicht die in schlechteren. Babys profitieren von zusätzlichem Schlaf, wenn sie sich wohlfühlen. Allerdings mit einer Einschränkung. Erinnern wir uns an die britischen Babys, die eine ganze Stunde mehr schliefen. Alles in allem waren sie nicht so glücklich wie die brasilianischen Babys, und ihre Windeln hatten keinen so großen Einfluss dabei. Sind brasilianische Babys einfach glücklicher? Sind sie sensibler, weil es in Brasilien wärmer ist und ihr Schlaf dadurch leichter? Wie wir oft in Studien sagen: Dazu ist weitere Forschung nötig.

Hatte Pampers recht damit, dass Babys den Tag lachend beginnen? Lachen ist spontan und flüchtig und deshalb schwierig in Zahlen zu erfassen. Darum stellten wir jeden Tag den Eltern eine offene Frage: »Bei welcher Gelegenheit hat Ihr Baby heute Morgen zum ersten Mal gelacht?« Wir bekamen 1157 individuelle Antworten von den brasilianischen Eltern, was dafür sprach, dass viele Tage mit Lachen begannen. Die Mutter zum ersten Mal an dem Tag zu sehen oder zu spielen waren die häufigsten Situationen, in denen ein Baby lachte. Überraschenderweise kam schon als Nächstes das Windelwechseln, noch vor der Antwort »den Papa sehen«. Das passt zu der Theorie, dass kleine Kinder am meisten in sozialen Situationen lachen. Wenn eine Mutter die Windel wechselt, ist das eine der wenigen Gelegenheiten, in denen das Baby ihre ungeteilte Aufmerksamkeit hat, und wahrscheinlich bereitet das den Babys so viel Freude.

Zum Abschluss meines Besuchs in Brasilien arrangierte Pampers eine Veranstaltung mit lokalen »Mami-Bloggerinnen« und ihren Babys. Wir kamen in einem herrlich quirligen Spielcenter zusammen, und ich sprach mit ihnen über unsere Ergebnisse (mithilfe einer Übersetzerin – mein Portugiesisch steckte immer noch in den Kinderschuhen). Insgesamt war die Bilanz positiv. Die Babys profitierten von ihrem Schlaf mehr, als wir normalerweise erwarten. Wie auch immer ihre Nacht gewesen war, im Allgemeinen wachten sie glücklich und erholt auf. Das galt unabhängig von ihrer jeweiligen Persönlichkeit. Wenn man will, dass ein Baby mehr schläft, muss man es früher ins Bett bringen. Die brasilianischen Babys wirkten bemerkenswert glücklich und wachten tatsächlich mit einem Lachen auf. Ich war auch glücklich, weil Cinthia, meine Gastgeberin von Pampers, mir zeigte, wie man blaue Flüssigkeit in eine Windel gießt – genau wie in der Werbung.

Schlafen wie ein Baby?

Menschen, die sagen, sie schlafen wie ein Baby,
haben meistens keines.

Leo J. Burke, klinischer Psychologe

Es hat einen Grund, warum wir Babys in Gitterbettchen legen: Sie wachen oft auf. Genau wie wir. Aber wenn wir mitten in der Nacht aufwachen, schlafen wir wieder ein. Wir kennen das ein Leben lang. Meistens registrieren wir nicht einmal, dass wir aufgewacht sind. Babys und Kinder müssen diese spezielle Fähigkeit erst erlernen. Das kann frustrierend und anstrengend für die Eltern sein, aber wie Dr. Ferber sagt, machen die meisten Babys das gut und brauchen kein besonderes Training.

Schaut man sich in der nächsten Buchhandlung jedoch das Regal mit den Elternratgebern an, zeigt sich, dass es bei der Hälfte davon um das Thema Schlaf geht. Die Bücher sind unglaublich eintönig und unglaublich beliebt. *Gesunder Schlaf – glückliches Kind* von Marc Weissbluth hat in der englischen Originalausgabe 660 Seiten und wurde millionenfach verkauft.

Eltern Routinen für das Zubettgehen zu vermitteln macht ihnen ihre eigenen schlechten Angewohnheiten besser bewusst. Das hat nichts damit zu tun, dass Babys ihre Eltern trainieren, immer gelaufen zu kommen. Es gibt keine magische Formel für ein Baby, das funktioniert »wie ein Uhrwerk«. Es wäre ein Wunder, wenn es das gäbe. Jedes Baby ist anders und genauso jede Nacht. Wie sehr man auch versucht, eine Routine durchzusetzen, das Leben funktioniert nicht so. Auch in der Entwicklung des Babys ist das Auf und Ab wichtig, was bedeutet, dass etwas, das in einer Woche geklappt hat, in der nächsten Woche nicht klappt. Die Eltern werden immer rätseln, und es wird immer wieder schlaflose Nächte geben.

Sehr selten lesen wir in Handbüchern zum Babyschlaf, warum Schlaf gut für uns ist und was er bewirkt. Sie lassen das große Bild aus, wie tief Schlaf in unserem biologischen Erbe verankert ist, und tun wenig, um die Eltern zu beruhigen, dass mit Ausnahme sehr besonderer Umstände sich der Schlaf des Babys selbst regeln und dabei Körper und Geist regenerieren wird. Diese Bücher würdigen das nächtliche Aufwachen jedenfalls ganz gewiss nicht als das, was es ist: das Zeichen, dass eine weitere Schlafphase erfolgreich abgeschlossen wurde.

Babys und Kinder brauchen viel Schlaf und werden ihn bekommen. Sie schlafen viel, weil sie viel von den Dingen tun, für die Schlaf gut ist. Sie wachsen körperlich. Sie bilden ihr Gehirn aus, neue Synapsen entstehen und verbinden sich. Sie brauchen Schlaf, um alles zu verarbeiten, was sie erlebt haben. Jeder Tag ist ein neues Abenteuer in einem fremden Land, ein neues Level, das sie in dem herausfordernden Videospiel bewältigen müssen, in das sie eingetaucht sind. Sie integrieren gewaltige Mengen neuer Informationen und benötigen deshalb viel REM-Schlaf. Und vielleicht am wichtigsten von allem: Schlaf ist die Therapie, die sie brauchen, um mit all den intensiven Gefühlen fertigzuwerden. Oft ist es eine ziemlich beängstigende Sache, ein Baby zu sein, aber Schlaf scheint zu wirken, denn sie wachen mit einem Lachen auf, bereit für den nächsten wilden Ritt.

Am Ende unserer Unterhaltung fragte ich Alice, ob es ihr beim Schlaf ihrer eigenen Kinder geholfen habe, Schlafforscherin zu sein. Sie sagte: »Als mein erster Sohn geboren wurde, hatte ich mich seit rund zehn Jahren wissenschaftlich mit Schlaf befasst. Doch wie viele andere Eltern war ich nicht darauf vorbereitet, wie schwierig der Marathon durchwachter Nächte sein kann. Die eigene Elternrolle verstärkte bei mir den Gedanken, dass der Schlaf eines Kindes immer im Kontext der Familie gesehen werden muss. Einer meiner Söhne hatte gelegentlich Krampfanfälle in der Nacht. Das bedeutete, dass ich mich entgegen meiner Idealvorstellung, dass er sich selbst beruhigen sollte, manchmal neben ihn auf den Boden legte, seine kleine Hand hielt und ängstlich auf jeden seiner Atemzüge lauschte. Solange die Sicherheit gewährleistet ist, sollte man jeder Familie ihre Präferenzen lassen.«

2011 erregte ein weiteres Gedicht über schlaflose Babys Aufsehen. Der Autor Adam Mansbach kämpfte mit den Schlafgewohnheiten seines Kleinkinds. Spaßeshalber schlug er den anderen Eltern unter seinen Facebook-Freunden vor, jemand solle ein Bilderbuch schreiben mit dem Titel *Verdammte Scheiße, schlaf ein*. Sie stimmten sofort zu und meinten, er selbst sei der perfekte Autor dafür. Adam Mansbach tat sich mit dem Illustrator Ricardo Cortés zusammen, und gemeinsam verfassten sie ein Bilderbuch für Eltern, in dem ziemlich viele Kraftausdrücke vorkommen. Auf jeder Seite steht eine entzückend illustrierte Strophe, die mit dem immer verzweifelteren Appell an seine Tochter endet, nun bitte endlich verdammt noch mal einzuschlafen.

Noch bevor das Buch gedruckt vorlag, wurde die pdf-Version im Internet zu einem viralen Hit. Millionen Menschen teilten den Text, und Prominente, darunter Morgan Freeman und Werner Herzog, überraschten mit lustigen Audio-Versionen. Das amerikanische Hörbuch wurde von Samuel L. Jackson eingesprochen, die deutsche Version von Michael Mittermeier und Annette Frier. Mansbachs Buch traf bei frustrierten Eltern weltweit einen Nerv und war ein beliebtes Geschenk für übernächtigte Freunde und Verwandte.

Das Thema ist nicht viel anders als bei Tagores »Schlafdiebin«. Ein kleines Kind ist hellwach, während es eigentlich richtig müde sein sollte, und die Erwachsenen wissen sich keinen Rat. An die Stelle von Tagores subtilem Humor ist 100 Jahre später die anarchische Komik eines fluchenden Samuel L. Jackson getreten. Aber der Sinn für Humor unterscheidet sich in beiden Fällen nicht sehr. Wir wissen, dass Babys schlafen müssen. Wir wissen, dass sie sich mit Vernunft nicht dazu bringen lassen. Alles spricht dafür, dass Schlaftraining nur bis zu einem gewissen Grad Erfolg hat. Manchmal ist es also vielleicht die einzige Lösung, die komische Seite zu sehen.

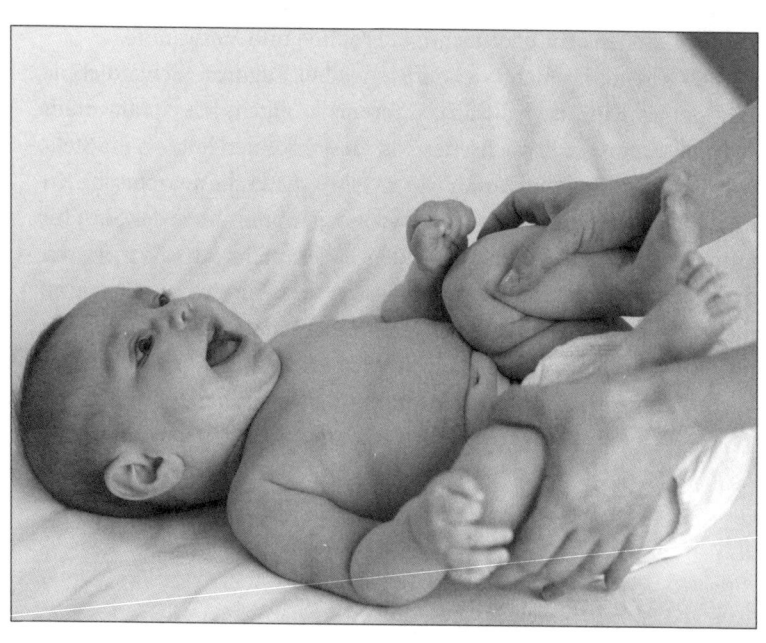

Kapitel fünf
Die erste Berührung

Lassen Sie niemals eine Gelegenheit aus, ein Baby auf den
Arm zu nehmen.

Mary Ainsworth, Pionierin der Erforschung
der frühkindlichen Bindung, 1978

In diesem Kapitel geht es darum, wie wichtig Berührung und enger
Kontakt für die Gesundheit und das Wohlergehen sehr kleiner Kinder sind. Tasten ist die erste und wichtigste Sinneswahrnehmung eines Babys. Der Tastsinn ist unser ältester Sinn und funktioniert bereits vor der Geburt und lange vor Sehen, Hören und Riechen. Die
meisten Säugetiere kommen blind und hilflos zur Welt und sind bei
der Geburt sehr stark auf die Berührung einer Mutter angewiesen.
Menschen machen da keinen Unterschied. Es mag offensichtlich
klingen, aber die Wissenschaft hat für die Bestätigung lange gebraucht. Erst seit einer wirklich bahnbrechenden Entdeckung 2005
wissen wir allmählich, wie wichtig dieser uralte Mechanismus ist
und warum die Umarmung durch die Mutter noch so lange nachwirkt.

Es ist eine bemerkenswerte Geschichte, aber Vorsicht: Es wimmelt darin von Nagetieren! Auf den ersten Blick scheint sie nicht viel
mit Lachen zu tun zu haben, aber das kommt schon noch. Unsere Fähigkeit, uns überraschen zu lassen und über Witze zu lachen, hängt
von unserem Sicherheitsgefühl ab.

Wir Menschen in der westlichen Welt leben in einer sesshaften,
visuellen Kultur. Wir unterschätzen die Macht von Berührung und
Bewegung. Für Babys sind Berührungen ihr erster und unmittelbarster Kontakt mit der Welt, und Bewegung ist ihr erstes Mittel, die

Welt zu erforschen. Beides zusammen erlaubt den Babys, ein Gefühl für sich selbst zu entwickeln und Wissen über ihren eigenen Körper zu erlangen. Zu Beginn des Lebens sind Berührungen und Gehaltenwerden fast so wichtig wie die Muttermilch. Sehr kleine Babys sind überwältigt von den verwirrenden Anblicken und Tönen in ihrer neuen Welt und verlassen sich stark auf die einfacheren Signale von Berührung und Geruch. Leichtes Streicheln über die Wange bewirkt, dass ein Baby den Kopf dreht und die Brustwarze findet. Am Finger zu saugen kann sie beruhigen, wenn sie nicht gestillt werden. Dinge in den Mund zu stecken ist in den ersten sechs Monaten die bevorzugte Methode zur Erkundung der Welt.

Vielleicht am wichtigsten von all dem ist aber, dass menschliche Berührungen aller Art entscheidend dafür sind, die soziale Entwicklung eines Kindes in Gang zu setzen. Das war die Botschaft von Mary Ainsworth. Ainsworth, eine kanadische Forscherin, die in den 1960er- und 1970er-Jahren arbeitete, interessierte sich für die Mutter-Kind-Bindung. Ihre Ausbildung hatte sie in London bei John Bowlby erhalten, der als Erster die Bindungstheorie formulierte. Bindung ist in Bowlbys Worten eine »bleibende seelische Verbundenheit zwischen Menschen«. Sie beginnt in der frühen Kindheit, aber entscheidend ist Bowlby zufolge, dass sie evolutionäre Wurzeln hat und nicht erlernt ist. Der wesentliche Gedanke ist, dass Kinder ein angeborenes Bedürfnis haben, von den Eltern beruhigt zu werden, wenn sie in Not sind oder sich fürchten. Einfach ausgedrückt: Wenn Babys Angst haben, wollen sie ihre Mami.

Das stand im Widerspruch zur damals vorherrschenden Theorie. Behavioristen, die Ratten in Experimenten beigebracht hatten, Hebel zu drücken, damit sie eine Belohnung in Form von Futter bekamen, betrachteten die Verbindung(en) von Babys zu ihren Müttern durch die gleiche Brille. Nach ihrer Theorie entwickelte das Baby eine Bindung an die Mutter, weil die Mutter es fütterte. Anfang der 1950er-Jahre beobachtete Bowlby, dass Babys und kleine Kinder in große Verzweiflung gerieten, wenn sie von ihren Müttern getrennt wurden, und sich nur beruhigten, wenn die Mütter zurückkehrten. Die Zuwendung eines Fremden nützte nichts, erst recht nicht eine »Belohnung durch Nahrung«.

Heute mag uns der Behaviorismus absurd erscheinen. Damals bestand seine Anziehungskraft darin, dass er »wissenschaftlich« war. Behavioristen konnten alle Parameter ihrer Experimente genau kontrollieren. Hungrige Ratten und Tauben wurden in mechanische Apparate gesetzt, die penibel individuelle Futterrationen zuteilten, wenn die Tiere die richtigen Hebel drückten. Die Forscher konnten schöne Kurven ausdrucken, wie schnell die Tiere lernten. Man muss kein Wissenschaftsgenie sein, um zu wissen, dass das mit kleinen Kindern nicht funktioniert. Aus Fairness den Behavioristen gegenüber sei allerdings gesagt, dass Menschen, die an Spielautomaten und einarmigen Banditen spielen, sich fast genauso verhalten wie Ratten, die zufällige Belohnungen bekommen. Aber dadurch erfahren wir nichts über die Beziehung eines Babys zu seiner Mutter.

Mary Ainsworths Beitrag bestand darin, dass sie einen Weg vorschlug, wie man diese Beziehung untersuchen konnte. In den späten 1960er-Jahren erfand sie den »Fremde-Situations-Test«, ein Experiment, um einzuschätzen, wie ein Baby mit der Trennung von seiner Mutter zurechtkommt. Er wird bis heute eingesetzt, aber erst bei Kindern, die älter als zwölf Monate sind, deshalb ist es in unserer Untersuchung noch ein bisschen zu früh, um darüber zu sprechen. An dieser Stelle lassen wir es mit der Feststellung bewenden, dass es mit Mary Ainsworths Ratschlägen für Eltern zur Bindung mit dem Kind ein bisschen so ist, wie wenn Garri Kasparow Ihnen Ratschläge zum Schachspiel anbietet: Es empfiehlt sich, darauf zu hören.

Wenn Mary Ainsworth gegen Ende ihrer langen Karriere mit bahnbrechenden Erkenntnissen interviewt wurde, hatte sie immer einen Ratschlag parat: Wenn Sie die Gelegenheit haben, ein Baby auf den Arm zu nehmen, dann machen Sie es. Sie sollten nicht nur Hallo sagen und ein paar Grimassen schneiden, sondern das Baby aufnehmen und eine echte Verbindung herstellen. Wenn Sie das Baby halten, ist es schwerer, es zu ignorieren. Sie müssen ihm Ihre Aufmerksamkeit schenken. Sie müssen sich in einer Weise auf das Baby einlassen, wie Sie es nicht tun müssen, wenn das Baby in seinem Sitz ist oder in anderer Weise auf Abstand. Sie erleichtern es auch dem Baby, sich auf Sie einzustellen. Das Baby profitiert von einer besseren Qualität der Interaktion.

Offensichtlich haben die Mütter in den neun Monaten vor der Geburt keine Wahl, als ihre Babys rund um die Uhr mit sich herumzutragen. Der Mitbewohner ist dabei alles andere als passiv; die Schwangerschaft ist eine aktive Zeit für das Baby. Im Bauch ist es dunkel und dumpf, aber Babys können trotzdem einiges erkunden. Bereits in der achten Schwangerschaftswoche bewegen sich Föten und nehmen Berührungen wahr. Ihre Haut sendet Signale aus, wenn sie sich bewegen, sie beginnen, ihr Gesicht zu berühren und am Daumen zu lutschen. Der Fötus ist aufgerollt wie eine Garnele, deshalb befinden sich die Finger natürlicherweise in der Nähe des Gesichts. Das ist eine hervorragende Gelegenheit, um zu lernen. Koordinierte Signale von den Nerven in der Hand und den Nerven im Gesicht geben Feedback, wo die einzelnen Dinge sich befinden und wie sie angeordnet sind. Das ist ein Grund, warum auch sehr kleine Babys alles in den Mund stecken – sie haben schon eine Menge Übung darin.

Känguruhen

Wenn wir uns klarmachen, wie viel ein ungeborenes Baby lernt, können wir besser ermessen, was für eine Veränderung die Geburt bedeutet. Während der Schwangerschaft leben Mutter und Baby in einer unglaublichen Symbiose. Föten sind sensibel für mütterliche Hormone und mütterlichen Stress. Mütter reagieren darauf, wie aktiv ihre ungeborenen Kinder sind. Für die meisten Babys geht diese Partnerschaft in einer neuen, anderen Weise weiter. Voll ausgetragene Kinder sind sehr vertraut mit dieser Umgebung, aber auch bereit für das Leben außerhalb des Mutterleibs, und ein Elternteil ist rund um die Uhr für sie da.

Bei frühgeborenen Babys kann das ganz anders aussehen. Zu dem Trauma, den perfekten Brutkasten – den Mutterleib – verloren zu haben, kommen noch die physiologischen und psychologischen Herausforderungen hinzu, dass die Babys sofort nach der Geburt der Mutter weggenommen und in einen lärmenden, hell erleuchteten Plastikkasten gelegt werden, um den lauter Fremde herumstehen. Trotz all der fortschrittlichen Versorgungs- und Überwachungstechnologie, die eine moderne Neugeborenenintensivstation zu bieten hat, scheint es, dass Kuscheln mit der Mutter besser wirkt. Das ist die wunderbar einfache Idee hinter der Känguruh-Methode.

Das Känguruhen entwickelte Professor Edgar Rey Sanabria 1978. Er arbeitete auf der Neugeborenenintensivstation am Instituto Materno Infantil in Bogotá in Kolumbien. Die Erfindung war aus der Not geboren. Weil es an Ausstattung und Personal fehlte, gab es nicht genug Brutkästen für alle Babys, die in dem Krankenhaus zu früh und zu leicht zur Welt kamen. Professor Sanabria schlug vor, dass die Babys, die selbstständig atmen konnten, ihren Müttern übergeben werden sollten, damit die sich um sie kümmerten. Er empfahl direkten Hautkontakt, um die Babys auch ohne Inkubator warm zu halten, und erlaubte den Müttern, sie zu stillen, wann sie wollten. Erstaunlicherweise funktionierte das besser als die Brutkästen allein.

Absolut zentral für diesen Erfolg ist der Hautkontakt von Mutter und Kind. Das reguliert die Körpertemperatur des Babys besser und stellt für das Baby die Rhythmen wieder her, die es aus dem Mutterleib kennt. Die Mütter spüren eine engere Verbindung zu ihren Kindern, können besser stillen und produzieren mehr Milch. Sie kommen auch besser mit ihrer Situation zurecht, sind belastbarer und fühlen sich kompetenter und zuversichtlicher. Die Babys schlafen länger, weinen weniger und sind wacher. Sie wachsen schneller, nehmen mehr Gewicht zu und können früher nach Hause entlassen werden. Sie haben bessere Überlebensraten und ein geringeres Risiko für Atemprobleme, Infektionen und andere Krankheiten (Conde-Agudelo, Diaz-Rossello und Belizan 2003).

All das sind bleibende Nutzen. In einer kürzlich durchgeführten Verlaufskontrollstudie wurden Kinder zehn Jahre nach dem Känguruhen noch einmal untersucht (Feldman, Rosenthal und Eidelman 2014). Die Forscher stellten fest, dass die Mütter sensibler für ihre Kinder waren, mehr mütterliche Verhaltensweisen zeigten und weniger ängstlich waren. Auch die Kinder zeigten weniger Stressreaktionen und schliefen besser. Bei Denkfähigkeiten und Aufmerksamkeit schnitten sie besser ab.

Wegen der überwältigenden Vorteile dieser einfachen Methode, die physische Verbindung zwischen Mutter und Kind wiederherzustellen, hat sich das Känguruhen weit verbreitet. Es wird mittlerweile in der Mehrzahl der amerikanischen Neugeborenenintensivstationen angewendet und hat generell die Einstellungen dazu, wie Babys unmittelbar nach der Geburt versorgt werden sollten, verändert. Nicht nur frühgeborene Babys können davon profitieren. Intensiver Hautkontakt mit Mutter und Vater ist gut für alle Babys und alle Eltern. Rückblickend ist dieses Ergebnis vielleicht offensichtlich. Aber Berührung ist unsichtbar, und ihre Vorteile sind überraschend, nun ja, ungreifbar. In unserer verbalen, visuellen Kultur vergessen wir oft, dass wir einfach Säugetiere sind.

Das führt zu einer weiteren Frage.

Ist ein Baby zu streicheln dasselbe, wie eine Katze zu streicheln?

Babys schnurren nicht. Sie würden es tun, wenn sie könnten. Ein Baby zu liebkosen hat viel damit gemeinsam, eine Katze oder einen Hund zu streicheln. Das mag selbstverständlich klingen. Oder vielleicht auch nicht. Vielleicht klingt es ein bisschen beleidigend, den süßen kleinen Engel mit einem Haustier zu vergleichen. Bis in die allerjüngste Vergangenheit hatte die Wissenschaft zu dem Thema nichts zu sagen, aber in den letzten Jahren hat die Forschung enthüllt, dass eine menschliche Liebkosung eine paradoxe Mischung aus einfach und raffiniert ist. Nach 30 Jahren Suche haben die Wissenschaftler endlich Nervenzellen gefunden, die speziell auf Streicheln reagieren. Sie haben sie bei Mäusen entdeckt, aber schon bald wurde bestätigt, dass Menschen ähnliche Rezeptoren besitzen. Andere Forschungen haben sich mit der sogenannten »positiven Berührung« befasst und herausgefunden, dass es zumindest für das Gehirn so etwas wie eine einfache Berührung nicht gibt; es ist immer wichtig, wer eine Person berührt und wie die Beziehung der beiden ist. Jede Berührung ist emotionsgeladen.

Unsere Haut ist bemerkenswert: eine flexible, dehnbare, wasserfeste Hülle, die hilft, das Innere drinnen zu halten und Käfer und Parasiten draußen. Sie unterstützt die Temperaturregulation, isoliert und verteilt die Hitze. Die Haut ist auch unser größtes Sinnesorgan. Sie hat ein breites Spektrum an Rezeptoren für Berührung, Druck, Schmerz, Hitze, Kälte, Juckreiz und Verletzung. Vieles davon war schon seit Jahren bekannt, und die Phänomene wurden nach den jeweiligen Entdeckern benannt. In den 1890er-Jahren entdeckte Angelo Ruffini die Ruffini-Körperchen, die auf Dehnungsreize reagieren. Meissner-Körperchen (entdeckt von Georg Meissner 1852) reagieren auf Lichtreize und auf Oberflächenstrukturen. Merkel-Zellen (entdeckt von Friedrich Merkel 1870) reagieren auf Druckintensität, und die Pacinischen Körperchen (entdeckt von Filippo Pacini 1831) sind vibrationsempfindlich. Mein Favorit sind die Kältesensoren, die Wilhelm Krause 1860 entdeckt hat, bekannt unter dem Namen krausesche Endkolben.

Deshalb war die Überraschung groß, als Forscher 2013 auf einen neuen Rezeptortyp in den Hautzellen stießen, der ausschließlich auf Streicheln reagierte (Vrontou, Wong, Rau, Koerber und Anderson 2013). Das neue Neuron bekam den nicht gerade einprägsamen Namen MRGPRB4+. Die Wahl hängt nicht damit zusammen, dass alle guten Namen bereits vergeben waren, sondern ist eine Folge der Tatsache, dass zunächst niemand wusste, was man da gefunden hatte.

Das Neuron MRGPRB4+ wurde mit Haarfollikeln in Verbindung gebracht, schien aber nichts zu bewirken. Im Reagenzglas reagierte es auf keinerlei Stimulus. Erst als die Forscher es mit einem fluoreszierenden Stoff markierten, um zu beobachten, was bei lebenden Mäusen passierte, stellten sie fest, dass es ausschließlich auf Streicheln reagierte. Wenn sie die Mäuse streichelten, leuchteten die Zellen auf; wenn sie die Mäuse anstupsten, geschah nichts. Nicht genug damit: Die Mäuse zogen einen chemischen Stoff, der diese Nervenzellen stimulierte, einem anderen Stoff vor – der Beweis, dass die Empfindung angenehm für sie war. Hinterher zeigten sie messbar weniger Stress, was die beruhigende Wirkung belegte. Alle Säugetiere haben eine Version von MRGPRB4+, deshalb macht Streicheln ein Baby glücklich wie ein schnurrendes Kätzchen.

Die Wurzeln liegen wahrscheinlich in der Zeit, als alle Säugetiermütter ihre Jungen ableckten. Unmittelbar nach der Geburt mussten sie die Fruchtblase weglecken, damit Mund und Nase frei wurden und das Junge atmen konnte. Das Lecken setzt auch andere Körperfunktionen in Gang und ist eine Möglichkeit, zu sehen, ob das Junge lebt. (Manche Fleischfresser fressen Babys, die offenbar nicht reagieren.) Der Mutter hilft das Lecken, ihre Babys zu erkennen, sie lernt ihren Geruch und markiert sie mit ihrem eigenen. Forschungen haben gezeigt, dass es bei Rattenbabys einen dramatischen Unterschied in ihrem späteren Leben ausmacht, wie intensiv sie geleckt werden. Diese überraschenden Entdeckungen haben unser Wissen in der uralten Debatte über Angeborenes und Erworbenes (*Nature* vs. *Nurture*) revolutioniert.

Die Geschichte zweier Waisenkinder

Das Experiment klingt wie eine Geschichte von Charles Dickens oder Hans Christian Andersen. Es geht um eineiige Zwillinge, die bei der Geburt getrennt und von einer guten und einer schlechten Pflegemutter aufgezogen wurden. In dem Fall waren die Zwillinge Ratten. Und, wenig überraschend, die Ersatzmütter ebenfalls. Es gibt zwei Arten von Rattenmüttern. Manche sind nachlässig und lecken ihre Jungen nicht genug. Diese Ratten haben selber viel Angst. Andere Ratten sind fürsorglich und aufmerksam, sie lecken ihre Jungen oft und sorgfältig. Diese Ratten sind ruhiger. Allem Anschein nach werden diese Eigenschaften an die Nachkommen weitergegeben. Mit dem Experiment verfolgten die Forscher das Ziel, herauszufinden, wie das passiert.

Geleitet wurde die Studie von Dr. Michael Meaney (ein Name, der sehr nach Dickens klingt). Dr. Meaney und seine Kollegen an der McGill University im kanadischen Montreal nahmen Rattenbabys nach der Geburt ihren Müttern weg und gaben sie zu Pflegemüttern mit den jeweils entgegengesetzten Eigenschaften. Die erste Stichprobe bestand zur Hälfte aus guten Müttern und aus schlechten Müttern. Innerhalb einer Stunde nach der Geburt kamen die Jungen der guten Mütter zu schlechten Müttern und umgekehrt. Die Ergebnisse waren eindeutig: Gute Stiefmütter zogen gute Kinder auf, die später selber gute Eltern wurden und besser mit Stress zurechtkamen. Die Babys mit den stressanfälligen Stiefmüttern wurden selbst stressanfällig. Die unterschiedlichen frühen Erfahrungen wurden über die Generationen weitergegeben, und die Weitergabe war ein Ergebnis der Art und Weise, wie die Jungen aufgezogen worden waren.

Der Schlüssel bei dem Ergebnis war der Mechanismus, wie die Rattenbabys Stress bewältigten. Indem die Rattenmütter den Stress ihrer Babys regulierten, als diese noch sehr klein waren, halfen sie ihnen, später ihren Stress selbst zu regulieren. Mehr frühe Abhängigkeit verhilft zu größerer Unabhängigkeit später. Wenn die Jungen in den ersten Wochen vor Stress geschützt werden, gibt das erstens ihrem Stressregulationssystem die Gelegenheit zu reifen. Zweitens hat wohl auch die Art der Pflege einen Einfluss, der sich in den Verbindungen in den Gehirnen der Rattenbabys niederschlägt. Bei vernachlässigten Ratten ist der Hippocampus oft weniger sensibel für den Cortisolspiegel, was wiederum bewirkt, dass der Hippocampus Botschaften an die Adrenalindrüsen schlechter weitergibt, weshalb die Kontrolle der Stresshormone schlechter funktioniert.

Dr. Meaney und sein Kollege Moshe Szyf glauben, dass das passiert, wenn ein Gen in den Zellen des Hippocampus abgeschaltet wird. Wenn dieses Gen nicht angeschaltet ist, kann der Hippocampus keine Signale an die Adrenalindrüsen senden, die Produktion von Cortisol zu stoppen, mit der Folge, dass die Ratte sich nicht beruhigen kann. Das hat nichts damit zu tun, welche Gene jemand hat, sondern damit, welche Gene durch einen Prozess namens Methylierung aktiviert werden. Alle Zellen eines Organismus haben dieselbe DNA-Codierung mit dem vollständigen Satz aller Gene. Aber in unterschiedlichen Zellen können unterschiedliche Gene an- und abgeschaltet werden. Deshalb werden beispielsweise manche zu Gehirnzellen und andere zu Leberzellen. Von den Zellen im Hippocampus der Ratten werden manche gut darin, die Hormone zu regulieren, und andere werden schlecht darin.

Zahlreiche Mechanismen entscheiden darüber, welche in den Genen codierten Informationen genutzt werden und welche nicht. Die Methylierung ist nur einer davon. Tatsächlich widmet sich ein ganzer Teilbereich der Biologie, die Epigenetik, dem Studium dieser Mechanismen. Unsere Epidermis ist die oberste Hautschicht; ein Epizentrum ist der Punkt an der Oberfläche direkt über einem Erdbeben. Die Epigenetik betrifft die Veränderungen oben auf den Genen.

Meaney und seine Kollegen forschten jahrelang, um das herauszufinden. Aber die Hypothese, dass es eine Methylierung verursacht, wenn eine Rattenmutter ihre Jungen leckt, war durchaus nicht unumstritten. Den Psychiatern gefiel sie, weil der Gedanke, dass frühe Erfahrungen tiefgreifende Auswirkungen auf das spätere Leben haben, ein Eckpunkt ihrer Theorien ist. Das schien viele Forschungsergebnisse zu bestätigen, wonach Kinder, die misshandelt wurden, später selbst gewalttätig werden. Doch für die Biologen, die eine Menge über Epigenetik wissen, ist die Methylierung ein sehr heikler Mechanismus, der sich schwer erforschen lässt. Sie untersuchten ihn üblicherweise in einzelligen Organismen wie Hefezellen in einer Petrischale, und glaubten, dass es nahezu unmöglich sei, derartige Veränderungen auch nur in einem einzelnen Bereich von Rattengehirnen aufzuspüren. Moshe Szyf, selbst Molekularbiologe, schildert die gegensätzlichen Reaktionen:

»Die Psychiater sind froh, diesen Mechanismus zu haben, der ihnen fehlte«, sagt er. »Das hat sie immer beschäftigt, und nun sieht es so aus, als würde alles Sinn ergeben. Aber dann kommt der Epigenetiker und wendet ein: ›Ach was, das ist doch nur Magie‹« (Buchen 2010, S. 148).

Falls Ihnen das nicht klar sein sollte: In der Welt der Wissenschaft ist »Magie« eine Beleidigung. Aber ob durch Magie oder nicht, die Belege sind eindeutig, dass böse Stiefmütter eine ganz schlechte Sache sind. Zwei der renommiertesten Wissenschaftszeitschriften, *Nature* und *Science,* lehnten den Aufsatz über diese Arbeiten ab. Schließlich akzeptierte ihn *Nature Neuroscience* und veröffentlichte ihn 2004 (Weaver u. a. 2004). Mittlerweile wurde er häufiger zitiert als jeder andere in dieser Zeitschrift erschienene Beitrag. Er lieferte endlich eine biologische Erklärung, welche bleibenden Folgen die Umwelt in der Kindheit haben kann.

Kürzlich haben Forscher direkte Beweise gefunden, dass Berührung die Reaktionsbereitschaft eines Babys auf Stress herabsetzt (Feldman, Singer und Zagoory 2010). Sie führten eine Menschenversion der Studie von Michael Meaney durch. Nun ja, mit Einschränkungen: Kein Babyforscher würde so böse sein. Sarah Moore und ihre Kollegen von der University of British Columbia nutzten Daten aus Tausenden Babytagebüchern, um Mütter zu identifizieren, die entweder sehr viel oder sehr wenig Körperkontakt mit ihren fünf Wochen alten Babys hatten. Mehrere Jahre später wurden diese Kinder auf Genexpression und Methylierung getestet. Die Forscher fanden keine Unterschiede bei den Genen, um die es ging, aber signifikante Unterschiede an anderen Stellen im Genom. Die Babys mit viel mütterlichem Kontakt waren epigenetisch jünger, was eine gute Sache ist (Moore u. a. 2017).

Umarmungen sind gut, aber bevor Sie jetzt losgehen und ein Baby ablecken, sollten wir uns daran erinnern, dass unser jüngster gemeinsamer Vorfahr mit Ratten und Mäusen ein kleines pelziges Wesen namens *Protungulatum donnae* ist. Herr und Frau P. Donnae lebten vor rund 63 Millionen Jahren am Ende der Kreidezeit. Seit wir kleine pelzige Nager waren, die sich vor Dinosauriern und herabstürzenden

113

Kometen versteckten, ist ordentlich viel Evolution passiert. Bei Babys hat die Geschichte weniger mit dem Lecken von Rattenjungen zu tun als damit, einem anderen Cro-Magnon die Parasiten aus dem Fell zu klauben. Vielleicht erscheint das gar nicht als besondere Verbesserung. Aber Berührung ist für Babys der Beginn des Lebens als soziale Primaten.

Babymassage

Nehmen Sie für die Massage ein Öl, mit dem Sie auch
den Salat anmachen würden.
Internationale Vereinigung für Babymassage

Babys verbringen die ersten neun Monate ihres Lebens in einer permanenten innigen Umarmung, deshalb ist es nicht überraschend, dass ihnen eine schöne Massage gefällt. Viele Studien deuten darauf hin, dass Mutter und Kind von der Babymassage profitieren, und es gibt keinen Grund, warum nicht auch Väter und Großeltern mitmachen sollten. Es muss auch keine regelrechte Babymassage sein – jede längere physische Interaktion mit dem Baby ist gut. Forschungen zeigen, dass die Mütter, die am besten mit ihren Babys mitschwingen, auch die höchsten Werte bei der Anzahl liebevoller Berührungen angeben (Ferber, Feldman und Makhoul 2008).

Auch bei Frühgeborenen hat man Massage ausprobiert. Aber anders als bei der Känguruh-Methode sind bei Massage die Hinweise auf echten Nutzen nur schwach. Einiges deutet darauf hin, dass die Babys durch Massage schneller an Gewicht zulegen und früher aus dem Krankenhaus entlassen werden können. In einer Studie wurden zwei Gruppen frühgeborener Babys nach der Entlassung aus dem Krankenhaus begleitet, und es zeigte sich, dass die Gruppe, die Massage bekommen hatte, auch noch ein Jahr später beim Gewicht und bei den kognitiven Leistungen besser abschnitt.

Verantwortlich für diese Studie war Tiffany Field. Sie ist die weltweit führende Forscherin zu Babymassage. Ihr Interesse begann

1982, als sie registrierte, dass Massage ihre eigene zu früh geborene Tochter beruhigte. Damals war sie Professorin für Kinderheilkunde und Psychiatrie, aber 1992 gründete sie das Touch Research Institute (TRI) an der Miller School of Medicine der Universität Miami, um sich ganz der Erforschung von Berührung und Massage zu widmen. In den fast drei Jahrzehnten seit seiner Gründung hat das TRI mit seinen Forschungen nachgewiesen, dass Massage in allen Altersgruppen eine große Bandbreite an Vorteilen bringt. Sie verstärkt die Immunreaktion des Körpers, hilft beim Umgang mit Schmerzen, steigert die Aufmerksamkeit und reduziert Stress. Der Nutzen für Babys und Eltern ist besonders groß. Allerdings neigt Professor Field manchmal zu Überschwang. Sie schreibt, sie habe ihre Forschungen weiterverfolgt, »da meine Tochter infolge der Berührungstherapie körperlich und geistig weiter entwickelt ist, als ich es in ihrem Alter war« (Field 2003, S. 9).

In einer Studie verbesserte ein Kurs in Babymassage bei depressiven Müttern die Werte auf der Depressionsskala und steigerte ihre Sensibilität für die Bedürfnisse der Babys während der normalen Interaktion (O'Higgins, James, Glover, Roberts und Glover 2008). Wenn Väter ihre Babys massieren, werden sie im Umgang mit ihnen offener und herzlicher, und körperliche Spiele mit den Babys bereiten ihnen mehr Vergnügen. Die Babys schlafen länger und besser, wenn sie massiert werden. Sie finden leichter in den Schlaf und wachen nicht so oft auf. Eine Gruppe anderthalbjähriger Kinder mit Einschlafproblemen bekam einen Monat täglich vor dem Zubettgehen eine 15-minütige Massage. Verglichen mit einer anderen Gruppe, in der den Kindern Bettgeschichten vorgelesen wurden, schliefen sie schneller ein und wehrten sich weniger gegen das Zubettgehen. Unabhängige Beobachter fanden die massierten Kinder am Tag wacher, aktiver und glücklicher.

Zweifellos hat die körperliche Stimulierung durch Massage für ein Baby viel direkten Nutzen. Wahrscheinlich reagieren die Gehirne der Menschenbabys auf Berührung ähnlich wie die Gehirne der Rattenbabys, bei denen beruhigende Berührungen die Stressregulierung unterstützten und die Aufmerksamkeit förderten. Bei Menschenbabys können wir das nicht so leicht messen, aber die zugrunde liegenden biologischen Mechanismen dürften ähnlich sein. Massageforscher sind der Meinung, dass der nonverbale Austausch während der Massage ein genauso wichtiger Faktor ist. Der Elternteil muss sich auf das Baby einstellen, und das Baby sendet ebenfalls Signale aus und reagiert. Man kann nicht berühren, ohne selbst berührt zu werden.

Babys reagieren auch auf den Stress ihrer Eltern. Wenn die Mütter in eine Stresssituation gebracht wurden, zum Beispiel weil sie eine kurze Präsentation halten sollten, veränderten sich die Stresslevels ihrer Babys so, dass sie die mütterlichen Levels widerspiegelten (Waters, West und Mendes 2014). Wenn man ein Baby auf den Arm nimmt, um es zu beruhigen, gibt es klare Muster von Berührung und Bewegung, die mit der besänftigenden Stimme verknüpft sind. Das Baby lernt, all diese physischen Eindrücke mit der Beruhigung zu verbinden, die es spürt.

Wieder gilt, dass wir die Bedeutung der Körpersprache unterschätzen, weil sie für uns unsichtbar ist. Aber für sehr kleine Babys spielt sie eine große Rolle. Die ersten beiden Lebensjahre sind ein Zustand der Hilflosigkeit. Zu wissen, dass Eltern und Pflegepersonen zur Unterstützung da sind, ist ein lebenswichtiges Gerüst für Babys, um ihr Verständnis der Welt aufzubauen, die ein geheimnisvoller und manchmal Angst einflößender Ort ist. Ein vertrauter und Sicherheit vermittelnder Ausgangspunkt hilft den Babys, ihre Umwelt zu verstehen. Aber wir vergessen auch, dass Menschen ein Teil der Umwelt sind. Menschen zu verstehen ist das größte Rätsel, das wir nie vollständig lösen. Massage und andere beruhigende Berührungen bewirken, dass die Interaktion mit anderen etwas weniger verwirrend ist. In späteren Kapiteln werden wir sehen, wie wichtig es ist, mit einem Baby zu sprechen. Massage ist eine Form der Kommunikation, bevor es Worte gibt.

Kapitel sechs

Kitzeln, Hinfallen und an den Zehen knabbern

Rundherum im Garten
wie ein Teddybär.
Ein Schritt, zwei
Kille kille hier.

Traditioneller englischer Kinderreim, 1940er-Jahre

Auf den ersten Blick ist Kitzeln ein Bündel von Paradoxien. Nach herkömmlichen Theorien hat Kitzligkeit mit der Abwehr von Krabbeltieren zu tun. Aber warum sollte etwas so Gruseliges der Ursprung solchen Vergnügens sein? Warum kitzelt eine leichte Berührung, eine etwas stärkere aber nicht? Und warum löst heftiges, starkes Kitzeln das meiste Gelächter hervor? Warum ist eine Person an den Zehen kitzlig und eine andere am Kinn? Warum kann man sich nicht selbst kitzeln? Warum lieben es anscheinend alle Babys, während viele Erwachsene es eindeutig hassen?

Das Kitzeln von Babys hat Anlass zu einigen bemerkenswert hochgestochenen Spekulationen über das Wesen der Komik gegeben. Es wirft auch interessante Fragen über Geist, Körper und unser Gefühl für uns selbst auf. Kitzeln und andere sehr körperbetonte Spiele mit Babys unterscheiden sich qualitativ von der beruhigenden sozialen Berührung, die wir im vorangegangenen Kapitel kennengelernt haben. Berühren, Knuddeln und Schmusen regulieren Emotionen, während Kitzeln und Rauf- und Tobespiele sie betonen. Solche physischen Spiele sprechen das Bewusstsein der Babys für ihren eigenen Körper und letztlich für ihre eigene Identität an. Diese Dinge sind für uns unsichtbar. Wir leben schon so lange mit unserem Körper, dass es für uns fast nicht vorstellbar ist, nicht mit ihm identisch zu sein. Noch schwieriger ist es, sich vorzustellen, dass wir nicht wir sind. Aber wenn wir beobachten, wie Babys versuchen, mit diesen Herausforderungen zurechtzukommen, erkennen wir, dass wir all das erst lernen müssen.

Das Vergnügen, das Kitzeln und andere einfache körperliche Aktivitäten – wie beim Baden mit Wasser spritzen – Babys bereiten, gehört wesensmäßig zu ihnen, wenn sie sich ihres Körpers bewusst werden und erkennen, wie sie dadurch zu einem Teil der größeren Welt werden. Lange bevor Babys sitzen oder zu krabbeln anfangen, müssen sie eine Menge darüber lernen, wie sie ihre Bewegungen kontrollieren. Dieser wichtige Prozess des Embodiment (der Verleiblichung) ist ein Schlüsselprinzip der Entwicklungspsychologie, und wir werden sehen, dass er hilft, vier Jahrhunderte Dualismus von Körper und Geist in der Nachfolge von Descartes zu überwinden. Gut gemacht, Babys.

Der Medizinforscher Thomas Mintz hat Kitzeln anschaulich als »Juckreiz, der sich bewegt« beschrieben. Aber wenn wir ganz präzise sind, ist jedes Kitzelgefühl, das wie ein Insekt über die Haut huscht, ein Beispiel für Knismesis, sanftes Kitzeln, während Gargalesis das Gefühl beschreibt, wenn man einen Stoß in die Rippen bekommt oder am Knie gepackt wird. Diese beiden Arten des Kitzelns unterschieden Stanley Hall und Arthur Allin 1897, und seither arbeiten die Forscher dankbar mit dieser Klassifikation. Allgemein besteht auch Einigkeit darüber, dass Knismesis angenehm ist, jedoch nur die härtere Variante, Gargalesis, unweigerlich zu Lachen führt. Aber Achtung: Nur eine Handvoll Wissenschaftler benutzt diese beiden Wörter. Meine Rechtschreibkontrolle und das Duden Fremdwörterbuch kennen sie nicht.

Bei meiner weltweiten Studie zum Babylachen fragte ich die Eltern: »Womit bringen Sie Ihr Baby garantiert zum Lachen?« Das Ergebnis war eindeutig: Kitzeln stand ganz oben und wurde häufiger genannt als die nächsten vier Punkte zusammen (das Kuckuck-Spiel, lustige Töne, lustige Grimassen und andere Personen, die lachen).

Wenn Eltern ihre Babys zum Lachen bringen wollen, dann geht das am besten mit Kitzeln.

Viele Eltern hören ihr Baby zum ersten Mal beim Kitzeln lachen. Ein Elternteil eines kleinen Jungen in Großbritannien erzählte mir: »Zum ersten Mal überhaupt hat er im Alter von ungefähr zwei Wochen im Schlaf gelacht, das erste Lachen im Wachzustand kam beim Kitzeln.« Ein anderer Elternteil eines zwei Monate alten Jungen sagte: »Es war, nachdem ich seine Windel gewechselt und ihn gefüttert hatte. Ich sprach mit ihm und lächelte ihn an. Ich kitzelte ihn im Gesicht und sagte, dass er ein süßer Frechdachs sei.« Mehrere Mütter berichteten, dass »kitzlige Barthaare« von Papa oder ein Vollbart das erste Lachen provoziert hätten. Eine meiner liebsten Erzählungen stammt von der Mutter eines drei Monate alten Babys aus den USA: »Ich habe ›krabbel krabbel‹ auf seinem Bauch gemacht und mich langsam bis zu den Backen hochgearbeitet, und er konnte sich gar nicht einkriegen. Es war das Goldigste, was ich je gesehen habe.«

Die unmittelbare Freude kleiner Babys spricht dafür, dass Kitzeln eine elementare Naturkraft ist. Aber wie können wir sicher sein, dass es etwas Angeborenes ist und nicht etwas Erlerntes? Vielleicht lachen Babys beim Kitzeln, weil Mutter oder Vater lacht? In den 1940er-Jahren beschloss der skeptische Psychologe Clarence Leuba, das mit seinen eigenen beiden Babys zu testen. Von Geburt an vermieden Leuba und seine Frau, die Babys beim alltäglichen Spielen zu kitzeln. Kitzeln fand immer unter »Laborbedingungen« statt; Leuba trug eine Maske, damit die Babys seinen Gesichtsausdruck nicht sehen konnten und nicht als Reaktion auf sein Lächeln lachten. Das Kitzeln war eine ernsthafte Angelegenheit, trotzdem brachte es etwa ab dem sechsten Monat beide Babys zum Lachen. Das ist später als bei den meisten Babys in meiner Studie, aber noch in der normalen Bandbreite. Obwohl, ehrlich gesagt, Dr. Leuba und seine Gattin eindeutig nicht die normalsten Eltern waren.

Die Naturgeschichte lässt vermuten, dass Kitzligsein in unseren Genen verankert ist. Auch vielen Tiere gefällt es, gekitzelt zu werden. Unseren Haustieren Katze und Hund auf jeden Fall. Shakespeare hat geschrieben, Forellen ließen sich gerne kitzeln, und ein tollkühner Forscher hat herausgefunden, dass auch Haie es lieben. Ein Video, das Pinguin Cookie aus dem Zoo in Cincinnati zeigt, wie er der Hand seines Wärters hinterherläuft, damit er noch weiter gekitzelt wird, hat 14 Millionen Klicks bekommen. Mittlerweile gibt es Untersuchungen, dass auch Schimpansen, Bonobos, Gorillas und Orang-Utans beim Kitzeln lachen (Davila Ross, Owren und Zimmermann 2009).

In den 1970er-Jahren beobachtete man Schimpansenbabys, die zum Kitzeln aufforderten. Üblicherweise wollten die Babys von ihren Müttern gekitzelt werden, aber gegenseitiges Kitzeln war auch ein häufiges Spiel zwischen jugendlichen Tieren (Plooij 1978). Das gehört zu den frühesten kommunikativen Signalen bei Schimpansen. Die Mütter kitzeln ihre ganz kleinen Babys im Nacken, und die Babys lächeln und heben abwehrend die Ärmchen. Einjährige Schimpansen machen die gleichen Gesten – Lächeln und Arme heben – als Einladung zum Spielen, bevor sie gekitzelt werden. Erstaunlicherweise scheint das für alle Säugetiere zu gelten.

Kitzlige Nager

Gehen wir ein paar Ratten kitzeln.
Professor Jaak Panksepp zu seinem Kollegen
Dr. Jeff Burgdorf, Frühjahr 1997

Ich denke oft, dass ich einen seltsamen Job habe: Ich versuche herauszufinden, was Babys denken, und dann versuche ich, sie zum Lachen zu bringen. Der Job von Brian Knutson war noch seltsamer. 1994 arbeitete er in einem Labor, in dem die soziale Interaktion junger Nagetiere erforscht wurde. Noch genauer gesagt gehörte es zu seinem Job, Rattenbabys beim Spielen zu belauschen. Zu seiner und zur allgemeinen Überraschung stellte er fest, dass sie anscheinend kicherten.

Ratten sind intelligente, soziale Lebewesen, und wie alle Säugetiere sind sie verspielt, vor allem als Jungtiere. Spielen ist ein so universeller Bestandteil jedes Säugetierlebens, dass es eine wichtige Funktion haben muss. Die Wissenschaftler waren sich nicht sicher, welche Funktion das war, und so bekam Knutson die Aufgabe, herauszufinden, was Rattenbabys in ihrer Freizeit treiben. Er beobachtete junge Ratten bei Kampf- und Tobespielen. Eine Ratte attackierte spielerisch den Nacken einer anderen Ratte und legte ihr eine Pfote auf den Rücken. Die attackierte Ratte rollte sich in der Regel auf den Bauch, um dem Angriff zu entgehen, woraufhin die Angreiferin sie ein paar Sekunden zu Boden drückte, bevor das Spiel mit anderen Manövern weiterging. Frühere Studien hatten gezeigt, dass taube Ratten weniger spielten, also fragte sich Knutson, ob ihr Quieken wohl Teil des Spiels war.

Nager machen Töne im Ultraschallbereich, weit jenseits des Bereichs, den menschliche Ohren wahrnehmen können. Aber empfindliche Mikrofone (und Katzen) können sie hören. Knutson zeichnete die Geräusche seiner verspielten Ratten mit einem »Fledermausdetektor« auf, der Ultraschall so verlangsamt, dass er für Menschen hörbar wird. Das verlangsamte Quieken klang fast so wie menschliches Lachen. Knutson suchte mit seinen Erkenntnissen den Leiter des Labors auf. Es war eine der klassischen Situationen in der Wissenschaft, die in die eine oder andere Richtung ausgehen können. Der leitende Wissenschaftler hätte die ungewöhnliche Entdeckung einfach abtun können. Ein großes Tabu beim Studium des Verhaltens unserer pelzigen Freunde ist, sie zu vermenschlichen, ihnen menschliche Eigenschaften zuzuschreiben, die tatsächlich auf Instinkt oder Lernen zurückgehen könnten. Der Laborleiter hätte über seinen jungen Kollegen mit seinen lachenden Ratten einfach lachen können. Aber Brian Knutson hatte Glück. Sein Chef war Jaak Panksepp, der die Emotionen von Tieren sehr ernst nimmt.

Man könnte sogar sagen, er habe *das* Buch zu dem Thema geschrieben. Panksepps Buch *Affective Neuroscience* gilt als das Standardwerk auf diesem Gebiet (Panksepp 1998). Es wurde mehr als 8000 Mal in anderen wissenschaftlichen Publikationen zitiert, und der Titel hat sich als Bezeichnung für das Studium der neuronalen

Mechanismen bei Emotionen durchgesetzt. Panksepps Arbeit wird oft mit Charles Darwins übersehenem Meisterwerk von 1872 verglichen, *Der Ausdruck der Gemütsbewegungen bei dem Menschen und den Tieren*. Es ist ähnlich umfassend und betont die Kontinuität zwischen menschlichen Emotionen und Angstreaktionen von Tieren. In dem enormen Respekt und der Einfühlung, die sie dem Königreich der Tiere entgegenbringen, sind Panksepp und Darwin Seelenverwandte.

Somit war Brian Knutson an der richtigen Stelle, um lachende Ratten zu entdecken. Panksepp glaubte ihm, trotzdem musste man sichergehen. Gemeinsam führten sie Experimente durch, um weniger spektakuläre Erklärungen auszuschließen (Knutson, Burgdorf und Panksepp 1998). Sie stellten fest, dass Ratten im Ultraschallbereich »kicherten«, wenn sie zusammen spielten, aber nicht, wenn sie allein spielten, und es passierte besonders häufig, wenn sie spielerisch in den Nacken gebissen wurden. Ratten, die allein gehalten worden waren, machten das Geräusch häufiger als solche, die Gesellschaft gehabt hatten. Das Kichern schien ein soziales Signal zu sein, das besagte: »Spiel weiter mit mir – ich mag es.« (Aber mit quiekenden Tönen, die nur andere Ratten hören konnten!)

Trotz Panksepps Beteiligung war es sehr schwierig, die Studie zu veröffentlichen. Emotionsforscher stehen dem Gedanken, dass Tiere Gefühle haben, sehr skeptisch gegenüber. Panksepp war zuvor schon auf Widerstand gestoßen, als er zu argumentieren versuchte, dass Trennungsrufe von Welpen, Küken und Meerschweinchen viel mit dem Weinen von Menschenkindern gemeinsam haben. Wenn man es mit Leuten zu tun hat, die sich durch weinende Welpen nicht rühren lassen, dann hat man harte Zeiten vor sich.

Der Widerstand geht zurück auf den britischen Psychologen C. Lloyd Morgan und das Jahr 1894. Morgans Lehrsatz ist der am meisten zitierte Satz der Psychologie. An dieser Stelle ist es nicht nötig, das langatmige Original wiederzugeben. Wir können seine Position in dem Satz zusammenfassen, man solle sich immer bemühen, tierisches Verhalten möglichst einfach zu erklären. Das klingt vielleicht nach einer allzu viktorianischen Einstellung, die keine Emotionen sehen will, wo sie nicht erwünscht sind. Aber es ist eine nützliche Faustregel, eine Version des berühmten Prinzips »Ockhams Rasiermesser« oder Sparsamkeitsprinzip, heute eher bekannt unter dem Akronym KISS: *Keep It Simple, Stupid* (Mach es einfach, Dummkopf).

Morgan sagt, wir können nicht wissen, dass Pawlows Hunde Futter erwarteten, als sie die Glocke hörten, also dürften wir nur über ihr Verhalten sprechen. Das führte zur sogenannten behavioristischen Schule der Psychologie, die alle inneren mentalen Vorgänge bei Tieren und sogar bei Menschen leugnete. Die Behavioristen gingen eindeutig zu weit, weil Menschen ohne Zweifel innere mentale Zustände haben und wir Menschen nicht so verschieden von unseren tierischen Verwandten sind. Vielleicht verhalten sich Hunde ja hungrig, weil sie Hunger spüren?

Und vielleicht lachen Ratten, weil sie glücklich sind? Das versuchten Panksepp und Jeff Burgdorf als Nächstes zu beweisen. Sie zeigten, dass Rattenbabys lachen, wenn sie miteinander spielen und in Vorwegnahme des Spielens. Sie lachten mehr, wenn sie zuvor allein gehalten worden waren, ohne Gelegenheit zum Spielen. Richtig los ging der Spaß an einem Morgen im Frühjahr 1997, als Professor Panksepp beschloss, nun sei es Zeit, ein paar Ratten zu kitzeln. Um sicherzugehen, dass die hohen quiekenden Töne Lachen waren, musste Pankseep sie unter kontrollierten Bedingungen provozieren können. Er dachte sich, wenn Kitzeln Menschenbabys zum Lachen bringt, könnte das vielleicht auch bei Ratten funktionieren.

Zunächst zeigten Spaß und Spiele, dass die Ratten am meisten quiekten, wenn sie im Genick gekitzelt wurden. Genau wie Pawlows Hunde speichelten, wenn die Essensglocke ertönte, lachten Panksepps Ratten bereits, wenn die kitzelnde Hand sich näherte. Erstaunlicherweise lachten und quiekten junge Ratten mehr als ältere und männliche mehr als weibliche, beides Muster, die wir auch bei lachenden Babys beobachten. Das Quieken hatte auch noch andere Merkmale mit dem Lachen gemeinsam. Die Ratten gaben es nur von sich, wenn sie in guter Stimmung waren. Sie lachten nicht, wenn sie durch sehr helles Licht oder durch den Geruch einer Katze unter Stress gesetzt wurden (Burgdorf und Panksepp 2001). Spätere Experimente ergaben, dass Lachen genauso als Belohnung wirkte wie Futter: Die Ratten rannten durch Labyrinthe oder drückten Hebel, um gekitzelt zu werden. Schließlich quiekten die Ratten auch, wenn sie bestimmte Drogen erhielten (Amphetamine) oder wenn durch kleine Stromstöße Glückssignale in ihren Gehirnen ausgelöst wurden.

Interessanterweise gelang es Panksepp und Burgdorf auch, Ratten mit einer stärkeren oder einer weniger starken Neigung zum Lachen zu züchten. Die fröhlichen Ratten waren widerstandsfähiger gegen Stress, weniger aggressiv und zeigten in der Chemie ihrer Gehirne Anzeichen von positiver Stimmung. Die nicht so fröhlichen Ratten waren weniger verträglich mit anderen und gestresster. Manchen Forschern gefiel es nicht, das Quieken als Lachen zu deuten, aber niemand hatte eine bessere Erklärung. Wie Panksepp und Burgdorf in einem ihrer Aufsätze abschließend formulierten: »Wir wären überrascht, wenn Ratten ein Gefühl für Humor hätten, aber es sieht ganz danach aus, dass sie Sinn für Spaß haben« (Panksepp und Burgdorf 1999, S. 368).

Als Spezies haben sich Menschen und Ratten vor rund 60 Millionen Jahren getrennt. Entweder ist das Kitzeln von Babys ein sehr, sehr alter Zeitvertreib, oder die Evolution hat seine Reize mehr als einmal entdeckt. Burgdorf und Panksepp würden antworten, dass Kitzligkeit und Lachen zum Spiel von Säugetieren dazugehören. Sie sind Teil des Belohnungssystems, das jugendliche Spiele für die Kitzelnden und die Gekitzelten attraktiv macht. Eltern lieben es ganz entschieden, zu kitzeln. Menschenbabys lieben es anscheinend, gekitzelt zu werden, wahrscheinlich noch mehr als Rattenbabys. Aber in der rigoros skeptischen Tradition von Dr. Leuba sollten wir das vielleicht noch einmal hinterfragen.

Mögen es Babys, wenn sie gekitzelt werden?

Wenn ein kleines Kind von einem Fremden gekitzelt würde,
so würde es vor Furcht schreien.

Charles Darwin, Der Ausdruck der Gemütsbewegungen
bei dem Menschen und den Tieren, 2000 (1872)

Ich habe meine Website zum Babylachen (babylaughter.net) über acht Jahre betrieben, und der beliebteste Post in all den Jahren trug die Überschrift: »Sollen wir Babys kitzeln?« Monat für Monat erzielte er mehr Aufrufe als alle anderen – ein Zeichen, dass die Menschen die Frage bei Google eingeben. Es sind auch Skeptiker dabei. Mein Post war eine Antwort auf eine E-Mail, die ich von Johan aus Südafrika bekommen hatte. Er schrieb:

> Ich bin im Internat aufgewachsen und erinnere mich, wie schrecklich es war, von den größeren Kindern festgehalten und gekitzelt zu werden, bis man nicht mehr konnte. Leider passierte das vielen kleinen Kindern, die sich nicht wehren konnten.
> Meine Frage: Babys können sich nicht gegen Kitzeln wehren, ob es ihnen gefällt oder nicht. Sie können auch nicht protestieren. Ist es nicht vielleicht eine schlechte Idee, die Kleinen zu kitzeln?

Johan spricht einen interessanten Punkt an. Wie können wir es wissen? Kitzeln kann auch Lachen provozieren, wenn wir kein Vergnügen daran haben.

Charles Darwin interessierte sich dafür, wie Kitzeln und Lachen zusammenhängen. Er fragte sich, ob beides immer zusammengehört, und wie das Zitat zu Beginn dieses Abschnitts zeigt, stellte er fest, dass es nicht unbedingt so sein musste. Darwin war bekannt dafür, dass er bei seinen Forschungen sehr praktisch vorging. Er züchtete

Tauben und Blumen, um die Vererbung zu verstehen. Er grub Tausende Regenwürmer aus und beobachtete sie sorgfältig, um ein ganzes Buch über ihre Bedeutung für das Ökosystem zu schreiben. Er testete die Vorlieben seiner fleischfressenden Pflanzen, indem er sie mit seinen abgeschnittenen Zehennägeln fütterte. Ich garantiere, dass er selbst herausfand, wie kleine Kinder reagieren, wenn sie von einem fremden Mann gekitzelt werden. Es kitzelt mich, wenn ich mir vorstelle, dass der große haarige Darwin seinen Kopf in viktorianische Kinderwagen steckte und feststellte, dass Babys sehr wirksame Mittel haben, jemandem mitzuteilen, wenn sie etwas nicht mögen.

Johan hatte recht, Kitzeln kann traumatisch sein. Die Römer und die alten Chinesen nutzten Kitzeln als eine Form der Folter. Eine Freundin von mir ist eine professionelle Domina. Neben so einfachen Vergnügen wie Schlagen, Fesseln und verbalen Demütigungen mögen viele ihrer Kunden es auch, festgebunden und gekitzelt zu werden. Sie sagt, das sei ihr der liebste Teil ihres Jobs. Ich bin sehr kitzlig und ließ mich einmal von ihr kitzeln. Zuerst hat es Spaß gemacht, aber sie ist ziemlich gnadenlos. Wenn ich es nicht geschafft hätte, mich herauszuwinden, wäre es sehr bald nicht mehr lustig gewesen. Womöglich gibt es sogar eine »Sportart« Ausdauerkitzeln, obwohl das, wie der Dokumentarfilm *Tickled* 2016 zeigte, noch seltsamer wirkt als die einvernehmliche Kitzelfolter, die meine Freundin und ihre Kunden lieben.

Jemanden kitzeln, der nicht entkommen kann, und seinen Protest zu ignorieren, überschreitet zweifellos die Grenzen des Einvernehmens. Es reicht nicht, zu unterstellen, nur weil ein Kind lacht, wenn es gekitzelt wird, mache es ihm Spaß und es sei nicht ernst gemeint, wenn es »Stopp« sagt. Jennifer Lehr dokumentiert in einem Artikel in der *Huffington Post* Fälle von Kindern wie Johan, die trotz ihrer entschiedenen Proteste von einer stärkeren Person gekitzelt wurden (Lehr 2017). Sie betrachtet das als eine Form des Missbrauchs, und ich stimme ihr zu. Sie zitiert sogar einen Evolutionsbiologen, Richard Alexander, der sagt, Kitzeln »erzeugt kein angenehmes Gefühl – nur den Anschein eines solchen«. Sie schließt: »Wenn ein Kind noch nicht sprechen kann, kitzeln Sie es nicht. Gehen Sie lieber auf Nummer sicher.«

Ich bin mit beiden Aussagen nicht einverstanden. Es stimmt einfach nicht, dass das Vergnügen, das uns Kitzeln bereitet, irgendwie nicht echt ist. Die lange evolutionäre Geschichte dieser Empfindung spricht für das genaue Gegenteil, und ich finde es seltsam, dass ein Biologe so denkt. Das Vergnügen ist real, aber es kann von anderen Gefühlen überdeckt werden. Es kommt auf den Kontext an, wie Darwin herausgefunden hat. Auch der Konsens ist wichtig, und der fehlte bei Johan und anderen.

Nachdem das klargestellt ist, kommen wir zu den Anhaltspunkten, dass Kitzeln schmerzhaft sein kann. In den 1920er- und 1930er-Jahren entdeckten die Physiologen Edgar Adrian und Yngve Zotterman, wie Nerven Berührung und Schmerz signalisieren. Kitzeln, Jucken und Schmerz werden alle von den gleichen Nervenfasern des C-Typs weitergeleitet, obwohl die Signale sich unterscheiden, damit das Gehirn den Unterschied wahrnimmt. Wenn die Signale das Gehirn erreichen, aktivieren Kitzelempfindungen den anterioren (vorderen) Bereich des cingulären Kortex (ACK). Der ACK hat mit der Verarbeitung von Schmerz, Belohnung, Emotionen und sogar mit Bewusstsein zu tun. Er interagiert bei einer Reihe von Funktionen des autonomen Nervensystems (ANS) auch mit dem Hypothalamus.

Der Hypothalamus und das ANS kontrollieren alle wichtigen automatischen Prozesse wie die Regulation der Körpertemperatur, Hunger und Durst, die sexuelle Erregung und die Schlafzyklen. Weil der ACK auf den Hypothalamus wirkt, kann er helfen, den Körper auf sehr stressreiche Situationen vorzubereiten, die sogenannte Kampf-oder-Flucht-Reaktion. Kitzeln scheint eine Kaskade stimulierender Hormone auszulösen, die den Körper in höchste Alarmbereitschaft versetzen. Kitzelspiele sind allem Anschein nach Scheinangriffe, und das Lachen ist ein wichtiger Teil des Spiels. Lachen wirkt als Feedback-Mechanismus, der die Interaktion reguliert. Interessanterweise scheint es dieselben Bereiche in unserem Gehirn zu aktivieren, wenn wir jemanden lachen hören, der gekitzelt wird (Wild-gruber u. a. 2013). Der Kitzelnde kann die Gefühle des Gekitzelten teilen.

Der älteste Witz

Ich stürze mich unverfroren in das Schlachtgewühl der Paläohumorologie und nenne meinen Kandidaten für den ältesten Witz: ein vorgetäuschtes Kitzeln.

Robert Provine, Ein seltsames Wesen. Warum wir gähnen, rülpsen, niesen und andere komische Dinge tun, 2014

Der vordere cinguläre Kortex hat auch sehr viel mit dem Antizipie-ren von Belohnungen zu tun. Er hilft uns, Fehler zu erkennen und aus Situationen zu lernen, die eine Belohnung bringen. Deshalb ist es nicht überraschend, dass Babys schnell erkennen, was als Nächstes kommt, und schon in der Erwartung zu lachen anfangen, wenn wir auf sie zugehen, um sie zu kitzeln. Wenn das passiert, ist das Spiel viel interessanter, und auch viele Philosophen werden auf einmal sehr aufgeregt – das Baby hat den Sprung vom reflexhaften Lachen zum vielgestaltigen Humor getan. Sein Lachen ist nicht länger eine direkte Reaktion auf das Kitzeln. Es ist jetzt etwas Kognitives. Es ist Lachen über eine Idee. Der allererste Witz.

Aristoteles meinte, Menschen seien die einzigen Tiere, die kitzlig sind. Er führte das auf die Zartheit unserer Haut zurück, und außer-dem seien wir die einzigen Lebewesen, die lachen. In beiden Punkten hatte er unrecht. Er wusste nicht, dass sich alle Menschenaffen gerne kitzeln lassen, von Ratten ganz zu schweigen. Auch seine Vorstel-lung, was eine Komödie ist, unterscheidet sich einigermaßen von un-serer. In seiner *Poetik,* geschrieben um 335 v. Chr., geht es um Drama und epische Dichtung. Ursprünglich enthielt sie ein Buch über die Komödie und ein weiteres über die Tragödie. Tragischerweise ist das Buch über die Komödie verloren gegangen, deshalb wissen wir nicht genau, was drinstand. Aber Komödie und Tragödie wurden in den

Begriffen des Dramas definiert: in einfachen Worten, Komödien enden gut, Tragödien schlecht. An anderer Stelle in der *Poetik* definiert Aristoteles, was lustig bedeutet: »Das Lächerliche ist ein mit Hässlichkeit verbundener Fehler, der indes keinen Schmerz und kein Verderben verursacht.«

Andere haben die Harmlosigkeit als Schlüsselelement gedeutet, weshalb das Kitzelspiel zur Geburt der Komödie wurde. Im 17. Jahrhundert schrieb René Descartes in seinem Aufsatz *Leidenschaften der Seele*, Kitzeln bereite Vergnügen, weil wir erkennen, dass es zwar sehr nahe am Schmerz ist, uns aber trotzdem keinen Schaden zufügt. Das gilt auch für andere vergnügliche Dinge: Sie ähneln starken Leidenschaften, stellen sich aber als harmlos heraus.

Im 20. Jahrhundert befasste sich der Universalgelehrte Arthur Koestler eingehend mit dem Humor in seinem Buch *Der göttliche Funke. Der schöpferische Akt in Kunst und Wissenschaft*. Er spekuliert, Babys würden Kitzeln als einen »Scheinangriff« verstehen, und meint, die Erwartung des Scheinangriffs sei der erste Witz:

> Der Kitzelnde spielt den Angreifer, aber gleichzeitig wissen beide Seiten, daß er in Wirklichkeit keiner ist. Das ist wohl die erste Situation im Leben eines Kindes, in der es gleichzeitig auf zwei Ebenen lebt, sein erstes Erleben einer Bisoziation – ein Vorgeschmack späterer Freuden, wie sie das Puppentheater, die Bühnenillusion oder der Nervenkitzel beim Lesen von Kriminalromanen bieten (Koestler 1966, S. 76).

Wie Darwin scheint auch Koestler eigene Forschungen betrieben zu haben, denn seine Schilderung passt sehr schön zu vielen Geschichten, die ich von Eltern über ihre Spiele mit Kitzeln, Verfolgen und »das Baby aufessen« gehört habe.

> Gerade heute, mit knapp über fünf Monaten, habe ich gemerkt, dass ich sie nur mit Augenkontakt zum Lachen bringen kann. Es dreht sich immer noch alles ums Kitzeln oder die

»Drohung«, dass ich sie kitzeln werde. Am Anfang hat sie nur gelacht, wenn sie gekitzelt wurde. Dann hat sie gelacht, wenn ich so getan habe, als würde ich sie kitzeln, näher gekommen bin und meine Hände über ihren Bauch gehalten habe oder auf sie zugegangen bin und mit meinem Gesicht gezeigt habe, dass ich sie gleich kitzeln werde. Jetzt reicht allein das »Gebrüll«, das ich dabei immer mache, oder ein verschmitzter Blick, und sie kriegt einen Lachanfall (Mutter eines kleinen Mädchens, fünf Monate alt, Großbritannien).

Robert Provine geht noch weiter und vertritt die Auffassung, der erste Witz eines Babys sei auch der erste Witz der Menschheit. Weil er wusste, dass Kitzeln und das Spiel »Ich krieg dich« bei Schimpansen und anderen Menschenaffen beliebt sind, kam er zu dem Schluss, angedeutetes oder angedrohtes Kitzeln sei »der einzige Scherz, der sowohl bei Menschen- als auch bei Schimpansenbabys gut funktioniert« (S. 205). Tatsächlich ist es der Beginn aller Witze, der erste Gedanke, der einen Primaten jemals zum Lachen gebracht hat. Provine gibt bereitwillig zu, dass er das nie werde beweisen können. Es ist eine kühne Hypothese, aber ich bin geneigt, ihm zu glauben. Ich kann mir keinen älteren Witz vorstellen. Was meinen Sie?

Elmo, kitzel dich

Tickle Me Elmo war 1996 der Spielzeug-Hype in den USA. Die animatronische Version der liebenswerten knallroten Figur aus der *Sesamstraße* schüttelte sich vor Lachen, wenn man auf ihren Bauch drückte, und sagte: »Das kitzelt!« Die Spielzeugfirma Tyco produzierte zunächst 400.000 Figuren und gab wegen der konstant hohen Nachfrage weitere 600.000 für Weihnachten in Auftrag. Um Thanksgiving Ende November explodierte die Nachfrage dann auf einmal. Kurz vor Weihnachten berichteten die Zeitungen, dass in den Geschäften um die letzten Elmo-Figuren gekämpft werde, und der Schwarzmarktpreis stieg angeblich bis auf 7000 Dollar. Neil Friedman, der Chef von Tyco, erinnerte sich: »Wenn man zum ersten Mal mit [ihm] spielte, zauberte er jedem ein Lächeln aufs Gesicht. Es war eine magische Überraschung« (Greenwood 1999).

Tickle Me Elmo ist in die Populärkultur eingegangen, er ist zur Pointe vieler Witze geworden und taucht in ein paar irrsinnig erfolgreichen YouTube-Videos auf. 2006 und 2017 kamen neue Versionen mit verbesserten Funktionen auf den Markt. Auch andere Figuren aus der *Sesamstraße* wurden als Spielzeuge herausgebracht, aber sie waren nicht so beliebt wie Elmo. Mit seinen kindlichen Eigenschaften ist er als Kitzelopfer besser geeignet als Tickle Me Bibo oder Tickle Me Ernie. Sie produzierten sogar ein Tickle Me Krümelmonster, was unsinnig ist, weil es ganz auf Kekse fixiert ist. Aber abgesehen davon, warum braucht Elmo jemanden, der ihn kitzelt? Warum kann er sich nicht selbst kitzeln?

Elmo kann nicht anders: Er wurde so geschaffen. Aber warum können wir uns nicht selbst kitzeln? In dem Fall ist die Antwort, die der gesunde Menschenverstand uns gibt, weitgehend richtig: Weil wir damit rechnen. Man kann sich genauso wenig selbst kitzeln, wie man sich selbst erschrecken kann, wenn man »Buh!« ruft. Aber die Funktionsweise unserer Programmierung verrät noch einiges Interessantes über unser Selbstgefühl.

Wenn wir unser Gesicht oder unseren Körper mit der Hand berühren, haben wir gleichzeitig Empfindungen in der Hand und auf der Hautstelle, die berührt wird. Beide spielen perfekt zusammen. Das erfreut das Gehirn. Das Gehirn ist das Instrument *par excellence* zur Mustererkennung. Seine Aufgabe ist es, Übereinstimmungen zu registrieren. Seit Langem ist bekannt, dass ein Baby im Mutterleib Rhythmus und Tonfall der mütterlichen Stimme und ihre Sprechweise lernt. Erst langsam erkennen wir, dass ein Fötus auch überraschend viele Dinge über seinen eigenen Körper lernt.

Minoru Asada von der Universität im japanischen Osaka baut Roboter, die wie Babys lernen. Er tut das aus zwei Gründen. Zum einen will er verstehen, wie Babys lernen, und weil Babys die beeindruckendsten Lerner auf dem Planeten sind, hofft er, dass seine Roboter auch ein paar Dinge mitbekommen, wenn sie wie Babys lernen. Wie es aussieht, funktioniert seine Strategie. In einer bemerkenswerten Studie hat er einen virtuellen Roboterfötus so programmiert, dass er so zufällig wie ein Baby im Mutterleib herumstrampelt (Asada u. a. 2009). Minoru Asada stellte fest, dass dieses Verhalten dem Roboter ermöglichte, viele nützliche Dinge über sich zu erfahren. Wenn seine Hand zufällig über sein Gesicht strich, bekam das Gehirn perfekt korrelierte Signale von den Nerven in den Fingern und von verschiedenen Teilen des Gesichts. Koinzidenzen sind bedeutsam, sie sagen dem Gehirn, dass diese beiden Teile miteinander verbunden sind. Tatsächlich sind sie beide Teile des Babyroboters.

Aber die Hände bewegen sich nicht nur zufällig, sondern auch systematisch über das Gesicht. Streichen Sie einmal mit einer Hand über Ihr Gesicht. Die rechte Hand bewegt sich natürlicherweise von links unten nach rechts oben, und die linke Hand macht es umgekehrt. Genauso war es bei dem Babyroboter. Am Anfang wusste der Roboter nichts, dann lernte er, wo seine Augen, seine Ohren und sein Mund im Verhältnis zueinander waren. Praktisch fand er nur durch Berühren heraus, wie ein Gesicht aussieht. Der Babyroboter baute eine innere Selbstrepräsentanz auf. Die Tatsache, dass wir uns nicht selbst kitzeln können, zeigt, dass wir etwas Ähnliches getan haben.

Ende der 1990er-Jahre versuchten Sarah-Jayne Blakemore und ihr Team, mit einem Gehirnscanner und einer Kitzelmaschine herauszufinden, wie das funktionierte (Blakemore, Wolpert und Frith 1998). Ein Gehirnscanner ist ein riesiger supraleitender Magnet mit einer sehr empfindlichen Antenne, er kostet rund 1,5 Millionen Pfund. Eine Kitzelmaschine besteht aus einem Plastikstab, einem Scharnier und einem Schaumstofffinger. Sie kostet etwa 10 Pfund.

Die Versuchspersonen legten sich so hin, dass ihr Kopf von dem großen ringförmigen Magneten umgeben war. Die Kitzelmaschine wurde so platziert, dass der Schaumstofffinger leicht ihre linke Handfläche berührte. Die Versuchspersonen konnten sich selbst kitzeln, indem sie mit der anderen Hand den Plastikstab bewegten. Bei der

Studie wurde verglichen, was passierte, wenn ein Experimentator den Plastikstab bewegte. Wenn die Versuchspersonen sich selbst kitzelten, zeigten mehrere wichtige Gehirnregionen weniger Aktivität. Es gab weniger Aktivität im ACK, der, wie wir bereits gesehen haben, mit dem lustvollen Gefühl beim Kitzeln zu tun hat. Sich selbst zu kitzeln bereitet weniger Vergnügen. Die selbst erzeugten Bewegungen lösten auch weniger Aktivität im sekundären somatosensorischen Kortex aus, einem Bereich, der eng mit körperlichen Empfindungen verknüpft ist. Sich selbst zu kitzeln fühlt sich weniger beachtenswert an. Schließlich gab es auch verringerte Aktivität im Kleinhirn, dem Bereich, der Bewegungen plant und »die sensorischen Folgen motorischer Befehle« voraussagt (Blakemore, Wolpert und Frith 1998).

Die Situation war ein bisschen komplexer als bei Minoru Asadas Robotern. Bei den Menschen bedeutete die Aktivität des Kleinhirns, dass die Empfindung des Selbstkitzelns aktiv vom Gehirn unterdrückt wurde. Und es wurde noch seltsamer. Einer von Blakemores Co-Autoren, Chris Frith, ist ein weltweit anerkannter Spezialist für Schizophrenie. Er wusste, dass Schizophrene sich oft selbst kitzeln können, und spekulierte, dass sie Probleme mit der Vorausschau haben. Kitzeln aktiviert etwas für unser Selbstgefühl Wichtiges und etwas, das mehr ist als nur eine Überraschung.

Der Lachforscher Robert Provine sagt dazu: »Der gesellige Charakter des Kitzelns, der sich aus unserer Unfähigkeit ergibt, uns selbst zu kitzeln, bildet die neurologische Grundlage für das einfachste soziale Szenario mit dem Selbst und dem Anderen« (Provine 2014, S. 208). Somit ist vorgetäuschtes Kitzeln nicht nur der älteste Witz, sondern Kitzelspiele sind auch Konversationen. Kitzeln hat mit unserem Gefühl für uns selbst und für andere zu tun.

Auch für die Roboter gibt es gute Nachrichten. Roboterwissenschaftler aus Südkorea haben einen intelligenten Roboter gebaut, der Menschen kitzeln und zum Lachen bringen kann (Kishi u. a. 2016). Die nächste Generation von Kitzel-Elmo wird in der Lage sein zurückzukitzeln.

Von den Zehen bis zur Nase

Dieses kleine Schweinchen ging zum Markt
Dieses kleine Schweinchen blieb zu Hause
Dieses kleine Schweinchen aß Braten
Dieses kleine Schweinchen nicht.
Und dieses kleine Schweinchen weinte
Den ganzen Weg nach Hause.

Traditioneller englischer Kinderreim, ca. 1760

Wo befinden sich gerade jetzt Ihre Zehen? Darüber müssen Sie gar nicht nachdenken – Sie wissen genau, wo sie sind. Sie haben ein genaues Gefühl für ihre Lage im Raum. Und Sie wissen auch genau, dass es Ihre Zehen sind. Es sind Ihre Zehen, der am weitesten entfernte Teil Ihrer ganzen Person. Die Zehen markieren eine Grenze. Wackeln Sie einmal mit den Zehen an Ihrem linken Fuß. Und jetzt mit den Zehen am rechten Fuß. Wieder war das ganz leicht und ohne viel Nachdenken zu bewerkstelligen. Genauso leicht können Sie die Augen schließen und Ihren Finger rasch und präzise zu Ihrer Nase führen. All das ist uns nicht angeboren. Und unser mangelndes Wissen hat weiter reichende Konsequenzen, als es auf den ersten Blick scheint.

Ich erinnere mich, dass mich mit drei Jahren der Kinderreim von den »kleinen Schweinchen« ziemlich irritiert hat, als mir meine Mutter beibrachte, wie ich das Spiel mit meiner kleinen Schwester spielen konnte. Meine überaktive Fantasie beschäftigte die Möglichkeit, dass meine Zehen sich lösen und alleine davonlaufen könnten. Jenes kleine Schweinchen ging nirgendwohin, ein dummer Reim, aber die Zehen beunruhigten mich immer mehr als der andere scheinbar abnehmbare Teil des Körpers bei dem Spiel »Ich hab deine Nase«. Hingegen störte mich die Tatsache, dass Schweinchen Braten essen, überhaupt nicht (bis heute nicht).

Mit drei Jahren hatte ich schon ein gutes Gefühl für meinen Körper. Meine Schwester war etwa ein Jahr und hatte es auch. Das Gefühl für den eigenen Körper und das Wissen, dass er einem gehört, entwickeln sich größtenteils in den ersten sechs Monaten. Lange bevor wir laufen können, wissen wir, wo unsere Zehen sind. Lange bevor wir die Körperteile benennen können oder Anweisungen verstehen wie »berühre deine Nase«, können wir nach kleinen Stücken Nahrung greifen und sie uns geschickt in den Mund stecken.

Eine der großen Leistungen des ersten Jahrs ist, dass wir die Kontrolle über unseren Körper erlangen. Eltern beobachten Woche für Woche, wie ihr Baby von einem unkontrolliert zappelnden Neugeborenen zu einem Wesen wird, das mehrere wackelige Schritte hintereinander schafft. An die Stelle der anfänglichen Reflexe treten gezielte Handlungen. Hände, die zuerst nur wischen und zupacken können, werden zu feinen Greifwerkzeugen, die eine einzelne Erbse aufnehmen können.

Es gibt vieles, was wir sehen, aber nicht zu schätzen wissen. Die meisten Eltern haben schon mal ein vier Monate altes Baby erlebt, das von seiner eigenen Hand fasziniert ist. Aber nur wenige Eltern werden das aufmerksam beobachtet haben. Genau das hat der Psychologe G. Stanley Hall getan, den wir zu Beginn des Kapitels als Schöpfer seltsamer Begriffe für unterschiedliche Arten von Kitzeln kennengelernt haben:

> Manchmal wurde die Hand lange angestarrt, vielleicht mit zunehmender Intensität, bis das Interesse so stark wurde, dass eine greifende Bewegung folgte, als versuche das Kleinkind mit einer automatischen Bewegung der Motorhand die sichtbare Hand zu fassen, und sie wurde aus der Mitte des Blickfelds und außer Sicht gezogen, als wäre sie auf magische Weise verschwunden (Hall 1898, S. 352).

Es ist ein wunderbares Bild: ein Baby, das mit einer Hand herumfährt und versucht, ebendiese Hand zu greifen. Das ergibt sehr viel Sinn, wenn der Körper einem noch nicht ganz gehört. Professor Andy Bremner vom Goldsmiths College in London liebt dieses Zitat ganz besonders. Andy ist einer der wenigen Forscher, die gründlich untersucht haben, was hier passiert. Außerdem ist er mein Chef, deshalb sollte ich besser vorsichtig sein mit dem, was ich sage.

Andy hat das anhand des Problems mit den überkreuzten Händen (*crossed-hands deficit*) erforscht. Ich habe immer noch Schwierigkeiten, rechts und links zu unterscheiden. Vielleicht geht es Ihnen auch so? Es ist keine große Sache – es sind nur Bezeichnungen (fragen Sie mich einfach nicht nach dem Weg). Wenn ich mich erinnere, dass meine rechte Hand »rechts« heißt und meine linke »links«, verwechsele ich sie nicht. Wenn Psychologen mir zwei Buzzer auf die Hände setzen und in schneller Abfolge drücken, kann ich sagen, welcher zuerst gedrückt wurde. Aber wenn meine Hände überkreuzt sind, wird es schwieriger. Das wird Ihnen genauso gehen.

Andy Bremner spielte Babys diesen Streich (Bremner, Mareschal, Lloyd-Fox und Spence 2008). Er zog ihnen weiche Fäustlinge mit einem Buzzer darin an. Während sie im Schoß ihrer Eltern saßen, bekamen sie leichte Vibrationen an jeder Hand. Dann wurden ihre Hände überkreuzt. Natürlich zeigten zehn Monate alte und sechseinhalb Monate alte Babys das bekannte Defizit. Die jüngeren Babys wackelten öfter mit der richtigen Hand, wenn sie auf der richtigen Seite lag. Bereits in diesem frühen Alter hatten die Babys eine Vorstellung, dass ihre rechte Hand auf der rechten Seite liegen sollte, aber erstaunlicherweise schauten sie oft nicht in Richtung ihrer Hände. Die zehn Monate alten Babys bewegten die Hand mit der Vibration häufiger und schauten sie häufiger an, wenn sie auf der richtigen Seite lag. Sie hatten ein mentales Bild, wo im Raum sich ihre Hand befand, und wussten, wohin sie schauen mussten.

Richtig interessant wurde es, als Andy und seine Doktorandin J. J. Begum Ali vier Monate alte Babys testeten (Begum Ali, Spence und Bremner 2015). Es ist ziemlich schwierig, die kurzen, knubbeligen Ärmchen eines typischen vier Monate alten Säuglings zu überkreuzen, deshalb nahmen sie ihre Füße. Als Vergleichsgruppe testeten sie sechs Monate alte Babys, die sich so verhielten, wie die Wissenschaftler erwartet hatten. Sie wackelten meistens mit dem richtigen Fuß, wenn ihre Füße nicht überkreuzt waren, und bei überkreuzten Füßen rieten sie meistens. Vier Monate alte Babys wackelten in beiden Fällen mit dem richtigen Fuß. Mit anderen Worten: Die vier Monate alten Babys ließen sich nicht so leicht verwirren wie die sechs Monate alten.

Für uns Babyforscher ist es immer eine Freude, wenn wir ein solches Ergebnis bekommen. Es ist ein Zeichen, dass wir mit dem Experiment auf etwas sehr Wichtiges gestoßen sind. Wenn ältere Babys etwas können und jüngere nicht, ist die langweilige Erklärung, dass die jüngeren das einfach »nicht hinkriegen«. Aber diese Aufgabe war so angelegt, dass sie aus anderen Gründen scheitern mussten. Stellen Sie sich vor, Sie würden Drei- und Fünfjährige auffordern, ein Auto zu zeichnen. Das dreijährige Kind wird wahrscheinlich scheitern, aber das heißt nicht, dass es nicht weiß, was ein Auto ist. Sie haben die Frage falsch gestellt.

Wenn alle Babys bei dem Versuch von Andy und J. J. bei der Aufgabe mit überkreuzten Beinen gescheitert wären, hätte es vielleicht daran gelegen, dass sie sich mit überkreuzten Beinchen nicht so gut bewegen konnten. Die Feststellung, dass vier Monate alte Säuglinge es konnten, schloss diese »langweilige« Erklärung aus. Das Experiment zeigt, dass Babys in einer einfacheren Welt leben. Berührungen ihres Körpers bringen sie noch nicht so gut mit der äußeren Welt zusammen, weil die Informationen der verschiedenen Sinne noch nicht kombiniert werden. Andy bezeichnet das als »taktilen Solipsismus«.

Das intensive Anschauen der Hände hat eine wichtige Funktion. Babys müssen das, was sie sehen und hören, und die Wirkungen ihrer Bewegungen zu einem kohärenten Ganzen zusammenfügen. Nebenbei bemerkt, bestätigt dies, dass Melanie Kleins Annahme, Babys hätten schreckliche Angst, aufgegessen zu werden, genau verkehrt herum gedacht ist. »Das Baby aufessen« ist eine hervorragende Möglichkeit, kleine Kinder zum Lachen zu bringen. Die nackten Babyzehen, die herumwackeln, sind wie kleine Ferkelchen, eines neben dem anderen appetitlich aufgereiht. Sanftes Knabbern an den Zehen oder drohendes »nom nom nom« erschrecken Babys nicht. Für sie ist es ein Spaß und lehrreich. Es hilft ihnen, die Grenzen ihres Selbst zu erkennen.

Hoppala!

Meine Partnerin Kate und ich waren auf einem nächtlichen Langstreckenflug nach Singapur. Wir hatten Glück und bekamen Plätze ganz vorn in einem Abschnitt mit extra viel Beinfreiheit. Besonderes Glück war es für mich, denn neben uns saßen drei Familien mit Babys. In dem zusätzlichen Raum hatten sie Tragekörbchen abgestellt, in denen die Babys schlafen konnten. Aber Babys sind nun einmal, wie sie sind, und das vier Monate alte Mädchen direkt neben mir wollte einfach noch nicht schlafen. Sobald die Anschnallzeichen erloschen waren, stellte sich ihr Papa mit ihr neben den Notausgang und versuchte, sie in den Schlaf zu wiegen.

Er schaukelte sie nach rechts und nach links, drehte sie auf seinen Hüften, und als das nicht funktionierte, schwang er sie nach vorn und wieder zurück und wechselte dabei von einem Fuß zum anderen. Es dauerte eine Weile, aber dann klappte es, das zappelnde Baby entspannte sich, die Augen fielen ihm zu, und bald konnte er die Kleine ins Körbchen legen. Nun war alles gut, zehn Stunden später würde sie glücklich und lächelnd aufwachen und zum ersten Mal in ihrem Leben ihre Großeltern sehen.

Später gerieten wir in Turbulenzen. Das Flugzeug hüpfte nach oben und sackte wieder ab wie eine Achterbahn. Kate presste meine Hand so fest, dass es wehtat. Ich versuchte, sie zu beruhigen, war aber selber ziemlich nervös. Ich liebe Achterbahnfahren, und in dieser Höhe gab es nichts, mit dem wir hätten zusammenstoßen können. Seltsamerweise beeindruckten meine Feststellungen Kate nicht besonders. Ich deutete hoffnungsvoll auf das Kabinenpersonal, aber sie hatten sich angeschnallt und sahen auch ein bisschen besorgt aus. Es ging ziemlich heftig rauf und runter. Statt auf die Stewardessen hätte ich auf die schlafenden Babys deuten sollen. Nicht eines davon wirkte im Mindesten beunruhigt. Sie schliefen einfach weiter.

Vielleicht gefiel ihnen das Auf und Ab sogar? Bei meiner Studie über das Lachen hatte ich mich nicht gewundert, dass viele Eltern berichteten, ihre Babys liebten es, wenn sie kopfunter in der Luft gehalten wurden. Aber mich überraschte, dass sehr kleine Babys das anscheinend ganz besonders mochten. Ich hatte die Frage mit aufgenommen und dabei an wild tobende übermütige Kleinkinder gedacht. Doch die Eltern berichteten, dass das den Kleinen bereits mit zwei Monaten gefiel. Sehr kleine Babys lieben anscheinend all die Spiele, die Papas spielen und Mamas oft hassen: das Baby in die Luft werfen, es herumwirbeln und aufs Bett fallen lassen.

In einem früheren Leben habe ich bei einer Bank gearbeitet. Mein damaliger Kollege Tom war ein ehemaliger Turner und Stabhochspringer. An seinem ersten Tag im Büro verblüffte er uns alle damit, dass er sich zum Boden beugte, die Hände aufsetzte und seine Beine langsam und elegant anhob bis zum perfekten Handstand – alles im Anzug. Auf seiner Facebook-Seite zeigt er ein tolles Video, wie er seinen drei Monate alten Sohn senkrecht auf der Hand balanciert. Im Hintergrund ist zu hören, wie die Mutter protestiert: »Nein, nimm ihn runter!« Das Baby wird wieder auf das Sofa gesetzt, mit einem breiten Strahlen im Gesicht. Die Mutter war besorgt, aber dem Baby hatte die Sache sichtlich Spaß gemacht. Und dann, mit dem perfekten Timing für den komischen Effekt, kippt das Baby langsam zur Seite, weil es noch so klein ist, dass es nicht allein aufrecht sitzen kann.

Etwa ab dem fünften Schwangerschaftsmonat hat der Fötus ein Bewusstsein für Bewegungen und für oben und unten. Beides sind Funktionen des vestibulären Systems, das in diesem Alter bereits arbeitet. Das vestibuläre System (das Gleichgewichtsorgan) ist Teil des Innenohrs und hat zwei Arten von Sinneszellen. Drei Bogengangsorgane registrieren Rotation in den drei Dimensionen, und zwei otolithische Organe erfassen Schwerkraft und Bewegung. Zusammen mit dem Bewusstsein, wo im Raum sich die Gliedmaßen befinden, erzeugen sie unseren geheimen »sechsten Sinn« der Selbstwahrnehmung: Wir sind uns unseres Körpers und seiner Lage im Raum bewusst.

Oben und unten haben im Mutterleib wenig Bedeutung. Es ist auch nicht viel Platz, um sich zu strecken, deshalb wird die Beweglichkeit des Körpers dort noch nicht vollständig erforscht. Erst wenn die Babys draußen in der Welt sind, können sie erfahren, was es mit all diesen Sinnen auf sich hat, und das ist nicht einfach. Zur Beruhigung eines Babys trägt es sehr viel bei, die Unsicherheit, die von diesen neuen Freiheiten herrührt, zu beseitigen. Babys in den Schlaf zu wiegen erinnert sie wahrscheinlich daran, wie es sich angefühlt hat, als die Mutter herumging. Wie wir im Kapitel über den Schlaf gesehen haben, stellt festes Einwickeln teilweise die Behaglichkeit des Mutterleibs wieder her und stoppt die Signale, die sie von Arm- und Beinbewegungen bekommen. Es lässt ihre Welt schrumpfen, hebt einen Teil der Verwirrung auf und verschiebt die Rätsel auf später.

Diese Rätsel der Selbstwahrnehmung ergreifen uns von Geburt an, und wir greifen nach ihnen. Dabei lösen wir nach und nach die Probleme von Handeln, Handlungsfähigkeit und sogar Identität. Bei einem Experiment legte die Neuropsychologin Audrey van der Meer neugeborene Babys in ein abgedunkeltes Bettchen. Sie ließ einen schmalen Lichtstreifen parallel zum Körper über ihre Nasen und den Brustkorb scheinen. Er war so ausgerichtet, dass sie ihn normalerweise nicht sehen konnten. Erst wenn die zappelnden Arme des Babys in den Lichtstreifen gerieten, sah es ihn. Die Babys änderten ihre Lage und ihre Bewegungen so, dass sie ihre Hand im Blick behielten (van der Meer 1997).

Das ist eine zugespitzte Version dessen, was immer passiert, wenn ein Baby einen Arm oder ein Bein bewegt, den Kopf, oder wenn es hochgenommen und herumgewirbelt wird. Augen, Ohren und der Körper senden belohnende Signale aus, und das Baby muss sie ordnen. Je nach Stimmung können sie Lachen, Tränen oder gebannte Konzentration auslösen. Das Vergnügen, wenn das Baby in der Luft einmal komplett herumgeschwungen oder kopfüber gehalten wird, ist ein Beispiel, das Lachen und Lächeln, wenn es kräftig auf und ab hüpfen kann, ist ein weiteres Beispiel. Mit den Beinen Rad fahren, mit den Armen rudern oder auf Papas Hand balancieren sind alles Dinge, die ein Baby nicht allein bewerkstelligen kann. Jemand anders muss seine Beine und Arme bewegen, aber das Baby weiß genau, was mit ihm passiert.

Selbstwahrnehmung ist mehr, als zu wissen, wo der eigene Körper ist oder wo man sich im Raum befindet. Es bedeutet, zu wissen, dass man ein Teil der Welt ist und dass man man selbst ist. Wie die Forscher Philippe Rochat und Tricia Striano sagen, »Selbstwahrnehmung ist die Modalität des Selbst par excellence« (Rochat und Striano 2000). Sie ermöglicht viel größere Leistungen, als wir uns selbst und unseren Babys zutrauen. Schuld daran ist René Descartes.

Babys gegen Descartes

> *Erstens also vermeldeten mir die Sinne, ich hätte einen Kopf, Hände, Füße und die übrigen Glieder, die jenen Körper bilden, den ich als mir zugehörig, ja als mich im ganzen ausmachend ansah.*
>
> René Descartes, Meditationen über die Erste Philosophie, Sechste Meditation, 1641

Nach allem, was über Descartes geschrieben wurde, war er ein mürrischer Mensch. Als Kind war er kränklich, als Erwachsener ein Einzelgänger, der nur sehr wenige Freunde hatte. Er vermied soziale Kontakte und heiratete nie, aber er hatte ein Verhältnis mit einer Magd. Ihre Tochter, Francine, starb mit fünf Jahren. Descartes, zu seinen Lebzeiten berühmt als Mathematiker, interessierte sich auch für Metaphysik und Philosophie. Er versenkte sich vollständig in seine Arbeit, brachte jedoch wenig Toleranz für die Ideen von anderen auf. Bekannt ist er vor allem für seinen Gedanken, Körper und Geist seien zwei getrennte Dinge, und die damit verbundene rationale Philosophie, die besagt, wir könnten Dinge allein durch den Verstand erkennen. Das wird in seinem berühmten Motto zusammengefasst: »Ich denke, also bin ich.«

Häufig heißt es, wenn Descartes einen Hund gehabt hätte, wäre seine Philosophie ganz anders ausgefallen. Denn neben der Trennung von Geist und Körper gibt es auch die Trennung von Mensch und Tier: »Ich denke, deshalb bin ich. Fido, du denkst nicht, deshalb bist du nicht.« In Descartes' Weltsicht haben Tiere keine Seele. Die Spekulation lautet nun, ein Hund hätte Descartes menschlicher gemacht und ihn zögern lassen, diese Trennlinie zwischen Mensch und Tier zu ziehen – oder womöglich hätte er den armen Fido seziert. Zu den wenigen Dingen, die wir über sein Leben wissen, gehört, dass er Besucher in sein Haus einlud, um sich die Tiere anzuschauen, die er kurz zuvor seziert hatte. Vielleicht war das eine Möglichkeit, sie loszuwerden.

Wie Descartes in seinen 1641 erschienenen *Meditationen* schrieb, gelangte er durch einen Prozess des radikalen Zweifelns zu seiner Position. Er misstraute seinen Sinnen, die ihn schon manchmal in die Irre geführt hatten, und stellte sich vor, ein boshafter Geist versuche, ihn über alles zu täuschen:

> Ich will glauben, daß der Himmel, die Luft, die Erde, die Farben, die Gestalten, die Töne und alles außerhalb von uns nur »das Spiel von Träumen« sei, durch die er [der Geist] meiner Leichtgläubigkeit nachstellt. Mich selbst will ich so ansehen, als hätte ich keine Hände, keine Augen, kein Fleisch, kein Blut noch irgendeinen Sinn, sondern daß ich »mir dies bloß einbildete« (René Descartes, Meditationen über die Erste Philosophie, Erste Meditation, 1641).

Bei all diesen Dingen könne man getäuscht werden, meinte Descartes, aber trotzdem habe man immer noch sich selbst. Jeder Mensch hat ein Kernbewusstsein, das durch den bösen Geist verwirrt wird, aber der Geist kann nichts daran ändern, dass der Mensch denkt und darum existiert. Doch damit wir Gewissheit über die weitere Welt haben können, so Descartes weiter, müsse die Welt in den Händen eines wohlwollenden Gottes liegen.

Ohne diese scharfe Trennung zwischen Geist und Körper und zwischen Menschen und anderen Tieren hätten die westliche Philosophie und Psychologie vielleicht einen ganz anderen Weg genommen. Überwiegend wegen Descartes besteht eine tiefe Kluft zwischen dem Studium von Denken und Wahrnehmung und dem Studium des Körpers und der Handlungen. Wahrnehmung und Handeln werden getrennt betrachtet. Es dominiert die Vorstellung: »Wir sehen die Welt. Dann handeln wir in ihr.« Endlich helfen uns die Babys, das zu verändern.

Offensichtlich berufen sich die meisten Wissenschaftler nicht auf Gott oder eine immaterielle Seele, um Erfahrung zu erklären, aber der Gedanke, dass Geist und Körper getrennte Dinge sind, ist immer noch allgegenwärtig. Der Philosoph und Kognitionswissenschaftler Daniel Dennett nennt das cartesianischen Materialismus (Dennett 1994). Die materialistische Philosophie besagt, alles bestehe aus Materie. Der cartesianische Materialismus sagt, wir seien unsere Gehirne, aber es gibt einen magischen Sprung von der Materialität des Gehirns zur Erfahrung des Bewusstseins. Dennett kritisiert alle philosophischen Ansätze, die diese Trennlinie zwischen den Gedanken und der Welt ziehen. Wenn diese Linie gezogen wird, entsteht ein »cartesianisches Theater«. Im Grunde wird damit postuliert, dass im Kopf eines Menschen ein Homunkulus, ein kleiner Mensch, sitzt, der die Botschaften der Sinne aufnimmt und die entsprechenden Hebel betätigt. »Wir« sind dieser Puppenspieler, unser Körper ist nur die Marionettenshow. Manchmal wird auch vom »Geist in der Maschine« gesprochen.

Die Alternative besteht darin, der Versuchung zu widerstehen, diese Trennlinie zu ziehen, und stattdessen das Selbst als etwas zu betrachten, das unauflöslich mit der Welt verflochten ist – manchmal nennt man das ein »ökologisches Selbst«. Die meisten Babyforscher und die meisten jungen Eltern erleben, dass das Gefühl für das Selbst auf diese Weise entsteht. Es ergibt keinen Sinn, sich ein Baby als einen rationalen Geist vorzustellen, der passiv die Welt beobachtet und Dinge ergründet. Babys drücken nicht versuchsweise ein paar Hebel und schauen dann, was passiert. Die Theorie des Embodiment, der Verleiblichung oder Wechselwirkung zwischen Körper und Geist, postuliert, dass die Dinge viel verwobener sind. Es stimmt nicht, dass wir unsere eigenen Fäden ziehen. Es gibt keine Fäden. Die Grenze zwischen Geist und Körper existiert nicht.

Das lässt sich besser an einem konkreten Beispiel erklären. Wenn man das Beinchen eines Babys durch ein Band mit einem bunten Mobile über dem Kinderbett verbindet, wird das Strampeln bewirken, dass das Mobile sich bewegt. Sehr kleine Babys lernen diesen Zusammenhang schnell und erfreuen sich an ihrer neu gewonnenen Macht über die Welt. Ein bemerkenswertes Experiment ist das von Lewis, Sullivan und Brooks-Gunn (1985). Sie haben Babys, die gerade einmal zehn Wochen alt waren, durch ein Band mit einem Videoplayer verbunden. Durch Ziehen an dem Band konnten sie Videos abspielen lassen, in denen Kinder Lieder aus der *Sesamstraße* sangen. Die Babys lächelten und zeigten Freude, wenn sie es schafften, die Musik spielen zu lassen. Wenn das Band entfernt wurde und die Babys keine Kontrolle mehr hatten, weinten sie und wurden wütend. Meine Mutter band immer die Deckel von den Gläschen mit dem Babybrei an meine Füße und stellte dann ein Tablett ans Ende meines Bettchens. Ich konnte mich stundenlang damit vergnügen, die Deckel zum Tanzen zu bringen.

Es ist sehr verlockend, diese Beispiele und Audrey van der Meers Experiment mit Neugeborenen als frühe Vorführungen in einem cartesianischen Theater anzusehen. Sie könnten uns zu der Vorstellung bringen, die wahre Essenz des Babys befinde sich irgendwo in seinem Kopf, so wie es seine Erfahrungen beobachte und lerne, die Fäden zu ziehen, die zu den interessantesten Ergebnissen führen. Das klingt nach einer einfachen Erklärung, aber so ist es nicht. Dabei werden Erwachsenenstandards auf die falsche Situation angewendet. Wir Erforscher der Kindheit haben unsere eigene Version von Morgans Lehrsatz (dass man Verhalten immer auf die einfachste Weise erklären soll): Wir müssen uns beständig mahnen, »Babys nicht zu anthropomorphisieren«. Babys sind nicht einfach unfertige Erwachsene.

146

Um das zu erkennen, sollte man sich an die andere Hälfte des cartesianischen Dualismus erinnern, die Trennung zwischen dem Menschen und anderen Tieren. Zu Descartes' Zeit war das eine tiefe Kluft, doch seit Darwin gibt es keine Trennlinie mehr. Der Unterschied zwischen dem Bewusstsein eines Hundes und eines Menschen ist graduell, nicht grundsätzlicher Natur. Gefühl, Wahrnehmung, Kitzligkeit: All diese wichtigen Dinge gibt es auch bei Hunden, Schimpansen und Ratten. In Zukunft könnte es Bewusstsein sogar bei Robotern geben. Das menschliche Gehirn hat nichts Magisches.

Die vielversprechendsten Experimente, um das Bewusstsein zu verstehen, werden mit Mäusen durchgeführt. Masanori Murayama vom japanischen RIKEN Brain Science Institute findet, dass die Hautoberfläche ein guter Ort ist, um nach Antworten auf die Mysterien des Bewusstseins zu suchen. Für ihn ist die Schnittstelle, die uns mit der Außenwelt verbindet, ein sehr aktiver Teil unseres Erlebens. Er hat leichte Luftstöße auf die Hinterpfoten von Mäusen gerichtet und sorgfältig die Reaktionen im Gehirn aufgezeichnet. Nach seiner Überzeugung ist er dabei, eine Karte der »neuronalen Korrelate des Bewusstseins« zu erstellen. Dabei ist es wichtig, zu verstehen, wie das Innere dem Äußeren begegnet. Wenn die Haut berührt wird, sendet sie Nervensignale ans Gehirn, die mit dem zusammengebracht werden müssen, was das Gehirn bereits über die Welt erfahren hat. Den Unterschied zwischen bewusst und unbewusst macht nicht ein rationaler Geist aus, die Erwartungen machen ihn aus.

Murayama hat wache und narkotisierte Mäuse verglichen und dabei einen entscheidenden Unterschied in der Reaktion des Gehirns auf den Luftstoß gefunden. In beiden Fällen gibt es mit dem ankommenden Nervensignal ein Aufleuchten »von unten nach oben«, aber nur bei den wachen Mäusen gab es auch ein zweites Aufleuchten »von oben nach unten« 10 Millisekunden später. Diese beiden verbinden sich dann und führen dazu, dass ein Teil des Gehirns wiederholt feuert, wodurch ein wahrnehmendes Bewusstsein entsteht. Diese Spitze bei der elektrischen Aktivität ist ein charakteristisches Merkmal eines wachen, bewussten Gehirns (Manita u. a. 2015). Das Bewusstsein ist kein Beobachter, der von oben einer Theateraufführung zusieht, die unten stattfindet. Beides ist wichtig: Wir sind mit der Welt verflochtene Gehirne.

Der Entwicklungspsychologe Paul Bloom von der Universität Yale hat ein ganzes Buch gegen Descartes' dualistische Philosophie geschrieben mit dem Titel *Descartes' Baby* (Bloom 2014). Als Ausgangspunkt nimmt er ein Gerücht aus dem 18. Jahrhundert, wonach Descartes auf all seinen Reisen eine sehr lebensecht aussehende mechanische Puppe mitgenommen haben soll, die ihn angeblich an seine tote Tochter Francine erinnerte. Sie soll so täuschend echt ausgesehen haben, dass ein Schiffskapitän ausrastete und sie über Bord warf. Bloom schreibt: »Wir haben keine immateriellen Seelen; wir sind materielle Wesen, nicht weniger als die ›Monstrosität‹, die der Kapitän ertränkte. Wir sind Descartes' Babys.«

Es ist ein verwirrender Buchtitel. Soweit ich sagen kann, war an dem Gerücht nichts dran, und Descartes stritt alle Behauptungen ab, die mechanische Puppe sei sein Baby. Ob er um seine Tochter trauerte oder nicht, die Puppe war für ihn jedenfalls nur eine Maschine. Blooms Punkt ist, dass wir zwar wissen, dass Descartes unrecht hatte, es uns aber so vorkommt, als hätte er recht gehabt. Selbst Wissenschaftler glauben tief in ihrem Inneren, dass die Welt in Geist und Materie gespalten ist. Interessanterweise würde Descartes, wenn er heute lebte, die Dinge sehr wahrscheinlich anders sehen. Als Mathematiker wäre er in der Lage zu verstehen, dass Gehirne und Computer das Gleiche machen. Alles lässt sich potenziell auf einer materiellen Grundlage erklären. Leider hat der cartesianische Dualismus einen langen Schatten über unsere Vorstellung von uns selbst geworfen.

Mit ein paar flinken Bewegungen ihrer Arme und einigen ausgelassenen Tritten ihrer Füße stellen kleine Babys den beinahe 400 Jahre alten philosophischen Status quo infrage. Geist und Körper sind nicht getrennt, wie man jahrhundertelang im Gefolge von Descartes annahm. Die Vorstellung des Selbst ist von Anfang an mit unseren Körpern verknüpft.

Kapitel sieben

Spielzeugfreuden

Jeder kann spielen. Spielen ist keine große Sache, nur eine
Kleinigkeit, die mit viel Liebe geschieht. Spielen ist nichts
weniger als die Schaffung des Menschen, der wir sein sollen.
Ganz menschlich zu sein bedeutet, selbst gemacht zu sein.

O. Fred Donaldson, Vorschulpionier

Es ist halb elf an einem Samstagvormittag im Juni, und ich befinde mich auf dem Cheltenham Science Festival. Ich sitze auf einer umgedrehten Kiste in einem leeren Tanzstudio. Vor mir liegen 24 gleiche Spielzeugschachteln aus Stoff, und neben mir sitzt Dr. Nathalia Gjersoe, eine Kollegin, ebenfalls Entwicklungspsychologin, von der Universität Bath. Wir sind beide nervös, während wir auf das Publikum warten, das die Weltpremiere unserer Show *The Joys of Toys* (»Spielzeugfreuden«) erleben wird.

Die Show beginnt um 10.45 Uhr, und langsam strömt das Publikum herbei. Sie parken ihre Buggys und robben in Richtung der Spielzeugschachteln. Einige haben ihre Eltern als Begleitpersonen mitgebracht, andere sind mit ihren Großeltern gekommen. Ich schätze, dass das Durchschnittsalter im Publikum bei elf bis zwölf Monaten liegt. *The Joys of Toys* ist eine Show über Babyforschung für ein Publikum von Babys (und ihren Begleitpersonen).

Wir sind nervös, weil wir nichts geprobt haben, weil wir so etwas noch nie gemacht haben und weil wir ohne das übliche akademische Sicherheitsnetz einer PowerPoint-Präsentation, gespickt mit Grafiken, zurechtkommen müssen. Wir sind auch aufgeregt. Das Großartige bei einer Show für Babys ist, dass es auf jeden Fall Chaos geben wird. Wenn man das aushält, ist alles gut. Werden wir es aushalten?

Vielleicht ist die ganze Show eine verrückte Idee. Ein paar Monate zuvor erhielt ich einen Anruf von Dr. Gina Collins, die bei den Cheltenham Festivals für das wissenschaftliche Programm zuständig ist. Dr. Collins bat uns, einen der üblichen Vorträge für Erwachsene über Babyforschung zu halten mit einer kompletten wunderbaren Power-Point-Präsentation. Außerdem bat sie uns, uns Gedanken über ein Programm für Babys zu machen. Die Aussicht begeisterte mich. Im Sommer zuvor hatte ich als wissenschaftlicher Berater bei einem Spiel für Babys über Babyforschung mitgewirkt. Diese Show, *Schütteln, Rütteln und Rollen* unter der Leitung von Sarah Argent, hatte ein Publikum von 20 Babys über fast 40 Minuten in gebannter Aufmerksamkeit gehalten.

Sarahs Show hatte eine professionelle Leiterin und ein ganzes Produktionsteam vom Polka Kindertheater in Wimbledon gehabt. Maisey Whitehead, die die Show präsentierte, war ausgebildete Schauspielerin, Sängerin und Akrobatin. Nathalia und ich hatten nichts von all dem. Von Nathalia wusste ich es nicht, aber ich kann weder singen noch schauspielern, und ich tanze nur ein bisschen. Ich wusste auch, dass es ein seltener Glücksfall ist, wenn man die Aufmerksamkeit eines Babys für mehr als fünf Minuten fesseln kann. Um eine Show für Babys über Babyforschung zu inszenieren, brauchten wir einen Sack voller Tricks, um sie bei Laune zu halten … oder eine Schachtel. Und wir brauchten ein Thema.

Wie Sie wahrscheinlich schon erraten haben, hieß unsere Lösung: Spielzeug. Wir alle wissen, dass Babys Spielzeug lieben. Unsere Idee für die Show war, den Babys Spielzeuge zu geben und währenddessen den Eltern die jeweiligen wissenschaftlichen Hintergründe zu erklären. Wenn vor jedem Baby eine Schachtel mit Spielzeugen stand, wären Nathalia und ich weniger unter Druck, die Babys selbst in Bann schlagen zu müssen. Jede Schachtel enthielt die gleichen Spielzeuge, mit deren Hilfe wir eine Reihe von Experimenten mit den Babys durchführen wollten. Nun, das war zumindest der Plan.

Alles wandert zum Mund

Babys spielen nur auf drei Arten:
Schlag es.
Beiß es.
Wirf es.

Matt Coyne, Schief gewickelt, 2017

Das erste Spielzeug in der Schachtel waren miteinander verbundene Beißringe, und die Aufgabe bestand darin, zu sehen, wie schnell jedes Baby sie in den Mund steckte. Damit das funktionierte, hätten wir die Schachteln wahrscheinlich nicht vor dem Eintreffen des Publikums auslegen dürfen. Wir versuchten, den Eltern zu sagen, sie sollten die Schachteln außer Reichweite halten und auf unsere Anweisungen warten, aber die Babys hatten andere Vorstellungen. Viele stürzten direkt darauf los. Noch bevor unsere Show begonnen hatte, war das Chaos perfekt.

Trotzdem fanden alle Babys die Beißringe oder bekamen sie, und das »Experiment« klappte in den meisten Fällen. Fast alle Babys steckten die Ringe geradewegs in den Mund, vor allem die jüngsten. Wie bei vielen Experimenten war die Erkenntnis nicht unbedingt bahnbrechend: Alle Eltern lernen schnell, davor auf der Hut zu sein. Jeder Gegenstand, der klein genug ist, um ihn hochzuheben, wandert zielsicher zum Mund. Wenn er zu groß ist, packen ihn klebrige Finger und es wird forschend daran geknabbert.

All das ist absolut einleuchtend, wenn man ein Baby ist. Die Zunge, der Mund und die Lippen sind mit ihren vielen Nervenenden sehr empfindlich, und dieser Sinn entwickelt sich als Erster, ungefähr in der achten Schwangerschaftswoche. Die nächsten sieben Monate im Mutterleib ist der wichtigste Zeitvertreib das Lutschen am eigenen Daumen. Den Mund einzusetzen ist auch die erste Fähigkeit, die ein Baby draußen braucht, wenn es an einer Brustwarze andockt, um zu trinken.

Die Erforschung von Gegenständen mit dem Mund hat einige überraschende Seiten, und Babys lernen eine Menge, wenn sie Dinge mit dem Mund bearbeiten. Meltzoff und Borton (1979) ließen einen Monat alte Babys 90 Sekunden entweder an einem knubbeligen Schnuller oder einem weichen saugen. Dann nahmen sie den Schnuller weg und sorgten dafür, dass das Baby ihn nicht mehr sah. Als Nächstes zeigten sie den Babys große Styropormodelle der beiden Schnuller. Die Babys schauten bevorzugt den Schnuller an, der dem glich, an dem sie gesaugt hatten. Ein paar Jahre später führten Eleanor Gibson und Arlene Walker (1984) eine ähnliche Untersuchung durch, wieder mit einen Monat alten Babys. Diesmal kauten die Babys auf einem weichen oder einem harten Schaumstoffzylinder herum und bekamen dann neue Objekte mit ähnlichen Eigenschaften zu sehen. Bei diesem Experiment bevorzugten sie die Gegenstände, die sie noch nicht gesehen hatten. Das gegenteilige Ergebnis, aber in beiden Fällen die gleiche Schlussfolgerung: Babys registrieren visuelle und taktile Ähnlichkeiten und Unterschiede.

Babys stecken Gegenstände in den Mund, um die Informationen, die sie vom Sehen und vom Berühren erhalten, zu kombinieren. Denken wir daran, dass Babys am Anfang ungeschickte Dummerchen sind. Zunächst können sie nur eine wischende Bewegung hin zu einem Gegenstand machen, und manchmal bekommen sie ihn durch Zufall zu fassen. Wenn man etwas nur in der Hand hält, kann man nicht viel darüber sagen; man muss den Gegenstand hin und her drehen und die Finger über die Oberfläche bewegen. Die Fähigkeit, einen Gegenstand mit beiden Händen zu bewegen und zu erforschen, kommt mit vier oder fünf Monaten (Rochat 1989). Vorher ist kräftiges Draufbeißen der beste Weg, um etwas zu erfahren. Bestätigt wird das durch die überraschende Feststellung, dass blinde Babys erst später als sehende Babys beginnen, Gegenstände durch Begreifen zu erforschen (Fraiberg 1977). Wenn man nichts sieht, können kleine, ungeschickte Hände mit den empfindlichen Lippen und dem Mund nicht mithalten.

Babys beißen weiterhin in Dinge, wenn sie ihre Hände schon lange geschickt einsetzen. Warum sollten sie es auch nicht tun? Es ist ihre erste Orientierung und eine einfache, solide Grundlage für die größeren Herausforderungen von Geschick und Sehkraft. Das visuelle Erfassen der dreidimensionalen Welt ist eine schwierige Sache. Es hilft, wenn man Mund *und* Augen nutzt.

»Vision thing«

In diesem Buch geht es immer wieder darum, dass wir durch Tun lernen. Nirgendwo trifft das mehr zu als beim Sehen, und nirgendwo ist es schwerer, sich das vor Augen zu führen. Wenn wir an ein Baby denken, das sehen lernt, stellen wir uns vor, es lernt, Dinge zu erkennen. »Das ist Mama, das ist Papa, das ist mein Lieblingsspielzeug, das ist eine Katze, das ist das Zimmer, wo ich schlafe.« Aber das meiste in dieser Art passiert, nachdem wir sehen gelernt haben.

Die ersten Seheindrücke müssen tatsächlich sehr seltsam sein. Das Gehirn bereitet uns darauf nicht vor, und der kindliche Sehsinn funktioniert nicht so, wie wir meinen. Mark Johnson hat einige der merkwürdigen Unterschiede zwischen der visuellen Wahrnehmung eines Neugeborenen und von Erwachsenen aufgelistet (Johnson 1990). Wenn man etwas Kleines, leuchtend Buntes langsam auf ein neugeborenes Baby zu- und wieder von ihm wegbewegt, springen seine Augen von einem Punkt zum nächsten, mit einer kleinen Verzögerung gegenüber dem Gegenstand. Ein Baby hat noch nicht gelernt, einer Bewegung gleichmäßig zu folgen, und noch weniger kann es voraussagen, wohin sich ein Gegenstand bewegen wird. Wenn der Gegenstand hinter etwas anderem verschwindet, ist ein Baby ratlos. Bei unbewegten Gegenständen kann das Gegenteil passieren, und Babys bleiben mit ihrem Blick förmlich »kleben« (man spricht von *sticky fixation*): Sie starren auf eine Ecke im Zimmer oder einen hellen Fleck an der Wand und können den Blick nicht davon lösen. Das kann sie ziemlich aufregen – ein Baby, das scheinbar tief in Gedanken auf etwas starrt, bricht auf einmal in Tränen aus. Es würde gern woanders hinschauen, aber es ist wie hypnotisiert.

Ein neugeborenes Baby sieht verschwommen, und das ist auch gut so. Wenn die Welt von Anfang an kristallklar wäre, wäre das Chaos, ein übersättigter Albtraum. Die weichgezeichnete Welt der Neugeborenen verhindert eine Überflutung mit Informationen, die dem Baby zu diesem Zeitpunkt nichts nützen würden. Eine verschwommene Sicht vereinfacht die Dinge und ist vielleicht eine wichtige evolutionäre Anpassung.

Sobald wir unsere Augen öffnen, müssen wir drei große Probleme des Sehens lösen: Wie setzt mein Gehirn die Signale aus den Retinazellen zusammen? Wie mache ich das, wenn mein Kopf und meine Augen und die Objekte in der Welt sich dauernd bewegen? Und wie nutze ich beide Augen, um dreidimensional zu sehen?

Um diese Probleme zu lösen, muss das Sehen ein aktiver Vorgang sein. Dieses Wissen verdanken wir einigen tapferen Kätzchen, die in den 1960er-Jahren in die Klauen von Richard Held und Alan Hein gerieten. Die beiden Forscher hielten 20 Kätzchen von Geburt an im Dunkeln. Von der zweiten bis zur zehnten Woche wurden die Kätzchen jeweils paarweise einem täglichen Sehabenteuer ausgesetzt. Sie verbrachten jeden Tag drei Stunden in einem Katzenkarussell in einer gestreiften Trommel. Ein Kätzchen wurde auf der einen Seite einer Stange angeschirrt, das andere saß in einem Tragekorb, der an der anderen Seite befestigt wurde. Auf diese Weise konnte ein Kätzchen laufen, während das andere die Karussellfahrt passiv erlebte.

Als Held und Hein die Sehfähigkeiten der Kätzchen testeten, fanden sie große Unterschiede. Die passiven Kätzchen zuckten nicht, wenn sich Objekte auf sie zubewegten, sie konnten nicht nach Dingen angeln und marschierten geradewegs über eine visuelle Klippe. Nach den Tests blieben alle Kätzchen 48 Stunden in einem hell erleuchteten Raum, und danach verhielten sich beide Gruppen wieder normal (Held und Hein 1963). Die Kätzchen mussten die Welt aktiv erforschen, damit das Sehen funktionierte.

Ein Kätzchen lernt nicht, wenn es dasitzt und beobachtet, wie die Welt vorüberzieht. Frühe Ergebnisse von Babys schienen dem jedoch zu widersprechen. Als Wissenschaftler versuchten, kleine Babys über das Ende einer visuellen Klippe zu locken, fielen die Babys nicht darauf herein, weder buchstäblich noch im übertragenen Sinn. Sie konnten nicht wirklich fallen, weil eine visuelle Klippe keine echte Klippe ist: Die Hälfte eines Tisches wird mit einem Schachbrettmuster unterlegt. Bei der anderen Hälfte geht das Schachbrettmuster etwa einen Meter tiefer auf dem Boden weiter, und die Fläche des Tisches setzt sich in einer Glasplatte fort. Genauso wie Erwachsene sich weigern, die Furcht einflößenden gläsernen Aussichtsplattformen zu betreten, die es bei manchen hohen Gebäuden gibt, obwohl ihnen nichts passieren kann, wagten sich auch die Babys nicht auf die Glasfläche hinaus.

Das Experiment mit der visuellen Klippe haben Eleanor Gibson und Richard Walk 1960 erfunden. Es wurde auf der Stelle zu einem Klassiker. Illustrationen von Babys, die vor dem Klippenrand verharren, finden sich in Hunderten psychologischer Lehrbücher. Selbst wenn die Mutter das Baby über den imaginären Abgrund zu locken versuchte, bewegte es sich nicht. Es schien, als würden die Babys verstehen, was Tiefe bedeutet. Natürlich mussten die Babys im Krabbelalter sein, sonst hätte das Experiment nicht funktioniert, und damit hatten sie bereits eine Menge visuelle Erfahrung. Aber es kommt auf die aktive Erforschung an. Joseph Campos hat entdeckt, dass die Babys erst, nachdem sie schon einige Wochen Krabbelerfahrung hatten, vor dem vermeintlichen Abgrund verharrten. Babys, die gerade erst zu krabbeln begonnen hatten, krabbelten munter weiter, oft mit einem Lächeln auf dem Gesicht.

Karen Adolph ersetzte die visuelle Klippe durch eine echte Klippe, und die Ergebnisse waren noch dramatischer. Sie entfernte die Glasplatte, woraufhin viele Babys über den Rand plumpsten. Adolph fing alle auf. Sie kam zu dem Schluss, dass Babys viel lokomotorische Erfahrung brauchen, bis sie den Unterschied zwischen einer kleinen Stufe und einem tiefen Fall erkennen (Adolph 2000). Die Psychologen haben schlappe 40 Jahre gebraucht, um herauszufinden, was Eltern in den ersten Minuten lernen, wenn ihr Baby zu krabbeln beginnt.

Der Streit, wie viel beim Sehvermögen vorprogrammiert ist und wie viel Babys lernen müssen, geht weiter. Auf den ersten Blick sieht es so aus, als wäre viel angeboren. Neugeborene wissen, dass Gegenstände mit größerer Entfernung kleiner werden (Slater, Mattock und Brown 1990), und erkennen, ob Menschen sie direkt anschauen (Farroni, Csibra, Simion und Johnson 2002). Junge Bergziegen springen wenige Stunden nach der Geburt munter herum, was dafür spricht, dass sie von Geburt an ein gutes dreidimensionales Sehvermögen haben. Und das brauchen sie wahrscheinlich auch.

Doch das Sehen ist so kompliziert, dass es immer noch nicht möglich ist, Computer so zu programmieren, dass sie die sichtbare Welt verstehen. Es ist unwahrscheinlich, dass alles, was unsere Gehirne darüber wissen müssen, in unseren Genen festgelegt und vom ersten Tag an verfügbar ist. Einer meiner Professoren, während ich an meiner Doktorarbeit schrieb, Marty Sereno, sagte immer, beim Sehen sei der halbe Kortex beteiligt. Er hatte 25 Jahre damit verbracht, die visuellen Pfade im Gehirn nachzuzeichnen, deshalb war er voreingenommen, aber mit seiner Schätzung lag er ziemlich gut. Eine Untersuchung seiner Studentin Tessa Dekker zeigte, dass das visuelle System sich bis ins Alter von zehn Jahren weiterentwickelt (Dekker, Mareschal, Sereno und Johnson 2011).

Tessa war damals meine Freundin, und ich half ihr bei der Studie. Vielleicht bin ich auch ein bisschen voreingenommen, aber es ist eine wundervolle Studie, die einen guten Eindruck vermittelt, warum Babys Spielzeug lieben. Tessa wollte herausfinden, welche Teile des Gehirns Gegenstände und Tiere erkennen. Deshalb legte sie Kinder in einen Gehirnscanner und zeigte ihnen Bilder von Gegenständen und Tieren und dieselben Bilder in Schnipseln wie bei einem Puzzle. Durch die Einbeziehung der Bildschnipsel fand Tessa heraus, welche Teile des Gehirns auf ein ganzes Objekt reagieren und nicht nur auf bestimmte Merkmale: auf den ganzen Goldfisch und nicht auf einen Flecken Orange oder auf eine ganze Schere und nicht nur auf die blauen Griffe. Tessas Studie bestätigte, dass Sechsjährige Bilder von Tieren und Gegenständen in unterschiedlichen

Bereichen des Gehirns verarbeiten. Aber die Entwicklung hört damit nicht auf.

Meine Rolle bestand darin, mich um eine Aufgabe mit ungewöhnlichen Perspektiven zu kümmern. Wir zeigten den Studienteilnehmern Gegenstände aus ungewöhnlichen Blickwinkeln, etwa eine Gabel mit den Zinken nach unten, eine Schüssel direkt von oben, eine Brille vom Rand her. Wenn man weiß, um welchen Gegenstand es sich handelt, ist er leicht zu erkennen; wenn nicht, ist es deutlich schwieriger. Die meisten Fotos waren an meinem Küchentisch entstanden. Erwachsene erreichten bei den Tests eine Trefferquote von fast 100 Prozent. Bei den Kindern hing die Trefferquote vom Alter ab. Ihre Gehirne wurden etwa bis zum zehnten Lebensjahr bei dieser Aufgabe immer effizienter. Unser Verständnis für Gegenstände wächst die gesamte Kindheit hindurch. Spielzeuge lehren uns etwas über Gegenstände.

Die Herausforderungen im Zusammenhang mit der visuellen Erkennung von Objekten faszinieren die Philosophen schon lange. 1689 schrieb William Molyneux, dessen Ehefrau blind war, einen Brief an seinen Freund, den Philosophen John Locke, und fragte sich, was wohl passieren würde, wenn ein blinder Mensch auf wundersame Weise plötzlich sehen könnte. Wenn man ihm einen Würfel und eine Kugel zeigte, würde er die Gegenstände allein durch Ansehen erkennen? Bemerkenswerterweise ist die Technik heute so fortgeschritten, dass dieses Wunder Wirklichkeit werden kann.

Im Jahr 2010 führte der Katzenquäler Richard Held, der damals 88 Jahre und immer noch blendend in Form war, Molyneux' Experiment durch. Aber der wahre Held war Pawan Sinha, Helds Kollege am Massachusetts Institute of Technology (MIT) und Gründer von Project Prakash, einer wohltätigen Organisation, die Kindern in Indien mit einer Staroperation die Sehkraft zurückgab. Held und Sinha suchten fünf Kinder aus, die von Geburt an funktionell blind waren, und ließen ihren Star operieren. Wenige Tage nach der Operation sollten sie große, legoähnliche Bausteine zusammenfügen. Identische Bausteine fanden sie durch Berühren und ihre neu erworbene

159

Sehkraft leicht heraus, aber wenn man ihnen einen Baustein in die Hand gab und sie aufforderte, eines von zwei passenden Bildern auszuwählen, konnten sie den Gegenstand in der Hand nicht mit dem Bild in Übereinstimmung bringen. Das beantwortete Molyneux' Frage mit Nein. Man sieht nicht durch Anschauen allein: Der visuelle Eindruck muss sich mit einem taktilen verbinden.

Seit Molyneux' Gedankenexperiment sind mehr als 320 Jahre vergangen und mehr als 50 Jahre, seit Richard Held und Eleanor Gibson kleine Katzen und Babys über imaginäre Klippen schubsten. Wir verstehen immer noch nicht ganz, wie das Sehvermögen von Erwachsenen funktioniert, und die visuellen Erfahrungen kleiner Babys können wir uns nur vorstellen. Wir wissen jedoch, dass Spielzeug dabei eine große Rolle spielt. Grundlegende Tiefenwahrnehmung und rudimentäre Gesichtserkennung sind von Anfang an da, aber schwieriger ist es, die zahllosen unterschiedlichen Gegenstände zu begreifen, die uns begegnen, und die zahllosen Möglichkeiten, wie ein und derselbe Gegenstand immer wieder anders aussehen kann. Dieses Problem müssen Babys buchstäblich mit ihren Händen drehen und wenden und von vielen Seiten betrachten.

Woher wissen sie überhaupt, wo sie anfangen sollen? Die Welt eines Babys ist kein einzelnes, isoliertes Objekt vor einem rein weißen Hintergrund. Das war nach wenigen Minuten unserer Show *The Joys of Toys* offensichtlich. Zwei Dutzend Babys hatten ihre Spielzeuge überall verstreut, und mehr als zwei Dutzend Erwachsene vergrößerten das Durcheinander noch, indem sie Dinge durch den Raum trugen und mit Hasen, Warzenschweinen und Gummienten nach ihren Lieblingen winkten. Wie sieht das alles wohl aus dem Blickwinkel der Babys aus?

Hanako Yoshida und Linda Smith haben eine Antwort. 2008 schnallten sie 19 Kleinkindern winzige Videokameras an die Stirn. Vier Kindern gefiel das so wenig, dass sie nicht mitspielten, aber überraschende 15 tolerierten die Kamera. Yoshida und Smith machten Aufnahmen von Müttern und Babys mit ihren Spielzeugen aus der Perspektive der Babys. Sie zählten, wie viele Spielzeuge sich auf jedem Bild im Gesichtsfeld des Babys befanden. Die Hälfte der Zeit war es nur ein Spielzeug (Yoshida und Smith 2008).

Wenn wir einem Baby ein Spielzeug geben, vergessen wir, wie kurz seine Arme sind. Babys halten Gegenstände viel näher an ihre Gesichter als Erwachsene. Jeder Gegenstand erscheint ihnen zehnmal größer und füllt ihr Gesichtsfeld aus. Yoshida und Smith stellten das bei 18 Monate alten Babys fest, und bei kleineren Babys ist der Effekt wahrscheinlich noch größer. Das hilft ihnen, sich auf genau diesen Gegenstand zu konzentrieren. Es hilft ihnen auch, die schwierigen Tatsachen im Zusammenhang mit 3-D-Objekten zu lernen.

Ich dachte, es wäre eine gute Idee, das dem Publikum unserer Show *The Joys of Toys* vorzuführen. Jedes Baby hatte in seiner Spielzeugschachtel eine Gummiente. Um den anwesenden Erwachsenen einen Eindruck von der Sehweise der Babys zu vermitteln, hatte ich noch eine Gummiente mitgebracht, die so groß war wie eine Weihnachtsgans. Es funktionierte beinahe. Die Erwachsenen lachten. Aber ich hatte vergessen, dass nicht alle anwesenden Babys sehr klein waren und noch nicht krabbeln konnten. Einige waren Kleinkinder, und Kleinkinder sind nicht dumm. Drei oder vier erspähten blitzschnell die Riesenente und liefen hin, um sie sich genauer anzuschauen.

Newtons Wiege

Der aufregendste Ausruf in der Wissenschaft, der neue
Entdeckungen ankündigt, ist nicht »Heureka«, sondern
»das ist komisch …«.
Wird allgemein dem Wissenschaftler und Science-Fiction-
Autor Isaac Asimov zugeschrieben

Als Babyforscher sage ich gern, dass Babys kleine Wissenschaftler sind. Wie wir im nächsten Kapitel sehen werden, gehen die Parallelen tiefer, als wir zunächst vielleicht denken. Die Aufgabe eines Wissenschaftlers ist es, die Gesetze herauszufinden, nach denen die Welt funktioniert. Das ist schwieriger, als es scheint. Zuerst einmal schaut man sich etwas an und hat eine Idee, aber oft ist der erste Eindruck nicht sehr verlässlich. Der »gesunde Menschenverstand« hilft in unbekannten Gefilden nicht weiter. Woher kommt der gesunde Menschenverstand überhaupt? Das ist die Herausforderung für Babys: Sie müssen selbst all die Dinge entdecken, die wir für selbstverständlich halten und die überhaupt nicht selbstverständlich sind.

1666 floh Isaac Newton aus Angst vor der Pest von der Universität Cambridge. Er zog sich auf das Familienanwesen Woolsthorpe Manor in Lincolnshire zurück. Dort saß er eines Tages unter einem Apfelbaum und entdeckte die Gravitationskraft, als er einen Apfel vom Baum fallen sah. Es gibt keinen Anhaltspunkt, dass der Apfel ihn am Kopf traf. Die Inspiration war echt; fünf Jahrzehnte später, als alter Mann, erzählte Newton die Geschichte immer noch oft. Der Apfelbaum steht noch an Ort und Stelle, der National Trust kümmert sich um ihn.

Wenn Ihr Baby in seinem Stühlchen sitzt und seinen Apfel auf den Boden wirft, hilft ihm das, zu erkennen, was Newton erkannte. Man brauchte Newtons Genie, um die richtigen Berechnungen anzustellen, aber wir alle wissen intuitiv, dass fallende Äpfel zu Boden stürzen und liegen bleiben, wenn sie angekommen sind. Das haben wir als Babys gelernt. Tatsächlich lernen wir viele Gesetze der Physik als Babys so gut, dass sie unsichtbar für uns werden.

Wir lernen, welche Stapel von Bauklötzchen stehen bleiben und welche einstürzen werden. Wir lernen viele Eigenschaften fester Körper, dass unser Löffel nicht durch den Tisch hindurchgeht, und die Steifigkeit unterschiedlicher Materialien und wie sie zurückprallen. Wir lernen die Bedeutung von Größe für das Gewicht und die Gesetze der Trägheit. Durch das Wedeln mit größeren und kleineren Spielzeugen lernen wir etwas über Hebelwirkung und Drehimpuls. Wir lernen, wie Flüssigkeiten Gefäße ausfüllen oder lustig herumschwappen, wenn die Gefäße bewegt werden. Wir lernen, wie Licht und Schatten mit bestimmten Oberflächenstrukturen zusammenhängen. Es geht nicht nur um Gravitation und die anderen newtonschen Be-

162

wegungsgesetze, sondern um Strömungslehre, Optik, Materialwissenschaft, und erstaunlicherweise macht das alles Spaß. Und ist komisch.

Für uns ist vieles selbstverständlich, weil wir vergessen haben, dass wir diese Dinge lernen mussten, und es uns nicht anders vorstellen können. Nehmen wir zum Beispiel Newton, Entdecker der Schwerkraftgesetze und Inbegriff des Naturwissenschaftlers. Er hat nicht entdeckt, dass Dinge zu Boden fallen, sondern er nahm das nicht als selbstverständlich hin. Sein Durchbruch bestand darin, dass er herausfand, wie und warum das passiert. Ein Ausgangspunkt war die Frage: Was wäre, wenn alles an seinem Platz bliebe? Würde das nicht sehr viel mehr Sinn ergeben? Und tatsächlich ist es oft so. Newton entdeckte die Regeln hinter dem Trägheitsprinzip und wie sie sich auf Planeten in ihrer Umlaufbahn und auf kollidierende Billardkugeln anwenden lassen.

Newtons Wiege ist ein »Managerspielzeug«. Sie haben es bestimmt schon einmal gesehen. Fünf schimmernde Metallkugeln hängen in einer Reihe an dünnen Drähten. Wenn man eine Kugel an einem Ende anhebt und loslässt, prallt sie gegen die anderen und stoppt. Im gleichen Augenblick schwingt am anderen Ende eine Kugel in die Höhe und wieder zurück, und das Ganze wiederholt sich. Die übrigen Kugeln bewegen sich nicht. Der Impuls der ersten Kugel wird auf die letzte übertragen und umgekehrt. Das Gleiche passiert, wenn man zwei Kugeln zusammenprallen lässt, und kurioserweise auch, wenn es drei sind. Babys zeigen bei diesem Spielzeug eine Mischung aus Frustration und Vergnügen. Zunächst finden sie es faszinierend und spaßig. Daraus wird schnell Ärger, wenn sie merken, dass wir sie nicht nach den Kugeln greifen lassen.

Ich kenne keine wissenschaftlichen Studien, bei denen Babys dieses Spielzeug gezeigt wurde. Aber Wissenschaftler haben untersucht, wie Babys auf Kollisionen dieser Art reagieren. Die erste Billardstudie mit Babys hat William A. Ball 1973 durchgeführt. Ich weiß nicht, ob man ihn Billy A. Ball gerufen hat; vielleicht verwendete er für seine Studie keine Billardkugeln, weil er die Neckereien noch in unangenehmer Erinnerung hatte. Er zeigte den Babys einen roten und einen weißen Baustein. Der rote Baustein wurde von einer Seite einer Fläche auf die andere geschoben. Hinter einem Schirm stieß er leise mit einem weißen Baustein zusammen, der dann hinter dem Schirm hervorkam. Nachdem sich die Babys an diesen Ablauf gewöhnt hatten, entfernte Bill den Schirm und zeigte zwei Vorgänge. Einmal prallte der rote Baustein gegen den weißen Baustein, sodass der sich bewegte. Ein anderes Mal stoppte der rote Baustein kurz vor dem weißen Baustein, sodass deutlich eine Lücke zwischen beiden zu erkennen war, aber der weiße Baustein bewegte sich trotzdem weiter. Die Babys fanden den zweiten Vorgang verwunderlicher. Offenbar haben sie ein angeborenes Verständnis, wie Zusammenstöße funktionieren.

Spätere Experimente bestätigten das und viele andere Aspekte der Babyphysik mit einer Verbesserung der »Erwartungsverletzungs-Methode«. Entwickelt wurde sie von der amerikanischen Psychologin Elizabeth Spelke und ihrer kanadischen Doktorandin Renée Baillargeon. Im Wesentlichen besteht sie darin, Babys Zaubertricks vorzuführen. Babys bekommen zwei oder mehr Vorgänge zu sehen, von denen einer unmöglich ist. Wenn sie der unmögliche Vorgang überrascht, ist das ein Beleg, dass sie in gewissem Umfang verstehen, warum er unmöglich ist. Wir sagen, der Vorgang hat die Erwartungen der Babys verletzt. Ihr Zugbrücken-Experiment von 1985 ist ein klassisches Beispiel (Baillargeon, Spelke und Wasserman 1985). Damit zeigten sie, dass sehr kleine Babys eine Vorstellung von der Festigkeit von Gegenständen haben.

Ein flaches Brett wird auf einer horizontalen Fläche befestigt und kann sich vor den Augen des Babys wie der Bildschirm eines Laptops oder eine (kleine) Zugbrücke bewegen. Zuerst wird das Baby daran gewöhnt, dass das Brett ganz nach vorne und ganz nach hinten klappt. Dann wird ein Holzklotz hinter das Brett gelegt. Die Babys sehen zwei verschiedene Vorgänge. Beim »möglichen« Szenario klappt das Brett vor und zurück, aber der Holzklotz verhindert, dass es flach nach hinten klappt. Beim »unmöglichen« Szenario klappt das Brett nach hinten und presst den festen Klotz scheinbar flach. Für dreieinhalb Monate alte Babys ist das »Zauberei«. Sie schauen sich den unmöglichen Vorgang länger an.

Mit der Erwartungsverletzungs-Methode haben Forscher herausgefunden, dass schon sehr kleine Babys einige Schlüsselprinzipien der materiellen Welt kennen. Dazu gehören die Kohäsion von Objekten, Festigkeit, Kontinuität und das Wissen, wie Zusammenstöße funktionieren, und dieses Wissen wird gleichermaßen auf Bauklötze, Bälle und Gummienten angewendet. Die entsprechenden Experimente sind unter Babyforschern berühmt. Sie zeigten nicht nur, dass Babys cleverer sind, als wir dachten; auch die experimentelle Methode ist sehr clever. Sie eröffnete neue Wege, Babys Fragen zu stellen. Baillargeon und Spelke wurden dadurch zu Recht zu Berühmtheiten auf unserem Gebiet, auch wenn ihre Schlussfolgerungen nicht allgemein akzeptiert werden.

Elizabeth Spelke ist der Meinung, dass wir alle mit einem bestimmten angeborenen »Kernwissen« zur Welt kommen, das uns dabei hilft, von Anfang an zurechtzukommen (Spelke und Kinzler 2007). Ihre Experimente mit drei Monate alten Babys belegen, dass sie überraschend viel verstehen. Aber in dem Alter haben sie auch schon eine Menge Erfahrungen gesammelt. Könnte es sein, dass sie all diese Dinge gelernt haben? Alle sagen, dass Babys so viel lernen, aber können sie alles gelernt haben, was sie anscheinend verstehen? Ist es angeboren oder erworben, Natur oder Umwelt? Spelke und ihre Kollegen sind Nativisten, das heißt sie glauben, dass die Babys mit dem Wissen geboren werden. Im Gegensatz dazu glauben die Empiristen, dass sie das alles lernen. Das ist der Ausgangspunkt meiner eigenen Forschungen, und mein altes Labor, das Birkbeck Babylab, ist berühmt für seine empiristische Position. Mein Chef, Denis, bezeichnet Elizabeth Spelke scherzhaft als »den Feind«.

Ich erinnere mich, dass ich Spelke bei der allererste internationalen Konferenz, an der ich teilnahm, 2007 in Boston kennenlernte. Das Treffen der Society for Research in Child Development (SRCD, Gesellschaft für die Erforschung der kindlichen Entwicklung) ist die größte derartige Konferenz weltweit. Unter den mehreren Tausend

Wissenschaftlern gehörte Elizabeth Spelke zu den berühmtesten. Viele große Namen in der Wissenschaft haben auch entsprechend große Egos. Ich hatte einige dieser »Superstars« in den Gängen gesehen, wie sie wichtigtuerisch mit großem Gefolge umhereilten. Ich präsentierte ein Poster mit einer Zusammenfassung meiner allerersten Experimente, und zu meiner Überraschung erschien Spelke mit einer Doktorandin im Schlepptau. Sie waren gezielt zu uns gekommen, weil meine Schautafel etwas mit dem zu tun hatte, woran ihre Studierenden arbeiteten. Ich steckte mitten in meiner Doktorarbeit, insofern war der Besuch einschüchternd, aber sie war die Freundlichkeit in Person und unterstützte ihre Doktorandin ganz offensichtlich sehr. Wir führten ein konstruktives Gespräch, das sich ganz und gar nicht so anfühlte, als hätte ich den Feind getroffen.

Hinzu kommt noch, dass sie bei diesem Thema recht zu haben scheint: Das Wissen über Objekte ist wohl angeboren. Das hat Giorgio Vallortigara mithilfe einiger putziger Babyhühner bewiesen. Während Mark Johnson von der Prägung bei Hühnern zur Gesichtserkennung bei Babys gelangt war, schlug Vallortigara die umgekehrte Richtung ein. Angeregt durch die Babys, versuchte er, das gleiche Kernwissen bei Hühnern zu finden. Erstaunlicherweise hatte er Erfolg (Vallortigara 2012).

Vallortigara gelang es, eine Version des Zugbrücken-Experiments für Hühner zu entwickeln, indem er sie Verstecken spielen ließ. Eine Gruppe von Hühnern wurde direkt nach dem Schlüpfen auf große rote Zylinder geprägt. Genau wie die Gänse, die den Gummistiefeln von Konrad Lorenz folgten, liefen diese Küken zielsicher auf große rote Zylinder zu. Für seinen Versuch baute Vallortigara eine Arena mit zwei grauen Brettern ähnlich der Zugbrücke am entlegenen Ende. Ein Brett war so groß, dass es den Zylinder verdeckte; das andere war abgeschrägt und deshalb zu niedrig, um einen Zylinder zu verbergen. Wenn er die Küken auf der gegenüberliegenden Seite loslaufen ließ, rannten sie auf das größere Brett zu, die einzige Stelle, wo sich der Zylinder verbergen konnte.

Das ist ein hübscher Beweis, dass die Evolution Wissen über Objekte einbauen kann, wenn sie es will. Aber die Natur hilft nur begrenzt, und Menschenbabys müssen noch viel mehr über Gegenstände lernen. Viel mehr von den tatsächlichen physikalischen Zusammenhängen scheint beim Heranwachsen erlernt zu werden. Das Kernwissen von Babys über die Schwerkraft ist bestenfalls begrenzt. Wenn man Babys in den ersten Monaten einen Klötzchenstapel zeigt, der so nicht stehen kann, oder ein Brett, das viel zu weit über einen Tisch hinausragt, scheint das ihre Erwartungen nicht zu verletzen. Erst die Erfahrung lehrt sie, was funktioniert.

Die Schwerkraft und die damit verwandte Mechanik scheinen etwas zu sein, was Babys durch Erfahrung lernen. Einen Gegenstand schwenken oder draufhauen ist ein großer Spaß, wenn man es noch nie gemacht hat, und dabei lernt man etwas über Beschleunigung und Gravitationszentren. Es gibt so viele Möglichkeiten, Klötze zu stapeln, und so viele Gegenstände, die man stapeln kann, dass es schwierig wäre, von vornherein ein spezielles Wissen mitzugeben. Das Wissen kommt im wahrsten Sinn spielerisch. Kürzlich haben Misha Denil und Kollegen bei Google DeepMind ein künstliches neuronales Netz gebaut, das intuitiv physikalische Zusammenhänge erlernt, indem es nach dem Zufallsprinzip aufgeschichtete Stapel zum Einsturz bringt (Denil u. a. 2016). Nach allem, was man von DeepMind weiß, ist der Computer inzwischen wahrscheinlich Weltchampion bei Jenga (dem Spiel mit Wackeltürmen), aber gelernt hat er genau wie ein Baby.

Babys lassen es damit nicht bewenden – sie experimentieren aktiv. Eine hübsche Untersuchung von Aimee Stahl und Lisa Feigenson von der Johns Hopkins University hat das mithilfe von noch mehr Zauberei bewiesen. Elf Monate alte Babys bekamen zwei unmögliche Vorgänge zu sehen. Im einen Fall drang ein Ball durch ein festes Hindernis, und im anderen rollte ein Spielzeugauto vom Tisch, blieb aber in der Luft stehen. Danach bekamen die Babys diese Spielzeuge. Sie schlugen auf den Ball ein, um seine Festigkeit zu testen, und warfen das Auto zu Boden, um zu überprüfen, ob es wirklich fliegen konnte. Eine zweite Gruppe von Babys sah die gleichen Tricks, aber mit vertauschten Rollen – das Auto brach durch die Wand, und der Ball schwebte in der Luft. Sie schlugen auf das Auto ein und ließen den Ball fallen, um die jeweilige Hypothese zu testen (Stahl und Feigenson 2015).

1996 begegnete ich dem vielleicht berühmtesten Wissenschaftler der Welt. Ich machte gerade meinen Abschluss in Mathematik in Cambridge und hatte ein Vorstellungsgespräch bei Stephen Hawking. Es war keine so große Sache, wie es klingt. Ich war ein durchschnittlicher Mathematikstudent, besonders nach den Maßstäben von Cambridge und von Stephen Hawking. Der Job bestand nicht darin, ihm bei seinen Theorien zu helfen, sondern bei Verwaltungsaufgaben. Ich fürchtete, nicht mithalten zu können. Also fragte ich ihn, wie viel Mathematik nötig sein würde. Ich blickte über seine Schulter, als er mit einem Augenzwinkern die Antwort in seinen Computer tippte:

Das …
  Griechische …
    Alphabet

Ich bekam den Job nicht, aber der Witz war gut. Um das physikalische Universum zu verstehen, braucht man Zahlen und noch mehr Formeln: Generalisierungen, die sich auf die sichtbare Welt und alles, was man darin antrifft, anwenden lassen. Das kann durch Erfahrung erlernt werden, oder man spart Zeit und legt das Wissen in den Genen an. Es gibt noch eine elegantere Lösung: die Gene so zu konstruieren, dass ein grundlegendes Wissen der Kernprinzipien verankert ist, damit der Rest erlernt werden kann – eine Mischung aus *nature* und *nurture*.

Es war ziemlich schwierig, das unserem Publikum bei *The Joys of Toys* zu vermitteln. Die Babys bekamen Bausteine, und natürlich warfen sie sie um, aber wir hatten nicht die Zeit, den Eltern zu erklären, wie viel sie dabei lernten. Wir versuchten den Trick mit dem schwebenden Ball. Mit einem Ventilator ähnlich einem Föhn kann man einen sehr leichten Ball im Luftstrom schweben lassen. Wir machten das mit einem blauen Ball, während ein violetter Ball langweilig auf dem Boden lag. Dann stellten wir die Maschine ab, präsentierten den Babys triumphierend die beiden Bälle und warteten, nach welchem sie greifen würden. Nach der Theorie sollten sie den blauen Ball bevorzugen, der sich der Schwerkraft widersetzt hatte. Wieder hatten die Kleinen ihre ganz eigenen Ideen. Sie ignorierten beide Bälle und steuerten geradewegs auf die Maschine zu, um selbst die Knöpfe zu drücken. Sie wollten selbst mit dem Gerät experimentieren, das Newtons Gesetze gebrochen hatte.

Baby Einstein

Spielen ist die höchste Form der Forschung.
N. V. Scarfe, Bildungsspezialist, 1962 (fälschlicherweise
oft Albert Einstein zugeschrieben)

Vor einigen Jahren legte Philip Shemella seine wissenschaftliche Karriere auf Eis, um als Hausmann bei seiner neugeborenen Tochter zu bleiben. Seine Erlebnisse und das »Leben im Babyuniversum« schilderte er in der Zeitschrift *Physics World* (Shemella 2013). Er lernte sehr schnell, dass das Wissen seiner Tochter über die Schwerkraft bei herabfallenden Gegenständen sich nicht auf ihre eigene Schwerkraft erstreckte, weshalb er sie von Treppen fernhielt. Shemella befand, die vier Dimensionen des Babyuniversums seien Essen, Spielen, Weinen und Schlafen. Er staunte, wie schnell sie ihr Essen im Radius einer Armeslänge wild verstreuen konnte.

Bei vielen Babyspielen geht es um die Entdeckung von Newtons Gesetzen vom freien Fall, um Objekte in Bewegung, um elastischen und unelastischen Stoß. Unterdessen lernen junge Eltern aus eigener Erfahrung das gnadenlose zweite Gesetz der Thermodynamik: Bleibt das Baby sich selbst überlassen, wird das Chaos unweigerlich immer größer. Wenn Sie ein Baby, das herumkrabbeln oder herumlaufen kann, mit einer Schachtel Spielzeug in einen leeren Raum setzen, ist, noch bevor Sie »Nicolas Léonard Sadi Carnot« (der Name des Begründers der Thermodynamik) sagen können, die Schachtel leer und der Raum mit Enten, Lastwagen und Plastikklötzchen übersät.

Im Birkbeck Babylab wiederholten wir dieses Experiment mehrmals am Tag. Wenn Eltern und Baby im Labor ankamen, sahen sie als Erstes unseren Empfangsbereich in leuchtenden Farben. Wir gaben den Eltern eine Tasse Tee und setzten die Babys auf den Boden neben unsere Spielzeugkisten. Wir mussten den Eltern erklären, was ihre Babys tun sollten, wir mussten den wissenschaftlichen Hintergrund dazu erläutern und ihre informierte Zustimmung einholen. Das dauerte fünf bis zehn Minuten. In der Zeit hatte ein typisches Baby den größten Teil des Spielzeugs im ganzen Raum verstreut. Wir hatten auch einen großen orangeroten Eimer für das Spielzeug, das desinfiziert werden musste, weil viele der herumliegenden Gegenstände sich im Mund eines Babys befunden hatten.

Shemella stellte fest, die »Dimension Essen des Babyuniversums ist eng mit der Dimension Spielen verbunden«, und als er seine Tochter beobachtete, wie sie mit ihrem Essen spielte, dachte er, sie habe »einen genuinen Drang, Chaos anzurichten«. Unvermeidlich wachsendes Chaos ist Teil unseres Universums, und bereits vierjährige Kinder verstehen, dass die Dinge sich von Ordnung zu Unordnung bewegen. Das hilft Babys, etwas über die Zeit zu lernen, die vierte Dimension, und wie schnell sie verfliegt.

Der Psychologe William Friedman hat das erforscht. In einem Experiment mit Drei- und Vierjährigen zeigte er, dass sie ein intuitives Gefühl für Entropie hatten, ein Maß, wie chaotisch oder durcheinander Dinge sind. Um den Zeitpfeil bei Babys zu testen, spielte er ihnen Videos vor, die er vorwärts und rückwärts laufen ließ. Die Babys waren überrascht, wenn Wasser in einen Krug zurückfloss und heruntergefallene Gegenstände sich wieder vom Boden erhoben. Aber sie waren genauso zufrieden, wenn ein Keks in Stücke zerbrach, wie wenn er sich magisch wieder zusammenfügte. Vielleicht glaubten die Babys, dass Erwachsene zerbrochene Kekse zusammensetzen können, genau wie die Vierjährigen wussten, dass Erwachsene hinter ihnen aufräumten. Aber vielleicht müssen sie erst etwas über den Zeitpfeil lernen (Friedman 2001, 2002).

Bei meinen eigenen Forschungen ging es darum, was Babys darüber wissen, wie Zeit vergeht. In Zusammenarbeit mit Denis Mareschal von Birkbeck und Bob French sowie Elizabeth Thomas von der Universität des Burgund in Dijon haben wir drei große Probleme bei den vorhandenen Modellen der Zeitwahrnehmung identifiziert. Erstens sagen die Modelle, im Gehirn gebe es eine Art Uhr. Aber wenn das so wäre, könnten wir lange Zeitspannen besser schätzen als kurze, und so ist es nicht. Über lange Zeitspannen würden sich alle Abweichungen unserer inneren Uhr tendenziell ausgleichen, und deshalb wären unsere Schätzungen, relativ gesehen, genauer. Doch Forscher stellen immer wieder fest, dass die Irrtümer schneller zunehmen, als es der Theorie nach sein dürfte. Wir sind gleichermaßen schlecht beim Einschätzen langer und kurzer Zeiträume, was dafürspricht, dass wir keine Uhr im Gehirn haben. Das würde auch erklären, warum nach 40 Jahren Suche immer noch niemand einen Uhrschaltkreis im Gehirn gefunden hat.

Zweitens vergeht die Zeit nicht gleichmäßig. Unsere Zeitwahrnehmung verändert sich je nach den Umständen. Wie Einstein scherzhaft festgestellt hat: »Lege deine Hand eine Minute auf einen heißen Ofen, und es kommt dir vor wie eine Stunde. Sitze eine Stunde neben einem hübschen Mädchen, und es kommt dir vor wie eine Minute. Das ist Relativität.«

In Wahrheit ist es noch komplizierter. Stellen Sie sich vor, Sie hätten etwas Nervenaufreibendes zu tun, zum Beispiel ein fünfminütiges Live-Interview im Fernsehen zu geben. Fünf Minuten bevor das Interview auf Sendung geht, sitzen Sie bei abgeschalteter Kamera da und warten, dass Sie an der Reihe sind, und Sie können nichts anderes tun, als sich auf die vergehende Zeit zu konzentrieren. Diese fünf Minuten fühlen sich wie eine Ewigkeit an. Dann ist es so weit, und auf einmal geht alles ganz schnell. Ehe Sie sichs versehen, ist es vorbei, und Sie wundern sich, wie schnell das war. Wenn es vorbei ist und Sie zurückdenken, ist das Muster umgekehrt. Sie erinnern sich kaum an das Warten, aber das Interview ist Ihnen lebhaft präsent. Wenn Sie es nicht besser wüssten, würden Sie schwören, dass das Interview länger gedauert hat als die Wartezeit. Nun, *das* ist Relativität. Psychologen sprechen bei diesem Unterschied in der Wahrnehmung von der kognitiven Belastung bei retrospektiver und prospektiver Zeitschätzung (Block, Hancock und Zakay 2010). Das Problem war, dass keines der vorhandenen Modelle beide Phänomene gleichzeitig erklärte.

Drittens konnten die vorhandenen Modelle nicht erklären, woher das Zeitgefühl kommt oder wie das Zeitgefühl bei einem Baby aussehen könnte. Sie verlangten einen vollständigen uhrähnlichen Mechanismus irgendwo im Gehirn. Diese Uhren besaßen unterschiedliche biologische Plausibilität, aber in jedem Fall brauchten die Forscher sie. Das war Problem und Chance zugleich. Womöglich stellten wir als erste Forscher die Frage, ob die Zeitwahrnehmung erlernt sein könnte. Als Kleinkindforscher und Empiriker wollten wir ein Computermodell bauen, das so lernte wie ein Baby.

Wir mussten herausfinden, ob Babys eine Vorstellung von Zeit haben. Zusammen mit unserer Forschungsassistentin Sinead Rocha konzipierten Denis und ich ein einfaches Experiment, bei dem alle fünf Sekunden ein Teddybär auf einem Bildschirm auftauchte. Das passierte sieben Mal hintereinander, beim achten Mal war der Teddy nicht zu sehen; wir maßen, wie lange es dauerte, bis die Babys nach ihm Ausschau hielten. Dann testeten wir sie erneut mit einer schnelleren Version, bei der alle drei Sekunden ein lila Dinosaurier auftauchte. Wir testeten Babys von vier bis 14 Monaten und stellten fest, dass alle zur richtigen Zeit auf die richtige Stelle schauten. Sie irrten sich genauso häufig wie Erwachsene (Addyman, Rocha und Mareschal 2014).

Das war überraschend, und so führten wir als Gegenprobe ein zweites Experiment durch, bei dem aus der Aufgabe ein aktiveres Spiel wurde. Diesmal saß Sinead dem Baby gegenüber und hob seine Arme in die Luft. Das machte sie sieben Mal, und jedes Mal sagte sie dabei »Fertig? ... Los!« und ließ zwischen den beiden Worten einen festen zeitlichen Abstand. Wie zuvor warteten wir beim achten Mal, wie die Babys reagierten. Wieder sahen wir, dass die Babys antizipierten, was als Nächstes kommen würde und wann (Addyman u. a. 2016). Ein paar andere Experimente waren allerdings nicht so erfolgreich. Wir versuchten eine Aufgabe, bei der Babys nach Spielzeugenten griffen, und eine andere, bei der sie einen Ball an einem Stab packten. Das Problem war, dass die Spielzeuge die Babys so faszinierten, dass sie nicht loslassen wollten.

Durch die Kombination der Experimente mit Babys mit einem Computermodell, das lernt wie ein Baby, gelangten wir zu einer neuen Theorie der Zeitwahrnehmung. Im Wesentlichen besagt sie, dass wir grob schätzen, wie viel Zeit vergangen ist, und uns dabei daran orientieren, wie unsere Erinnerungen verblassen (French, Addyman, Mareschal und Thomas 2014). Wie das genau funktioniert, geht ein bisschen über die Thematik dieses Buchs hinaus, aber das Konzept ist sehr einfach. Statt einen besonderen Uhrschaltkreis im Gehirn anzunehmen, meinen wir, dass unser Zeitsinn verwendet, was schon vorhanden ist – unsere Erinnerung an das, was gerade passiert ist. Je länger ein Ereignis zurückliegt, desto verschwommener ist die Erinnerung.

Wir können schlecht genaue Zeitangaben machen, weil unsere Erinnerung von Natur aus unsicher ist. Die »Relativität der Zeit« ist das Ergebnis einer Kombination von zwei Dingen: wie viel passiert und wie viel Aufmerksamkeit wir dem Vergehen der Zeit widmen. Unser Modell quantifiziert, wie diese beiden Faktoren zusammenwirken und dadurch Zeitverzerrungen erzeugen. Je mehr das der Fall ist, desto schneller schwinden die Erinnerungen, und wir empfinden kurz zurückliegende Ereignisse, als lägen sie bereits viel weiter in der Vergangenheit. Wenn mehr geschieht, achten wir weniger auf das Vergehen der Zeit, und es fühlt sich an, als passierten die Dinge schneller. Relativ gesagt!

Beim Schreiben über unser Modell war ich ziemlich stolz, als ich Albert Einsteins berühmten Aufsatz über die Vorhersage der brownschen Bewegung (Einstein 1905) als Begründung für die Verschwommenheit unserer Erinnerung zitieren konnte. Die brownsche Bewegung hat nichts mit Einsteins eigenen Theorien über die Zeitdilatation zu tun, sondern ist ziemlich eng mit dem Konzept der Entropie verbunden. Es ist der ruckartige, zufällige Weg, den ein großes Teilchen nimmt, wenn es von kleineren Objekten angestoßen wird, ähnlich einem kleinen Baby, das in einem mit Spielzeug übersäten Raum herumkrabbelt. In unserem Modell ist jede einzelne Interaktion ein Vorgang, der unsere Erfahrung vergrößert, und die Akkumulation verblassender Ereignisse liefert uns ein Maß für das Vergehen der Zeit. Wenn man es so ausdrückt, ist offensichtlich, dass das Zeit ist. Doch seltsamerweise funktioniert keine andere Theorie so. Andere Theorien hingen immer an einer Uhr. Nur weil wir das Problem durch die Augen eines Babys betrachteten, waren wir in der Lage zu erkennen, dass das nicht nötig ist. Babys entdecken die Dimension Zeit durch das Spiel.

Kategorien und Wauwaus

> *Eins von diesen Dingen ist nicht wie die anderen,*
> *Eins von diesen Dingen gehört nicht dazu.*
> *Kannst du mir sagen, welches ich meine,*
> *Und weißt du das im Nu?*
> »Eins von diesen Dingen« aus der Sesamstraße, 1969

Woher stammt die Idee einer Katze? Wir sehen viele Katzen, aber wie und wann erkennen wir, dass Fluffy, Lucky und Tiger alle Individuen aus derselben Familie sind? Wann wissen Babys, dass ihre Spielzeuggiraffe das gleiche Tier ist wie die Riesen, die sie im Zoo sehen? Wie finden sie heraus, dass ihre Spielzeugautos, -züge und -bagger kleine Verwandte der aufregenden Fahrzeuge sind, die sie draußen erleben? Wann entdecken sie abstrakte Konzepte wie Tier, Fahrzeug oder Nahrungsmittel? Alles spricht dafür, dass das früher passiert, als wir gemeinhin denken. Es ist eine große intellektuelle Leistung kleiner Babys, die wir nicht genügend würdigen.

Wie machen Babys das? Oft verwenden Psychologen Spielzeuge, um eine Antwort auf diese Frage zu finden. Spielzeuge sind eine Abbildung der Welt im Kleinformat. Eine Plastikgiraffe oder Gummiente hat nicht viele Gemeinsamkeiten mit einer echten Giraffe oder Ente. Die Spielzeugversionen sind aus anderem Material und fühlen sich anders an. Die äußere Ähnlichkeit ist nur oberflächlich – nicht viel mehr als die Idee der »Giraffenartigkeit« oder »Entenartigkeit«. Genau das sind Kategorien: die Essenz von Dingen. In den 1970er-Jahren hat Eleanor Rosch gesagt, Kategorisierungen dienten der Vereinfachung der Welt. Sie meinte, Kategorien »teilen die Natur entlang ihrer Fugen ein«. Die Formulierung geht auf Platons *Phaidros* zurück und drückt den Gedanken aus, dass Kategorien »real« sind im platonischen Sinn, insofern sie wahre Merkmale der Welt widerspiegeln (Rosch 1975).

Wissenschaftler geben Babys oft Spielzeuge, um zu sehen, ob sie eine Vorstellung von Kategorien haben. Zum Beispiel kann man ihnen eine Mischung aus Spielzeugtieren und Spielzeugfahrzeugen geben und dann schauen, was passiert. Das hat die amerikanische Psychologin Jean Mandler gemacht, sie hat die Babys dabei sehr genau beobachtet und festgestellt, dass sie nicht zufällig spielen. Manche spielten erst mit der einen Gruppe von Spielzeugen und dann mit der anderen, andere Babys wechselten zwischen beiden Gruppen ab. Beide Muster sind nicht zufällig und zeigen, dass Babys Tiere und Fahrzeuge als zwei unterschiedliche Kategorien von Dingen behandeln.

Es lohnt sich, dass wir uns dieses Experiment ein bisschen genauer anschauen. Jedes Baby wurde mit den Spielzeugen gefilmt, und ein Forscher ging das Video Bild für Bild durch, zählte und klassifizierte jede Berührung eines jeden Gegenstands. Eine zweite Person überprüfte die Zuordnungen, und dann ließen sie eine Menge statistische Simulationen laufen, um zu sehen, ob die Muster zufällig waren oder nicht. An manchen Studien nahmen über 100 Babys teil. Die Babyforschung ist oft arbeitsintensiv und verwendet komplexe Methoden, um einfache Fragen zu beantworten. Experimente mit Spielzeug sind besonders schwierig, weil Babys Spielzeug so sehr lieben. Es ist schwer, sie dazu zu bringen, dass sie die Kuh loslassen, damit man ihnen das Auto zeigen kann.

Aus diesem Grund zeigen die Forscher bei Babyexperimenten meistens Dinge auf dem Bildschirm. Ich habe bei der Arbeit an meiner Promotion einige Kategorisierungsexperimente durchgeführt. Bei einem habe ich mit Bildbearbeitung Leopardenmuster oder schwimmbadblaue Farbe über Autofenster und Hausdächer gelegt. Wir dachten, die Babys könnten dieses eine sehr auffällige Merkmal verwenden, um die Gegenstände in Gruppen zusammenzufassen, aber stattdessen machten sie einmal dies und manchmal etwas anderes. Das Experiment war nicht eindeutig, lieferte aber Belege, dass die Kategorisierungen von Babys in Reaktion auf die Umwelt flexibel sind.

Meine Mitarbeiter bei dem Zeitprojekt, Denis und Bob, verfügen über ein fantastisches Repertoire an Experimenten, um das zu belegen. Erstens zeigten sie, dass drei bis vier Monate alte Babys Katzen für Hunde halten, aber Hunde nicht für Katzen. Dann zeigten sie das Gegenteil. Im ersten Experiment bekam eine Gruppe von Babys Fotos von zehn unterschiedlichen Hunden zu sehen und dann ein einzelnes Foto einer Katze. Die Babys fanden, dass die Katze gut zu den anderen passte. Eine andere Gruppe von Babys bekam zehn ähnliche Katzen zu sehen, gefolgt von einem Hund, und diese Babys merkten, dass das letzte Fellwesen anders war als die anderen. Der wirklich clevere Teil kam im zweiten Experiment von Denis und Bob, bei dem sie diese seltsame Asymmetrie umkehrten. Diesmal bekam eine Gruppe von Babys zehn sehr unterschiedliche Katzen zu sehen und befand, dass der dann folgende Hund ein Teil dieser bunten Familie sein könne. Eine andere Gruppe bekam zehn sehr ähnliche Hunde zu sehen und dann eine Katze, und diese Babys beschlossen, dass die Katze nicht dazugehörte (French, Mareschal, Mermillod und Quinn 2004). Das zeigt, dass für Babys »Hund« und »Katze« flexible Kategorien sind, die durch Erfahrung gebildet werden und von den Ähnlichkeiten abhängen, die sie wahrnehmen.

Jeder kann dieses Experiment selbst mit einem Kleinkind im Zoo wiederholen. Je nach Alter des Kindes wird es alle Bären, Lamas und Rhinozerosse triumphierend als »Schaf!« oder »Wauwau!« bezeichnen, aber alle Löwen, Tiger, Leoparden und Geparden heißen korrekt »Katze«. Das zeigt uns zwei clevere Dinge über Babys und ihre Kategorien. Erstens bauen sie ihre Welt von Grund auf in höchst dynamischer und flexibler Weise auf. Ab drei Monaten nehmen sie Ähnlichkeiten und Unterschiede zwischen Gruppen von Objekten wahr. Zweitens helfen ihnen diese ungefähren Zuordnungen, sich in einer komplexen Welt zurechtzufinden.

Man braucht nicht viele Kategorien, wenn man sie noch nicht nutzen kann. Ungefähr richtig zu liegen ist besser, als in Ungewissheit festzustecken. Meine Freundin Megan ist mit ihrer zweijährigen Tochter ins Londoner Aquarium gegangen, und alles in jedem Becken, egal wie seltsam oder wie wunderbar, nannte sie fröhlich »Fisch«.

Stellen Sie sich vor, Sie hätten noch nie im Leben eine Banane gesehen. Es könnte auch eine Drachenfrucht, Sternfrucht oder eine Kakifrucht sein, aber bleiben wir einmal bei der Banane. Bananen sind sehr komische Früchte. Wenn Sie zum ersten Mal eine Banane sehen, werden Sie auf den ersten Blick wissen, dass es eine Frucht ist. Sie sieht nach etwas Natürlichem aus, hat eine leuchtende Farbe, ist größer als eine Erbse und kleiner als ein Auto. Die Hinweise passen zu Ihren bisherigen Erfahrungen mit Früchten. Vielleicht liegt die Banane in einer Obstschale oder in der Obstabteilung – auch der Kontext ist wichtig. Sie müssen nicht wissen, wie eine Banane schmeckt und ob Sie sie mögen, aber all Ihr sonstiges Wissen über Früchte ist hilfreich. Das leisten Kategorien, und das macht ihren Wert für uns aus. Wir Erwachsene mit unseren vielfältigen Erfahrungen erleben nicht sehr oft neue Tiere, Gesteine oder Gemüsearten. Unsere Welt ist bereits aufgebaut. Babys sind dabei, ihre Welt aufzubauen, und ihr Modell muss flexibel und anpassungsfähig sein.

Das beste Spielzeug aller Zeiten?

Sei demütig, sei einfach, bereite anderen Freude.
Die heilige Magdalena Sophie Barat, Gründerin der
Sacré-Cœur-Schwestern (1779–1865)

Wenn Sie das absolut beste Spielzeug für ein Baby kaufen wollen, ist die Giraffe Sophie eine sehr gute Kandidatin. In ihrer Heimat Frankreich ist Sophie eine nationale Ikone. Sie wurde 1961 auf den Markt gebracht, am Namenstag der heiligen Magdalena Sophie Barat, der Gründerin der Sacré-Cœur-Schwestern, eines Ordens, der sich der Aufgabe widmete, die Bildung von Mädchen zu verbessern. Die Giraffe Sophie ist ein Beißspielzeug. Sie ist 18 Zentimeter lang und besteht aus Naturkautschuk. Im Jahr 2010 wurden in Frankreich 816.000 Sophies verkauft. Im selben Jahr kamen 796.000 Babys zur Welt. Viele Jahre war sie das meistverkaufte Spielzeug auf Amazon, inzwischen wurde sie von einem lila Kraken abgelöst.

Sophie hat viele Eigenschaften, die sie zu einem großartigen Spielzeug für Babys machen. Man kann auf ihr herumkauen, und sie hat eine Menge Knubbel und Wülste, die sich im Mund interessant anfühlen. Weil sie groß und grazil ist, kann man sie auch sehr gut greifen. Sie ist ein faszinierendes dreidimensionales Objekt, das eine Menge manueller und visueller Aktivität ermöglicht. Mit ihren langen Beinen und dem langen Hals, ihren auffälligen Flecken und zapfenartigen Hörnern ist sie eindeutig ein Mitglied der Kategorie Giraffe, aber sie ist eindeutig auch ein Individuum. Ihre großen runden Augen und der lächelnde Gesichtsausdruck verleihen ihr Charakter und Persönlichkeit. In meiner Zeit als Babyforscher habe ich viele Kleinkinder kennengelernt, die ihre Sophie nicht aus der Hand gaben. Ich vermute, die Verkaufszahlen sind deshalb so hoch, weil viele Eltern eine zweite Sophie als Ersatz kaufen, falls die erste einmal verloren geht.

Sophie ist eine starke Kandidatin, aber ich glaube, es gibt noch ein neueres Spielzeug, das alle Babys haben wollen. Dieses Spielzeug kam am 9. Januar 2007 auf den Markt, war 11,5 Zentimeter groß und wurde zu einem noch viel größeren weltweiten Verkaufsschlager als Sophie. Es ist viel teurer und viel magischer, obwohl es als physikalisches Objekt nicht viel hermacht. Aber wenn man die Giraffe und dieses Spielzeug nebeneinanderlegt, wette ich, dass jedes in diesem Jahrzehnt geborene Baby statt nach der Giraffe nach dem iPhone greifen wird. Im Jahr 2016 wurden in Frankreich 20,2 Millionen Smartphones verkauft. Nicht viele Babys haben ein eigenes Smartphone, aber fast jedes in dem Jahr geborene Baby wird schon mal eines angefasst haben.

Unsere Smartphones sind die interessantesten, spannendsten und merkwürdigsten Dinge in unserem Leben. Schon ganz kleine Babys spüren, wie fasziniert wir von diesen Geräten sind. Sie verstehen unsere Sucht nach den kleinen leuchtenden Vierecken vielleicht noch nicht, die wir überallhin mitnehmen, aber sie haben reichlich Gelegenheit zu beobachten, welche Macht sie über uns ausüben. Babys wollen, was die Erwachsenen haben, und es ist keine Frage, dass Babys Smartphones und Tablets lieben. Wenn ein Baby schreit, gibt es kaum etwas Besseres zur Beruhigung, als ihm das Smartphone hinzuhalten. Meistens funktioniert es auf der Stelle. Aber erzeugt man damit die gleiche Smartphone-Sucht bei kleinen Kindern? Ist es in Ordnung, wenn Babys mit Tablets spielen dürfen?

Viele Stimmen warnen, Bildschirmzeit sei schlecht für kleine Kinder, doch oft belegen sie das nicht oder beziehen sich nur auf die Zeit, die Babys passiv vor dem Fernseher sitzen. 2011 empfahl beispielsweise die einflussreiche Amerikanische Akademie der Kinderärzte (AAP, American Academy of Pediatrics), Kinder unter zwei Jahren sollten überhaupt keine Zeit vor einem Bildschirm verbringen. Das war vor dem Boom der Touchscreen-Geräte. 2016 bewerteten sie die Daten neu, und in ihrem neuen Bericht setzten sie die Altersgrenze auf 18 Monate herab, außer für Video-Chats etwa via Skype oder Facetime. Danach empfahlen sie, qualitativ hochwertige Apps und Medien sollten unter elterlicher Aufsicht eingeführt werden (AAP

2011, 2016). Hatten zu Beginn dieses Zeitraums nur 10 Prozent aller Familien derartige Geräte besessen, waren es am Ende über 90 Prozent. Die Revolution kam schnell, und die interaktive Natur der Tablets hat die Gleichung dramatisch verändert, aber die Forschung hinkt hinterher.

Kürzlich hat eine Gruppe meiner ehemaligen Kollegen am Birkbeck College unter Leitung von Rachael Bedford und Tim Smith beschlossen, sich der Sache anzunehmen. Sie bekamen Fördergelder für das Projekt Toddler Attentional Behaviours and Learning with Touchscreens (TABLET, Aufmerksamkeitsverhalten und Lernen mit Touchscreens bei Kleinkindern). Sie wenden eine Mischung aus Online-Befragungen von Eltern und Tiefenuntersuchungen im Labor mit kleineren Gruppen von Kindern an. Ihre Forschungen laufen noch, aber die ersten Ergebnisse waren überraschend. Unglaubliche 99,7 Prozent der befragten Familien hatten mindestens ein Gerät mit Touchscreen, und 51 Prozent der Babys zwischen sechs und zwölf Monaten nutzen täglich einen Touchscreen, bis zum Alter von zwei Jahren steigt der Anteil auf über 80 Prozent. Das ist ein Spielzeug, für das wir nie zu alt werden.

Die TABLET-Gruppe fand keinerlei Auswirkungen, weder positive noch negative, auf die meisten Meilensteine der Entwicklung wie Laufen, Sitzen und Sprechen. Sie stellten fest, dass die Feinmotorik positiv mit frühem aktivem Scrollen auf Tablets korrelierte. Babys, die früher scrollten, waren auch besser beim Stapeln von Klötzen (Bedford u. a. 2016). Dieses Ergebnis zeigt eine Korrelation, was dafürspricht, dass die beiden Fertigkeiten zusammenhängen: Es könnte sein, dass die Bewegungen auf dem Bildschirm die Feinmotorik der Babys verbessern, oder es könnte sein, dass die Babys mit ihren von Natur aus flinkeren Fingern mit Bildschirmen besser zurechtkommen. Die weiteren Forschungen der TABLET-Gruppe sollen diese Frage klären helfen.

In einer zweiten Untersuchung stellten sie fest, dass mehr Tablet-Nutzung mit weniger Schlaf und späterem Einschlafen korrelierte (Cheung u. a. 2017). Wieder sprechen die Ergebnisse dafür, dass die

180

Dinge zusammenhängen könnten: Vielleicht verbringen Babys, die natürlicherweise weniger Schlaf brauchen, mehr Zeit mit Tablets. Sehr viel schwieriger ist es zu beweisen, dass Tablets Schlafstörungen verursachen. Dazu müsste man den Schlaf von Babys und den Tablet-Gebrauch über einen längeren Zeitraum sehr genau beobachten, und dafür fehlen der TABLET-Gruppe die Ressourcen.

Trotz der gemischten Ergebnisse sind die TABLET-Forscher optimistisch, was den Nutzen des Touchscreen-Gebrauchs für Babys angeht. Das TABLET-Projekt war eines der letzten, an dem meine einflussreiche Kollegin Annette Karmiloff-Smith mitarbeitete, bevor sie 2017 starb. Sie kämpfte immer für den Fortschritt und vertrat eindeutig die Auffassung, Tablets seien ein hervorragendes Spielzeug für Babys. In einem Interview über die Studie sagte sie: »Tablets sollten von Geburt an ein Teil der Welt von Babys sein.« Sie fand Tablets sogar besser als Bücher: »Bücher sind statisch. Wenn man Babys im Umgang mit Büchern beobachtet, interessieren sie sich besonders für das Geräusch beim Umblättern der Seiten. Ihr visuelles System reagiert auf die Bewegung. Deshalb sind Tablets mit ihren bewegten Bildern und den Tönen sehr gut« (Ali 2015).

Auf meine Frage, was er Eltern rate, sagte Tim Smith von der TABLET-Gruppe: »Das wissenschaftliche Urteil über die positiven und negativen Wirkungen von Geräten mit Touchscreens bei kleinen Kindern steht noch aus. Aber von Themen wie Ernährung und Sport können wir lernen, dass es auf das richtige Maß ankommt. Eltern würden ihre Kinder auch nicht nur mit Chips ernähren. Genauso sollte es viel Abwechslung zwischen verschiedenen Arten von Bildschirmzeit und physischen und sozialen Aktivitäten in der realen Welt geben.«

Wenn Kleinkinder wählen könnten, würden sie sich vielleicht doch für Chips zu jeder Mahlzeit entscheiden, und sicher werden sie das Smartphone der Eltern jedem anderen Spielzeug vorziehen. Damit liegen sie gar nicht falsch. Ein Smartphone ist ein magisches Gerät mit unendlichen Möglichkeiten. Es ist eines der wenigen Dinge, die der unendlichen Neugier von Babys standhalten können.

Kapitel acht

Überraschung!

Das Mittel gegen Langeweile ist Neugier. Gegen Neugier gibt es kein Mittel.

Ellen Parr

Babys lieben Überraschungen. Außer wenn sie ihnen nicht gefallen.

Neues begeistert sie, außer es ist so überraschend, dass es ihnen Angst macht. Die Grenzen zwischen Angst und Begeisterung schwanken dauernd. An einem einzelnen Tag sind begeistertes Quietschen und angstvolles Heulen genauso wahrscheinlich. Eltern wissen nie ganz sicher, wie neue Erfahrungen aufgenommen werden. Das bremst die Babys nicht – sie sind kleine Neuigkeiten-Junkies und werden immer von Dingen angezogen, die sie nicht verstehen (oder die sie nicht haben dürfen). Aber sie langweilen sich auch sehr schnell, ihre Aufmerksamkeit wandert weiter zur nächsten Sache. Das ist gut für sie, denn es bringt sie dazu, die W elt zu erforschen. Es ist auch gut für die Babyforscher. Babys zu langweilen und dann zu schauen, womit man sie überraschen kann, war in den letzten 40 Jahren die wichtigste Methode in der Babyforschung.

Langeweile: Der eine sonderbare Trick der Babyforschung

Wenn die Affen es dahin bringen könnten, Langeweile zu haben, so könnten sie Menschen werden.

Johann Wolfgang von Goethe

Ein Grund, warum ich begonnen habe, das Lachen von Babys zu erforschen, war, dass es mich langweilte, dafür zu sorgen, dass ihnen langweilig wurde. Ein Großteil der modernen Babyforschung ruht auf einer genialen Erfindung, dem sogenannten Habituationsparadigma. Dazu gehört, Babys zu langweilen, und dann zu versuchen, sie wieder zu überraschen. Dieses experimentelle Design wurde in Tausenden Versuchen mit Babys verwendet. Es fällt uns als Erstes ein, wenn wir darüber nachdenken, wie wir eine neue Studie anlegen wollen. Dieses Design ist unglaublich vielseitig, weil es bei der Tatsache ansetzt, dass Babys sich von allem und jedem langweilen lassen. Babys haben eine Aufmerksamkeitsspanne von Sekunden. Wissenschaftler messen gerne Dinge, und so sind alle zufrieden.

Die Idee der Langeweile, so wie sie in England verstanden wird, haben die Viktorianer erfunden. In ihrem *Buch der Gefühle* schreibt die Historikerin Tiffany Watt Smith, das englische Wort für Langeweile, *boredom,* sei erstmals 1853 aufgetaucht als Ableitung vom französischen Wort *bourrer,* stopfen oder gewaltsam füttern. Wir finden es in Charles Dickens' Roman *Bleak House,* wo es heißt, Lady Dedlock sei »zu Tode gelangweilt« von ihrem einsamen Leben. Natürlich gab es die Erfahrung, sich zu langweilen, schon bevor wir ein Wort dafür hatten. Seit Jahrtausenden haben die Sprachen Wörter, um zu beschreiben, wenn Dinge mühsam oder lästig sind. Ich bin mir nicht ganz sicher, was nach Goethes Vorstellungen den Menschen widerfuhr und nicht den Affen. Das französische Wort dafür ist *s'ennuyer,* ein reflexives Verb, das wörtlich ›sich selbst ärgern‹ bedeutet. Interessanterweise ist *bourrer* ein transitives Verb, das heißt, mit jemandem oder einer Sache wird etwas getan. Gelangweilt sein heißt demnach vollgestopft sein. Tiffany argumentiert, die Viktorianer der Mittelschicht brauchten ein Wort für Langeweile, als ihnen zu viel Freizeit aufgezwungen wurde.

Bei Habituationsexperimenten füllen die Wissenschaftler Babys so mit einer Idee ab, dass ihnen davon langweilig wird. Dann schauen wir, womit wir ihr Interesse wiedererwecken können. Wir haben die Habituationsmethode bereits im vorigen Kapitel kennengelernt, als Denis und Bob testeten, was Babys über Katzen und Hunde wissen. Da diese Methode so wichtig ist, lohnt es sich, sie genauer zu betrachten. Tatsächlich erfahren wir dadurch eine Menge darüber, wie die Gehirne von Babys funktionieren.

Zuerst müssen wir uns ein Gehirn anschauen, das fünf Millionen Mal kleiner ist als unseres, weil Habituation eine universelle Eigenschaft von Gehirnen ist. Für diese Erkenntnis bekam Eric Kandel im Jahr 2000 den Nobelpreis. Er untersuchte die Gehirne von *Aplysia californica*, dem Kalifornischen Seehasen, einer Meeresschnecke. Der Seehase bringt bis zu zwei Kilogramm auf die Waage und besteht aus rund 35 Zentimetern gefleckter, rotbrauner Schleimigkeit, alles in allem ist er eine außergewöhnlich hässliche Kreatur. Trotzdem findet Kandel ihn wunderschön, und die Schönheit liegt in seinem Gehirn. Das gesamte Nervensystem von *Aplysia* besteht aus nur 18.000 Nervenzellen, das ist ein Fünfzigstel des Gehirns einer Biene. Die Gehirne sind klein, aber die Nervenzellen sind riesig. Jede kann bis zu 50 Mal größer sein als die Nervenzellen von Säugetieren, und man sieht sie mit bloßem Auge. Damit waren sie die idealen Versuchstiere für Kandel, um zu untersuchen, wie Lernen funktioniert.

Kandel interessierte sich für Lernen und Gedächtnis, die eng zusammenhängen. Wenn wir etwas Neues lernen, schreiben wir es in unser Gedächtnis ein. Eric Kandel hat als Erster herausgefunden, was dabei auf neuronaler Ebene passiert (Kandel 1976). Dafür hat er die Schnecken dazu gebracht, ihn zu ignorieren. Wenn man *Aplysia* mit einer Elektrode reizt, zieht sie reflexartig zur Verteidigung Kiemen und Atemröhre auf dem Rücken ein (der sogenannte Kiemenrückziehreflex). Kandel wartete, bis die Schnecke wieder in den Normalzustand zurückgekehrt war, und dann reizte er sie wieder … und wieder … und wieder. Irgendwann ignorierte die Schnecke die Elektrode und lernte, ihre Kiemen nicht zurückzuziehen. Kandel schaute sich das Bündel von Nervenzellen an, das den ursprünglichen Reflex kontrollierte, und wie sich die Zellen dadurch verändert hatten, dass die Schnecke sich an die Reizung gewöhnt hatte. Die Details der Vorgänge in den Zellen sind hier nicht wichtig, aber ist es nicht schön zu wissen, dass man einen Nobelpreis dafür bekommen kann, dass man Schnecken ärgert?

Habituationsexperimente mit Babys laufen anders ab. Natürlich pieken wir Babys nicht mit Elektroden, wir können nicht direkt in ihre Gehirne schauen, und Babys sind entschieden niedlicher als Schnecken. Aber die frühesten Experimente waren von der Konzeption her dem sehr ähnlich, was Kandel gemacht hatte. Der Pionier der Habituation bei kleinen Kindern, Les Cohen, arbeitete wie Kandel in den frühen 1970er-Jahren. Er setzte Babys in einem abgedunkelten Raum ohne viel Ablenkung vor einen Bildschirm. Dann zeigte er ihnen ein Bild wie etwa ein einfaches Schachbrettmuster und stoppte, wie lange es dauerte, bis das Baby wegschaute. Und dann zeigte er ihnen dasselbe Bild wieder … und wieder … und wieder. Die Babys langweilten sich, wie die Schnecken. Am längsten schauten sie am Anfang hin und dann immer weniger (Cohen 1972).

Genau so war es zu erwarten. Der sonderbare Trick, von dem in der Überschrift die Rede ist, bezieht sich auf das, was passiert, wenn die Babys sich langweilen. Normalerweise definieren wir Langeweile (oder Habituation) so, dass die Babys 50 Prozent weniger hinsehen. Um zu entscheiden, wann es so weit ist, errechnen wir einen laufenden Durchschnitt, wie lange die Babys hinsehen, von den ersten beiden Bildern verglichen mit den letzten beiden Bildern; den Durchschnitt verwenden wir, weil Babys ziemlich unberechenbar sein können. Sie lassen sich leicht von einem Elternteil ablenken, von ihren Socken oder von irgendwelchen Babygedanken. Wenn sie sich langweilen, testen wir sie, indem wir ihnen etwas anderes zeigen. Nach einem Dutzend Hunden kommt auf einmal eine Katze, nach lauter weiblichen Gesichtern kommt das Gesicht eines Mannes. Wenn die Babys munter werden und länger hinschauen, zeigt uns das, dass sie einen Unterschied registrieren. Wenn sie gelangweilt bleiben, fällt ihnen der Unterschied wahrscheinlich nicht auf.

Mit dieser Methode können wir Babys alle möglichen Fragen stellen, und sie können antworten. Wir fragen nach der Wahrnehmung einer Farbe oder Größe oder Richtung, nach Kategorien von Tieren oder Menschen, nach Konzepten wie Zahlen oder Verhältnissen wie Gleichheit oder »vor etwas«. Wenn wir Töne statt Bildern einsetzen, können wir testen, was Babys über Sprache und Musik wissen. Im Alter von fünf Monaten können Babys Hunde und Katzen unterscheiden. Mit vier bis sechs Monaten können sie nicht nur männliche und weibliche Gesichter auseinanderhalten, sondern sie erkennen auch den Unterschied zwischen emotionalen Gesichtsausdrücken wie Glück, Kummer, Ärger und Abscheu. Die Habituationsmethode hat gezeigt, dass jüngere Babys Dinge unterscheiden können, die ältere Babys und Erwachsene nicht unterscheiden können. Zum Beispiel können sechs Monate alte Babys Gesichter von Affen unterscheiden, etwas, woran zehn Monate alte Babys und Erwachsene scheitern. Ebenso können sechs Monate alte Babys die Laute aller Sprachen unterscheiden, aber mit einem Jahr klappt das nur noch bei den Lauten ihrer Muttersprache. Das ist ein Beispiel für eine Verengung der Wahrnehmung (*perceptual narrowing*), im Kapitel über die Sprache kommen wir darauf zurück (Maurer und Werker 2014).

Eine wichtige Verbesserung dieser Methode besteht darin, ganz am Ende etwas besonders Faszinierendes einzubauen. Damit testet man, ob die Babys immer noch aufmerksam sind, weil manche abschalten. Bei meiner Doktorarbeit habe ich Babys an langweilige Formen gewöhnt, die wie die Umrisse eines Hauses mit einem großen weißen Pfeil darauf aussahen. Jedes Bild war ein bisschen anders. Ich interessierte mich dafür, ob die Babys den Durchschnitt erkannten. Das Problem ist, dass die Babys vielleicht den Unterschied sehen, aber so gelangweilt sind, dass es ihnen egal ist. Deshalb endeten alle meine Habituationsexperimente mit dem Bild eines Kaninchens. Die Ergebnisse meiner Experimente fielen gemischt aus, aber ich kann ganz klar sagen, dass Babys Kaninchen lieben.

Sobald ich meine Promotion überlebt hatte, beschloss ich, das Ereignis damit zu feiern, dass ich mir auf meinen linken Arm verschiedene Bilder meiner Forschungen tätowieren ließ. Natürlich musste das Kaninchen dabei sein, obwohl ich mit einer Verbeugung vor meinen Versuchen zur Zeitwahrnehmung daraus das Weiße Kaninchen aus *Alice im Wunderland* machte, das eine große Taschenuhr hielt, mit der ich stoppte, wie schnell ich Babys langweilte.

Dass sich Babys schnell langweilen, ist sehr praktisch für Babyforscher, denn es bedeutet, dass wir mit einem Experiment in etwa 10 Minuten fertig sind. Das ist gut, denn oft haben wir mit einem bestimmten Baby nicht viel Zeit. Das Baby wird nicht nur durch das Experiment müde: Die ganze Situation im Labor und die vielen neuen Leute sind anstrengend. Wir versuchen gezielt, dafür zu sorgen, dass das Baby vor der Untersuchung nicht zu aufgeregt ist, weil das die Konzentrationsfähigkeit beeinträchtigen kann. Wenn man es geschickt anstellt und gut organisiert ist, kann man bei einem einzigen Besuch zwei bis drei Untersuchungen durchführen, aber man macht immer die wichtigste zuerst.

Das Tempo und die Universalität der kindlichen Habituation geben auch eine Menge Hinweise, wie unser Gehirn funktioniert. Kandels Meeresschnecken lernten dauernd, indem sie bestimmte Verknüpfungen in ihren kleinen Gehirnen verstärkten. Menschliche Gehirne sind flexibler. Sylvain Sirois und Denis Mareschal argumentieren mit gutem Grund, dass zur kindlichen Habituation die Interaktion zweier Gehirnbereiche gehört. Es ist eine Kombination aus kurzfristiger Hemmung im Hippocampus und Langzeitpotenzierung im Kortex (Sirois und Mareschal 2004). Der Hippocampus ist der Torwächter für das Langzeitgedächtnis. Wenn ein Erwachsener – oder ein Baby – etwas Neues erlebt, vergleicht der Hippocampus das Erlebte mit früheren Erfahrungen und macht eine kurzzeitige Notiz. Wenn das Neue vielen alten Dingen ähnlich ist, wird der Hippocampus gehemmt, was bedeutet, dass es uns nicht besonders interessiert. Wenn es unvertraut ist, wird der Hippocampus nicht gehemmt. Je aktiver der Hippocampus ist, desto wahrscheinlicher wird die Information über das Ereignis in das Langzeitgedächtnis eingeschrieben, indem durch Langzeitpotenzierung die Verbindungen zwischen Nervenzellen verstärkt werden, genau wie bei den Meeresschnecken.

Die Habituation ist das Arbeitspferd der Kleinkindforschung und der Motor der Untersuchung von kleinen Kindern. Sie ist nur ein Mechanismus des Lernens, aber für Babys ein wichtiger, weil sie so viele neue Dinge lernen und so viel erforschen müssen. Die Habituation sorgt dafür, dass sie immer weiter lernen, aber auch, dass sie von einer neuen Sache zur nächsten übergehen und wieder zur nächsten und so weiter. Gleichzeitig erfasst die Habituation allein wohl nicht die ganze Freude, die es bedeutet, ein Baby zu sein. Babys handeln nicht nur, um Langeweile zu vermeiden – sie suchen aktiv nach interessanten Dingen. Sie finden Vergnügen in ihrem Spiel und schwelgen in ihren Entdeckungen. Da geht eindeutig noch mehr vor.

Goldlöckchen und die Zone der optimalen Erfahrung

> Als Goldlöckchen in die Küche kam, entdeckte sie drei
> Schüsseln mit Brei. Zuerst kostete sie aus der größten Schüssel,
> die dem großen Bären gehörte. Der Brei war ihr zu kalt. Dann
> kostete sie aus der mittleren Schüssel, die dem mittleren Bären
> gehörte. Der Brei war ihr zu heiß. Dann kostete sie aus der
> kleinsten Schüssel, die dem kleinen Bären gehörte. Der Brei
> war genau richtig, und sie aß alles auf.
>
> Goldlöckchen und die drei Bären, Robert Southey,
> englischer Dichter, 1837

Bei meinem ersten Experiment für meine Doktorarbeit ging es auch darum, dass Babys sich langweilen, aber Habituation kam nicht zum Einsatz. Stattdessen zeigten wir Babys lange Abfolgen von farbigen Formen, die auf einem Bildschirm auftauchten. Ein gelbes Quadrat erschien in der Mitte des Bildschirms, dann ein blaues Dreieck, dann ein roter Kreis, dann vielleicht wieder ein gelbes Quadrat und so weiter. Insgesamt waren es sechs Formen. In der Hälfte der Fälle wiederholte sich ein Muster, und die Formen kamen paarweise: Rot folgte immer auf Blau und Grün immer auf Gelb, Rosa folgte immer auf Türkis. In der anderen Hälfte war die Abfolge vollkommen willkürlich. Wir stellten fest, dass die Babys bei der willkürlichen Abfolge länger hinschauten (Addyman und Mareschal 2013).

Bevor erschöpfte Eltern über das Ergebnis spotten: Natürlich schauen Babys gerne Chaos an; ich muss erklären, dass es mit dem Experiment noch mehr auf sich hatte. Aufgaben dieser Art werden oft verwendet, um zu untersuchen, wie kleine Kinder die Sprache erlernen. Die strukturierten Abfolgen nennt man auch »künstliche Grammatik«. Man kann sich die einzelnen Formen als Silben vorstellen und Formenpaare als Wörter. Die strukturierte Abfolge war eine einfache Sprache mit nur sechs Silben und drei Wörtern aus zwei Silben, die zufällige Abfolge war ein Geplapper von Silben. Bei unserem Experiment stellten wir fest, dass Babys die Grammatik weniger interessant fanden als den Unsinn. Bei der strukturierten Abfolge schalteten sie schneller ab, weil sich mehr Elemente wiederholten. Daraus folgerten wir, dass sich die Babys bei der Erforschung der Welt von der Komplexität leiten lassen, die ihnen begegnet.

Diese Idee war nicht neu. Als Les Cohen die Habituationsmethode entwickelte, vermutete er, das Interesse von Babys an Bildern zeige die Form eines umgedrehten U. Wenn es zu einfach ist, langweilen sich die Babys schnell; wenn es zu komplex wird, verstehen sie nicht mehr, was sie sehen, und langweilen sich auch. Aber wenn es gerade richtig ist, bleiben die Babys am längsten dabei.

Das ist ein faszinierender, intuitiver Gedanke, aber es vergingen noch viele Jahrzehnte, bis jemand versuchte, den Effekt zu quantifizieren. Das passierte, als die Kinderpsychologin Celeste Kidd und ihr Kollege Dick Aslin sich mit dem Computerwissenschaftler Steve Piantadosi zusammentaten (Kidd, Piantadosi und Aslin 2012). Sie setzten die visuellen Abfolgen ein, und wie ich in meiner Untersuchung stellten auch sie fest, dass Babys sich durch Überraschung und »Interessantheit« leiten ließen. Ihre Methode und ihre Gleichungen waren ausgeklügelter als meine, und sie konnten eine voll ausgebildete u-förmige Kurve nachweisen, genau wie Les Cohen vorhergesagt hatte. Dinge mit der genau richtigen Komplexität fesselten die Babys am meisten. Sie nannten das den Goldlöckchen-Effekt nach dem wählerischen Eindringling in das Haus der Bären. (In Robert Southeys ursprünglicher Geschichte war der verschlafene Breidieb eine silberhaarige alte Frau, später wurde daraus ein Kind mit goldenen Locken.)

Ich fragte Celeste Kidd, wie die Idee zu ihrer Studie entstanden war. »Wir versuchten zu verstehen, welche Verbindung zwischen den Erwartungen von Babys und dem besteht, was sie anschauen. Darüber gab es schon lange Theorien, aber all diese alten Theorien über Neugier wurden in menschlicher Sprache ausgedrückt, die sehr ungenau ist.« Und schlimmer noch, »keine davon war richtig«.

Zum Beispiel sprach Jean Piaget in seinen frühen Theorien über die kindliche Entwicklung aus den 1930er-Jahren von einem Wechselspiel von Assimilation und Akkomodation. Akkomodation meint, dass ein Baby sein Verhalten an die neuen Dinge anpasst, denen es in der Welt begegnet. Assimilation erfolgt, wenn das Baby eine neue Rolle gelernt hat und nach und nach Dinge findet, die dazu passen. Erst muss ich lernen, einen Löffel in einer bestimmten Weise zu halten. Dann entdecke ich, dass ich damit schöpfen oder auf Dinge einschlagen kann.

Piaget meinte, dieses Wechselspiel sei gut strukturiert und verlaufe in Etappen, wie eine Abfolge von Rätseln, die ein Baby lösen muss, damit es zum nächsten Level des Weltverständnisses gelangt. Rückblickend, aus der Sicht eines Erwachsenen, ist das eine rationale Post-hoc-Erklärung, wie Babys lernen, aber der springende Punkt bei den Forschungen von Celeste ist, dass es für das Baby anders zu sein scheint. Das Problem bemerkte der Psychologe William James bereits 1890. Er wies darauf hin, dass Erfahrung ein aktiver Prozess ist, und »nur die Dinge, die ich bemerke, formen meinen Geist; ohne selektives Interesse ist Erfahrung das schiere Chaos« (James 1890, S. 402).

Beim Goldlöckchen-Effekt geht es darum, was für ein Baby zu einem bestimmten Zeitpunkt genau richtig ist. Oft heißt es, Babys seien wie Schwämme, doch das ist die falsche Metapher. Babys saugen Informationen auf, aber nicht passiv wie ein Schwamm. Sie sind eher wie Elstern oder Sammlerkrebse, die aktiv nach glitzernden Dingen suchen. Was an einem bestimmten Tag die Aufmerksamkeit eines bestimmten Babys fesselt, hängt davon ab, wie überraschend es für das Baby ist. Für das eine Baby mag es die Bewegung der Vorhänge sein, für ein anderes das Knistern einer Chipstüte. Am Vormittag beschäftigt sich das Baby vielleicht damit, Dinge übereinanderzustapeln, und am Nachmittag will es brabbeln und seine Strümpfe ausziehen.

In einer herrlich skurrilen Studie aus dem Jahr 1970 versuchte Tom Shultz, das Verständnis von Babys für neue Erfahrungen einzuschätzen, indem er ihr Lächeln maß (Shultz und Zigler 1970). Er ließ einen Spielzeugclown vor drei Monate alten Babys baumeln und wartete, bis sie lächelten. Bei manchen Babys hielt er den Clown still, bei anderen ließ er ihn sanft vor- und zurückschwingen. Die Babys lächelten schneller, wenn der Clown sich nicht bewegte. Shultz meinte, das Schwingen sei komplexer für die Babys, und deshalb breite sich ihr Lächeln langsamer aus.

Wenn man »überraschtes Baby« bei YouTube eingibt, findet man viele Variationen von Tom Shultz' Experiment. Ein typisches Beispiel zeigt ein Baby (irgendwo zwischen zwei und zwölf Monaten) in die pausbäckige Betrachtung der Welt versunken, und auf einmal lässt ein wohlmeinender Elternteil ein Spielzeug wirbeln oder eine Puppe hüpfen. Beinahe ausnahmslos zucken die Babys vor der unerwarteten Bewegung erschreckt zurück. Lippen zittern. Es kann Lachen geben oder Tränen. Je stärker die Reaktion ausfällt, desto höher ist die Wahrscheinlichkeit, dass die Videos geteilt werden, aber deutlich häufiger als die Komödie ist die Tragödie.

Eine Lehre daraus ist, dass Erwachsene furchtbar sein können. Die andere ist, dass Babys auf stürmischer See unterwegs sind. Überraschungen können begeistern oder verzaubern, frustrieren oder erschrecken. Sie leben in einer unordentlichen, chaotischen Welt, die keinen Sinn ergibt. Schlimmer noch: Die Welt ist stochastisch. Stochastisch kommt vom altgriechischen Wort für »raten« und ist das ausgefallene Wort von Wissenschaftlern für »unvorhersehbar«. Die Welt ist zufällig, aber nicht ganz. Wenn man würfelt, kann man nicht sagen, ob man eine Eins oder eine Sechs bekommen wird, aber ganz sicher wird es nie eine Sieben sein oder ein Wasserbüffel.

Unsere Experimente zeigen, dass Babys Wahrscheinlichkeiten in ihrer Welt registrieren und für ihre Erforschungen nutzen. Sie wählen aktiv die Dinge aus, von denen sie am besten lernen können. In diesem Sinn würde ich behaupten, dass sie wie Goldlöckchen in dem Augenblick glücklich sind. Ich kann das nicht ohne Weiteres beweisen, aber ich bin überzeugt, dass Babys eine tiefe existenzielle Befriedigung erleben, die von der Zeit herrührt, die sie in der Zone des optimalen Erlebens verbracht haben.

Der ungarische Psychologe Mihaly Csikszentmihalyi spricht vom »Flow-Zustand«. Als er seine Forschungen in den 1970er-Jahren begann, beschäftigte ihn die Frage, was Menschen glücklich macht. Er ließ sich von Abraham Maslows berühmter Arbeit über die Bedürfnishierarchie beeinflussen. Der amerikanische Psychologe Maslow sagte, wenn die Grundbedürfnisse wie Essen, Wärme und Schutz abgedeckt seien, verspürten wir alle einen starken Drang nach sozialen Beziehungen, nach Anerkennung und nach Sinn. Maslow stellte sich die Bedürfnisse als eine Pyramide vor, bei der unten die physiologischen Bedürfnisse stehen wie Essen, Sauerstoff und Wasser, darüber Sicherheit, Liebe und Vertrauen und ganz oben »Selbstverwirklichung«, die nur bei seltenen Gelegenheiten erreicht wird, wenn jemand das eigene Potenzial voll ausschöpft.

Csikszentmihalyi fand, diese Pyramide betone zu sehr die flüchtigen Höhepunkte und schätze die alltäglichen Erfolge zu gering. Anfangs untersuchte er die Versenkung und Befriedigung, die Künstler empfinden, wenn sie ein neues Werk schaffen. Schnell erkannte er, dass besonders glückliche Menschen aus allen Schichten diesen Zustand teilten. Wie er in seinem Buch *Flow: Das Geheimnis des Glücks* (1992) schreibt, befragte er alle möglichen Menschen, von Musikern, Sportlern und Chefs bis zu Gefängnisinsassen, Bauern und Fließbandarbeitern. Sie alle kamen in den »Flow-Zustand«, wenn sie etwas gut machten und sich der Tätigkeit ganz hingaben. Am glücklichsten waren diejenigen, die diesen Zustand am häufigsten erreichten. Das passierte, weil sie sich ständig selbst herausforderten und ihre Fähigkeiten immer weiter verbesserten. Das bestätigt einen 2000

Jahre alten Satz von Aristoteles, der spekulierte, Vergnügen bestehe in der Beherrschung der Welt.

Nach der Veröffentlichung von Csikszentmihalyis Buch wiesen viele Montessori-Lehrer darauf hin, dass ihre Schulen den Schülern genau diese Einstellung vermittelten. Csikszentmihalyi untersuchte Kinder aus Montessori-Grundschulen und stellte fest, dass es tatsächlich so war. Das inspirierte ihn, darüber nachzudenken, dass das für die gesamte Kindheit gelten könnte. Er kam nie dazu, seine Theorie an Babys zu testen. Seine Forschungsmethode, die »Erlebens-Stichproben-Methode« (ESM), beinhaltet, Menschen zu beliebigen Zeitpunkten am Tag zu unterbrechen und zu fragen, was sie tun und wie konzentriert sie sind. Offensichtlich wird das bei Babys nicht funktionieren, obwohl sie zweifellos viel Zeit in diesem Zustand verbringen. Der Flow-Zustand ist erreicht, wenn genau das richtige Gleichgewicht zwischen Langeweile und Aufregung besteht. Er setzt bei unseren natürlichen Neigungen an, »Kontinuität (Komfort) angesichts des überwältigenden Wandels zu suchen und Wandel (Stimulation) angesichts der betäubenden Kontinuität« (Rathunde und Csikszentmihalyi 2007, S. 500).

Neugier: Warum Babys morgens aus dem Bett kommen

Wir werden von der üblichen unstillbaren Neugier des Wissenschaftlers angetrieben, und unsere Arbeit ist ein freudvolles Spiel.
Murray Gell-Mann, Träger des Nobelpreises für Physik 1969

Wissenschaftler lieben ihre eigene Neugier. Murray Gell-Mann, von dem das Zitat oben stammt, befand sich in der illustren Gesellschaft von Einstein, der sich selbst als »leidenschaftlich neugierig« bezeichnete, und der Paläontologin Mary Leakey, die sagte, sie sei »von Neugier getrieben«. Die Genforscherin und Entwicklungsbiologin Christiane Nüsslein-Volhard sagte in einem Gespräch über ihren Nobelpreis für Physiologie oder Medizin, sie sehe ihre wissenschaftliche

Karriere als natürliche Fortsetzung der »großen Neugier«, die sie in ihrer Kindheit empfunden habe. Das ist vielleicht nicht überraschend. Es gehört zur Arbeitsplatzbeschreibung von Wissenschaftlern, dass sie an den Rändern ihres Wissens herumstochern.

Bei der Babyforschung gehen wir noch einen Schritt weiter. Wir sind neugierig auf die Neugier. Uns begeistert der Sinn der Babys für Wunder, und ihr Entzücken entzückt uns. Wir wägen die Gedanken philosophischer Vorschulkinder sorgfältig ab, die immer fragen: »Warum?«, und wir wiederholen regelmäßig den Satz: »Babys sind kleine Wissenschaftler.« Alison Gopnik von der University of California in Berkeley geht sogar noch weiter. In einem Aufsatz mit dem Titel »Der Wissenschaftler als Kind« schreibt sie, es gebe tiefe, starke Ähnlichkeiten zwischen der Art und Weise, wie Kinder und Wissenschaftler etwas über die Welt lernten. Da außerdem die Kindheit sowohl individuell wie kollektiv vor der Wissenschaft kommt, sagt sie weiter: »Die Moral meiner Geschichte lautet, dass nicht Kinder kleine Wissenschaftler sind, sondern Wissenschaftler große Kinder« (Gopnik 1997, S. 485).

Alison Gopnik hat nicht als Erste diese Verbindung hergestellt. Der amerikanische Philosoph John Dewey kam 100 Jahre zuvor zu einem ähnlichen Schluss. Heute ist Dewey vor allem als Philosoph bekannt, aber er war auch Psychologe und Bildungsreformer. 1894 ging er unter der Bedingung an die University of Chicago, dass er dort eine Laborschule einrichten konnte, eine richtige Schule mit Kindertagesstätte und Kindergarten, wo fortschrittliche Bildungsideen ausprobiert werden konnten. 1901 hatte die Schule 140 Schüler und 33 Lehrkräfte. Sie besteht bis heute als Privatschule mit über 2000 Schülern und Schulgebühren von mehr als 30.000 Dollar pro Jahr.

Ausgehend von der Beobachtung der Kinder an der Laborschule schrieb Dewey ein Buch mit dem Titel *Wie wir denken* (1951 [1910]). Es war ein kurzes Buch, aber es veränderte die Welt. In einem Abschnitt, in dem er diskutierte, wie Kinder lernen, analysierte er die Schritte, die zu einem »vollständigen Denkakt« gehören:

In allen drei Fällen kann man mehr oder weniger deutlich fünf logisch verschiedene Stufen erkennen: (I) Man begegnet einer Schwierigkeit, (II) sie wird lokalisiert und präzisiert, (III) Ansatz einer möglichen Lösung, (IV) logische Entwicklung der Konsequenzen des Ansatzes, (V) weitere Beobachtung und experimentelles Vorgehen führen zur Annahme oder Ablehnung, das heißt, der Denkprozess findet seinen Abschluss, indem man sich für oder wider die bedingt angenommene Lösung entscheidet (Dewey 1951 [1910], S. 75).

Wie der Wissenschaftshistoriker Henry Cowles schreibt, veränderte dieser einzige Abschnitt das Verständnis von wissenschaftlichem Denken. Er wurde zur lehrbuchmäßigen Beschreibung der wissenschaftlichen Methode und gehört zu den meistzitierten Äußerungen in der Wissenschaftsphilosophie. Offensichtlich ärgerte sich Dewey darüber, denn er wollte erklären, wie wir alle denken, nicht nur Kinder und Wissenschaftler (Cowles 2017).

Deweys Worte sind eine präzise, wenn auch etwas trockene Beschreibung, wie Problemlösung funktioniert, in der Wissenschaft und in anderen Bereichen. Sie liefern ein Modell, wie Babys, Kinder und wir alle vorgehen, wenn wir einer »Schwierigkeit begegnen«. Sie erklären nicht, was uns ursprünglich in diese Schwierigkeit gebracht hat. Neugier ist die Antwort. Viel weiter vorne in seinem Buch schreibt Dewey, Staunen sei »die Mutter aller Wissenschaft« und »dort, wo wir Staunen antreffen, finden wir auch den Wunsch nach Erfahrungen, nach neuen und neuartigen Kontakten«. Neugier ist der Antrieb, der zu unseren Schwierigkeiten führt und zu ihrer Lösung.

Nirgendwo ist das so offensichtlich wie im Alltag von Babys. Die meisten Leistungen sind nicht Ziele an sich – sie beginnen als zufällige Entdeckungen, die alle Babys bei ihren vergnügten Spielen machen. Babys bewegen sich den ganzen Tag und beobachten andauernd ihre Wirkungen auf die Welt. Im Prozess von Versuch und Irrtum passieren viele wunderbare Dinge. Ein Baby, das auf dem Rücken liegt und sich noch nicht umdrehen kann, erspäht ganz links am Rand seines Blickfelds ein buntes Spielzeug; es streckt die Hand danach aus und dreht sich zufällig um. Ein Baby, das nach zwei Dingen greift, lässt ein kleines Klötzchen in einen Topf fallen und hört einen deutlichen Aufprall. Die Belohnungen für die Handlungen werden registriert, aber nicht der Zusammenhang von Ursache und Wirkung. Für Babys beginnen die Schwierigkeiten, wenn sie versuchen, ihre Leistungen zu wiederholen oder zu erweitern.

Babys überraschen sich oft selbst mit ihren neuen Tricks. Ein Baby weiß nicht von vornherein, wohin eine Abfolge bestimmter Fertigkeiten letztlich führt, aber jede ist mit neuen, unerwarteten Treffern verbunden. Geheime Türen öffnen sich zu ganz neuen Welten. Selbstständig sitzen können befreit beispielsweise die Hände, sodass sie Gegenstände effizienter erforschen können, aber das bringt wieder eigene Schwierigkeiten mit sich. Babys brauchen Geschick und Koordination, um die Giraffe Sophie von einer Hand in die andere zu geben oder sie im richtigen Winkel zu drehen. Die Gegenstände zu verstehen, die ein Baby ergreift, erweitert den Horizont seiner Aufmerksamkeit. Das Spielzeug, das heute außer Reichweite ist, ist besonders begehrenswert. Auf einmal funktioniert Krabbeln, und damit wird die Geografie der Welt für das Baby lebendig. Wie Dewey an anderer Stelle schreibt, »an einem Ziel anzukommen ist der Ausgangspunkt zum nächsten«.

Die kurze Aufmerksamkeitsspanne wird durch hohe Entschlossenheit ausgeglichen. Karen Adolph und ihre Kollegen beobachteten 151 Babys genau beim Laufenlernen. Die Babys legten im Durchschnitt über 2000 Schritte pro Stunde zurück und fielen 17 Mal hin. Laufenlernen braucht Zeit und sehr viel Übung, aber der Gewinn ist enorm. Wer gehen kann, überwindet größere Entfernungen schneller als jemand, der nur krabbeln kann (Adolph u. a. 2012). Auf Anhieb mag das nicht als kognitiver Triumph erscheinen – Gehen ist Handeln, nicht Denken. Aber die wahre Leistung beim Laufen besteht darin, dass es die Art und Weise verändert, wie das Baby die Realität erfährt, und dabei ist die Motivation, nach jedem Hinfallen weiterzumachen, entscheidend. Ein Erwachsener sieht, dass das Baby eine neue körperliche Fähigkeit erworben hat; das Baby sieht eine ganze neue Welt mit mehr Chancen und neuen Schwierigkeiten.

Alison Gopnik zitiert Dewey nicht in ihrem Aufsatz, aber ihre Arbeiten tragen seine Ideen ins aktuelle Jahrhundert. Sie ist eine führende Verfechterin der sogenannten »Theorie-Theorie«. Als Theoretikerin der »Theorie-Theorie« sieht Gopnik Babys als Problemlöser *par excellence* und glaubt, sie erzielten ihre Erfolge, weil sie erwarteten, dass es für Probleme Lösungen gebe. Sie meint, Babys seien so erfolgreich darin, über Ursache und Wirkung zu lernen, weil sie mit einer angeborenen Theorie zur Welt kämen, dass die Welt so funktioniert. Als Theorie ist das ziemlich gut, wenngleich sehr »meta« mit rekursiven Aspekten, die einiges an Gehirnakrobatik verlangen. Ist beispielsweise die Tatsache, dass ich Theorie-Theorie ansprechend finde, auf Theorie-Theorie zurückzuführen?

An dieser Stelle reicht es, zu wissen, dass Theorie-Theorie uns zwei große Fortschritte bei unserem Verständnis des Verständnisses von Babys ermöglicht. Erstens führt sie die Debatte zwischen Nativisten und Empiristen in eine interessante Richtung. Zweitens tut sie das, indem sie einige schwergewichtige konzeptuelle Mechanismen in das Babyland überträgt. Selbst wenn Theorie-Theorie sich als falsch herausstellen sollte, hat sie bereits die Art und Weise verändert, wie wir Theorien über Babys aufstellen.

Schauen wir uns das andersherum an. Theorie-Theorie behauptet, bereits sehr junge Gehirne könnten Probleme im Zusammenhang mit Ursache und Wirkung lösen, und sie könnten das, weil sie über so etwas wie wissenschaftliche Theorien verfügten. An einem einfachen Beispiel können wir sehen, wie das funktionieren könnte. *Wenn* ich mit einem Holzlöffel auf diese Töpfe und Pfannen schlage, *dann* gibt das eine lustige Katzenmusik. Aber die Schlussfolgerungen werden schnell sehr viel komplexer. *Wenn* ich auf diesen Topf schlage *und* Mami in der Nähe ist *und* gute Laune hat *und* nicht gerade die Pfanne braucht *und* nicht telefoniert, *dann* findet sie das vielleicht auch lustig … wenigstens für ein paar Minuten.

Selbst die einfachen Fälle sind nicht ganz unkompliziert. Wie jeder Wissenschaftler weiß, sind alle Beobachtungen unzuverlässig. Babys machen diese Erfahrung auch: Vielleicht verfehlt eine unkoordinierte Bewegung die Pfanne gänzlich, oder der Schlag kommt bei der Pfanne an, aber die Finger des Babys sind im Weg? Oder das Baby ist abgelenkt und registriert nicht jeden Schlag. Wie soll man also die richtigen Schlüsse aus den unzuverlässigen Beobachtungen ziehen? Reverend Thomas Bayes entdeckte in den 1750er-Jahren die Lösung. Bayes' Regel ist ein einfaches Wahrscheinlichkeitsgesetz, mit dessen Hilfe man die beste Hypothese für die Erklärung der unzuverlässigen Daten auswählt.

Die Formeln für Bayes' Theorem sehen ziemlich geheimnisvoll aus, und die meisten Erklärungen von Statistikern machen alles noch schlimmer. Aber wir alle wenden die bayessche Inferenz jeden Tag viele Tausend Male an, ohne es zu bemerken. Nehmen wir ein einfaches Beispiel. Normale Wahrscheinlichkeiten liefern uns Textergänzungen, wie »Miley« gefolgt von »Cyrus« oder »Washington« gefolgt von »DC«. Bayes' Formel und ihre bedingten Wahrscheinlichkeiten erlauben der Suchmaschine von Google, cleverer zu sein. Denn Google kennt die Vorlieben seiner Nutzer, es weiß, dass auf »Miles« bei Jazzfreunden »Davis« folgt und bei Autoliebhabern »pro Gallone«. Es weiß, dass bei dem einen Nutzer auf »New York« »Wetter« folgt und bei dem anderen, der Sportfan ist, »Knicks«. Wir machen es genauso. Wir passen unsere Erwartungen an, je nachdem wo wir sind, was wir tun und mit wem wir zusammen sind.

Nehmen wir an, ich zeige Ihnen ein Becken gefüllt mit 80 Prozent weißen Tischtennisbällen und 20 Prozent roten. Ich decke das Becken mit einem Tuch ab und hole, ohne hinzusehen, fünf Bälle heraus. Vier sind rot und einer ist weiß. Bestimmt wären Sie erstaunt. Vor dem Hintergrund dessen, was Sie wissen, wirkt es »unwahrscheinlich«. Sie wären zu Recht erstaunt. Verblüffenderweise sind sechs Monate alte Babys bei diesem Experiment auch erstaunt. Aber wie wäre es, wenn ich hingesehen hätte, als ich überwiegend rote Tennisbälle aus einem Behältnis mit überwiegend weißen herausgeholt hätte? Dann würden Sie annehmen, dass ich die roten lieber habe. Elf Monate alte Babys können das auch. Wenn sie jemandem begegnen, der rote Bälle mag, sind sie nicht überrascht, wenn die Person die roten Bälle herausholt, wenn sie in das Becken schaut, aber sie sind überrascht, wenn sie das mit verbundenen Augen tut (Xu und Kushnir 2013). Die meisten unserer Schlussfolgerungen funktionieren so; sie kommen zustande, indem wir einschätzen, was andere Menschen nach dem, was wir über sie wissen, unserer Erwartung nach tun werden.

Normalerweise nennen wir das Intuition, weil wir nicht genau erklären können, was wir da machen. Lange Zeit konnten es auch Statistiker nicht erklären. Bayes' Theorem funktionierte gut, wenn es darum ging, eine Hypothese für einen Datensatz auszuwählen. Wenn alle, die in ein Gebäude kommen, nass sind, muss es draußen regnen. Das Theorem eignete sich hingegen nicht für eine komplexe, unordentliche reale Welt mit vielen zusammenspielenden Faktoren, Akteuren und Quellen der Unsicherheit. Warum ist heute die halbe Klasse zu spät erschienen? Dann löste der Computerwissenschaftler Judea Pearl 1982 das Problem der Kausalität. In einem vierseitigen Paper legte er dar, dass Bayes' Theorem auch auf komplexere Fälle angewendet werden konnte. Er zeichnete Grafiken, wie all die Faktoren interagierten, und präsentierte ein elegantes Rezept, um alles auszubalancieren (Pearl 1982). Aus Bayes' Theorem wurden bayessche Netze, die mittels Pearls Algorithmus zur sogenannten Belief Propagation (»Glaubwürdigkeits-Fortpflanzung«) analysiert werden konnten. Nicht viele Menschen verstanden Pearl, deshalb musste er aus seinem vierseitigen Paper drei Bücher machen, und dann pflanzten sich seine Überzeugungen weithin fort. Das ursprüngliche Paper wurde von 777 Autoren zitiert, die Bücher von 40.729.

Das ist noch nicht das letzte Wort über Kausalität, und riesige Armeen von Statistikern und Experten für maschinelles Lernen beschäftigen sich damit, wie man zu noch besseren kausalen Rückschlüssen gelangen kann. Aber der Rest der Geschichte ist so technisch und philosophisch, dass wir uns darüber nicht den Kopf zerbrechen müssen.

Hier reicht die Feststellung, dass Judea Pearls Methoden ein gewaltiger Sprung nach vorne waren.

Alison Gopnik und andere Theorie-Theoretiker machen in Zusammenarbeit mit mathematisch orientierten Kognitionswissenschaftlern wie Josh Tenenbaum Babyschritte bei dem Versuch, diese Ideen auf das kindliche Lernen zu übertragen. Für Entwicklungsforscher wie mich ist daran besonders spannend, dass es neue Aspekte in die Debatte einbringt, was angeboren und was erlernt ist. Nativisten und Empiristen sind sich darüber einig, dass Babys in den ersten Jahren Bemerkenswertes erreichen. Die Nativisten beharren immer darauf, dass die Evolution den Babys eine Menge Kernwissen mitgegeben habe, während Empiristen die allmächtigen statistischen Lernmechanismen hervorheben. Beide bleiben gute Erklärungen schuldig, woher das abstrakte Wissen kommt. Es scheint, »dass es eine tiefe Kluft zwischen dem Wissen gibt, das Kinder erlernen, und den Mechanismen, die ihnen erlauben könnten, dieses Wissen zu erlernen« (Gopnik und Tenenbaum 2007, S. 281). Bayessche Methoden könnten die Instrumente liefern, um diese Kluft zu überbrücken.

Weder die nativistischen noch die empiristischen Positionen überzeugten John Dewey vollständig. Sie können die großen Sprünge nicht erklären, die Babys und Kinder beim Verstehen machen, auch nicht die aktive Rolle des Spiels bei ihren Entdeckungen. Sie können die Neugier nicht erklären, die Babys vorwärtstreibt, und auch nicht die Freude, die sie bei all ihren kleinen »Ahas« und »Heurekas« empfinden. Der bayessche Ansatz scheint die Möglichkeit dafür zu bieten. Er gibt Hinweise, wie Babys aus einem einzigen Beispiel lernen oder Probleme in einem Bereich mit Einsichten aus einem anderen lösen können. Als Babywissenschaftler bin ich regelrecht verliebt in die Idee, dass Babys kleine Wissenschaftler sind. Genauso begeistert mich der Gedanke, dass ich einfach ein großes Kind bin.

Das führt uns zum letzten Teil des Rätsels der Neugier. Es ist ein starkes emotionales Element dabei, das in philosophischen Darstellungen oft zu kurz kommt. Rationale Theorien der optimalen Wahrscheinlichkeit sind schön und gut, aber unsere Begeisterung kommt aus dem Bauch. Alison Gopnik empfindet das auch so. In ihrem Buch *Forschergeist in Windeln*, verfasst in Zusammenarbeit mit Andrew Meltzoff und Patricia Kuhl, schreibt sie von der »Qual der Verwirrung und [der] Ekstase der Erklärung« (Gopnik, Meltzoff und Kuhl 2003, S. 195). Warum empfinden wir unser Unwissen und unsere Erkenntnis so intensiv?

Gopnik skizziert eine Erklärung in den Begriffen der Evolution. Zweifellos sind wir eine problemlösende Spezies. Wir leben dank unserer Klugheit, und unsere Gehirne sind unsere größte Investition. Wir bekommen sie zu dem Preis, bei der Geburt zu sterben, und wir bezahlen für sie täglich mit vielen Kalorien, damit sie funktionieren. Der Grund, warum unsere Gehirne so groß sind, ist derselbe, warum wir so hilflos geboren werden. In unsere Gehirne können nicht von vornherein zu viele Informationen eingebaut werden. Wir müssen zu viel wissen, und die Verschaltungen sind schwierig wieder rückgängig zu machen. Eine viel elegantere Lösung besteht darin, einen allgemeinen Problemlösungsapparat zu konstruieren und ihm die Lösung der Probleme zu überlassen, wenn er auf welche stößt. Und genau das ist ein Baby.

Babys erscheinen wie kleine Wissenschaftler, mit Gehirnen, die mit Vermutungen und Schlüssen operieren, bayessche Gehirne, die komplexe, hierarchische Netze von Ursache und Wirkung aufbauen können. Denken wir daran: All unsere Wissenschaft und Klugheit könnten ein Nebeneffekt der Fertigkeiten sein, die wir als Babys besaßen. Wie Gopnik in *Forschergeist in Windeln* schreibt: »Vor 500 Jahren wurde eine natürliche kindliche Aktivität in eine institutionell organisierte Erwachsenen-Aktivität umgewandelt.« Die Babys waren zuerst da, und ihr Drang nach Erklärungen ist fester Bestandteil unseres Überlebens und unseres Erfolgs als Spezies. Neugier mag für Katzen tödlich sein, aber uns erhält sie am Leben.

Schmusedecken

Leben ist eine unvermeidliche & emergente Eigenschaft eines
(ergodischen) zufälligen dynamischen Systems, das eine
Markow-Decke besitzt. Gehen Sie nicht ohne aus dem Haus!

@FarlKriston, 12. Januar 2015, anonyme Twitter-Parodie
auf Professor Karl Friston

Professor Karl Friston ist wahrscheinlich der einflussreichste Wissenschaftler, von dem Sie noch nie etwas gehört haben. Er arbeitet am weltberühmten Wellcome Trust Centre for Neuroimaging am University College London. Dort hat er den größten Teil seiner wissenschaftlichen Laufbahn verbracht. 1991 erfand er das statistische parametrische Mapping (SPM, *statistical parametric mapping*). SPM ist eine statistische Technik, um Daten aus Experimenten mit Bildgebung des Gehirns (*Neuroimaging*), hauptsächlich MRT-Aufnahmen, zu analysieren. SPM ist auch eine Software, die diese Analyse durchführt. Die Eleganz der Methode und die Tatsache, dass Friston seine Software kostenlos zur Verfügung stellte, hatten zur Folge, dass SPM in rund 90 Prozent aller Studien mit Bildgebung des Gehirns zum Einsatz kommt. Deshalb ist Karl Friston der am meisten zitierte lebende Neurowissenschaftler.

Den meisten von uns würde das vollauf genügen, aber Fristons Leistungen umfassen noch mehr. Zusammen mit Chris Frith hat er ein sehr einflussreiches Modell zur Erklärung der Schizophrenie entwickelt und etwas erfunden, das dynamische kausale Modellierung heißt. Er ist Autor oder Co-Autor von über 1000 wissenschaftlichen Veröffentlichungen, eine unfassbare Zahl. Zum Vergleich: Ich habe weniger als 20 vorzuweisen. Das ist eine Folge seiner Bekanntheit, aber auch ein Beleg dafür, dass er ein sehr praktischer Forscher ist, der sich weiterhin um die wesentlichen Details kümmert. Freunde, die mit ihm zusammenarbeiten, haben mir gesagt, er sei ein umgänglicher und großzügiger Kollege. Friston hat unzählige Preise gewonnen, unter anderem die Mitgliedschaft in der Royal Society und etwas, das Golden Brain Award (»Goldener Gehirnpreis«) heißt. Und er ist zweifellos ein würdiger Preisträger. Unter Gehirnwissenschaftlern ist er bekannt als derjenige, der vermutlich das klügste Gehirn von allen hat.

Karl Fristons jüngste Idee ist sein bisher größter Einfall. Das Prinzip der freien Energie versucht nicht nur zu erklären, was Gehirne machen, sondern womöglich das Leben selbst. Aber es hat Friston auch in Verruf gebracht, wie der nerdige, wenn auch gutwillige Spott auf dem Account @FarlKriston zeigt. Das Prinzip der freien Energie ist schwer zu verstehen, und Fristons Erklärungen und Gleichungen machen meistens alles noch schlimmer. Ich bemühe mich, es zu übersetzen. Aber wenn Sie den letzten Abschnitt verwirrend fanden, ist jetzt vielleicht der Zeitpunkt gekommen, wo Sie nach Ihrer Schmusedecke greifen sollten. Hier ein relativ harmloses Beispiel, wie Karl selbst es erklärt:

> Das Prinzip der freien Energie besagt, dass jedes sich selbst organisierende System, das sich in einem Gleichgewicht mit seiner Umgebung befindet, seine freie Energie minimieren muss. Das Prinzip ist im Wesentlichen eine mathematische Formel, wie adaptive Systeme (das heißt biologische Agenzien wie Tiere oder Gehirne) einer natürlichen Tendenz zur Unordnung widerstehen (Friston 2010, S. 127).

Das klingt spektakulär, nicht wahr? Anscheinend lässt sich damit alles erklären, von der Existenz von »Leben, wie wir es kennen« (Friston 2013) bis zu freudianischer Theorie und psychedelischen Drogenexperimenten (Carhart-Harris und Friston 2010).

Das Geheimnis ist in unseren Markow-Decken versteckt, die eine gesteigerte Version von Judea Pearls bayesschen Netzen sind. Sie liefern eine statistische Möglichkeit, die Grenzen zwischen einem Organismus und der Welt abzubilden, und spielen bei Wahrscheinlichkeiten und maschinellem Lernen eine Rolle. Die Mathematik wird dabei sehr kompliziert, denn bayessche Statistik, Informationstheorie und Entropie werden kombiniert, um zu erklären, wie angesichts des Chaos im Universum Leben existieren kann. In gewisser Weise behauptet das Prinzip der freien Energie, dass das Leben zu vermeiden versucht, allzu sehr von der Zukunft überrascht zu werden.

Zu wissen, was als Nächstes passieren kann, klingt nach einer guten Überlebensstrategie. Für Karl Friston ist Leben alles, was seine eigene Zukunft vorhersagen kann. Von einzelnen Zellen bis zu Sigmund Freud wickelt er alles in eine Markow-Decke ein und schickt uns dann hinaus in den Kampf mit dem Unbekannten. Organismen auf diese Weise zu beschreiben hat einige Vorteile. Handeln, Wahrnehmung und Lernen werden zu mathematisch gut definierten Eigenschaften des Systems. Wahrnehmung liefert Informationen, um künftige Voraussagen zu verbessern, Handlungen bringen uns aus unsicheren (gefährlichen) Situationen heraus, und beim Lernen geht es darum, innere Zustände und Ansichten über die äußere Welt zu aktualisieren. Das mag als sehr abstrakte Betrachtungsweise erscheinen, aber ihre Anhänger sehen darin einen allgemeinen Rahmen, der sich genauso leicht auf Bienen wie auf Babys anwenden lässt.

Die Kritiker von Fristons Theorie finden, dass dabei gar nichts leicht ist. Sie halten sie für eine interessante Gedankenspielerei, sagen aber, das Prinzip der freien Energie und die eng damit verwandte bayessche Gehirnhypothese seien zu allgemein, um in der realen Welt von Nutzen zu sein. FEP, das Prinzip der freien Energie, ist sehr viel abstrakter als SPM. Es ist nicht leicht zu erkennen, wie es angewendet werden kann, um vorauszusagen, wie die Gehirne von Erwachsenen oder von Babys auf die Welt reagieren. Aber diese Argumentationsweise wird bereits eingesetzt, um zu verstehen, was in echten Gehirnen vor sich geht.

Bei meinem liebsten Experiment dieser Art spielen Frettchen eine Rolle, die ins Kino gingen. In dem eindeutig unverblümten Versuch, einen Ig-Nobelpreis (eine satirische Auszeichnung für Forschungen, die »Menschen zuerst zum Lachen, dann zum Nachdenken bringen«) zu gewinnen, führten József Fiser, Chiayu Chiu und Michael

Weliky von der University of Rochester Frettchen den Film *Matrix* auf DVD vor. Es war eine gezielte Wahl, denn wie beim Filmhelden Neo und seinen Freunden ragten auch bei den Frettchen Drähte aus ihren Köpfen. So konnten die Wissenschaftler beobachten, was sie dachten. Die Frettchen sahen den Film den ganzen Tag und träumten in der Nacht davon. Damit halfen sie Fiser und seinen Kollegen, sehr viel mehr darüber zu erfahren, wie Gehirne als bayessche Vorhersagemaschinen funktionieren (Fiser, Chiu und Weliky 2004).

Jószef Fiser ist der Typ Wissenschaftler, von dem Hollywood träumen dürfte. Er ist groß, charmant, gut aussehend und tadellos gekleidet, ein Ungar, der Englisch mit amerikanischem Akzent spricht. Er arbeitet auf dem Gebiet von Psychologie und Neurowissenschaft, aber mit viel Mathematik. Würde man einen Film über ihn drehen, wäre im Hintergrund ein Whiteboard mit Gleichungen zu sehen. Dass er *Matrix* für seine Forschungen auswählte, wirkt im doppelten Sinn prophetisch. Bei erwachsenen Frettchen stellten die Wissenschaftler Muster von neuronaler Aktivität fest, die signifikant mit den Videobildern korrelierten, bei den Babyfrettchen hingegen war die Aktivität wirrer. Außerdem dachten die erwachsenen Frettchen nach dem Ende des Films weiter darüber nach. Das war schon ziemlich erstaunlich, aber am meisten überraschte die Wissenschaftler, dass die Gehirne der Frettchen nicht einfach passiv reproduzierten, was sie sahen. Sie konnten davon träumen, und ihre Träume verbesserten anscheinend aktiv ihre Modelle der Welt. Wie Neo im Film veränderten sie ihre Erwartungen so, dass sie zu der neuen Realität passten. Oder in der Sprache von Karl Friston: Sie minimierten ihre Vorhersageirrtümer durch einen Gibbs-Sampler über den Wahrscheinlichkeitsraum hinweg.

Können Sie mir noch folgen? Vielleicht ist das ein guter Zeitpunkt, um Douglas Adams zu erwähnen. In dem absolut bemerkenswerten Buch *Per Anhalter durch die Galaxis* schreibt er, eines der größten Komplimente, die ein intergalaktischer Tramper einem anderen machen könne, sei es, zu sagen, er sei jemand, »der weiß, wo sein Handtuch ist«. Natürlich gibt es viele nützliche Verwendungen für ein Handtuch, wenn man durch das Universum reist, aber der größte Wert des Handtuchs ist ein psychologischer. Wenn jemand es geschafft hat, sich durch die ganze Galaxis durchzuschlagen, ohne sein Handtuch zu verlieren, dann geht es ihm ziemlich sicher gut.

Babys und kleine Kinder haben bei ihren Abenteuern eher eine Schmusedecke oder ein weiches Spielzeug als ein Handtuch dabei. Nach manchen Schätzungen haben bis zu 70 Prozent der Kinder eine starke Bindung an ein bestimmtes Objekt. Das scheint überwiegend ein Phänomen in westlichen Ländern zu sein, vielleicht eine Folge, dass viel mehr Kinder getrennt von ihren Eltern schlafen als in östlichen Kulturen. Die Standarderklärung lautet, diese »Übergangsobjekte« seien ein Ersatz für das originale »Objekt«, die Mutter und ihre Brust. Die Forschung stützt diese Sicht nicht. Das Objekt kann Sicherheit in neuen Situationen vermitteln, aber es scheint nicht mit der Bindung eines Kindes an seine Mutter zu tun zu haben (Donate-Bartfield und Passman 2004).

Donald Winnicott meinte, Übergangsobjekte erinnerten an Sicherheit und Liebe. Ich denke, das stimmt. Doch Karl Friston und die Frettchen lassen uns Schmusedecken und Plüschhasen in einem größeren Zusammenhang sehen. Babys und Kinder nutzen diese Objekte, weil wir Menschen Sicherheit brauchen, wenn wir unsere Welten aufbauen. Das alles überragende Ziel des Lebens ist es, genug von der Welt zu erforschen, damit man Überraschungen überleben kann. Wir werden nie in der Lage sein, das Unerwartete zu erwarten, aber wir können und müssen sein Ausmaß und seinen Einfluss reduzieren. Um zu überleben, müssen wir unseren Geist viele Male verändern. Wie die Frettchen tun wir das, indem wir unsere Ansichten auf bayessche Weise verbessern, sie aktualisieren, damit sie besser mit unseren Erfahrungen zusammenpassen.

Babys sind jeden Tag überrascht, erleben beständig Unsicherheit und müssen das Unbekannte erforschen. Das ist aufregend und anstrengend. Es reicht nicht, Wissen über die Welt anzusammeln; sie müssen ihre Erwartungen verändern und machen jeden Tag eine neue existenzielle Krise durch. Ein Elternteil, ein Teddy oder eine

Schmusedecke ist ein Element von Kontinuität und Vorhersehbarkeit, das Sicherheit gibt. Wenn Babys wissen, wo das ist, wissen sie, wo sie sind. Vielleicht verhindert dies, dass die Markow-Decke sich auflöst?

Es ist schwer nachzufühlen, was für ein wilder Ritt der Alltag für Babys sein muss. Erwachsene ändern ihre Ansichten nicht sehr oft: Wir haben unser ganzes Leben daran gearbeitet, dass wir nun den Eindruck haben, bei den meisten Dingen hätten wir recht. Nach Karl Fristons Theorie ist das schließlich der entscheidende Punkt im Leben: im Lauf der Zeit immer weniger überrascht zu werden. Die beste Analogie, die ich vorschlagen kann, ist, sich vorzustellen, dass der Heimatplanet zerstört wird und der beste Freund sich als Alien entpuppt, das einen als Anhalter auf eine Reise durch den Rest der Galaxis mitnimmt.

Vielleicht bin ich in dem Punkt voreingenommen. Ich würde nicht nur gerne Aliens treffen, ich habe auch noch eine Schmusedecke. Ich hatte eine, als ich klein war. Ich hing so daran, dass meine Mutter mir einen großen Elefanten strickte und das zerschlissene Baumwolltuch auf seinen Rücken nähte. Das sollte mich von ihm abbringen, aber unweigerlich endete es damit, dass ich nun den Elefanten überallhin mit mir herumschleppte. Die originale Schmusedecke ist vor Jahrzehnten zerfallen. In meiner Zuneigung wurde sie durch ein Mulltuch ersetzt, das meine Mutter eines Tages aus dem Krankenhaus mitbrachte. Eingewickelt in das Tuch war meine kleine Schwester. Sicher wirkte ich auf sie fremdartig und freundlich. Ich finde dicke weiche Baumwolldecken immer noch sehr beruhigend. Sie vielleicht auch. Etwa 30 Prozent der Erwachsenen haben immer noch einen Teddy oder ein anderes Erinnerungsstück aus der Kindheit. Meiner Schätzung nach muss Charlie Browns Freund Linus van Pelt inzwischen in den Siebzigern sein. Ich stelle mir vor, dass er seine Schmusedecke immer noch wenigstens zeitweise mit sich herumträgt.

Wie das Glück es will, hielt Karl Friston genau zu dem Zeitpunkt einen Vortrag an meiner Universität, als ich die letzten Sätze dieses Abschnitts schrieb. Das war meine Chance, ihn selbst zu hören. Wür-

de ich ihm folgen können? Seine Eröffnung klang nicht hoffnungsvoll: »Ich kann sehr gute Vorträge halten. Das ist keiner davon.« Aber
er hatte nicht recht. Er gab uns die Aufgabe, uns vorzustellen, wir wären hungrige Eulen, und ließ uns logische Ratespiele spielen. Ein paar
seiner berüchtigten Gleichungen kamen vor, aber er geleitete uns be-
hutsam hindurch. Seine ruhige und beruhigende Vortragsweise hatte
er sich zweifellos während seiner ursprünglichen Ausbildung als Psychiater angeeignet.

Seine Zusammenfassung, was der Sinn des Lebens sei, passt sehr
gut zu dem, was unsere Babys wollen. Wenn wir vor den großen Rätseln des Universums stehen, drängt es uns, sie zu erklären (und sei es,
um sie wegzuerklären). »Das Gehirn treibt das Spiel, den aktuellen
Sinneseindruck zu erklären«, sagte er. Es ist ein Glücksspiel, und wir
alle sind mit einer intrinsischen Motivation geboren, es zu spielen.
Wir zählen die Treffer, und Informationsgewinne werden in der Ein-
heit »bayessche Überraschung« gemessen (oder minimierte freie
Energie).

Nach dem Vortrag erzählte ich ihm von diesem Buch und fragte
ihn, ob er etwas darüber wisse, wie es sich für Babys anfühlen müsse,
die das Spiel so viel intensiver spielten als die Erwachsenen. Besser als
durch die Analogie mit dem Tramper konnte er es auch nicht ausdrücken. Und da er ein weiser Mann ist, stellte er eine Gegenfrage: »Darum sind wir doch Wissenschaftler, nicht wahr? Um zu forschen und
zu versuchen, dieses Gefühl der Freude wiederzufinden.«

Am Schluss seines berühmten vierseitigen Papers formulierte Judea Pearl die Hoffnung, seine bayesschen Netze würden »zum üblichen Ausgangspunkt für ausgeklügeltere Modelle für die Erhaltung
von Überzeugungen und ungenaues Schlussfolgern« werden. Man
sollte immer vorsichtig mit dem sein, was man sich wünscht. Ich
glaube nicht, dass er vorhergesagt hätte, dass Frettchen sich den Film
Matrix anschauen oder dass Karl Friston Markow-Decken über alles
Leben auf der Erde breitet. »In Wahrheit sind es überall Decken. Also
rückt eng zusammen und haltet die freie Energie möglichst minimal«
(@FarlKriston, 8. Dezember 2017).

Kuckuck

Peeek-aaa	*Boo!* (Englisch)
Kuckuck	*Da!* (Deutsch)
Inai inai	*Ba!* (Japanisch)
Naaaaan	*Ku!* (Xhosa)

Nachdem wir nun Langeweile, Überraschung, Neugier und Markow-Decken verstanden haben, dürften wir die Magie des Kuckuck-Spiels zu schätzen wissen. Kuckuck ist das Größte bei Comedy für Kleinkinder. Bei meiner Studie zum Babylachen 2012 fragte ich die Eltern: »Was ist das lustigste Spiel, das Sie mit Ihrem Baby spielen?« Ich bekam Antworten von Eltern aus mehr als 20 Ländern. In allen Ländern war Kuckuck die häufigste Antwort. Was ist daran so lustig? Erwachsene werden keinen besonderen Witz darin erkennen, und allem Anschein nach sind Kinder mit zwei Jahren aus dem Spiel herausgewachsen. Glücklicherweise liefern uns die in diesem Kapitel referierten Forschungen die halbe Antwort. Die andere Hälfte kommt in Kapitel neun.

Das führt uns auch dazu, den universellen Reiz dieses Spiels zu erklären. Wir wissen nicht, ob es in jeder Kultur eine Version des Spiels gibt, und auch nicht, wann unsere Spezies es zum ersten Mal spielte, aber ich kann garantieren, dass jedes Baby auf der Welt es gerne spielt. 1993 trugen Anne Fernald und Daniela O'Neill in einer sehr gründlichen Untersuchung alles zusammen, was wir aus der psychologischen und anthropologischen Forschung über das Kuckuck-Spiel wissen. Sie gelangten zu dem Ergebnis, dass es sich weit über den Globus verbreitet hatte und immer bestimmte Merkmale aufwies. Sie berichteten von Müttern, die es in 17 verschiedenen Sprachen spielten. Die Wörter waren verschieden, aber die akustischen Merkmale blieben bemerkenswert konstant. Selbst wenn man die Sprache nicht spricht, erkennt man das Spiel. Bei einem Baby ist es genauso. Die größten Fans des Kuckuck-Spiels sind Babys unter einem Jahr. Sie haben noch keine eigene Sprache, und sie brauchen dafür keine. Das gehört zum Reiz des Spiels.

In den frühesten Formen, mit Babys unter drei oder vier Monaten, ist auch das Verstecken noch nicht so wichtig. Junge Eltern werden viel Zeit damit verbringen, ihre kleinen Wunder einfach nur anzuschauen und gurrende Laute von sich zu geben. Mit dem Kind zusammen entdecken sie ein Spiel, das beiden gefällt: Wenn Mama oder Papa ein bisschen näher zu dem Baby kommt und auf die kurze Distanz, die Babys scharf sehen können, klarer zu erkennen ist, quittiert das Baby das mit einem kleinen Lächeln oder Quietschen. Das Kuckuck-Spiel hat begonnen. Die Theatralik ist gar nicht nötig, es gibt kein Drehbuch und sehr wenige Regieanweisungen. Aber wie immer bei guter Comedy kommt es auf das Timing an. Die Eltern werden instinktiv ihren Rhythmus anpassen, sodass es dem Baby Spaß macht.

Wenn Eltern mit kleinen Kindern Kuckuck spielen, lernen sie alles über Habituation. Damit das Baby nicht aufhört zu lächeln und zu quietschen, müssen die Eltern sorgfältig auf die Zeichen von Begeisterung und Langeweile achten. Sie spielen mit den Interessen und Erwartungen des Babys, um im Gegenzug das breiteste Lächeln und freudiges Krähen zu erhalten. Der kalifornische Kleinkindforscher John Watson nannte Kuckuck: »Das Spiel«. Er stellte fest, dass drei Monate alte Babys besser reagieren, wenn das Timing ein bisschen unvorhersehbar ist (Watson 1972). In seinem Urteil über die Wichtigkeit von Spielen wie Kuckuck war er radikal:

> »Das Spiel« ist NICHT wichtig für das Kind wegen der Personen, die es spielen, vielmehr werden die Personen wichtig, weil sie »Das Spiel« spielen (Watson 1972, S. 338).

Vielleicht hatte er den millionenfach verkauften populärpsychologischen Bestseller des Psychiaters Eric Berne *Spiele der Erwachsenen* aus dem Jahr 1964 vor Augen und wollte so etwas auch. Allerdings zitiert Watson in seinem Aufsatz Berne seltsamerweise nicht.

Ich persönlich bin der Meinung, dass Watson übertrieb. Kuckuck ist nicht *per se* wichtig und fesselnd für Babys, sondern weil es eine eigene Goldlöckchen-Zone besetzt. Es hat mit Statistik zu tun, basiert auf Regeln, ist überraschend, und es passt sich an. Es fasziniert Babys auf all diesen Ebenen, und es wächst mit ihnen. Ab einem Alter von fünf oder sechs Monaten macht das Spiel den Babys richtig Spaß. Eine Person versteckt sich, und das Baby antizipiert ihre Rückkehr. Es ist überrascht und hocherfreut, wenn es so kommt. Es stimmt nicht, dass das Baby meint, die Person existiere nicht mehr. Psychologen haben das lange gedacht. Nach Jean Piagets Theorien fehlt Babys unter einem Jahr die »Objektpermanenz«. Er war der Ansicht, ihre kleinen Köpfe seien noch nicht dafür gerüstet, Dinge im Sinn zu behalten, die nicht präsent seien. Aus den Augen hieß aus dem Sinn.

Dank der Zaubertricks von Renée Baillargeon und Elizabeth Spelke, die wir im letzten Kapitel erwähnt haben, wissen wir, dass Babys mehr können, als man ihnen zutraut. Eine Person versteckt sich, und scheinbar vergessen die Babys sie wegen ihrer kurzen Aufmerksamkeitsspanne. Wenn eine Person außer Sichtweite ist, könnte sich ihr Sinn mit etwas anderem füllen. Aber dann kommt die Person zurück, und sie erinnern sich, welches Spiel gespielt wurde. Sie wussten sogar, dass die Person zurückkehren würde.

Auf den ersten Blick ist das etwas rein Statistisches, nur eine sehr vage Vorstellung von der Struktur des Spiels, aber wenn man immer wieder Kuckuck spielt und sich die Kombination von Erwartung und Belohnung einstellt, wird mehr daraus. Das Spiel kann sogar zu der ersten expliziten Theorie des Babys über die Welt werden, zu seiner ersten wissenschaftlichen Hypothese, entstanden durch die eifrige Mitwirkung von Erwachsenen, die die Regeln bereits kennen. Jedes freudige Krähen, wenn der Erwachsene zurückkommt, ist ein Zeichen, dass wieder eine Vorhersage eingetroffen ist. Wie der amerikanische Psychologe Jerome Bruner über Kuckuck und das Erlernen von Regeln schrieb: »Es ist schwer, sich vorzustellen, dass Kuckuck eine andere Funktion hat als das Erlernen von Regeln, während ›Spie-

len aus dem Bauch‹ sich in Spielen mit Vereinbarungen verwandelt«
(Bruner und Sherwood 1976, S. 184).

Beim Kuckuck-Spiel lernen Babys sehr viel mehr, als dass der Erwachsene zurückkommen wird. Die Vereinbarungen, von denen Bruner sprach, liegen alle im Bereich von Konversation und sozialer Verbundenheit. Die Babys lernen nicht nur von den Erwachsenen, sondern von sich selbst. Karl Fristons Gleichungen helfen uns hier, auch wenn wir sie nicht direkt anwenden können. Zumindest kann ich es nicht. Aber sie erinnern uns, dass Wahrnehmung und Handeln zwei Seiten einer Medaille sind. Babys lernen aus ihren eigenen Handlungen genauso viel wie aus den Handlungen von anderen. Unser Lachen und Lächeln sind wertvolle Informationen über ihr Verhalten. Es ist der erste Vorgeschmack eines Gefühls von Handlungsmacht, und es schmeckt gut.

Das Kuckuck-Spiel beginnt mit einem vertrauten Gesicht, das sich aus der verschwommenen mittleren Entfernung herauslöst. Es baut sich statistisch auf, wenn die Eltern ihr Timing optimieren, um das Baby »in der Zone des optimalen Erlebens« zu halten. Wenn das Baby größer wird, dehnt sich diese Zone aus, und das Baby lernt, die Überraschung zu antizipieren. Dabei kommt es nicht so sehr darauf an, genau vorherzusagen, wann die Person zurückkommt, sondern zu begreifen, dass sie immer zurückkommt. Es ist eine Freude, recht zu haben, und die Freude wird größer, wenn die Babys erkennen, dass sie aktiv Beteiligte des Spiels sind. »Das Spiel« hat nun zwei Spieler, und die Bereiche, die es erkundet, sind deutlich größer geworden, aber ihre Neugier drängt die Babys, sich den Geheimnissen zuzuwenden, die vor ihnen liegen.

John Watson hat nicht recht, wenn er sagt, das Spiel bewirke, dass Personen für die Babys wichtig würden. Babys werden als soziale Wesen geboren, für sie gibt es nichts Faszinierenderes als andere Menschen. Es gibt aber auch nichts Rätselhafteres. Die wirkliche Magie von Lachen und Kuckuck besteht darin, wie sie die Babys mit anderen Menschen verbinden.

Kapitel neun

Lache, und die Welt lacht mit dir

Lachen ist die kürzeste Entfernung zwischen zwei Menschen.
Victor Borge, dänischer Musiker und Comedian
(1909–2000)

Victor Borges Satz ist meine liebste Zusammenfassung, was Lachen bedeutet, und dass Lachen die kürzeste Entfernung zwischen zwei Menschen ist, beweist das Kuckuck-Spiel. Am Anfang meiner Untersuchungen zum Lachen von Babys überraschte mich das, aber je weiter ich kam, desto einleuchtender wurde es. Verbundenheit ist der Kern des Lachens und der Grund, warum Babys so viel lachen und andere Menschen zum Lachen bringen. Lachen dient dazu, uns zu verbinden, und das Kuckuck-Spiel ist reine Verbundenheit.

Kuckuck zum Zweiten

Oculus animi index. Lateinisches Sprichwort
Les yeux sont le miroir de l'âme. Französisches Sprichwort
The eyes are the window to your soul. Englisches Sprichwort
Die Augen sind der Spiegel der Seele. Deutsches Sprichwort

Die Überraschung ist nur ein Teil der Erklärung, warum sich das Kuckuck-Spiel weltweit so großer Beliebtheit erfreut. Die Blicke leisten den Rest. Das Beste am Kuckuck-Spiel aus Sicht der Babys ist, dass ein anderer Mensch es mit ihnen spielt. Die beiden spielen auf Augenhöhe, und um es richtig zu machen, müssen beide dem Spiel ihre volle Aufmerksamkeit widmen. Das begeistert die Babys so, und dabei lernen sie. Wenn Babys mit dem Ablauf vertraut sind und ihnen klar ist, dass die andere Person auf jeden Fall zurückkommt, besteht das Spiel für sie darin, dass sie lernen, wie man ein Gespräch führt. Kuckuck ist reine soziale Interaktion ohne all die verwirrenden Worte, den Kontext und die äußeren Bezüge. Es ist die einfachste Konversation, die man mit jemandem haben kann. Für Babys muss es einfach sein, aber es ist trotzdem lohnend und voller Bedeutung.

Jedem Erwachsenen sollte das klar sein. Denken Sie nur an Momente zurück, als Sie einem potenziellen Liebespartner oder einer -partnerin Blicke zuwarfen, und an die Welle von Belohnungsgefühlen, wenn der Blick erwidert wurde und ein Blickwechsel entstand. Zu den entwaffnenden Dingen bei kleinen Babys gehört, wie lange sie den Blick ihres Gegenübers festhalten können. Den Wettbewerb, wer zuerst den Blick abwendet, kann man nicht gewinnen, wenn der Gegner ein kleines Baby ist.

Blickkontakt hat eine machtvolle Wirkung auf uns. In Kapitel zwei war von Mark Johnsons Nachweis die Rede, dass Neugeborene sich Gesichtern zuwenden. In einer späteren Untersuchung zusammen mit Teresa Farroni stellte er fest, dass Neugeborene es besonders mochten, wenn man sie direkt anschaute (Farroni u. a. 2002). Wahrscheinlich hat die Evolution das Weiße in unseren Augen für die Kommunikation optimiert. Durch Form und Farbe unserer Augen signalisieren wir uns gegenseitig, wen und was wir anschauen. Von 88 Primatenarten haben allein die Menschen eine deutlich ausgeprägte weiße Augenhaut (Kobayashi und Kohshima 2008). Andere Primaten verbergen ihren Blick, wir zeigen ihn.

Augenkontakt scheint sogar unsere Gehirnströme zu synchronisieren. Forschungen zur Kommunikation von Erwachsenen ergaben, dass sich bei Gesprächen die Gehirnströme angleichen. Bei dem Versuch legte man zwei Personen eine Art Haarnetz mit EEG-Elektroden an und zeichnete ihre Gehirnaktivitäten auf, während sie interagierten. Erstaunlicherweise scheint das auch bei Babys zu funktionieren. Forscher aus Cambridge zeichneten die Gehirnströme kleiner Kinder auf, während sie einer erwachsenen Person zuhörten, die Verse von Kindergedichten rezitierte. Manchmal schaute die erwachsene Person das Kind an, manchmal schaute sie zur Seite. Die Babys fanden die erwachsene Person immer interessant, aber die Gehirnströme der beiden glichen sich am deutlichsten an, wenn wechselseitiger Augenkontakt bestand (Leong u. a. 2017).

Der Letzte in der Autorenliste dieser Arbeit war mein Freund Sam Wass. Wir schrieben zur gleichen Zeit unsere Doktorarbeiten. Wenn Sam von seinen Forschungen erzählt, betont er immer, »das ist keine Telepathie«, denn genauso sieht es aus. Es kann nämlich buchstäblich zutreffen, wenn man sagt, dass man mit jemandem auf einer Wellenlänge ist, aber diese Fertigkeit muss man erlernen. Erwachsene merken es nicht mehr, doch Babys schalten sich erst in die Konversation ein. Durch Kuckuck und andere »Gespräche« mit Erwachsenen lernen sie, wie es geht. Von den ersten Monaten an sind viele Eltern überzeugt, dass ein Baby mit seinem Krähen und Quietschen ihnen antwortet, aber tatsächlich erlangen wir das Verständnis für andere durch Augenkontakt. Oder wie es die führenden Erforscher von Gehirnsynchronizität bei Erwachsenen ausdrücken: »Kognition materialisiert sich in einem interpersonellen Raum« (Hasson u. a. 2012, S. 114).

Die Geheimnisse des Kuckuck-Spiels haben sogar die Aufmerksamkeit von Kool A. D. erregt, dem »Babykorrespondenten« der ultracoolen Website Vice.com (ja, so heißt er, und ja, Vice hat einen Babykorrespondenten). Wie zu erwarten, will er mit seinen Scherzen rund um das Elternsein schockieren und Lacher erzeugen. Aber genau darum geht es oft beim Elternsein, und er kann sehr scharfsinnig sein:

Eine weitere Version von »Wo ist das Baby?« ist das Kuckuck-Spiel, bei dem man direkt das Baby fragt, in der dritten Person, wo es ist. Also man fragt: »Wo ist das Baby?«, und das Baby, das es schon schwer genug hat, die ersten einsilbigen Wörter zu lernen, soll sich auf einmal eine Vorstellung von sich selbst als einer objektiven dritten Person machen? Einem Avatar seiner selbst? Und dann soll es diesen Avatar auch noch in einem Raum verorten, dessen Parameter vollkommen unspezifisch sind? Damit verlangt man einem Baby eine ganze Menge ab. Also, meiner Meinung nach ist das ein ziemlich schräges Spielchen (Kool A. D., Vice.com, September 2015).

Kool A. D. hat vollkommen recht damit, dass das Kuckuck-Spiel einem Baby ziemlich schräg vorkommen muss. Das sollte uns zu der Frage bringen, warum Babys dann so positiv reagieren. Sie lernen von jeder Interaktion und lachen über die merkwürdigsten Dinge. Aber merkwürdig ist oft gleich beängstigend ist gleich tränenreich. Das Kuckuck-Spiel weckt starke Emotionen, die fast immer positiv sind. Es geht über in Lachen, und dieses Lachen ist nicht nur ansteckend, es ist dazu da, um geteilt zu werden. Dieses Teilen ist der Anfang des Gedankenlesens.

Eine Lachparty

Wir haben das Land nicht von unseren Ahnen geerbt, sondern von unseren Kindern geborgt.

Sprichwort der Navajo

In der Navajo-Kultur ist das erste Lachen eines Babys ein sehr wichtiges Ereignis. Es markiert den Augenblick, in dem das Baby endgültig von der Geisterwelt in die menschliche Welt wechselt. Ab dem dritten Monat fragen Freunde und Verwandte immer wieder: »Hat das Baby gelacht?« Es ist eine Ehre, die Person zu sein, die das Baby erstmals zum Lachen gebracht hat. Damit ist auch eine Verpflichtung verbunden, denn diese Person muss eine Lachparty für das Baby organisieren und bezahlen. Das habe ich von Pastor Mark Charles gehört, einem christlichen Priester und Sozialaktivisten aus dem Volk der Navajo. Er hatte es kurz im Internet erwähnt (Charles 2012), und ich rief ihn an, um mehr darüber zu erfahren.

Als Erstes lernte ich, dass das erste Lachen des Babys wichtig ist, weil es eine gezielte soziale Handlung ist. Die Navajo glauben, Babys stammten aus »zwei Welten«, vom Erdvolk und vom Himmlischen Volk. Das erste Lachen ist ein frühes Zeichen der Autonomie und signalisiert, dass das Baby sich entschlossen hat, ganz zum Erdvolk zu gehören. Das wird gefeiert, und das Baby wird in der Gemeinschaft willkommen geheißen. Das erste Lachen wird zwischen dem dritten und vierten Monat erwartet, in der gleichen Altersspanne, die ich auch in meinen Forschungen zum Babylachen feststellte. Marks halbwüchsige Nichte brachte seine kleine Tochter erstmals zum Lachen. Sie freute sich sehr darüber, aber gleichzeitig erschreckte sie der Gedanke, dass sie die Rechnung für die Lachparty würde bezahlen müssen. (Sie musste es nicht.)

Bei der Party helfen die Gastgeber dem Baby, kleine Geschenke an die Besucher zu verteilen, darunter Steinsalz, Süßigkeiten und sogar Geld. Symbolisch lernt das Baby dadurch Großzügigkeit, und es wird mit den Mitgliedern der Gemeinschaft bekannt. Die Zeremonie für Marks Tochter verband traditionelle Rituale der Navajo-Religion mit christlichen Gebeten und Gesängen. Mark machte sich Sorgen, die theologische Mischung könnte Traditionalisten auf allen Seiten seiner aus Amerikanern, Navajos und Holländern bestehenden erweiterten Familie verärgern, doch er unterschätzte die Magie des kleinen, lächelnden Babys. Die Party war ein großer Erfolg.

Als Forscher, der sich wissenschaftlich mit dem Lachen kleiner Kinder befasst, bin ich ein großer Fan dieser Tradition. Die Navajo wissen, dass Lachen sozialer Klebstoff ist. Ihnen ist vollkommen klar, dass es beim Lachen um Verbundenheit und Kommunikation über die Schranken der Generationen hinweg geht. Die Navajo-Kultur nimmt an, dass das Lachen des Babys durch jemanden verursacht wird, nicht durch eine Sache. Sie wissen, dass Lachen in erster Linie sozial ist und in zweiter Linie Ausdruck von Humor. Ihre Zeremonie feiert das erste Lachen in einer symbolischen Weise, die an den Grund rührt, warum das Lachen entstanden ist und warum es Lachen überhaupt gibt.

Es ist durchaus möglich, sich eine vollkommen ernsthafte Welt vorzustellen, in der niemand lacht und Sinn für Humor hat. Vielleicht haben Sie unter Ihren Freunden und ganz sicher unter Ihren Bekannten ein paar, die so sind. Auf individueller Ebene scheint Lachen für uns nicht lebensnotwendig zu sein, aber es ist universell über alle Kulturen und Gemeinschaften hinweg. Nirgendwo gibt es eine Gemeinschaft ohne Lachen. Wenn etwas universell ist, ist das ein starker Hinweis, dass es wichtig für unsere Spezies ist. Der andere wichtige Hinweis ist, dass Lachen so viel Freude bereitet. Alle Dinge, die Spaß machen, sind normalerweise mit einem evolutionären Nutzen verbunden, Sex ist das beste Beispiel. Deshalb scheint es so, dass die Evolution das Lachen gefördert hat. Aber wenn es so ist, was ist der Zweck des Lachens, und wie hat es sich entwickelt?

Wenn es nicht so offensichtlich ist wie beim Sex, müssen evolutionäre Erklärungen originelle Geschichten über den Ursprung mit konkreten Belegen untermauern. Bei vielen physischen Merkmalen ist das möglich. Zum Beispiel geben Fossilfunde Hinweise, »wie der Elefant zu seinem Rüssel kam«, und eine Computersimulation der physischen Effektivität von Tarnung könnte erklären, warum das Zebra Streifen hat und der Leopard Flecken. Sehr viel schwieriger sind solche Erklärungen, wenn es um Verhalten geht, insbesondere um menschliches Verhalten.

Die schönste Geschichte über den Ursprung des Lachens hat Robin Dunbar zu erzählen, emeritierter Professor für Evolutionspsychologie an der Universität Oxford. Er ist hauptsächlich bekannt durch die Dunbar-Zahl, eine Schätzung, wie groß typischerweise unsere sozialen Gruppen sind – 150 Personen. Die Dunbar-Zahl taucht in vielen Zusammenhängen auf, von der Größe römischer Legionen bis zu Abteilungen in Unternehmen. Selbst in unseren modernen, dicht bevölkerten städtischen Umwelten ist das ungefähr die Anzahl unserer aktiven sozialen Kontakte. Es ist ein Durchschnitt; manche Menschen werden mehr Kontakte haben, andere weniger. Wichtig ist, dass 150 Personen auch die geschätzte Größe der Dörfer und Stämme in vielen Gesellschaften von Jägern und Sammlern war und vermutlich auch die Gruppengröße bei unseren menschenartigen Ahnen. Im Gegensatz dazu findet man bei anderen Primaten eine maximale Gruppengröße von etwa 50.

Robin Dunbar gelangte ursprünglich zum angenommenen Wert von 150 für die Größe menschlicher Gruppen, indem er von der Größe des Gehirns ausging. Er verglich unsere riesigen Gehirne mit denen von Gibbons, Schimpansen, Makaken und unseren anderen Verwandten bei den Affen und folgerte daraus, bei uns müsse die Gruppengröße bei etwa 150 liegen. Dunbars Hypothese vom sozialen Gehirn besagt, dass die Komplexität des Lebens in größeren sozialen Gruppen größere Gehirne erfordert. Aber die sozialen Gruppen von Primaten werden durch gegenseitige Fellpflege zusammengehalten, und das wirft ein Problem auf, denn die Zeit und Mühe, die dafür aufgewendet werden müssen, setzen eine Obergrenze von 50 für die Gruppengröße.

In gerade einmal zwei Millionen Jahren haben sich bei unserem Zweig des Familienstammbaums der Primaten, den Hominini, die Gruppengröße und die Größe des Gehirns verdreifacht. Dunbar glaubt, Lachen habe das ermöglicht. Es half, die intensive Eins-zu-eins-Zuwendung bei der Fellpflege durch eine Form der kollektiven sozialen Bindung zu ersetzen, die für größere Gruppen geeignet war. Bei Lachen, Singen und Gesprächen können in Gruppen von mehr als zwei Personen alle gleichzeitig mitmachen. Dunbar argumentiert, das Lachen sei zuerst da gewesen, es habe die Fellpflege in der Funktion abgelöst, die alten Clans zusammenzuhalten, während sie immer größer wurden.

Er führt vier Gründe dafür an. Erstens haben wir bereits gelacht. Unsere Cousins, die Schimpansen und anderen Menschenaffen, lachen, und wir können ziemlich sicher annehmen, dass alle unsere gemeinsamen Vorfahren diese Fähigkeit besaßen. Das Lachen existierte und war ein Verhalten, das wichtiger werden konnte. Zweitens ist das Lachen auch vor der Sprache da. Man muss keine Sprache lernen, um zu lachen oder jemanden zum Lachen zu bringen. (Jedes Baby, das noch nicht sprechen kann, würde das sagen, wenn es sprechen könnte.) Drittens ist gemeinsames Lachen sehr ansteckend und damit eine sehr soziale Aktivität. Viertens regt Lachen genau wie Fellpflege die Ausschüttung von Endorphinen an, den Glückschemikalien des Gehirns. Es ist tatsächlich »Fellpflege auf Distanz« (R. Dunbar 2012, 2017).

Wir werden nie mit Sicherheit sagen können, ob Lachen der magische Trick war, der uns zu mehr als Affen werden ließ, aber die Geschichte klingt sehr überzeugend, und die Belege häufen sich. Lachen ist ein positives soziales Signal, das sich kaum fälschen lässt. Versuchen Sie einmal, in Gesellschaft Ihres ärgsten Feindes oder während Sie auf jemanden wütend sind, zu lachen. Sie können es nicht – zumindest nicht überzeugend. Lachen erfordert viel Energie, unsere Lungen geben dabei Luft ab, und das macht uns verwundbar. Es ist das, was die Biologen als »ehrliches Signal« bezeichnen (Bryant und Aktipis 2014). Im Ergebnis verbessert Lachen die Qualität der sozialen Interaktionen und fördert den sozialen Zusammenhalt.

Dunbar versuchte sogar, den Multiplikatoreffekt von Lachen zu messen. Er und sein französischer Mitarbeiter Guillaume Dezecache unternahmen eine Tour durch die Kneipen von Oxford, Calais, Lille, Paris und Berlin und lauschten den Leuten, die es sich gut gehen ließen. Sie zählten, wie oft gelacht wurde und wie viele Personen lachten oder sich miteinander unterhielten. Zu einer lachenden Gruppe gehörten im Durchschnitt 2,72 Personen und zu einer sprechenden 2,93 (Dezecache und Dunbar 2012). Das unterstützte Dunbars Vorstellung, dass Lachen ein »sozialer Klebstoff« ist, der an die Stelle von Fellpflege treten kann.

Damit setzten die beiden auch die großartige Tradition fort, dass Lachforscher Menschen beobachten, die Spaß haben. Der Pionier der Lachforschung, Robert Provine, ging in die Mensen von Hochschulen, um Lachen zu studieren, und auch er bestätigte die Rolle von Lachen als soziales Schmiermittel (Provine 2014). Mein liebstes Beispiel stammt von Lawrence Sherman, der 1975 fast 600 Stunden Videoaufnahmen von Drei- bis Fünfjährigen in Vorschulklassen aufzeichnete und sorgfältig registrierte, wie sich Kichern, fröhliches und hysterisches Lachen durch die Gruppe verbreiteten (Sherman 1975). Diese wonnige Studie wurde 2001 mit einem Ig-Nobelpreis gewürdigt.

Ihnen ist sicher aufgefallen, dass bei Dunbar etwas fehlt: Es ist nicht von Babys die Rede. Das ist traurig. Evolutionspsychologen sollten besser als andere wissen, dass »die Kinder unsere Zukunft sind«. Die Art und Weise, wie die Spezies sich um ihre jungen Mitglieder kümmert, ist stark von der Evolution bestimmt, wir Menschen machen da keine Ausnahme. Babys lachen viel mehr als Erwachsene und bringen uns zum Lachen. Dunbar spricht über Lachen, das sich zur Herstellung einer Bindung entwickelt hat, aber seltsamerweise spricht er nicht über das Band zwischen Eltern und Kind, vielleicht weil es nicht in sein Modell von der Gruppengröße passt. Unsere Vorfahren haben zwar die Größe ihrer sozialen Gruppen verdreifacht, aber die Eltern hatten deshalb nicht plötzlich dreimal so viele Babys. Eltern müssen eine Bindung zu ihren Kindern herstellen, doch das Babylachen passt nicht in diese evolutionäre Geschichte. Sie übersieht, dass unsere Babys schwieriger großzuziehen sind. Sie sind hilfloser und fordernder als die Babys von Affen und anderen Primaten und müssen sehr viel mehr lernen. Auf uns lastet ein hoher Druck, eine Beziehung und Bindung zu unseren Babys herzustellen und ihren Bedürfnissen gerecht zu werden. Einer meiner Freunde hat es auf den Punkt gebracht: »Wenn mein Baby mich nicht zum Lachen gebracht hätte, hätte ich es schon längst aus dem Fenster geworfen.«

Die Lachparty der Navajos hilft uns nicht viel weiter, Licht ins Dunkel der fernen Vergangenheit zu bringen. Soweit wir wissen, ist diese Tradition höchstens ein paar hundert oder tausend Jahre alt. Dadurch erfahren wir nichts darüber, wie das Leben unserer Vorfahren vor zwei Millionen Jahren in der afrikanischen Savanne war. Aber es rückt in den Blick, dass das Lachen eines Babys etwas Wertvolles ist, das mit einer ganzen Gemeinschaft geteilt werden kann. Die frühen Hominini lebten in großen sozialen Gruppen, die über die Zeit und über Generationen hinweg bestanden. Lachen war einer der ersten Mechanismen, um Gruppen zum Nutzen aller zusammenzuschweißen. Fellpflege ist vielleicht die kürzeste Entfernung zwischen zwei Primaten, aber Lachen ist die kürzeste Entfernung zwischen zwei Hominini. Gegenüber Sprache und Fellpflege hat Lachen den Vorteil, dass zwei beliebige Menschen es auf Augenhöhe teilen können, wie groß oder klein, alt oder jung sie auch sein mögen.

Was sind Gefühle?

> *Gefühle existieren nicht, um in Individuen eingeschlossen zu werden.*
>
> Vasudeva Reddy und Colwyn Trevarthen,
> Entwicklungspsychologen, 2004

Wenn sich Lachen als sozialer Klebstoff entwickelt hat, dann gehört wesentlich zu seiner Rolle, dass es ein Gefühl zum Ausdruck bringt. Das Ansteckendste an einem lachenden Baby ist ihr offensichtliches Vergnügen dabei. Es mag wie eine Binsenweisheit klingen, wenn man sagt, »Babys lachen, weil sie glücklich sind«, aber das führt uns zu der Frage: Was ist Glück? Und wenn wir schon dabei sind, können wir gleich noch Ärger, Traurigkeit, Sorge und den ganzen Rest erklären. Es sollte niemanden verwundern, dass Gefühle für die Wissenschaft immer noch ein Rätsel sind. Viele Theorien wurden vorgeschlagen, und nur wenige wurden verworfen.

Das Rennen, wer eine umfassende Theorie der Gefühle vorlegt, ist immer noch offen. Vielleicht wird es für immer so bleiben, keine wissenschaftliche Theorie kann alle Nuancen unseres erwachsenen Erlebens katalogisieren. In ihrem *Buch der Gefühle* beschreibt Tiffany Watt Smith 156 verschiedene Gefühle. Sie sagt gleich dazu, dass die Liste nicht vollständig ist, dass sich die Kategorien überschneiden und an den Rändern verwischen und dass sie je nach Zeit und Kultur unterschiedlich sind. Tiffanys Ziel als Historikerin der Gefühle ist es, all jenen zu widersprechen, »die behaupten, die wunderbare Komplexität unseres Innenlebens auf eine Handvoll Kardinalemotionen reduzieren zu können« (Watt Smith 2017, S. 28).

Diese Tendenz hat es schon immer gegeben. Tiffany erwähnt das *Buch der Riten,* ein Werk aus der konfuzianischen Ära, entstanden rund 500 Jahre vor Beginn unserer Zeitrechnung, das sieben »Basisemotionen« auflistet: Freude, Wut, Traurigkeit, Furcht, Liebe, Abneigung und Zuneigung. Zweieinhalbtausend Jahre später hat sich nicht viel verändert. 2015 kam der Animationsfilm *Alles steht Kopf* der Pixar-Studios in die Kinos. Die Hauptfigur, ein junges Mädchen namens Riley, zeigt fünf Gefühle: Freude, Wut, Kummer, Angst und Ekel. Die moderne Wissenschaft verwendet üblicherweise eine Liste von neun »Basisemotionen«: Glück, Kummer, Wut, Angst, Elternliebe, Kindesliebe, sexuelle Liebe, Hass und Ekel (Oatley und Johnson-Laird 2014). Diese Liste scheint aus Sicht der Wissenschaft einleuchtend, aber die besten Theorien bestehen nicht in der Auflistung von Gefühlen, sondern versuchen vielmehr zu erklären, warum wir überhaupt Gefühle haben.

Einer der Ersten, der sich diese Frage stellte, war Charles Darwin. In einer Arbeit von visionärer Genialität entwickelte er die erste wissenschaftliche Theorie der Gefühle. In dem Buch *Der Ausdruck der Gemütsbewegungen bei dem Menschen und den Tieren* (Darwin 2000 [1872]) vertrat er die Auffassung, unsere Gefühle dienten unserem Überleben. Natürlich hätte man von Darwin nichts anderes erwartet. Aber wie bei all seinen Arbeiten hatte er auch für diese jahrzehntelang geduldig Beweise zusammengetragen. Er verglich, wie unterschiedliche Arten Wut zeigen, und bezog auch viele Beobachtungen an Babys ein. Darwin führte detaillierte biografische Tagebücher über mehrere seiner Kinder, machte sich Gedanken über ihr Stirnrunzeln, ihr Erröten und ihr Lachen. In theoretischer Hinsicht ist Darwins Darstellung ein bisschen dünn: Letztlich stellt er nur fest, dass Gefühle universell und wertvoll sind und bei Menschen wie bei Tieren vorkommen. Aber für die damalige Zeit war das eine sehr radikale Aussage.

Rund ein Jahrzehnt später entschieden William James und Carl Lange unabhängig voneinander, dass Gefühle Reaktionen auf körperliche Zustände sind. Zum Beispiel können wir unseren rasenden Herzschlag als Angst deuten. Für William James sind Gefühle buchstäblich das, was wir fühlen. »Wir weinen nicht, weil wir traurig sind, sondern wir sind traurig, weil wir weinen« (James 1884, S. 191). In dieser Sicht sind Gefühle etwas Nachträgliches, sie sind das, was die Philosophen als »Epiphänomene« bezeichnen. Diese Theorie besagt, dass man folgern kann, welches Gefühl eine Person empfindet, wenn man genau beobachtet, wie sie physiologisch reagiert. Nach meiner Einschätzung ist die James-Lange-Theorie unbefriedigend, weil sie den Gefühlen eine passive Rolle zuschreibt. Aber sie hat zwei wichtige Stärken. Sie weist darauf hin, dass unsere Physiologie einen starken Einfluss auf unsere seelische Verfassung hat und dass Gefühle davon abhängen, wie wir unser Erleben deuten. Im Gegensatz zu frühen Auffassungen dieser Theorie (die John Dewey populär gemacht hat), behauptete weder James noch Lange, dass es für jede physiologische Reaktion ein einziges Gefühl gebe. Sie akzeptierten, dass ein stark klopfendes Herz und feuchte Handflächen in manchen Situationen als Angst und in anderen als Liebe gedeutet werden konnten (L. B. Feldman 2018).

Jaak Panksepp, dem wir in Kapitel sieben beim Kitzeln von Ratten begegnet sind, glaubte, unsere Gefühle existierten, um uns zu zeigen, was unserem Überleben nützt oder schadet. Er meinte, wir hätten sieben emotionale Systeme: die alten Systeme ANGST, WUT, LUST und SUCHE und modernere Mechanismen für FÜRSORGE, PANIK und SPIEL, die nur bei sozialen Säugetieren vorkämen. Er schrieb die Begriffe in Großbuchstaben, um ihre sehr spezielle Bedeutung zu unterstreichen (Panksepp 2005). Jedes System dient einem speziellen Ziel und kann bei vielen Spezies in einander entsprechenden Gehirnbereichen verortet werden. Nehmen wir das PANIK-System, das über die Trennungsangst bei Babys herrscht. Panksepp glaubte, es operiere im Gehirn mit denselben Botenstoffen wie körperlicher Schmerz. Der Trennungsschmerz ist echter Schmerz und bringt das Kind dazu zu handeln; normalerweise ruft es verzweifelt nach seiner Mutter. Wenn die Mutter wiederkommt, werden Opioide und Oxytocin freigesetzt, die den Schmerz lindern. Die Schaltkreise im Gehirn gehen zurück auf die Prägung von Küken, und der

Wert für das Überleben ist in beiden Fällen klar (Herman und Panksepp 1981).

Genau wie mit dem Lachen von Ratten befasste sich Panksepp auch mit Kummer bei Hühnern, fragte, was Meerschweinchen zum Weinen bringt, und untersuchte die Mutter-Kind-Bindung bei Schafen. Er verbrachte Jahrzehnte damit, Gefühle bei Tieren zu erforschen, und beharrte darauf, dass sie genauso fühlen wie wir. Er glaubte, es gebe ein emotionales Bewusstsein, das Menschen und Tieren gemeinsam sei, und ein kognitives Bewusstsein, das später mit dem Gebrauch der Sprache komme. Gefühle gäben unserer Welt Farbe, und die bewusste Erfahrung von Freude oder Wut sei für Menschen wie für Tiere gleichermaßen wichtig.

Diese Ansicht ist unpopulär. Zahllose Wissenschaftler lehnen es ab, sich mit dem Erleben von Tieren zu befassen. Sie zitieren Morgans Kanon und sagen, die Wissenschaft könne höchstens tierisches Verhalten untersuchen. Sie kritisieren Panksepp, weil sie nicht glauben, dass Tiere das nötige Bewusstsein haben, um Gefühle zu erleben oder zu interpretieren. Nach Panksepps Auffassung schauen diese Wissenschaftler verkehrt herum durch das Teleskop. Das Erleben macht das Gefühl, und das Bewusstsein hat sich durch die Erfahrung von Gefühlen entwickelt. Wir können tierische Gefühle mit menschlichen Begriffen beschreiben, aber ANGST kam vor »Angst« und SUCHEN vor »Vergnügen«.

Nach meiner Ansicht ist das überzeugendste Argument, das man gegen Panksepps Kritiker vorbringen kann, dass jeder, der behauptet, Tiere hätten keine Gefühle, das auch über Babys sagen muss, die noch nicht sprechen können. Manche Forscher behaupten genau das. Lisa Feldman Barrett, Professorin für Psychologie an der Northeastern University in Boston, vertritt die Ansicht, Gefühle seien etwas durch und durch Konzeptuelles, und deshalb könnten Tiere und neugeborene Babys keine Gefühle haben. Über Babys sagt sie:

Babys wissen nicht, was Teleskope sind oder Seegurken oder Picknicks, ganz zu schweigen von rein geistigen Konzepten wie »Laune« oder »Schadenfreude«. Ein Neugeborenes ist in einem erheblichen Ausmaß erfahrungsmäßig blind (L. Feldman Barrett 2018, S. 113).

Das Zitat stammt aus ihrem 2018 erschienenen Buch *How Emotions Are Made,* in dem sie ihre Theorie der konstruierten Emotion darlegt. Diese Theorie stellt sie der, wie sie es nennt, »klassischen« Auffassung der Gefühle von Darwin, Panksepp und anderen entgegen. Wie ich am Anfang dieses Abschnitts sagte, deckt bisher keine einzelne Theorie der Gefühle alle Aspekte ab, deshalb lohnt es sich, diese gegensätzliche Ansicht zu betrachten. Dafür kehren wir noch einmal zurück zu *Alles steht Kopf.*

In dem Film personifizieren anthropomorphe Gestalten in Rileys Kopf die fünf Basisgefühle. Freude taucht auf, als Riley als neugeborenes Baby zum ersten Mal verschwommen ihre Eltern sieht. Die Aufgabe von Freude scheint es zu sein, Knöpfe zu drücken, damit Riley reagiert, und dann die jeweiligen Erinnerungskugeln einzusammeln. Bald kommen auch Kummer und die anderen Gefühle dazu, jede interpretiert Situationen und reagiert entsprechend ihrer Natur. Freude ist begeistert, Wut ist verärgert, Angst macht sich Sorgen, Ekel mag Dinge nicht und Kummer ist traurig. Wenn wir über die künstlerische Freiheit hinwegsehen, dass kleine Menschen im Kopf Knöpfe drücken, ist es eine wunderbare Darstellung der klassischen Auffassung von Gefühlen. Tatsächlich war der leitende wissenschaftliche Berater bei dem Film Paul Ekman, ein entschiedener Vertreter der Idee, dass Gefühle universelle biologische Triebkräfte sind (Keltner und Ekman 2015).

In der äußeren Handlung geht es um die elfjährige Riley, die sich auf ein neues Zuhause und eine neue Schule einstellen muss, als ihre Familie von Minnesota nach San Francisco umzieht. Die innere Handlung dreht sich darum, dass Freude zu verstehen versucht, welche Aufgabe Kummer hat. Es ist ein guter Film, deshalb will ich nicht alles erzählen. Aber ich verrate nicht zu viel, wenn ich sage, die Gefühle lernen, als Team zusammenzuarbeiten, und Riley lernt, dass auch andere Menschen mit ihren Gefühlen zu kämpfen haben. An mehreren Stellen blicken wir in die Köpfe ihrer Eltern, die von ihren eigenen Teams aus fünf Basisgefühlen gesteuert werden. Lisa Barrett sagt über die Geschichte, Aristoteles, Plato und sogar Buddha würden sie wiedererkennen, aber sie baue auf einem Mythos auf. Sie glaubt nicht, dass es universelle Gefühle gibt. Unsere Gefühle seien nicht durch die Evolution festgelegt, sondern entstünden als Teil unserer Kultur.

Lisa Barretts Theorie hat kein Problem damit, dass es Hunderte subtiler Gefühle gibt wie jene, die Tiffany Watt Smith in ihrem *Buch der Gefühle* auflistet. Tatsächlich hat Lisa Barrett ein eigenes *Handbook* herausgegeben, ein wissenschaftliches Werk von über 900 Seiten. Wir können unzählige komplexe Gefühle haben, weil unser sehr soziales Leben und unsere großen Gehirne diese Komplexität erschaffen. Aber auch Ekman und Panksepp haben keinerlei Problem damit, dass komplexe Gefühle wie Verlegenheit, Verwundbarkeit oder Verzweiflung existieren. Barretts Theorie unterscheidet sich insofern, als sie nicht glaubt, dass Glück, Wut oder Traurigkeit natürlicher oder biologischer sind als »Technikstress« (verursacht durch neue Technologie) oder »Torschlusspanik« (die Angst, dass die Zeit davonläuft, häufig besonders im Hinblick auf Frauen gebraucht, die keine Kinder haben und schwanger werden wollen, bevor es zu spät ist).

Das bedeutet nicht, dass in Lisa Barretts Version des Films 156 oder noch mehr Charaktere in Rileys Kopf um Aufmerksamkeit rangeln würden. Das wäre ein schrecklicher Film, und er würde den Fehler des Essenzialismus machen. Nur weil wir bestimmte Verhaltensweisen als »Wut« klassifizieren können, ist Wut noch nichts Reales. Lisa Barrett zufolge begehen Plato, Darwin und Jaak Panksepp allesamt diesen Irrtum. Plato können wir vergeben – Wesenhaftigkeit und Ideale waren nun einmal »sein Ding«. Lisa Barrett geht besonders mit Darwin hart ins Gericht, und ihr Argument ist nicht von der Hand zu weisen. Seine Theorie der Evolution hat die biologische Klassifikation von der Notwendigkeit des Essenzialismus befreit, aber sein Buch über Gefühle schlägt genau den anderen Weg ein. Lisa Barrett zitiert Darwins Aussage: »Selbst Insekten drücken Zorn, äußerste Furcht, Eifersucht und Liebe [...] aus« (Darwin 2000 [1872], S. 389).

Warum ist das ein Irrtum? Schauen wir uns die Wut an. In mehreren Kapiteln ihres Buchs *How Emotions Are Made* zerlegt Lisa Barrett die Wut, um zu zeigen, dass sie nicht ein einzelnes, einfaches Ding ist. Zuerst nimmt sie Ekmans berühmte Arbeit ins Visier, die angeblich zeigt, dass der Ausdruck von Gefühlen universell ist. Ihre eigenen Forschungen belegen, dass Gesichtsausdrücke und physiologische Signale im Höchstmaß uneindeutig sind. Man kann wütend sein, ohne das im Geringsten nach außen zu zeigen. Zweitens ist auch die Sprache nicht eindeutig. »Wütend sein« bedeutet Ärger, Verdruss, aufgebracht sein, Zorn oder Wut. Manche Sprachen wie die der Utku haben keinen Begriff für »Wut«, während Mandarin fünf oder noch mehr Arten von »Wut« unterscheidet. Manche Sprachen haben nicht einmal ein Wort für unser westliches Konzept von Gefühl. Schließlich fragt Lisa Barrett: »Ist ein knurrender Hund ein wütender Hund?«. Wahrscheinlich ahnen Sie schon, dass ihre Antwort lautet: »Es gibt keinen eindeutigen Hinweis, dass nicht-menschliche Lebewesen die gleichen Emotionskonzepte haben wie Menschen«, selbst Hunde, die wir Menschen seit Jahrtausenden wegen ihrer Loyalität und ihres Verständnisses für uns züchten. Bestenfalls können wir sagen, dass Hunde Rohgefühle haben, aber von da ist es ein langer Weg zu Emotionen. Bei Insekten können wir nicht einmal Rohgefühle identifizieren.

Die Kluft zwischen diesen Theorien wird daran deutlich, wie sie die Gefühle von Babys behandeln. Lisa Barrett, für die Gefühle etwas Konzeptuelles sind, diskutiert lange über die Fähigkeiten kleiner Kinder, Muster zu erkennen, und wie sie Wörter und Konzepte erlernen, die geistigen Voraussetzungen für ihr kognitives Konzept der Emotionen. Panksepp, für den Gefühle Empfindungen sind, weckt schon eher unsere Empathie, aber üblicherweise reduziert auch er alles auf Biologie und Bereiche im Gehirn (Panksepp 2001). Es ist bemerkenswert, dass weder das eine noch das andere Lager sich direkt mit dem Erleben von Babys beschäftigt. Doch ich denke, dass wir gerade dabei ein besseres Verständnis erlangen, was menschliche Gefühle sind und wie sie auf den Grundempfindungen aufbauen, die wir mit anderen Tieren teilen.

Bei Gefühlen geht es um mehr als um die Klassifizierung von Empfindungen, es geht darum, wie wir sie erleben. Ein Baby weiß nicht, das seine Traurigkeit »Traurigkeit« ist oder sein Glück »Freude«, aber deren Erleben ist für das Baby real. Ich bin sicher, dass Lisa Barrett und Jaak Panksepp dem beide zustimmen würden, doch in ihren Theorien ist kein Platz für die subjektive Bedeutung von Gefühlen, ihre »Phänomenologie«, wenn man es hochtrabend ausdrücken möchte. Ich glaube nicht, dass bereits eine umfassende Theorie der Gefühle existiert, aber eine solche Theorie wäre niemals vollständig, wenn sie nicht das ursprüngliche emotionale Erleben von kleinen Kindern einbeziehen würde.

Natürlich sagen das die Psychoanalytiker schon lange. Seit 70 Jahren ist die Säuglingsbeobachtung ein zentraler Bestandteil der Ausbildung vieler psychoanalytischer Psychotherapeuten. Als Methode wurde sie 1948 von Esther Bick und John Bowlby an der Tavistock Clinic eingeführt. Dazu gehört, dass der angehende Therapeut eine Mutter und ihr Baby von der Geburt bis zum Alter von zwei Jahren jede Woche eine Stunde besucht. Die Aufgabe des Therapeuten ist es, nur zu beobachten, und das ist schwieriger, als es auf den ersten Blick scheinen mag. Der Beobachter versucht neutral zu bleiben, jedoch auf die Belastungen der Eltern zu achten, auf die Eifersucht der älteren Geschwister, auf Angst und Wut des Babys. Er muss auch seine eigenen Reaktionen auf diese emotional intensive Umgebung wahrnehmen. Das ist ein gutes Training für künftige Therapeuten. Außerdem treffen sich die Beobachter jede Woche zu kleinen Gruppenseminaren, in denen sie ihre Eindrücke diskutieren und interpretieren.

Psychoanalytikern dient die Säuglingsbeobachtung zur Bestätigung ihrer Überzeugung, dass unsere wichtigsten emotionalen Reaktionen in der Kindheit erlernt werden. Aber oft halten sie eisern daran fest, ihre Beobachtungen nur im Kontext ihrer eigenen Theorie zu deuten (Rustin 2009). Andere Wissenschaftler werfen ihnen deshalb Zirkelschlüsse vor und nehmen ihre Behauptungen nicht ernst. Aus der genauen Beobachtung kleiner Kinder (Miller 1989) lassen sich zweifellos viele wertvolle Erkenntnisse gewinnen. Aber die Wissenschaftler sollten die Warnungen der Therapeuten beherzigen, dass das nicht einfach und direkt geht.

Es hat Versuche gegeben, Brücken zwischen den Lagern zu bauen. Sue Gerhardt ist Psychotherapeutin und Gründerin des Oxford Parent Infant Project, das jungen Eltern psychotherapeutische Hilfe anbietet. In ihrem großartigen Buch *Die Kraft der Elternliebe* versucht sie, die wissenschaftlichen Erkenntnisse von Panksepp und anderen mit ihren eigenen psychoanalytischen Einsichten zu verbinden. Das Buch entstand vor den bahnbrechenden Forschungen von Michael Meaney zu Cortisol und Stress, von denen in Kapitel sechs die Rede war. Schon damals schrieb Sue Gerhardt: »Sowohl unsere physiologischen als auch unsere mentalen Systeme entwickeln sich in Beziehung zu anderen – und dieser Prozess ist am intensivsten und am prägendsten in der frühesten Kindheit« (Gerhardt 2006, S. 19).

Mit einer anderen Stoßrichtung versuchten die Kinderpsychologen Vasi Reddy und Colwyn Trevarthen, das Subjektive in die objektive Welt der Wissenschaft einzubringen. Trevarthen ist ein 87-jähriger Neuseeländer, der in Edinburgh lebt. Er beschäftigt sich seit über 50 Jahren mit Babys und arbeitet immer noch daran, zu verstehen, was in ihren Köpfen vorgeht. Vasi Reddy stammt aus Indien und ist Professorin an der Universität Portsmouth. Sie befasst sich erst seit 30 Jahren mit dieser Frage, seit sie bei Trevarthen in Edinburgh ihre Doktorarbeit geschrieben hat. Weil sie ihre Ziele besser erklären können, als ich es kann, lasse ich sie direkt sprechen:

Jeder, auch ein Forscher, muss sich anteilnehmend in den Säugling einfühlen, um richtig zu verstehen, warum dieses Gefühl zustande gekommen ist und welchen Zweck oder welche Wirkung es dabei haben mag, wie das Kind das Leben erfährt.

Wenn wir uns tief und »respektvoll« auf das Handeln und die Empfindungen von Babys einlassen, können wir viel lernen, und wir sind der Meinung, dass diese Art der Beobachtung nicht nur das empirische Bild verändert, was ein bestimmtes Kind zu einem bestimmten Zeitpunkt tun und empfinden kann, sondern die gesamte Theorie, wie Babys sich entwickeln, zu welchen Erfahrungen sie motiviert sind und durch welche sie verändert werden können (Reddy und Trevarthen 2004, S. 10).

In der Praxis bedeutet dies, sich vorzustellen, wie Bewusstsein für ein Baby sein muss, und auf die Bedeutung des intersubjektiven Austauschs für die Entstehung von Gefühlen zu achten. Bewusstsein ist ein großes, geheimnisvolles Thema. Das Bewusstsein von Babys ist ein unendlich viel größeres Geheimnis, eingepackt in eine Windel. Im Rahmen dieser beiden kurzen Abschnitte ist es leider nicht möglich, tief in dieses Thema einzutauchen, aber interessierte Leser finden viel Stoff zum Nachdenken in Vasi Reddys Buch *How Infants Know Minds* (Reddy 2008) und in dem gemeinsam von Reddy und Trevarthen verfassten Artikel für den *Blackwell Companion to Consciousness* (2017). An dieser Stelle soll die Feststellung genügen, dass sie der Auffassung sind, »das frühkindliche Bewusstsein ist aktiv, emotional und kommunikativ«, und frühkindliche Emotionen seien nicht nur interpersonell, sondern intersubjektiv. Intersubjektivität ist im Westen kein vertrautes Konzept, aber verglichen mit Bewusstsein ist es eine einfache Vorstellung. Es besagt, dass Gefühle nicht nur innere Empfindungen kommunizieren oder Signale von einer Person an eine andere senden, sondern dass sie oft in dem Raum zwischen Individuen entstehen.

Dazu gibt es noch nicht viel Forschung, deshalb möchte ich diesen Abschnitt mit einer Anekdote über meine Arbeit und einer Beobachtung zu einem 1978 erfundenen Verfahren beschließen. Beide zeigen, wie Gefühle in dem Raum zwischen uns existieren. Als Sam Wass und ich im selben Büro arbeiteten, konnte ich anhand der Anzahl frustrierter Flüche, die von seinem Teil des gemeinsamen Schreibtisches zu mir drangen, immer sagen, wann er ein Computerprogramm zu schreiben versuchte. Ich wusste genau, was in ihm vorging: Meine frühere Karriere im Finanzsektor habe ich aufgegeben, weil ich genug davon hatte, Computer dazu zu bringen, dass sie mir gehorchten. Weil wir beide die gleiche Erfahrung gemacht hatten, fühlte ich zu sehr mit ihm mit; die einzige Lösung bestand darin, dass ich versuchte, ihm zu helfen. Meistens konnte ich es nicht, und wir blieben beide mit einem tiefen Groll auf diese gefühllose Nemesis aus Silizium zurück. Von Tiffany Watt Smith habe ich inzwischen gelernt, dass das »Technikstress« ist.

Edward Tronick und seine Kollegen am Boston Children's Hospital erfanden 1978 die »Still-face«-Methode (Experimente mit unbewegtem Gesicht). Ein Stück weiter den Flur hinunter, wo Richard Ferber den Eltern beibrachte, ihre Babys zu ignorieren, damit sie lernten, sich selbst zu beruhigen, wies Tronick Eltern an, sich vor ein kleines Baby zu setzen und einfach nichts zu tun. Sie sollten reg- und teilnahmslos mit einem »neutralen Gesichtsausdruck« dasitzen und nicht auf das Baby reagieren. Die Reaktion der Babys ist im Abstract der ursprünglichen Arbeit sehr gut zusammengefasst: »Die beobachteten Kinder reagierten mit äußerstem Misstrauen und schließlich mit Rückzug, was zeigt, wie wichtig Reziprozität im Handeln ist und dass kleine Kinder in der Lage sind, die Äußerung ihrer Gefühle zu regulieren« (Tronick, Als, Adamson, Wise und Brazelton 1978, S. 1).

Die Reaktion ist in hohem Maß vorhersehbar und wurde viele Male wiederholt. Infolgedessen wurde die Methode in Tausenden von Studien angewendet. Manchmal erforschten die Wissenschaftler die emotionale Reziprozität zwischen Müttern und ihren Babys, in anderen Fällen diente die Methode als ethisch vertretbare, harmlose Möglichkeit, Babys ein bisschen wütend zu machen. In dieser Hinsicht ist die Still-Face-Methode nach außen fast identisch mit dem Kuckuck-Spiel, aber von den Gefühlen her könnte sie nicht unterschiedlicher sein.

Warum sind Babys so lustig?

Als Kind sagte ich zu meiner Mutter, ich wolle groß werden
und ich wolle Comedian werden. Sie sagte: »Du kannst nicht
beides haben.«

Jimmy Carr, Comedian, 15.9.1972

William Nilsson kam 2006 in Schweden zur Welt. Er ist heute ein Teenager, aber vielleicht wird er für alle Zeit als »das Lachende Baby« bekannt bleiben. Eines Tages, als er etwa sieben Monate alt war, saß er in seinem Hochstuhl, als der Signalton der Mikrowelle ertönte. Aus irgendeinem Grund fand er das sehr lustig und begann zu lachen. Sein Vater schnappte sich eine Kamera und drehte ein kurzes Video, das er Williams Oma schicken wollte. Der Vater holte akustisch alles aus der Mikrowelle heraus, und der niedliche kleine Blondschopf mit den blauen Augen krähte wie verrückt zu jedem »Bing« und »Dong«. Der Vater schickte das Video nicht nur an die Oma, sondern lud es auch bei YouTube hoch. In allerkürzester Zeit hatte es mehrere Millionen Klicks. Als die Queen 2008 Googles neu eröffnetes Hauptquartier in London besuchte, spielten die Mitarbeiter dort ihr Williams Gekicher vor. Ebenfalls 2008 erschien er in einer Folge von *South Park* über virale Internetstars, neben einem niesenden Panda und dem Star Wars Kid.

William Nilsson ist keineswegs das einzige lachende Baby im Internet. In grauer Vorzeit, vor »Gangnam Style« und »Despacito«, als Justin Bieber noch ein Teenager war, der in seinem Zimmer sang, gehörten lustige Babyvideos zu den wenigen Dingen, die Katzenvideos Konkurrenz machen konnten. Während William rund 80 Millionen Mal aufgerufen wurde, erreichte »Charlie Bit My Finger – Again!« fast eine halbe Milliarde. Es ist die tragische Komödie oder komische Tragödie eines Jungen, der nicht glauben kann, dass sein grinsender kleiner Bruder ihn gebissen hat – schon wieder. Eine Zeit lang war es das meistgesehene Video überhaupt im Internet. Es ist eines von vielen Tausend Videos von stolzen, hingerissenen Eltern, die ihren bezaubernden Nachwuchs zeigen wollen, obwohl an den Babys in den Videos absolut nichts Besonderes ist. Das lachende Baby ist einfach nur ein lachendes Baby. Charlie ist einfach Charlie. Wie er, oder auch nicht wie er, hat Justin Bieber Talent, aber diese Babys sind einfach ganz normale Babys. Doch anders als Justin Bieber begeistern sie alle. Warum?

Natürlich hat es in erster Linie damit zu tun, dass sie niedlich sind. Evolutionspsychologen sagen, das niedliche Aussehen von Babys und unsere Empfänglichkeit dafür dienten bestimmten biologischen Zwecken. Angesichts unserer enormen Investitionen in die Schwangerschaft und die Aufzucht der Kinder ist das einleuchtend. Wir könnten uns vorstellen, dass die Evolution die Gene selektiert hat, die dafür sorgen, dass wir Babys lieben. Ohne Zweifel bezaubern uns ihre Knubbelnasen, ihre Pausbacken und ihre weiche Haut. Wir sind hingerissen von den kleinen Gesichtern mit der hohen Stirn. Konrad Lorenz nannte das »Kindchenschema«. Wir können es uns als Gegenstück zur Prägung vorstellen, bei dem erwachsene Lebewesen unwiderstehlich durch kindliche Züge angezogen werden und Babys besonders gut behandeln. Das funktioniert auch bei Kätzchen, Hundewelpen und anderen Tierbabys. Der Effekt scheint umso stärker zu sein, je deutlicher die Merkmale betont werden, wie Walt Disney zu seinem Vorteil herausgefunden hat. Die Figuren mit den kindlichen Gesichtern und den riesigen Augen in Zeichentrickfilmen scheinen immer extremer zu werden, und ich bin gespannt, wie es nach den Minions weitergehen wird. In einem ähnlichen Sinn meint Vasi Reddy, dass eine Art von künstlicher Evolution Teddybären immer niedlicher gemacht hat, weil kleine Kinder die auswählen, die am meisten nach Baby aussehen (Morris, Reddy und Bunting 1995).

Das »Kindchenschema« ist eine hübsche Theorie, aber wie für alles andere in der Evolutionspsychologie gilt: Wie sollen wir sie beweisen? Verhalten hinterlässt keine fossilen Spuren, deshalb finden wir in Fossilien keine direkten Beweise, dass Eltern in ihre Babys vernarrt waren. Und wir können Niedlichkeit auch nicht als selbstverständlich annehmen. Anthropologen geben schnell zu bedenken, dass die westliche Schwärmerei für wonnige Babys eine lokale kulturelle Erfindung sein könnte. Der amerikanische Anthropologe David Lancy argumentiert, »wenn man nicht dazu neigt, das Baby als hinreißenden Engel anzusehen, könnten viele kindliche Eigenschaften wie das Fehlen von Sprache, die Weichheit, die fehlende motorische Kontrolle, das Weinen und Schreien, die dauernd laufende Nase, Durchfälle und fehlende Zähne/Haare sowie fehlende Beweglichkeit schnell als anormal, tierähnlich und erschreckend erscheinen« (Lancy 2014, S. 77). Schlimmer noch: Kindstötung ist genauso »natürlich«. Bei den Berggorillas ist das Töten der Jungen eine berüchtigte »rationale« Strategie dominanter Männchen, wenn sie einen Rivalen vertreiben (Robbins u. a. 2013). Die Anthropologin Laila Williamson hat gezeigt, dass auch bei Menschen »Kindstötung auf jedem Kontinent und von Menschen auf jeder Ebene der kulturellen Komplexität praktiziert wurde, von Jägern und Sammlern bis zu Hochkulturen … Es war also nicht die Ausnahme, sondern die Regel« (Williamson 1978, S. 61).

Übrigens, niedlich ist nicht gleich lustig. Mickey Mouse und Hello Kitty sind reizend, aber nicht besonders amüsant. Ich denke, lustig sein gibt den Ausschlag. Lachen verkürzt den Abstand zwischen uns und unseren Babys. Es verbindet uns mit diesen hinreißenden, aber anormalen Eindringlingen. Und was macht Babys so lustig? Traditionelle Erforscher von Lachen und Humor haben nicht viele Antworten auf diese Frage. Mehrheitlich halten sie lachende Babys nicht für interessant oder relevant. Babys sind unter ihrer Würde. Theorien des Humors fallen grob in drei Kategorien: Demnach geht es um eine Inkongruenz, um Superiorität oder um die Abfuhr von Gefühlen. Lustige Babys passen in keine der drei Kategorien. Zugegeben, Babys erzählen nicht viele Witze, trotzdem ist es ein großer blinder Fleck in den Theorien des Humors, weil Babys ohne Zweifel geborene Comedians sind.

Die Inkongruenztheorie besagt, dass Witze üblicherweise eine Pointe haben, die in eine clevere oder unerwartete Richtung führt.

Zum Beispiel: »Kleine Babys bringt der Storch. Für größere braucht man einen Kran.« Diese Theorie ist alt und einleuchtend. Sie ist attraktiv für Intellektuelle, die in der Regel nicht sehr witzige Dinge darüber schreiben. Die Philosophen Immanuel Kant und Arthur Schopenhauer haben Witze auf diese Weise analysiert, und wir tun ihnen nicht unrecht, wenn wir sagen, dass beide nicht für ihren besonderen Sinn für Humor bekannt waren. Die einflussreichste Version dieser Idee hat der ungarische Schriftsteller und Universalgelehrte Arthur Koestler 1966 in seinem Buch *Der göttliche Funke* formuliert. Er argumentierte, künstlerischer Kreativität, wissenschaftlichen Entdeckungen und Humor sei gemeinsam, dass sie eine unerwartete »Bisoziation« beinhalteten, das Erfassen einer Situation oder Idee in zwei verschiedenen Bezugssystemen. Ein kürzlich erschienenes Buch, *Inside Jokes: Using Humour to Reverse-Engineer the Mind* (Hurley, Dennett und Adams 2011), reiht sich in diese Tradition ein, enthält aber immerhin ein paar gute Witze.

Die Superioritätstheorie konzentriert sich auf Witze mit Gewinnern und Verlierern. Normalerweise profitieren der Witzeerzähler und die Zuhörer auf Kosten des Objekts, das lächerlich gemacht wird, wie in dem Witz: »Politiker sind wie Windeln. Man sollte sie oft wechseln … und aus dem gleichen Grund.« Sigmund Freud war ein großer Fan dieser Theorie, 1905 schrieb er ein ganzes Buch mit dem Titel *Der Witz und seine Beziehung zum Unbewussten*. Es enthält viele Witze, die sich allerdings schlecht übersetzen lassen. Im Gegensatz zu seiner üblichen Auffassung, dass alles in der Kindheit seinen Ursprung hat, meinte er in dem Fall, der Intellekt und nicht das Infantile sei die häufigste Quelle des Amüsements. Wenn es um Humor ging, nahm er die sehr viktorianische Haltung ein, dass man Kinder zwar sehen, aber nichts von ihnen hören solle. Er meinte, »das Kind selbst erscheint uns keineswegs komisch« und »dem Kind geht das Gefühl für Komik ab«. Er räumte ein, Kinderlachen könne Munterkeit und reine Freude zum Ausdruck bringen, aber meistens lache ein Kind aus Überlegenheitsgefühl oder aus Schadenfreude. In einem typischen Beispiel stellte er sich ein kleines Kind vor, das über jemanden lacht, der hingefallen ist, weil es sich freut, dass es nicht selbst hingefallen ist. Der Stummfilmstar Oliver Hardy stimmte zu, dass das sein Erfolgsgeheimnis war: »Einer der Gründe, warum die Menschen uns mögen, ist, denke ich, dass sie sich uns überlegen fühlen. Selbst ein achtjähriges Kind kann sich überlegen fühlen, und deshalb lacht es« (McCabe 1966, S. 46).

Wie wir in Kapitel drei gesehen haben, geht die Theorie der Abfuhr von Gefühlen auf Herbert Spencer zurück, und wenn wir ehrlich sind, ist sie ziemlicher Mist. Freud war ein Fan dieser Theorie. Für ihn waren Witze – wie Träume – ein Fenster in die Dunkelheit unseres Unbewussten. Wenn es bei der Überlegenheit auf die Bestätigung des Ichs ankommt, dann bedeutet die Abfuhr, dass das wilde, ungebärdige Es durchbricht. Eine Theorie, die bei der emotionalen Wirkung von Witzen ansetzt, dürfte für Babys besser passen. Aber leider passt diese Theorie auch nicht. An lustigen Babys bringt uns nichts in einen Konflikt oder verursacht die Abfuhr von etwas, das sich angestaut hat – außer vielleicht Zuneigung und Gefühle von Verbundenheit. Und daran dachte Freud nicht.

Psychologen halten nicht viel von Es, Ich und Über-Ich, aus dem kleinlichen Grund, dass es absolut keine Belege für ihre Existenz gibt. Doch die Abfuhrtheorie erklärt den Reiz von anstößigen, sexuellen oder einfach groben Witzen. Sie könnte auch erklären, warum der einzige gute Babywitz ein Toter-Baby-Witz ist. Es gibt nicht viele gute Witze über Babys, aber verdammt viele Witze über tote Babys. Es sind alle Variationen desselben Witzes, die ihren Schock und ihre Komik daraus beziehen, dass es unangemessen ist, über tote Kinder Witze zu machen. Der einzige, den ich in diesem Buch zu zitieren wage, geht so: »Was ist das Beste an Tote-Baby-Witzen? Sie werden niemals alt.«

Um zu verstehen, warum Babys lustig sind, müssen wir uns nur an die beliebtesten Komiker der letzten 100 Jahre erinnern. Sie waren alle Clowns. Charlie Chaplin, Buster Keaton, Laurel und Hardy eroberten Hollywood; wenn Charles Adrien Wettach sich als Clown Grock verkleidete, war er der höchstbezahlte Entertainer in Europa.

Babys sind zweifellos wie Clowns, nicht nur wegen der schlabbrigen Kleidung, ihrer Tollpatschigkeit und weil sie dauernd hinfallen. Sie haben auch die Unschuld der Narren und zeigen die übertriebenen emotionalen Reaktionen. Sie sind fremdartig und unvorhersehbar, aber nicht so unheimlich. Ich habe keine genauen Zahlen, doch ich wette, dass Brephophobie – die Angst vor Babys – sehr viel weniger verbreitet ist als Coulrophobie – die Angst vor Clowns.

Kindheitsforscher wissen anders als Theoretiker des Humors schon lange um die komischen, clownhaften Eigenschaften von Babys. Der berühmte viktorianische Psychologe James Sully schrieb 1897 in seinem Buch *Children's Ways:* »Der Sinn für Komik bei Kindern ist ein seltsames Thema, dem noch nicht Gerechtigkeit widerfahren ist.« Mit seinem nächsten Werk – dem *Essay on Laughter* (Sully 1902) von der Länge eines Buchs – versuchte er diese Lücke zu schließen. Er kritisierte Philosophen wie Henri Bergson, sie erwarteten zu viel vom Lachen, und erinnerte seine Leser wiederholt, Theorien über Humor sollten die Freude nicht übersehen, die uns der einfache, schlichte Humor von Clowns bereite. Sully zufolge ist das eine reine, spielerische Art des Lachens, wie wenn ein Baby über einen »tanzenden Sonnenstrahl« an der Wand des Kinderzimmers lacht. Die gleiche Debatte tauchte in den 1970er-Jahren wieder auf, als Forscher darüber stritten, ab wann Babys Humor registrieren. Mary Rothbart sah das Potenzial bereits im ersten Lachen und der Verspieltheit von vier Monate alten Kindern. Paul McGhee hingegen nahm die intellektuelle Position ein, dass Humor unter anderthalb Jahren nicht möglich sei, weil Kinder erst ab diesem Alter verstünden, wenn man ihnen etwas vormache.

Die meisten Eltern dürften sich fragen, warum es diese Debatte überhaupt gab. Sie dürften Sully und Rothbart zustimmen, dass Babys mit ihrem Lachen schon sehr früh auf einen Witz reagieren. Vasi Reddy stellte das bei Interviews mit 32 Eltern von Babys zwischen sieben und zwölf Monaten fest (Reddy 2001). Die Eltern wussten immer Gründe, warum ihre Babys gelacht hatten; das Lachen war nicht zufällig oder rätselhaft. Die Interaktionen erinnerten sehr an die Auftritte von Clowns, die Eltern agierten auf übertriebene oder »dumme« Weise oder verletzten Regeln, um ihre Babys zum Lachen zu bringen. Die Eltern agierten gezielt und waren sich der emotionalen Reaktion bewusst, die sie provozierten. Die Babys verstanden den Witz. Später hat sich Reddy für Fälle interessiert, bei denen die Babys den Spieß umdrehten und begannen, Scherze mit ihren Eltern zu machen (Reddy und Mireault 2015). Sie glaubt, dass das gemeinsame Lachen von Eltern und Kind kein zufälliger Nebeneffekt ihrer Interaktion ist. Das interaktive, soziale Element des Humors sei vielmehr ein wichtiger Teil ihrer Lern- und Erziehungsbeziehung. Damit ist es wahrscheinlich ein wesentlicher Bestandteil jeder umfassenden Theorie, warum wir lachen, wenn wir lachen.

Mein liebstes Buch über Witze und Spaßmachen ist *The Naked Jape* von den Comedians Jimmy Carr und Lucy Greeves (2006). Erstens ist es lustig, darüber hinaus schöpfen die beiden Autoren aus ihrer reichhaltigen Bühnenerfahrung und kümmern sich nicht um akademische Theorien des Humors, die das Leben und die Unmittelbarkeit von Komik übersehen. Ihr Rat, wie man Witze erzählen soll, besteht aus fünf Faustregeln: auf das Timing achten, die richtigen Pointen setzen, entspannt sein, nicht viele Worte machen und selbst Spaß dabei haben. Bis zu einem gewissen Grad würde ich sagen, dass Babys all das tun. Gute Comedy ist mehr als das Aneinanderreihen von Witzen. Dazu gehören auch Charisma und eine Verbindung mit dem Publikum. Gute Stand-up-Comedians brauchen nicht viele Pointen. Sie gewinnen uns mit ihrem Charme und laden uns ein, mit ihnen zu lachen. Selbst wenn Comedians ihr Publikum beleidigen, achten sie darauf, dass sie die meisten Anwesenden auf ihrer Seite haben. Babys haben von Natur aus Charisma. *Ceteris paribus* sind Babys liebenswert und charmant. Man möchte ihr Freund sein. Wie bei den besten Comedians lachen wir mit ihnen, nicht über sie.

Babys sind mehr als Clowns – sie sind Meister darin, die komischen Seiten von Alltagssituationen aufzudecken, und dass sie nicht sprechen können, ist kein Hindernis. Comedians, die Alltagssituationen aufs Korn nehmen, müssen nicht viele Witze machen. Der erfolgreichste britische Comedian Peter Kay macht sogar Witze darüber, dass er keine Witze erzählte. 2010 spielte Kay 15 Abende in der riesigen O2-Arena auf der Greenwich Peninsula in London. Rekordverdächtige 1,2 Millionen Menschen sahen seine Show. Im Mitschnitt dankt er dem Publikum, dass es gekommen ist, um sich »eine auf über zwei Stunden ausgedehnte 20-Minuten-Comedy« anzuschauen. Er beginnt mit ein paar schrecklichen kurzen Witzen und zieht dann allen Humor aus alltäglichen Beobachtungen. Wenn der amerikanische Stand-up-Comedian Jerry Seinfeld über die Sicherheitshinweise von Airlines oder über Essstäbchen herzieht, sagt er meistens nichts, was sein Publikum nicht schon weiß. Comedians, die mit Alltagssituationen spielen, heben Dinge hervor, die wir alle kennen, und zeigen sie aus einem anderen Blickwinkel. Sie laden uns ein, in ihre sorgfältig inszenierte Begeisterung oder ihr Erstaunen über die Welt einzustimmen. Sie sorgen dafür, dass wir uns angesichts des Lebens und seiner Absurdität gut fühlen.

Babys schaffen das auch, ohne es gezielt zu wollen. Ein Baby, das über Seifenblasen lacht oder einen reizbaren Hund, lenkt unsere Aufmerksamkeit auf ein Vergnügen, das wir vergessen hatten, aber schätzen können, wenn es uns gezeigt wird. Lachende Babys führen uns regelmäßig das Außergewöhnliche im Banalen vor Augen, weil es für sie noch außergewöhnlich ist. Carr und Greeves teilen die Idee, dass Comedians wie Kinder sind in der Art und Weise, wie sie die Welt betrachten und alles hinterfragen. Sie sagen, »ein guter Witz kann noch den muffigsten Erwachsenen die Gelegenheit bieten, ein inneres Fenster zur frischen, unbekümmerten Kreativität der kindlichen Fantasie zu öffnen«.

Unsere kleinen Comedians haben noch einen Vorteil: Sie sind glücklich und können ihre reine, ungehemmte Freude ohne Weiteres ausdrücken. Wie James Sully scharfsichtig sagte, lachen fünf Monate alte Babys aus schierer Lebensfreude (Sully 1902). Eine Kollegin aus den Zeiten, als ich an meiner Doktorarbeit schrieb, Dr. Anna Ashworth, schickt mir regelmäßig Videos von ihrem kleinen Sohn. Nach dem letzten Video, das ihn glucksend in seinem Hochstuhl in der Küche zeigte, während sie Spaß mit ihm machte, fragte sie mich scherzhaft, ob ich nicht langsam genug davon hätte, Videos von lachenden Babys anzuschauen, und wir überlegten gemeinsam, warum ihr Reiz nicht nachlässt. Sie gab zu, dass sie als Mutter bei der Beobachtung ihres Sohnes vollkommen parteilich sei. Aber wir alle werden ihren Beobachtungen zustimmen:

> Freude und Glück bei dem kleinen Menschenwesen zu sehen, das man mehr liebt als alles andere auf der Welt ... wenn sie glücklich sind, ist man selbst glücklich. Es ist vollkommen unverstellt. Babys haben keine Hemmungen, ihre Freude zu zeigen. Es ist wundervoll.

Großmutter und die Geburt der Kultur

> *Großmutter zu werden ist wunderbar. Im einen Augenblick bist du einfach Mutter. Und im nächsten bist du weise und vorsintflutlich.*
>
> Pam Brown, australische Dichterin

Kultur ist alles, was Menschen kollektiv tun und was wir auch anders hätten machen können. Sie sprechen diese Sprache und verehren diesen Gott; ich spreche eine andere Sprache und verehre Terry Pratchett. Genau wie Gesetze, Sprache, Glauben, Sitten und Moral gehören zur Kultur auch Witze, Bewusstseinsinhalte, Spiele, Geschichten und Slang. Sozialwissenschaftler sagen bisweilen, Kulturen seien unsere erlernten Verhaltensweisen. Über die Generationen hinweg kann die Menge an Wissen, die kulturell weitergegeben wird, immer weiter anwachsen, sodass eine Spezies in ihrem Lebensraum gedeiht. In unserer weitaus gefährlicheren Vorgeschichte konnte kulturelles Wissen schnell zu einer Sache von Leben und Tod werden, und weil nichts niedergeschrieben war, kann man sich die Kultur als Informationen vorstellen, die in den Köpfen der überlebenden Mitglieder einer Gemeinschaft gespeichert waren. Forschungen haben in jüngster

Zeit gezeigt, dass unsere kollektive Weisheit und unsere langlebigen Vorfahren einen zentralen Anteil an unserem evolutionären Erfolg hatten. Und es wird noch besser. Womöglich war es die Kombination von langlebigen Großmüttern, großen sozialen Gruppen und hilflosen Babys, der wir unsere unglaubliche Intelligenz verdanken.

Großeltern, insbesondere Großmütter, waren lange eine unschätzbar wertvolle Quelle für die Versorgung von Kindern und die Unterstützung von Müttern und Babys. Ethnografen haben in vielen Gesellschaften Großmütter entdeckt, die sich um den Nachwuchs ihrer Töchter kümmerten und oft mehr Zeit als die Väter in ihre Rolle als Ersatzpflegekräfte investierten. Aber die Rolle der Großmütter geht noch weiter. Viele Jahrzehnte haben die Anthropologin Kristen Hawkes und ihre Kollegen die Arbeitsteilung bei den Hadza, einer Gemeinschaft von Jägern und Sammlern im nördlichen Tansania, untersucht. Ihre früheste Studie über die »hart arbeitenden Hadza-Großmütter« war revolutionär (Hawkes, O'Connell und Jones 1989). Hawkes begleitete Gruppen von Frauen, wenn sie auszogen, um Wurzeln auszugraben und Beeren zu sammeln. Die Gruppen bestanden aus Frauen aller Altersstufen, manche mit Säuglingen, vielen kleinen Kindern und einigen wenigen jungen Männern als Schutz. Wurzeln ausgraben ist schwere körperliche Arbeit, die die Frauen bis zu sechs Stunden am Tag verrichteten. Hawkes stellte überrascht fest, dass die älteren Frauen nicht nur geschickter waren, sondern auch länger arbeiteten und mit besseren Ergebnissen. Das stand im Gegensatz zu früheren Studien beim Volk der !Kung in der Kalahari, wo das Sammeln von Nahrung weniger als zwei Stunden täglich in Anspruch nahm und die Geschicklichkeit im mittleren Erwachsenenalter am größten war. Bei den !Kung verbrachten die Großmütter viel mehr Zeit damit, auf die Babys aufzupassen (Lee 1979).

Bei den Hadza und den !Kung trafen die Großmütter unterschiedliche Entscheidungen in Abhängigkeit von der jeweiligen Umwelt, aber in beiden Fällen nützten die Entscheidungen ihren Töchtern und Enkelkindern. Das half Kristen Hawkes und ihren Kollegen, die Rolle der Großmütter in einem neuen Licht zu sehen. Weitere Feldstudien und Computermodelle der Evolution brachten sie zu einer neuen Hypothese über Großmütter: Demnach haben Frauen einen Nutzen, wenn sie keine Kinder mehr bekommen und sich stattdessen um ihre Enkelkinder kümmern. Je länger die Großmutter lebt, um desto mehr Enkel und Urenkel kann sie sich kümmern, und das erhöht die Wahrscheinlichkeit, dass ihre Gene, besonders die Gene für Langlebigkeit, von Generation zu Generation weitergegeben werden (Kim, Coxworth und Hawkes 2012). Das erklärt die Menopause und warum Menschen so lange leben, denn auch männliche Kinder können die Langlebigkeitsvorteile erben. Die Hypothese erklärt auch, warum Menschenbabys früh entwöhnt werden: So können die Verwandten die Babys versorgen, und die Mütter können schneller wieder schwanger werden und insgesamt mehr Kinder bekommen.

Bei den Hominini gibt es den Großmutter-Effekt nur bei der menschlichen Linie – keine anderen weiblichen Primaten leben länger, als sie Kinder gebären können. Interessanterweise ist das auch bei Orcas so, jedoch nicht bei Elefanten. Beide leben in sozialen Gruppen, aber entscheidend wichtig ist, dass Baby-Orcas bei der mütterlichen Herde bleiben, während der Nachwuchs von Elefanten in eine andere Gruppe wechselt. So können die Orca-Großmütter in ihre Enkel investieren, die Elefanten-Großmütter hingegen nicht. Eine Untersuchung in Dörfern im ländlichen Gambia ergab, dass Kleinkinder mit einer Großmutter mütterlicherseits mit doppelt so hoher Wahrscheinlichkeit überlebten wie Kleinkinder ohne eine Großmutter mütterlicherseits. Hingegen machte die Anwesenheit eines Vaters keinen Unterschied (Sear und Mace 2008). Kristen Hawkes meint dazu: »Den Großmüttern verdanken wir die Erziehung, die uns stärker sozial voneinander abhängig machte und bereit, wechselseitig Aufmerksamkeit auf uns zu ziehen.« Wenn die Großmütter den Müttern helfen, ist allen geholfen.

Wir könnten auch erwarten, dass positiver evolutionärer Druck auf die menschliche Intelligenz mit Langlebigkeit zusammenwirkt. Ältere Mitglieder einer Gemeinschaft sind eine unschätzbar wertvolle Bibliothek von Weisheit und Wissen, wie man nicht stirbt. Eine aktuelle Studie hat das bestätigt. Die Anthropologin Sally Street verglich viele verschiedene Primatengruppen und folgerte daraus, dass »die Evolution großer Gehirne, von Sozialität und einem langen Leben die Kulturabhängigkeit gefördert hat, und die Kulturabhängigkeit führte wiederum zu einer weiteren Zunahme des Gehirnvolumens, der kognitiven Fähigkeiten und der Lebenslänge« (Street, Navarrete, Reader und Laland 2017). Ein langes Leben steckt voller Erfahrung, und Weisheit ist Intelligenz plus Erfahrung. Dank der kulturellen Weitergabe kann Weisheit zum Nutzen anderer geteilt werden, insbesondere zum Nutzen der eigenen Nachkommen.

Babys mischen dabei auch mit. Unsere Kultur und unsere Klugheit stellen Herausforderungen für die Fortpflanzung dar. Weil wir so große Gehirne haben und darauf angewiesen sind, zu lernen, statt uns von Instinkten leiten zu lassen, werden Menschenbabys verletzlich geboren, und es ist sehr aufwendig, sie am Leben zu erhalten, aber es stellt sich heraus, dass das evolutionäre Vorteile hat. Steve Piantadosi und Celeste Kidd haben gemeinsam ein Computermodell zum Aufziehen von Babys entwickelt. Sie folgerten daraus, dass die Menschheit die Herausforderung angenommen hat, sich um die Babys zu kümmern, und dass dies der Schlüsselfaktor für die Explosion unserer Intelligenz war. Hilflose Babys brauchen schlaue Eltern. Schlaue Eltern brauchen größere Gehirne. Größere Gehirne bei unveränderten Geburtskanälen bedeuten, dass die Babys unterentwickelt zur Welt kommen. Die noch hilfloseren Babys brauchen noch schlauere Eltern, und so geht es immer weiter (Piantadosi und Kidd 2016).

Das ist wunderbar, aber es machte das Leben für die Babys der Hominini komplizierter. Weil unsere Gehirne immer größer wurden und unsere Kultur sich immer weiter entwickelte, waren die Babys bei der Geburt immer schlechter auf die Welt vorbereitet. Eine komplexe Kultur wirft das Problem auf, wie Wissen geteilt wird und Lernen vonstattengeht: Babys müssen viel lernen, und niemand kann es sie lehren. Wenn bei unseren Ahnen die Eltern und Großeltern sich nicht gerade um die Nahrungsbeschaffung kümmerten, mussten sie die Herausforderung bestehen, das Baby am Leben zu erhalten. Außerdem war das, was sie ausprobieren und einem Baby beibringen konnten, nicht unbedingt das, was ein Baby verstand, weil die Kluft zwischen ihrer und unserer Sicht so tief ist. Babys lernen zwar von uns, aber das geschieht nicht in offensichtlicher Weise, und es sieht ganz und gar nicht nach Unterweisung aus.

Unterweisung ist eine SONDERBARE Art zu lernen. Der Autor und die meisten Leser dieses Buchs sind SONDERBAR. Wir sind gebildete Menschen aus dem Westen und stammen aus industrialisierten, reichen, demokratischen Ländern. Wir sind die Anormalen, und viele unserer kulturellen Annahmen gelten nicht universell. Anthropologen studieren unterschiedliche, entlegene Gemeinschaften aus der ganzen Welt teilweise deshalb, um die blinden Flecken unserer eigenen Kultur zu erkennen. David Lancy glaubt, dass Lehren einer dieser blinden Flecken ist. In *The Anthropology of Childhood* führt er aus, dass die ausdrückliche Unterweisung von Babys und kleinen Kindern in nicht-SONDERBAREN Ländern selten vorkommt. Er schreibt, »nirgendwo in der ganzen ethnografischen Literatur habe ich ein Beispiel gefunden, dass Eltern und Kind zusammen einen Turm aus Bauklötzen bauen oder etwas anderes tun, dessen einziger Zweck es ist, zu unterhalten und gleichzeitig dem Kind etwas beizubringen« (Lancy 2015). Er glaubt, dass Kinder durch Beobachtung, Nachahmung, Spiel und Vorspiegelung lernen.

Im Lauf der Zeit und an unterschiedlichen Orten sind Babys und Kleinkinder mit ihrer jeweiligen Kultur vertraut geworden, das heißt, Lernen kann eindeutig ohne Lehren stattfinden. Das ist so, weil Kultur kein Bestand an Fakten ist. Einer der klügsten Bildungstheoretiker, A. N. Whitehead, meinte: »Kultiviertheit ist gedankliche Aktivität, Empfänglichkeit für Schönheit und Gefühle der Menschlichkeit. Informationsfetzen haben nichts damit zu tun« (Whitehead 2012 [1967], S. 39). Whitehead dachte dabei nicht an Babys, aber Colwyn Trevarthen sieht keinen Grund, warum das nicht auch für Babys gelten sollte. Er meint, »Sinn wird in spielerischen, kooperativen Freundschaften entdeckt, und diese Entdeckung kommt durch die

Freude an der dynamisch responsiven Gemeinschaft zustande«, und »Menschen haben eine spezielle Begabung für den Einklang der Gehirnaktivität, der kulturelles Lernen vorantreibt« (Trevarthen 2005).

Kulturelles Lernen ist bei Babys eine emotionale und empathische Erfahrung. Für Trevarthen sind Stolz und Scham die wichtigsten Gefühle bei Babys. Das klingt vielleicht überraschend, aber es hängt damit zusammen, dass dies stark interpersonale Gefühle sind. Mit Stolz meint Trevarthen die Extravertiertheit von Babys wie ihre clownhaften Seiten und ihre Freude über unsere Aufmerksamkeit und unser Lob. Scham ist das Gegenteil; es hat mit der Ängstlichkeit von Babys zu tun und mit Frustration über ihre Misserfolge vor anderen. Ihre Gefühle sind auch stark im Körper verankert. Babys fühlen ihre Reaktionen auf Pflegepersonen nicht nur – sie agieren sie aus. Das hilft ihnen, im Einklang mit den Pflegepersonen zu bleiben. Im Einklang sein bedeutet sich mitbewegen und mitfühlen, und Trevarthen sieht das als eine umfassendere Version der Synchronie im Augenkontakt, die wir bereits früher erwähnt haben.

Babys versuchen schon mit wenigen Monaten, herauszufinden, was die anderen wollen und was sie tun. Es ist ein großer Sprung von meiner Sichtweise zu deiner, von der ersten Person zur dritten Person. Nach der herkömmlichen Auffassung sind Babys am Anfang egozentrische Wesen, die den Schritt frühestens mit eineinhalb Jahren schaffen. Zuerst stellen sie beim gemeinsamen Spielen mit einem Erwachsenen fest, dass der Erwachsene auch noch anderen Dingen neben ihnen Aufmerksamkeit schenken kann. Dann registrieren sie, dass sie selbst Gegenstand der Aufmerksamkeit des Erwachsenen sein können, wodurch sie ein Gefühl für sich selbst bekommen. Die erste der genannten Fähigkeiten, die geteilte Aufmerksamkeit (*Joint Attention*), taucht ungefähr mit einem Jahr auf und die zweite etwa mit eineinhalb Jahren. Der »Spiegeltest der Selbstwahrnehmung« gilt als triumphale Demonstration dieser Tatsache. Der Leiter des Experiments platziert heimlich einen roten Klecks Make-up auf der Stirn des Babys und schaut, wie es reagiert, wenn es sich im Spiegel sieht. Mit etwa 18 Monaten fassen Babys an ihre eigene Stirn (Amsterdam

1972). Das ist ein wichtiger Meilenstein, und interessanterweise bestehen auch Schimpansen diesen Test (Gallup 1970). Aber Menschenbabys sind sich schon viel früher der Aufmerksamkeit anderer bewusst.

Beim Kuckuck-Spiel, bei wechselseitigem Augenkontakt und anderen direkten Interaktionen merken Babys, dass jemand auf sie achtet. Vasi Reddy bezeichnet das als Perspektive der zweiten Person. Die Babys sind sich des »Du« bewusst. Das gibt es ab dem Alter von einigen Monaten, und Spiegel helfen uns, es klarer zu erkennen. In einer Untersuchung zu »Scheuheit« bei kleinen Kindern dokumentierte Reddy, wie zwei bis drei Monate alte Babys lächelten und sich von einem sozialen Gegenüber abwandten. Manchmal drehten sie sich auch von ihrem eigenen Bild im Spiegel weg. In beiden Fällen hilft ihnen die Scheuheit, die Intensität einer fremdartigen Erfahrung zu regulieren (Reddy 2000). Darwin registrierte, wie fasziniert sein vier Monate alter Sohn war, wenn er ihm einen Spiegel zeigte. Es ist faszinierend, gerade weil es merkwürdig ist.

Ich hatte ein wunderbares Video, das genau das illustrierte, auf meiner Website, das mir eine Familie aus Warschau in Polen geschickt hatte. Baby Frederick liegt in einem Strampler mit einer großen Giraffe darauf auf dem Bauch und sieht sich zum ersten Mal im Spiegel. Er hält inne, bewegt sich, macht das immer wieder und wartet entweder, dass das andere Baby auf ihn reagiert, oder ist überrascht, wenn es ihn scheinbar unterbricht. Er ist sich nicht bewusst, dass der charmante kleine Fremde buchstäblich alles spiegelt, was er tut. Er weiß, dass das nicht normal ist, aber glücklicherweise gefällt es ihm. Er erkennt, dass etwas seltsam ist, weil die üblichen Regeln des menschlichen Austauschs, dass man abwechselnd handelt, durchbrochen werden: Eltern folgen von Anfang an im Umgang mit ihrem Baby diesen Regeln. Abwechselnd handeln ist ein subtiles, aber so allgegenwärtiges Merkmal der Welt, dass sogar ein vier Monate altes Baby es schon mitbekommen hat.

Babys beobachten sehr genau. Lancy hat recht, dass selbst wir Menschen in westlichen Ländern nicht viel Zeit damit verbringen, mit Babys zu spielen. Aber Babys verbringen viel Zeit damit, uns zu beobachten, und sie haben eine hoch entwickelte Fähigkeit, unsere Absichten zu erkennen, indem sie unsere Handlungen genau verfolgen. Die Absichten von anderen zu verstehen setzt das Wissen voraus, dass sie Ziele haben, sowie die Fähigkeit, sie zu erfassen. Jeder Katzenbesitzer weiß, dass das nicht so einfach ist. Katzen haben eindeutig Absichten, aber meistens bleiben sie für ihre Besitzer ein Mysterium. Ein Baby versteht unsere Ziele, selbst wenn wir sie nicht erreichen. Experimente zeigen, dass Babys verstehen, wenn jemand versucht, Essen in eine Pfanne zu geben, und es nicht schafft, oder wenn er einen Schalter mit dem Kopf betätigt, weil er keine Hand frei hat (Gergely, Bekkering und Király 2002). Babys sind überrascht, dass ein Ball, der auf ein Tor zurollt, unnötig weiterhüpft, nachdem ein Hindernis entfernt wurde (Csibra, Bíró, Koós und Gergely 2003).

Die Wissenschaftler hinter diesen Studien sind die ungarischen Kinderpsychologen Gergely Csibra und György Gergely. Sie nennen das Phänomen »teleologische Haltung«. Sie glauben, dass Babys eine angeborene Neigung haben, Handlungen als zielgerichtet zu interpretieren, was ihnen helfe, die Menschen um sie herum zu verstehen (Gergely und Csibra 2003). Gergely und Csibra sind inzwischen noch weiter gegangen und haben gesagt, Babys wüssten, wenn wir versuchten, ihnen Dinge beizubringen, und hätten eine angeborene Disposition, Erwachsenen zu glauben. Sie meinen, Eltern und Kinder hätten ein natürliches Verhältnis von Lehrmeister und Lernendem, das bereits bei kleinen Babys funktioniere. Die Evolution habe den Babys diese Fähigkeiten mitgegeben, damit sie der Herausforderung des Lernens und der Generalisierung gewachsen seien (Csibra und Gergely 2009).

David Lancy, der Anthropologe, sieht Babys als kleine Anthropologen, die andere beobachten, um ihre Absichten zu erschließen. Csibra und Gergely, die Kognitionswissenschaftler, sehen Babys als kleine Lernende, die von Natur aus dafür prädisponiert sind, Ziele wahrzunehmen und zu erkennen, wenn man ihnen etwas beibringt. Csibra und Gergely räumen ein, dass es eine offene Frage ist, ob natürliche Pädagogik etwas Universelles über alle Kulturen hinweg ist, aber sie finden Lancys Definition von Unterweisung zu eng. Beide Seiten stimmen darin überein, dass die Babys den Großteil der Arbeit leisten und von Anfang an schnelle und kompetente Lernende sind. Das hat wichtige Implikationen für unser Konzept von Kultur.

Babys verbringen den größten Teil ihrer Zeit mit Müttern und Großmüttern, und sie lernen das meiste durch Interaktion und Beobachtung. Eine Menge von dem, was um sie herum vorgeht, hat direkt mit ihrer Versorgung zu tun. Bei unseren Vorfahren in der afrikanischen Savanne war es Teamarbeit, sich um die Babys zu kümmern. Die Großmutter und die älteren Geschwister halfen den Müttern, die Babys zu versorgen. Das Sammeln und die Zubereitung von Nahrung waren gemeinschaftliche Tätigkeiten, und die Babys waren immer in der Gruppe mit dabei. Väter spielten eine Rolle, aber keine besonders große.

Das wird klar, wenn man die Belege sichtet, aber es ist überraschend, wie lange wir gebraucht haben, um es zu erkennen. Erst in den letzten zehn Jahren hat man das verstanden, großenteils dank der Forschungen der Evolutionsanthropologin Sarah Hrdy. In ihrem Buch *Mütter und Andere. Wie die Evolution uns zu sozialen Wesen gemacht hat* (Hrdy 2010) präsentiert sie diese neue Sicht auf unsere Prähistorie und argumentiert, die wahre Wiege unserer Spezies sei der Herd und nicht die Jagd. Die zentrale Person sei nicht der Mann als Jäger, sondern die Frau als Mutter und die Großmutter als Babysitterin.

Kapitel zehn
Der Klang des Glücks

Ohne Musik wäre das Leben ein Irrtum.

Friedrich Nietzsche, Philosoph (1844–1900)

Ich liebe Musik, aber ich bin nicht musikalisch. Als kleiner Junge spielte ich so schlecht Geige, dass meine Geigenlehrerin mich wegschickte. Sie sagte, meine Arme seien zu lang und ich solle mir ein anderes Instrument suchen, aber wir wussten beide, dass das gelogen war. Nach drei oder vier Jahren quietschender Qual hatte ich keinerlei Fortschritte gemacht. Es war eine Erlösung für alle, als die Tortur endete. Ich erinnere mich, dass ich einige Jahre später über eine Freundin staunte, die in einem Orchester spielte und mir sagte, sie habe sich das Geigespielen in den Sommerferien beigebracht. Immer, wenn ich Karaoke singen musste, gab auch die Person, die mich scherzhaft dazu gedrängt und trotz meiner vehementen Proteste nicht lockergelassen hatte, schließlich zu, »Caspar und Musik – das geht nicht zusammen«. So war es surreal und einschüchternd, als ich auf einmal mit einer Professorin der Musikpsychologie, die als Musikerin einen Grammy gewonnen hatte, zusammenarbeitete, um einen Song zu komponieren, der Babys glücklich machen sollte.

Wiege deinen Körper

Als ich meine jetzige Stelle am Goldsmiths College in London antrat, berichtete ich in einem Vortrag über meine Forschungen. Danach kam meine neue Kollegin Lauren Stewart zu mir und schlug mir im Gespräch vor, wir könnten einmal bei einem Projekt zusammenarbeiten. Sie war zu der Zeit seit zehn Jahren Professorin am Goldsmiths College und hatte gerade ein revolutionäres Graduiertenprogramm begonnen, das »Musik, Geist und Gehirn« hieß. Teilnehmen können Studierende der Musik oder Psychologie, und in dem Programm lernen sie die neurowissenschaftlichen Hintergründe von Musik. Seit Kurzem interessierte sich Lauren dafür, wie Babys auf Musik reagieren. Musik ist voller Gefühle, und deshalb würde es faszinierend sein, mehr über ihre Wirkung auf Säuglinge zu erfahren. Ich stimmte sofort zu, aber zunächst fanden wir kein passendes Projekt.

Goldsmiths ist sehr renommiert für Kunst und Kreativität. Jahrelang bildeten unsere kreativen Fakultäten angehende Künstler aller möglichen Richtungen aus, und die Kunstausstellung der Studenten am Ende eines jeden Studienjahrs ist immer atemberaubend. Die Fakultät für Kunst zählt 25 Nominierungen für den Turner-Preis und sieben Gewinner unter ihren illustren Absolventen, darunter Damien Hirst und der Regisseur Steve McQueen, der sowohl den Turner-Preis wie auch einen Oscar gewonnen hat. Seine Karriere begann 1993 mit dem Kurzfilm *Bear,* seiner Abschlussarbeit am Goldsmiths College. In der Musik kommen der Manager der Sex Pistols, Malcolm McLaren, von Goldsmiths und die in den 1990er-Jahren bekannt gewordenen Popgruppen Blur und Placebo. Eine Absolventin aus jüngster Zeit ist die mit vielen Preisen ausgezeichnete Rapperin und Dichterin Kate Tempest, sie hat am Goldsmiths College Englisch studiert. Auch in zwei naturwissenschaftlichen Vorzeigefakultäten, Psychologie und Computerwissenschaft, tummeln sich bildende Künstler und Musiker.

Ich willigte ein, mit Lauren zusammenzuarbeiten, obwohl ich mir meiner Grenzen auf musikalischem Gebiet sehr bewusst war. Erstens ist das genau die Art von Forschung, die man am Goldsmiths College erwartet. Zweitens sagte ich mir, ich müsste nur so musikalisch sein wie ein kleines Baby, und das könnte sogar ich schaffen. Außerdem hatte ich schon einmal bei einem Projekt zu Babys und Musik geholfen. Als ich am Birkbeck College die Zeitwahrnehmung von Babys untersuchte, hatte unsere Forschungsassistentin Sinead Rocha gerade mit ihrer Doktorarbeit über das Rhythmusgefühl von Babys begonnen. Ich habe auch kein Rhythmusgefühl, konnte aber dabei helfen.

Sineads Projekt ist ein wunderbarer Ausgangspunkt, um über Babys und Musik nachzudenken, weil Rhythmus und Bewegung entscheidend für den Ursprung der menschlichen Musik sind. Sinead spielte bei ihrer Untersuchung den Babys 45 Sekunden lange Musiksequenzen in unterschiedlichem Tempo vor, von einem wilden Song von »Weird Al« Yankovic (200 Beats per Minute) bis zu Little Richard (171 BPM), Jennifer Lopez (133 BPM) und dem rockenden Justin Timberlake mit seinem R&B-Hit »Rock Your Body« (100 BPM). Die Babys bekamen Glöckchen, die sie passend zur Musik schütteln sollten; entweder machte Sinead mit, oder sie wurden durch ein entsprechendes Video animiert. Meine Aufgabe bestand darin, mich hinter einem Vorhang zu verstecken und die Computer zu bedienen.

Sinead stellte fest, dass die kleineren Babys sich nicht auf den Rhythmus der Musik einstellen konnten, aber ältere Babys durchaus. Den Babys gefiel es, wenn Sinead mitmachte, und die älteren Babys nickten weniger mit dem Kopf und reduzierten andere Bewegungen, je mehr sie sich anstrengten, die Glöckchen zu schütteln, obwohl es erstaunlicherweise keinen Einfluss auf ihren Einklang mit der Musik hatte, ob eine Person mitmachte oder nicht (Rocha und Mareschal 2017).

Sineads nächstes Experiment war einfach, aber genial. Sie lud viele Babys ein, auf eine herrliche große Trommel einzuschlagen. Dabei stellte sie fest, dass der natürliche Rhythmus der Babys mit dem Alter schneller wurde; das ist zu erwarten, weil ihre Koordination besser wird. Noch interessanter war die Feststellung, dass die Babys größerer Mütter langsamer trommelten. Größere Menschen machen längere, langsamere Schritte, deshalb kann man vermuten, dass der natürliche Rhythmus der Babys vom Herumtragen kommt (Rocha, Southgate und Mareschal 2017).

Babys haben noch nicht viel Rhythmusgefühl, aber sobald sie sich bewegen können, lieben sie es, zu tanzen und zu trommeln. Babys verbringen schätzungsweise bis zu 40 Prozent ihrer wachen Zeit mit immer wiederkehrenden Bewegungen, während sie langsam lernen, ihre Handlungen zu choreografieren. Wenn man ihnen eine Rassel gibt, die sie schütteln können, oder einen Topf, auf den sie einschlagen können, macht sie das noch glücklicher. Wie ich bereits erwähnt habe, animierte mich meine Mutter ab einem Alter von wenigen Monaten, mich mit tanzenden Deckeln in meinem Babybett selbst zu unterhalten. Es war sicher nicht besonders musikalisch, aber wie alle Babys, die Töne machen, freute ich mich, weil ich das selbst tat. Doch bei Musik und Tanzen geht es um mehr als nur um die Beschäftigung mit Tönen und Bewegung. Es geht um die Beschäftigung mit anderen Menschen.

Das Tanzen kommt oft zu kurz, wenn wir über die Ursprünge und die Bedeutung von Musik nachdenken, aber Tanzen war von Anfang an da, und nicht nur für Babys. Diese Ansicht vertritt Guido Orgs, der sein Büro direkt neben meinem hat. Guido war professioneller Tänzer und wechselte zur Psychologie, um die Neurowissenschaft von Tanz und Bewegung und etwas namens Neuroästhetik zu studieren. Er hat mit Choreografen und Experten für bildgebende Verfahren zusammengearbeitet, um die Ursprünge von Tanz und Musik zu erforschen, und er betont die sozialen Aspekte: »Tanz und Musik sind wirklich das Gleiche. Ihre evolutionäre Gemeinsamkeit ist, dass Menschen etwas gemeinsam machen. Gruppen von Menschen koordinieren ihre Bewegungen, um etwas zustande zu bringen. Das hat Wirkungen auf die Beteiligten, weil es eine Gruppenidentität entstehen lässt, und das könnte die Grundlage der Kultur sein.«

Guidos Forschungen haben gezeigt, dass synchrone Bewegungen mit anderen Menschen unser Gefühl der Zugehörigkeit zu unserer Gruppe stärken. Er stellte fest, »wie eng jemand seine Bewegungen mit einer anderen Person abstimmt, ist der beste Prädikator, wie sehr er diese Person mag und wie gut er mit der Gruppe verbunden ist« (von Zimmermann, Vicary, Sperling, Orgs und Richardson 2018). Sich gemeinsam zu bewegen verbindet uns und spiegelt sich auch in größerer Übereinstimmung mit der Gruppe wider; darum verbringen Soldaten viel Zeit mit gemeinsamem Marschieren, und Stämme haben ihre Kriegstänze. Wenn wir uns gemeinsam bewegen, signalisieren wir Außenstehenden unsere kollektive Stärke. Das klassische Beispiel ist der Kriegstanz der Maori, der Haka. Die neuseeländische Rugby-Nationalmannschaft, bekannt unter ihrem Spitznamen All Blacks, hat den Maori-Tanz übernommen und führt ihn vor jedem internationalen Spiel auf. Damit wollen sie nicht nur den Gegner einschüchtern, sondern auch das ganze Team und ihre Fans zusammenschweißen und motivieren. Die lauten Fangesänge bei einem Fußballspiel haben den gleichen Effekt. Jedes Mal, wenn wir für eine Person oder eine Vorführung klatschen und jubeln, signalisieren wir durch eine kollektive Handlung unsere Unterstützung. Evolutionstheoretisch gesehen besteht eine Spannung zwischen gemeinschaftlicher Kooperation und individueller Konkurrenz, und oft wird die Konkurrenz als der wichtigere Faktor dargestellt. Die Evolution wählt eher einzelne Gewinner aus als Teams, »egoistische Gene« statt soziale Gruppen, obwohl wir bei der Partnerwahl nach dem Menschen suchen, mit dem wir am allerbesten zusammenarbeiten können. Darwin meinte, Musik und Tanz seien bei Menschen genauso wie bei Vögeln Rituale der Brautwerbung, ein Mittel, wodurch konkurrierende Männchen wählerischen Weibchen körperliche und geistige Fitness signalisieren könnten. Die Belege dafür sind erstaunlich dünn. In der Geschichte gab es viel mehr männliche Komponisten und Musiker, aber das hängt hauptsächlich mit gesellschaftlichen Einschränkungen zusammen. Körperliche Symmetrie ist ein guter Indikator für genetische Fitness, und Forscher haben herausgefunden, dass man sie besonders gut beim Tanzen beurteilen kann (W. M. Brown u. a. 2005). Aber wir sind nicht immer nächtelang unterwegs und suchen unser Glück (wie es in dem Song »Get Lucky« von Daft Punk heißt). Singen und Tanzen machen uns ohne Zweifel um ihrer selbst willen glücklich. Babys interessieren sich nicht für Sexpartner und wollen keine Kriege führen, aber ganz eindeutig haben sie Freude an Musik, sogar an Justin Timberlake.

Robin Dunbar vermutet, dass in der Geschichte von Singen und

Tanzen die sexuelle Selektion gegenüber dem Gemeinschaftserlebnis zweitrangig ist (Dunbar 2012). Er glaubt, dass gemeinschaftliches Singen und Tanzen wichtige soziale Mechanismen waren, als bei unserem Zweig des Familienstammbaums der Primaten die Gruppen immer größer wurden. Singen und Tanzen kommen als nächster Schritt nach dem Lachen. Musik kann mit größeren Gruppen geteilt werden, und wie beim Lachen werden dabei Endorphine freigesetzt. Tatsächlich meint Dunbar, Lachen sei »ein Vorläufer des Chorgesangs« gewesen und es gebe eine »natürliche Abfolge von der Fellpflege über das Lachen und die Musik bis schließlich zur Sprache« (Dunbar 2012).

Musik zielt darauf ab, uns in Bewegung zu bringen. Eine interessante Definition von Musik lautet, dass sie eine verkörperte expressive Bewegung ist, die andere mitreißt (Cross und Morley 2008). Während ich hier sitze und das schreibe, laufen im Hintergrund Vivaldis *Vier Jahreszeiten,* eine Reihe von vier Violinkonzerten. Der »Frühling« ist vorbei, bei dem die Geigen die Gesänge der Vögel imitieren und ein freudiges Allegro an Tanzen denken lässt. Jetzt ist der »Sommer« dran, der langsam beginnt, während wir uns der Sonne hingeben und Kuckucksrufe und Turteltauben zu hören sind. Aber Spannung baut sich auf, ein Sommergewitter kommt näher und bricht los. Man kann die unglaublich schnellen Geigenläufe nicht hören, ohne die wilden Bewegungen vor Augen zu haben. Ich spüre sie in meinem Körper. Mein Herz schlägt ohne Zweifel schneller, und ich will mich bewegen. Aber noch mehr als das: Ich fühle die Jahreszeiten.

Eine Oper für Babys

> *Aus allen möglichen Gründen ist die Oper – auch die komische Oper – in der Regel nichts zum Lachen.*
> Tom Sutcliffe, Believing in Opera, 1997

Nicht lange nachdem Lauren Stewart und ich über eine mögliche Zusammenarbeit gesprochen hatten, bekam sie einen Anruf vom C & G Baby Club, einer Website, die einem Lebensmittelhersteller gehört und Tipps zur Schwangerschaft und Pflege von Babys und Kleinkindern gibt. Sie wollten Laurens Hilfe bei der Produktion eines Songs, »der wissenschaftlich erwiesen Babys glücklich macht«. Das war beinahe zu schön, um wahr zu sein, und wir entschieden, dass wir uns mit ihnen treffen wollten. Wir gingen skeptisch in das Meeting. Marken und Marketingleute haben keinen sonderlich guten Ruf, was die Einbeziehung von Wissenschaft anbetrifft. Aber ich hatte sehr positive Erfahrungen bei meinen Schlafforschungen mit Pampers in Brasilien gemacht. Also trafen wir uns mit dem C & G Baby Club und ihrer Werbeagentur BTEC, um über ihre Ideen zu diskutieren.

Es stellte sich heraus, dass die Anregung dazu von Hunden gekommen war. Ein paar Wochen zuvor war Ciara O'Meara, die für BTEC arbeitete, in New York gewesen, wo die Avantgarde-Künstlerin und Komponistin Laurie Anderson ein Konzert für Hunde gegeben hatte. Das Konzert hatte bei eisiger Kälte um Mitternacht am Times Square stattgefunden. Laurie Anderson spielte Geige, die Frequenzen waren eigens auf die Ohren der Vierbeiner abgestimmt worden. Allem Anschein nach machte die Sache den Hunden Spaß, sie beteiligten sich mit Bellen und Heulen. Ciara dachte sich, wenn Menschen ernsthaft Musik für Hunde spielen, warum dann nicht auch für Babys? Die Presse hatte dem Konzert natürlich auch Beachtung geschenkt, und das war wiederum Ciaras Aufmerksamkeit nicht entgangen.

Lauren und mich reizte die Herausforderung, und zunächst wollten wir herausfinden, ob und was bereits zu diesem Thema publiziert worden war. In meinen Forschungen zum Babylachen hatte ich Eltern gefragt, welche Reime und sinnlosen Laute ihren Babys besonders gefielen. Wir fanden, wenig überraschend, heraus, dass Babys prustende Lippengeräusche lieben und Lieder, bei denen man sie kitzelt. Laurens frühere Forschungen waren ergiebiger, denn sie hatte nach »Ohrwürmern« gesucht – Liedern, die im Kopf bleiben (Jakubowski, Finkel, Stewart und Müllensiefen 2017). Allerdings hatten wir uns schon früh darauf geeinigt, dass das Lied eingängig sein sollte, aber nicht ansteckend. Lieder für Babys werden unweigerlich oft wiederholt, und wir wollten die Eltern nicht wahnsinnig machen. Wir vereinbarten mit dem C & G Baby Club, dass wir erst einmal mehr Hintergrundforschung betreiben würden und sie sich unterdessen auf die Suche nach einem geeigneten Komponisten machen sollten.

Wir fanden überraschend wenig Forschungsarbeiten über die Musikvorlieben von Babys. Das war ermutigend, denn es bedeutete, dass sich das Projekt unter wissenschaftlichen Gesichtspunkten lohnte. Zu den emotionalen Reaktionen von Erwachsenen auf Musik gibt es viel Forschung, aber die Forschung mit Babys ist eher bruchstückhaft und eklektisch, was zweifellos damit zusammenhängt, dass man sie nicht fragen kann, was sie mögen.

Wir wissen bereits, dass Babys sich an die Titelmelodien von Seifenopern und an andere Musikstücke erinnern, die sie im Mutterleib gehört haben, und eine unterhaltsame Studie fand heraus, dass Neugeborene Bach lieber mögen als Aerosmith (Flohr, Atkins, Bower und Aldridge 2000). Besonders systematisch hat Laurel Trainor von der McMaster University im kanadischen Ontario die Vorlieben von Babys untersucht. Sie fand heraus, dass kleine Babys eine eindeutige Präferenz für Harmonien gegenüber Dissonanzen haben und sich an Tempo und Klangfarbe von Musik erinnern, die sie schon einmal gehört haben. Babys ziehen weibliche Stimmen vor, mögen aber Babysprache noch lieber. Das ist der hohe Singsang, in den wir alle automatisch verfallen, wenn wir mit Babys sprechen.

Babys mögen vielleicht Mozart, aber das macht sie nicht auf magische Weise schlauer. Dieser hartnäckige Mythos geht zurück auf eine Untersuchung von Rauscher, Shaw und Ky (1993). Sie stellten fest, dass Studierende bei Aufgaben zur räumlichen Wahrnehmung um die Entsprechung von neun IQ-Punkten besser abschnitten, wenn sie zuvor zehn Minuten lang Mozarts Sonate D-Dur für zwei Klaviere (KV 448) angehört hatten. Daraufhin tauchte eine Fülle von Mozart-Produkten für Babys auf, aber im Lauf der Zeit wurde klar, dass der Effekt gering ist und nicht mit der klassischen Musik zusammenhängt. Eine Untersuchung mit 8000 Zehnjährigen kam zu dem

Ergebnis, dass sie besser abschnitten, wenn sie die Goldsmiths-Absolventen von Blur hörten, als wenn sie Mozart hörten (Schellenberg und Hallam 2005).

Wenn man sich umhört, gibt es nicht viel ernsthafte Musik für Babys. Die meiste Musik, die speziell für Babys geschrieben wurde, ist absichtlich unvorstellbar einschläfernd. Das berühmte »Wiegenlied«, Op. 49 Nr. 4, hat Johannes Brahms 1868 für eine alte Freundin anlässlich der Geburt ihres Kindes komponiert. Heute läuft es in Tausenden von Spieluhren und Mobiles für Babys. In den 1920er-Jahren versuchte sich der tschechische Opernkomponist Leoš Janáček an Kinderreimen. Er war nicht nur ein produktiver Komponist, sondern interessierte sich auch für Folklore und Märchen, transkribierte und adaptierte viele Volkslieder und schrieb große Chorarrangements von Dutzenden tschechischer Kinderlieder. Ich weiß nicht, ob jemand diese Werke schon einmal bei Babys ausprobiert hat, aber mich erschrecken sie zu Tode. Der Musiker Michael Janisch hat 2013 ein ganzes Album *Jazz für Babys* aufgenommen. Auch das war sehr langsam und dazu gedacht, sie zu beruhigen, nicht unbedingt, sie glücklich zu machen. Fröhliche Musik für Babys klingt einigermaßen seltsam, obwohl ich ein großer Fan von Caspar Babypants bin, der derzeitigen babyfreundlichen Band des ehemaligen Rockstars Chris Ballew.

Weil es nicht viel vernünftige Auswahl gibt, nehmen die Babys die Sache selbst in die Hand und suchen sich ihre Lieblingsstücke aus der Musiksammlung ihrer Eltern heraus. Viele Jahre habe ich die Eltern, die zu uns ins Labor kamen, gefragt, welche Musik ihre Babys liebten. Die Vielfalt und Unterschiedlichkeit waren verblüffend. Babys lieben ein bisschen von allem, von Sonic Youth bis zu Taylor Swift. Sie entscheiden sich genauso oft für Heavy Metal wie für Country und Western, Pop, Punk, Hip-Hop oder klassische Musik. Ein paar kleine Traditionalisten lieben sogar Kinderlieder. Das einzige Muster, das sich feststellen lässt, ist, dass es kein Muster gibt. Eltern sind oft überrascht, welche Songs die Aufmerksamkeit ihrer Babys fesseln. Ohne Zweifel haben die Babys Favoriten, die sie wiedererkennen und über die sie sich freuen. In der Regel sind es einzelne Songs und weniger eine bestimmte Musikrichtung oder ein Künstler.

Ihre Wertschätzung ist auch bemerkenswert tiefgründig. Im Internet haben sich Videos viral verbreitet, die zeigen, wie Babys in Tränen ausbrechen, wenn sie emotionale Musik hören. In einem klassischen Video lächelt die zehn Monate alte Marie-Lynne aus Kanada zuerst, als ihre Mutter ihr den melancholischen Song »My Heart Can't Tell You No« vorsingt. Aber als es emotionaler wird, bricht sie in Tränen aus. Inzwischen gibt es ein ganzes Genre, das Babys zeigt, wie sie auf den Opernstar Andrea Bocelli reagieren, als er Elmo aus der *Sesamstraße* ein opernhaftes Schlaflied vorsingt. Es ist erstaunlich, wie sehr die Babys von dem bewegt werden, was sie hören. Wir hatten nicht vor, traurige Musik zu machen, aber dieses Beispiel brachte mich dazu, über Opern für Babys nachzudenken.

Wenn man professionelle Musiker nach dem Geheimnis von guter Musik fragt, werden sie sagen, dass Musik in erster Linie mit Gefühlen zu tun hat. Das gilt ganz besonders für die Oper, bei der das wichtigste Instrument die menschliche Stimme ist und das wichtigste Thema das menschliche Leben. In Musik und Handlung, Geschichte und Darstellung zielt die Oper darauf ab, die Höhen und Tiefen des Lebens zu erforschen. Wut, Freude, Liebe, Trauer, Eifersucht und Verzweiflung werden alle in einem grandiosen Spektakel dargestellt. Richard Mantle, Generaldirektor des Opernorchesters Opera North, bezeichnet die Oper als »die Kunstform, die dem reinen Ausdruck von Gefühl am nächsten kommt«. Der Schriftsteller George Bernard Shaw sagte: »Oper ist, wenn der Sopran und der Tenor miteinander ins Bett gehen möchten und der Bariton sie daran hindert.« Die Oper ist gezielt intensiv und emotional manipulativ, obwohl sie, wie der britische Moderator von Kunstsendungen im Radio, Tom Sutcliffe, geschrieben hat, Komödie nicht gut kann. Der Druck ist zu groß und der Anspruch zu hoch.

Die Oper ist technisch, logistisch und wirtschaftlich abschreckend. Viele Opernfans behaupten felsenfest, sie sei das extremste Beispiel menschlicher Kunst. Oliver Mears, Regisseur an der Royal

Opera in London, meint, »Oper ist wichtig, weil sie absolut unmöglich ist«. Er fügt hinzu, »nach Aufwand und Kosten ist es die exzessivste aller Kunstformen und mit ihrem totalen künstlerischen Anspruch die ambitionierteste«. Vor diesem Hintergrund ist es überraschend zu hören, dass Menschen nicht nur Opern für Babys komponieren, sondern dass die Baby-Oper womöglich der Ursprung aller menschlichen Kunst war.

Die Londoner Gruppe Musical Rumpus führt seit 2011 Opern für Babypublikum auf. Sie wird unterstützt von der Musikstiftung Spitalfields Music, und in Ostlondon und anderswo haben mittlerweile rund 15.000 Babys ihre Aufführungen gesehen. Ich hatte davon gehört, aber lange hatte ich keinerlei Vorstellung, um was es dabei ging. Als ich dann selbst in die Welt der Musik für Babys stolperte, beschloss ich, dass es Zeit war, mir die Sache anzuschauen. Weil ich nichts über Opern weiß, nahm ich meinen Freund Sam Wass mit, der Opernregisseur in Berlin war, bevor er Babyforscher wurde. Das letzte Mal hatte ich im Alter von zwölf Jahren etwas gesehen, das an eine Oper erinnerte, als unsere Klasse eine Aufführung von *Pirates of Penzance* von Gilbert und Sullivan besuchte. Meine zwei bleibenden Erinnerungen von damals sind, dass eine komische Oper nichts mit Lachen zu tun hat und dass ich einschlief, obwohl es unvorstellbar laut war. Deshalb fühlte ich mich ein bisschen eingeschüchtert, obwohl es sich um eine Oper für Babys handelte, und war froh, dass Sam mich als moralische Unterstützung begleitete und mich notfalls anstoßen konnte, wenn ich einnicken sollte.

Sam und ich mischten uns unter die kleinen Zuschauer der Aufführung von *Fogonogo,* einer Oper über einen Vulkan. Es war das achte Programm von Musical Rumpus und die siebte Zusammenarbeit zwischen Sam Glazer als Komponist und Zoe Palmer als Verfasserin des Librettos und Regisseurin. Genau wie eine Oper für Erwachsene ist eine Oper für Babys eine umfassende Multimedia-Erfahrung, mit Bühne, Inszenierung, Kostümen und Orchester, wenn auch alles reduziert, weil das Budget und die Förderung genauso winzig sind wie das Publikum. Bei dieser Oper treten nur zwei Sänger auf – wir sahen eine Aufführung mit der Sopranistin Lucy Knight und dem Bariton Peter Braithwaite. Das Orchester bestand aus zwei Musikern: Sam Glazer spielte Cello, die Schlagzeugerin Rosie Bergonzi begleitete ihn. Die Aufführung fand außerdem an einem unscheinbaren Ort statt: in einer abgetrennten Ecke der Stadtbücherei von Stratford im Londoner Osten. Die Buggys wurden geparkt, alle Babys und ihre Begleitpersonen fanden Sitzplätze. Das Publikum war nicht groß – etwa 20 Babys, obwohl zu früheren Programmen auch schon 50 Babys gekommen waren, und dann ist richtig Krawall (»Rumpus«).

Die Zuschauerzahlen werden in der Regel gering gehalten, weil die Aufführungen intim und interaktiv sind. Als wir da waren, saßen die Babys in einem Kreis um blaue Matten herum, die das Meer darstellten, mit kleinen orangeroten Podesten als Inseln. Von Anfang an befanden sich die Darsteller auf Augenhöhe mit den Babys, sie bewegten sich langsam und achteten auf die Reaktionen ihres Publikums. Die Babys waren die meiste Zeit damit zufrieden, dazusitzen und zuzuschauen, aber immer mal wieder wanderten kleine Mitspieler in das Geschehen und überreichten den Darstellern Requisiten. Doch auch die Babys, die nur einfach mit Mama oder Papa dasitzen, bleiben nicht ausgeschlossen; die Darsteller legen Wert darauf, mit jeder kleinen Person im Publikum in Kontakt zu treten. Die Babys sind Teil der Aufführung: Zoe nennt sie »unseren glucksenden, zappelnden, krabbelnden Chor«, und ihre Reaktionen werden in das Stück eingebaut. Das bedeutet, dass jede Aufführung anders ist, und das kann für klassisch ausgebildete Musiker ziemlich beängstigend sein. Zoe erzählte mir von einer Babyshow mit Jazz-Sängern in New York. Sie hatten viel schneller »den Dreh raus« und freuten sich, mit ihren kindlichen Begleitern improvisieren zu können.

Fogonogo beginnt langsam und wird dann immer intensiver. Schließlich geht es um einen Vulkan. Sam Glazer weiß genau, dass eine Oper für Babys die gesamte Bandbreite der Gefühle ansprechen sollte. Mit der Erfahrung aus vielen Hundert Aufführungen ist er sich sicher, dass die Musik nicht unerbittlich fröhlich sein sollte. Sie sollte auch traurig sein. Angst einflößend. Die Babys werden reagieren. Sie werden sich darauf einlassen. Wie Andrea Bocelli sagt: »Um Opern zu singen, braucht man zwei Dinge: die Stimme und die Leidenschaft – vor allem die Leidenschaft.« Peter und Lucy gelingt es beiden, die Kraft ihrer Stimmen zu zeigen, und die Musik wird immer dramatischer, ab und zu sogar ein bisschen erschreckend. Nach meiner Zählung singen sie in mindestens vier verschiedenen Sprachen: Englisch, Französisch, Italienisch und Vulkanisch. Die Babys saugen alles auf. Viele beteiligen sich aktiv, andere sitzen still und gebannt da. Zoe sagte mir, Tränen kämen ihrer Erfahrung nach sehr selten vor. Für alle ist die Musik der rote Faden durch die Aufführung, sie fesselt ihre Aufmerksamkeit und lädt sie ein, mitzumachen.

Die amerikanische Schriftstellerin Ellen Dissanayake glaubt, etwas ganz Ähnliches wie Musical Rumpus könnte der Ursprung von Musik, Kunst und sogar Liebe gewesen sein. Sie meint, Musik und andere Künste hätten sich gemeinsam mit unserem Bedürfnis nach Intimität und Zugehörigkeit entwickelt. In einem wunderbaren Buch mit dem Titel *Art and Intimacy* stellt sie die Entwicklung von Kunst und Kultur aus einem zutiefst humanistischen Blickwinkel dar, der Mütter und Babys in den Mittelpunkt rückt. »Es ist nicht überraschend, dass Gesellschaften überall auf der Welt diese Knotenpunkte von Kultur entwickelt haben, die wir Zeremonien oder Rituale nennen und die für die Mitglieder der Gesellschaften das leisten, was Mütter natürlicherweise für ihre Babys leisten: ihr Interesse wecken, sie in einen gemeinsamen rhythmischen Pulsschlag einbeziehen und ihnen dadurch Gefühle von Nähe und Gemeinschaft vermitteln« (Dissanayake 2000).

In einem früheren Buch hat Dissanayake den Begriff *Homo Aestheticus* vorgeschlagen (Dissanayake 1994). Sie meint, Kunst bewirke, dass wir uns gut und größer fühlten, als wir seien. Kunst ziele darauf ab, »eine außergewöhnliche Dimension als Gegensatz zu einer gewöhnlichen Dimension der Erfahrung anzuerkennen; bewusst zu handeln in Reaktion auf Ungewissheit«. Das war eine konterrevolutionäre Idee. Statt in Psychologie oder Philosophie nach Erklärungen für Kunst und Ästhetik zu suchen, betrachtete sie den evolutionären

Vorteil. Als Verhaltensforscherin, die 15 Jahre in Sri Lanka, Nigeria und Papua-Neuguinea gelebt hatte, meinte sie, sie habe die enge eurozentrische Perspektive der meisten Kunsttheoretiker überwunden, für die die zeitgenössische europäische Kultur und ihre Phasen und Moden während der letzten Jahrhunderte der Maßstab sind. Sie findet, die Fixierung moderner Denker auf die Bedeutung von Wörtern mache sie blind für die Tiefengeschichte von fünf Millionen Jahren sozialem Zusammenleben und vorschriftlicher Kultur. In der Folge urteilt sie sehr harsch über den Relativismus der Postmoderne und der Literaturtheorie, der behauptet, die Kunst verdanke ihre Macht der Tatsache, dass sie über sich hinaus nichts bedeute. Dissanayake ist anderer Meinung: »Nichts? Feuer ist heiß. Hunger ist schlecht. Babys sind gut.«

Art and Intimacy geht noch weiter. In dem Buch argumentiert Dissanayake, dass die Künste nicht Instrumente im sexuellen Konkurrenzkampf sind, sondern Ausdruck von Empathie und Gemeinschaftssinn. Das Buch ist die Frucht eines einjährigen Aufenthalts, den Dissanayake in Edinburgh im Labor von Colwyn Trevarthen verbrachte. Dort erfuhr sie von der »primären Intersubjektivität«, die entsteht, wenn Mütter sich mit ihren Babys synchronisieren. Ihrer Auffassung nach überträgt Kunst diesen Vorgang auf größere Gruppen. Die auf die Sexualität fixierte Sichtweise vieler Evolutionspsychologen, die, wie sie anmerkt, überwiegend männlich sind, lehnt sie ab. Soweit Musik und Kunst der Partnerwerbung dienten, spiele das eine untergeordnete, zweitrangige Rolle. Der wichtigste evolutionäre Nutzen von Kunst, Musik und Geschichten sei, dass sie geteilte Erfahrungen darstellten. Und genau wie es gut für das Wohlergehen eines Babys sei, wenn sich die Mutter auf es einstelle, sei Kunst gut für unser seelisches Wohlergehen.

In Dissanayakes Darstellung ist der Ursprung der Kunst sozialer und nicht symbolischer Natur. Kunst ist in Aktivität, nicht in der Fantasie begründet. Als hochgradig soziale Spezies haben wir eine Fähigkeit, aufeinander einzugehen, eine Begabung für Familiensinn und Zugehörigkeit. Es ist wahrscheinlich, dass wir, schon bevor wir die Sprache hatten, auf andere Weise nach Bedeutung suchten und Bedeutung vermittelten, und diese andere Weise war die Kunst. Die dynamische, interaktive Natur von Musik erfüllt diesen Zweck gut. Wir konnten vermutlich singen, bevor wir sprechen konnten. Dissanayake glaubt, die musikalische Beziehung von Müttern zu ihren Kindern gehe über »schlaffördernde Wonne« von Schlafliedern hinaus. Sie stelle eine Verbindung her, fessele und halte die Aufmerksamkeit des Kindes und erforsche Wechselseitigkeit und die ganze Bandbreite emotionaler Zustände. Angst, Furcht und Wut haben lebenserhaltende Funktionen. Die Lieder der Mütter vermitteln den Kindern reale Erfahrungen dieser dunkleren Gefühle und balancieren sie mit Freude, Überraschung und Liebe aus.

Die Lieder, Zeremonien und Rituale unserer fernen Vorfahren erzeugten Gemeinschaft. David Pountney, der ehemalige Direktor der Welsh National Opera, erfasst etwas davon, wenn er sagt, »die Oper ist die Verkörperung eines wesentlichen menschlichen Triebes: durch Musik Geschichten zu erzählen. Sie verbindet die moderne, liberale intellektuelle und künstlerische Kultur mit unseren primitiven Ursprüngen in Ritualen.« Und doch bringt uns die Baby-Oper erstaunlicherweise noch näher an diese alte Wahrheit heran. So wie das vorgetäuschte Kitzeln eines Babys womöglich der erste Witz der Menschheit gewesen ist, waren die emotionalen Lieder, die eine Mutter ihrem Baby vorsingt, vielleicht unsere ersten Kunstwerke.

Der Happy-Song

Bring! Bring! on the bicycle
Beep! Beep! in the car
Ping! Ping! a submarine

Phew! Phew! helicopter
A choo-choo train,
An aeroplane,
A »whee«, down the slide.

I just adore-dore-dore
You every day more
Wherever we are.

Bring! Bring! das Fahrrad her
Und da hupt das Auto
Ping! Ping! macht das U-Boot.

Hui! Hui! der Hubschrauber
Und Tschu! Tschu! der Zug
Ein Flugzeug
Ein Schwirren in der Luft.

Ich lieb dich immer mehr
mit jedem Tag
den wir zusammen sind.

»Der Happy Song«, Imogen Heap 2016

Auf der Suche nach einem Komponisten für unseren Happy-Wissen-schafts-Baby-Song wandte sich der C & G Baby Club an die Musikbe-raterin Liz Williams. Liz stellte eine Liste populärer Musiker zusam-men, die vielleicht bereit wären, eine solche ungewöhnliche Aufgabe zu übernehmen. Ganz oben auf ihrer Liste stand Imogen Heap. Imo-gen ist Sängerin und Toningenieurin, spielt mehrere Instrumente, komponiert und produziert Musik. Sie hat bereits als Teenager Songs geschrieben und ihren ersten Plattenvertrag unterzeichnet, bevor sie achtzehn war. Sie hat nicht nur fünf Alben mit eigener Musik heraus-gebracht, sondern auch mit Dutzenden Künstlern von Jeff Beck bis Ariana Grande zusammengearbeitet. Sie ist ein regelrechter Musik-Nerd und liebt auch die technischen und innovativen Aspekte des Musikgeschäfts. Seit ihrer Teenagerzeit beschäftigt sie sich mit elek-tronischer Musik und musikalischen Computerspielereien; sie hat elektronische Handschuhe erfunden, die durch Gesten und Bewe-gungen durch die Luft Musik erzeugen. Sie wurde mit zwei Grammy

Awards ausgezeichnet, beide für ihre Arbeit als Toningenieurin: einmal für ihr eigenes Album *Ellipse* und dann als Produzentin und Toningenieurin bei Taylor Swifts megaerfolgreichem Album *1989*. Als Liz ihr vorschlug, sich an unserem Projekt zu beteiligen, war sie gerade mit der Musik für die Bühnenfassung von *Harry Potter und das verwunschene Kind* fertig geworden.

Der zweite wichtige Grund, warum Imogen gefragt wurde und warum sie einwilligte, war ihre eigene, damals 18 Monate alte Tochter Scout. Im Jahr zuvor hatte Imogen einen Song mit dem Titel »Tiny Human« über Scout geschrieben. Der Song war eine ehrliche, sehr persönliche Reaktion auf die ersten Monate mit dem Baby. Scout war sehr unruhig gewesen, und wie die meisten Eltern, die ihr erstes Kind bekommen haben, fühlten sich Imogen und ihr Partner Michael vollkommen unvorbereitet, nachdem das kleine Wesen auf einmal »in ihr Leben gestürzt« war. Der Song handelt von den physisch und emotional anstrengenden Herausforderungen, vor die sie ein Baby stellte, das, wie es schien, drei Monate lang pausenlos schrie. In dem Song gibt es die Zeile »Wie lange kann man ohne Schlaf leben?«, und weiter heißt es, »das ist das Härteste, was ich jemals gemacht habe«.

Unser Song war eine Herausforderung anderer Art: Es sollte ein Song sein, der Babys glücklich machte, nicht ein Song über ein Baby, er sollte aber auch Eltern ansprechen. Wie wir hatte Imogen bemerkt, »es gibt sehr wenige Babysongs, die nicht zum Davonlaufen sind« (Heap 2016).

Nachdem Imogen mit an Bord war, trafen wir uns, um ihr, ausgehend von der vorhandenen Literatur, eine Richtschnur zu geben. Erstaunlicherweise kommt das meiste, was über die musikalischen Präferenzen von Babys bekannt ist, aus Kanada – aus den Labors von Sandra Trehub an der University of Toronto und von Laurel Trainor an der McMaster University in Hamilton in der Provinz Ontario. Dank jahrzehntelanger Forschungen von Trehub und Trainor wussten wir, dass Babys den Unterschied zwischen fröhlichen Dur-Tonfolgen und traurigen Moll-Tonfolgen erkennen. Sie lieben Songs mit einer einfachen, sich wiederholenden Hauptmelodie und mit musikalischen Effekten wie Trommelwirbeln, Veränderungen der Tonart und Anstiegen der Tonhöhe, weil das Erwartungen und Überraschungen erzeugt (Trehub und Trainor 1998).

Die ideale Person, um einem Baby etwas vorzusingen, ist die Mutter, und generell haben Babys weibliche Stimmen lieber als männliche. Aber besonders frappierend ist, dass Babys merken, ob ihr Gegenüber ehrlich ist oder nicht. In einer sehr coolen Untersuchung fand Laurel Trainor heraus, dass Babys Versionen von Liedern, die in Anwesenheit eines echten Babys aufgenommen worden waren, solchen vorzogen, bei denen die Sängerin sich nur vorstellte, sie würde für ein Baby singen (Trainor 1996). Wir empfahlen, dass Scout im Studio dabei sein sollte, wenn Imogen den Song aufnahm. Der nächste Punkt war vorhersehbar: Schnelle Lieder klingen fröhlicher als langsame. Aber wir empfahlen, dass Imogens Lied noch schneller sein sollte, als sie es sich vorgestellt hätte. Das Herz eines Babys schlägt viel schneller als unsere Herzen. Der Ruhepuls eines zwölf Monate alten Babys liegt um 50 Prozent über dem eines Erwachsenen. Was für uns schnell klingt, klingt für ein Baby vielleicht ganz gemütlich. Wenn Sie eine Vorstellung bekommen wollen, was für ein Lied einem Baby gefällt, hören Sie sich am besten »Happy« von Pharrell Williams an. Mit 160 Beats pro Minute ist der Song ganz sicher schnell genug. Er hat eine klare, sich wiederholende Melodie und einen ebensolchen Text. Es gibt lang ansteigende Tonfolgen bei happyyyyyyyyyyy und hübsche Momente von Vorwegnahme und Überraschung. Auch das Klatschen ist wichtig, denn Babys (und Erwachsene) reagieren positiv auf konkrete Aufforderungen, sich mit der Musik zu bewegen. Zum Beispiel ergab eine Untersuchung, dass Babys mehr lächelten, wenn sie sich mit der Musik bewegten (Zentner und Eerola 2010).

Wir wären mit einem Bruchteil des Erfolgs von Pharrell Williams glücklich gewesen. Immerhin hatten wir etwas, was er nicht hatte: eine kleine Armee von Babymusikberatern, die uns helfen würden, herauszufinden, was Babys mögen. Imogen hatte ihre Tochter Scout, die ihr bei der Komposition half, und mit Unterstützung von C & G luden wir Familien mit ihren Babys in unser Labor ein, um uns deren Reaktionen anzuschauen. Imogen sollte für uns eine Auswahl von 20 Sekunden langen Mini-Songs schreiben, die wir den Babys im Labor vorspielen konnten. Sie und Scout komponierten dazu vier kurze Melodien, zwei langsame und zwei schnelle. Von jeder schrieb sie zwei Versionen, eine mit und eine ohne einfachen gesungenen Text.

Ein paar Wochen später schickte uns Imogen die acht Lieder, die als Kandidaten infrage kamen, und nacheinander besuchten uns 26 Babys zwischen sechs und zwölf Monaten mit ihren Müttern im Labor, um uns ihre Meinung mitzuteilen. Welche Lieder die Mütter mochten, wussten wir, weil wir sie fragen konnten. Wir fragten die Mütter auch, welche Lieder ihre Babys ihrer Einschätzung nach am liebsten haben würden. Mütter kennen ihre Babys am besten, deshalb wäre es dumm, ihr Wissen außer Acht zu lassen. Aber wir wollten auch objektivere Messungen, deshalb filmten wir die Babys und codierten ihre Reaktionen »blind«. Meine beiden studentischen Hilfskräfte Omer und Kaveesha sahen sich alle Videos ohne Ton an, sodass sie nicht wussten, um welchen Song es sich jeweils handelte. Sie zählten, wie oft die Babys lachten, lächelten und tanzten. Verblüffenderweise hatten die meisten Mütter und 20 der 26 Babys eine deutliche Präferenz für eine Melodie. Entsprechend unseren Vorhersagen war es eine schnelle Melodie. Und noch verblüffender war, dass es sich um ein Lied handelte, das aus Tönen entstanden war, die Scout vor sich hin gesummt hatte. Liegt Musikmachen bei Babys in den Genen?

Nun hatten wir eine Siegermelodie, und Imogen (mit Scout) begann daraus ein richtiges Lied zu machen. An diesem Punkt kamen weitere Überlegungen ins Spiel. Erstens fragten wir uns alle, welche Geräusche Babys lustig fanden. Rund 2500 Eltern aus dem C & G Baby Club und Imogens Fanclub stimmten über sinnlose Töne ab, die ihre Babys glücklich machten. Zu den Top Ten gehörten »Buh!«, Prusten, Niesen, Tierlaute und Babylachen. Zweitens wussten wir, dass Babys eher auf Verschlusslaute wie »pa« und »ba« reagieren als auf stimmhafte Laute wie »la« oder »wa«. Imogen arbeitete sehr clever viele dieser Elemente in den Song ein. Drittens sollte das Lied süß, sinnlos und sozial sein. Es sollte etwas sein, an dem Eltern Freude hatten und das sie mit ihren Kindern teilen konnten. Glück ist ein gemeinschaftliches Gefühl, und der Erfolg vieler Kinderlieder liegt darin, dass sie interaktiv sind. Vor allem brauchte der Song ein Thema, Text und eine Struktur. Aber eine Musikerin, die zwei Grammys gewonnen hatte, ist nicht auf den Rat von Wissenschaftlern angewiesen, wie man einen Song schreibt. Imogen wählte die Worte sorgfältig so, dass sie eine fröhliche Geschichte erzählen, wie sehr wir unsere kleinen Babys lieben, wo immer wir sind – vom Himmel bis zum Ozean, auf einem Fahrrad oder auf einer Rakete. Schlauerweise erlaubte das Thema Transport viele Verschlusslaute wie »Tschu, tschu« und viele Gelegenheiten zur Interaktion von Eltern und Baby.

Sobald Imogen mit dem »Happy Song« happy war, kamen unsere Babymusikberater zurück ins Labor und hörten sich zwei leicht unterschiedliche Versionen an: eine schnelle Version mit 163 Beats pro Minute und eine noch schnellere mit 168 Beats pro Minute. Wir gaben den Eltern einen Ausdruck des Textes und baten sie, ihre Babys zum Tanzen zu ermuntern. Um das zu unterstützen, stellten wir eine Babywippe im Labor auf. Interessanterweise zogen die meisten Babys die etwas langsamere Version vor, weil Mütter und Babys dabei ein bisschen mehr Zeit hatten, auf den Text zu reagieren. Wir registrierten, dass der Refrain der wirkungsvollste Teil des Songs war, und orientierten uns an den Reaktionen der Babys, um zu entscheiden, welche Wörter und Klangeffekte besser oder schlechter funktionierten.

Nach einer letzten Runde Feinarbeit von Imogen führten wir einen anderen Test durch. Wir versammelten alle Babys in einem Raum und spielten allen gemeinsam den Song vor. Vielleicht war das dumm, aber als Imogen und ich auf dem Sofa vor einem bunten, chaotischen Raum voller Eltern und Babys saßen und auf »Play« drückten, waren wir vorsichtig optimistisch. Wer jemals ein begeistertes Kleinkind oder ein Baby gesehen hat, weiß, dass zweieinhalb Minuten eine lange Zeit sind, um die Aufmerksamkeit eines Kindes zu fesseln, geschweige denn von zwei Dutzend. Als »The Happy Song« lief, blickten wir in ein Meer hingerissener kleiner Gesichter. Als Test war das nicht sehr wissenschaftlich, aber es überzeugte mich, dass wir einen Hit hatten.

Und das Filmteam bekam ein paar schöne Aufnahmen. Unsere Sponsoren vom C & G Baby Club wollten das Ganze dokumentieren und hatten dafür einen tollen jungen Regisseur, Michael J. Ferns, engagiert mit einer Filmcrew von Pretzel Films, die uns begleiteten. Sie filmten eine Menge Interviews mit Eltern, machten Aufnahmen von unseren Tests mit den Babys und von Imogen, wie sie den Song schrieb. Das Ganze schnitten sie zu einem kurzen Video zusammen, das auf YouTube zu finden ist unter »The Happy Song – Making Of«. Aber Michael und sein Team hatten noch eine zweite Aufgabe: Sie sollten ein Musikvideo zu dem Song drehen. Dabei kamen sie auf die wunderbare Idee, einige Familien zu bitten, sich selbst zu filmen, wie sie zu Hause mit dem Song Spaß hatten. Wir wissen über Musik auch, dass sie einem ans Herz wächst. Um die besten Reaktionen zu bekommen, war es gut, den Babys den Song immer wieder vorzuspielen. Glückliche Babys zu Hause zu filmen passte auch zum Thema des Songs und zum Thema des Projekts.

Nach der Veröffentlichung kletterte der Song bei iTunes rasch auf Platz eins der beliebtesten Kinderlieder, und das Video hatte in den nächsten zwei Jahren 14 Millionen Aufrufe – ein Zeichen, dass wir es richtig gemacht hatten. In den Kommentaren fanden wir viele Hinweise, dass der Song bei Babys funktionierte, aber auch Eltern ansprach und viele Teenager, die durch Zufall darauf gestoßen waren. Wir bekamen Dankesbotschaften von Eltern auf der ganzen Welt. Kürzlich habe ich von einem »Lifehack« gehört, der sich in der Facebook-Gruppe einer jungen Mutter verbreitete: die Empfehlung, zu sagen: »Hey Alexa, spiel ›The Happy Song‹.«

Durch einen glücklichen Zufall hatte Lauren Gelegenheit, eine eigene Fallstudie zu »The Happy Song« durchzuführen: Einen Monat nach seiner Veröffentlichung brachte sie ihr zweites Kind zur Welt. Sie sagte: »Megan muss den Song dauernd im Mutterleib gehört haben, weil wir ihn wieder und wieder gespielt haben, um bestimmte Dinge zu entscheiden.« Aber erst als Megan fünf oder sechs Monate alt war und aktiver wurde, setzte Lauren den Song ein. »Ich erinnere mich, dass sie am Küchentisch saß, während ich Gemüse schnitt, und ein Gesicht machte, als würde sie gleich anfangen zu weinen. Ich spielte ›The Happy Song‹, und sie war vollkommen verwandelt. Ich würde sagen, von da an setzte ich ihn strategisch ein. Und deshalb haben wir ihn wohl erfunden.«

Hallo Baby!

Hier ein Experiment, das Sie versuchen sollten, wenn Sie das nächste Mal einem Baby begegnen: Versuchen Sie, normal zu sprechen. Es ist sehr schwierig, nicht wahr? O ja, das ist es wirklich, ganz bestimmt!

Wenn wir mit Babys sprechen, verfallen wir automatisch in einen hohen Singsang. Wir verwenden einfache Wörter und machen kurze Sätze. Wir klingen glücklich und begeistert. Am Ende jedes Satzes geht unsere Stimme nach oben. Dies wird als kindgerichtete Sprache (*Infant-directed speech*, IDS) oder Babysprache bezeichnet. Manchmal wurde diese Sprache auch »Mutterisch« oder »Elterisch« genannt, aber heute zieht man den Begriff IDS vor, weil auch Väter, Großeltern und die meisten anderen Erwachsenen so mit Babys sprechen. Überdies scheint es, dass die Merkmale von IDS vielen verschiedenen Sprachen gemeinsam sind. Wenn man IDS in Mandarin hört, weiß man sofort, dass zu einem Baby gesprochen wird, auch wenn man kein Wort versteht. Das ist ein weiteres Teil des Puzzles, das Musik, Sprache und Lachen verbindet.

Wissenschaftler haben schon lange vermutet, dass IDS universell ist, aber erst kürzlich haben es Elise Piazza und ihre Kollegen am Princeton Babylab bewiesen (Piazza, Iordan und Lew-Williams 2017). Als Erstes luden sie zwölf englischsprachige Mütter von Kindern zwischen acht und zwölf Monaten ins Labor ein und zeichneten auf, wie die Mütter mit ihren Babys und danach mit einem Erwachsenen sprachen. Die Aufzeichnungen wurden mittels einer standardmäßigen Statistikmethode in »stimmliche Fingerabdrücke« übersetzt. Diese Methode ergibt für eine bestimmte Sprecherin ein einzigartiges Frequenzprofil, das anhand der Klangfarbe verlässlich eine Sprecherin von einer anderen unterscheidet. Die Klangfarbe beschreibt die Tonzusammensetzung einer Stimme oder eines Musikinstruments. Den Unterschied zwischen einer Geige und einer Trompete, die die gleiche Note spielen, macht die Klangfarbe aus.

Piazza und ihr Team verglichen mit einem Klassifizierungsalgorithmus, wie die Mütter mit Erwachsenen und mit Babys sprachen. Das Ergebnis war, dass alle Mütter gegenüber einem Baby die Klangfarbe ihrer Stimme in der gleichen Weise veränderten. Die Autoren ließen mehrere Kontrolldurchgänge laufen, um zu überprüfen, ob das nicht nur darauf zurückzuführen war, dass die Mütter mit höherer Stimme zu den Babys sprachen. Aber der richtige Test kam mit den Aufzeichnungen von weiteren zwölf Müttern mit neun verschiedenen Sprachen, darunter Spanisch, Russisch und Kantonesisch. Der Algorithmus registrierte die gleichen Unterschiede zwischen der Art, wie sie zu Erwachsenen sprachen, und ihrer Babysprache. Piazza beschreibt die Veränderung als »Hinweis, den die Mütter implizit benutzen, um ihre Babys beim Sprechenlernen zu unterstützen«.

Der genaue Sinn von kindgerichteter Sprache ist nicht bekannt. Eine Theorie besagt, dass es Babys beim Lernen hilft. Durch den Singsang werden die Wörter klarer artikuliert, und die Babys haben es leichter, Wörter zu unterscheiden. Patricia Kuhl und ein großes internationales Team haben die Unterschiede zwischen IDS und ADS (*Adult directed speech*, an Erwachsene gerichtete Sprache) im Englischen, Russischen und Schwedischen untersucht. In allen Sprachen betonte IDS die akustische Trennung von Schlüsselvokalen wie »ee«, »aa« und »ooh« (Kuhl u. a. 1997). Dadurch werden die Unterschiede zwischen Wörtern wie *big*, *bag* und *bug* oder Hund und Hand übertrieben deutlich artikuliert. Das hilft Babys, eine neue Sprache zu lernen, könnte aber auch ein Nebeneffekt der Tatsache sein, dass die

Sprecher ihre Aufmerksamkeit gewinnen wollten. IDS hat die gleichen Merkmale wie glückliche ADS. Vielleicht klingt sie so, weil wir uns freuen, die Babys zu sehen, und lächeln, wenn wir mit ihnen sprechen, was wiederum ihre Aufmerksamkeit fesselt. IDS ist nicht kulturell universell, denn es gibt Völker, bei denen die Eltern nicht mit kleinen Babys sprechen. In solchen Fällen, etwa bei den Kaluli in Papua-Neuguinea oder den Ganda in Uganda, haben die Babys im Alltag dennoch eine Menge soziale Kontakte. Die Mütter nehmen ihre Babys überallhin mit und tragen sie in der Regel so, dass das Gesicht der Außenwelt zugewandt ist, sodass sie an allem teilnehmen können, was um sie herum geschieht.

Vieles von unseren frühesten Unterhaltungen mit Babys setzt den sanften Tanz fort, der beim Stillen beginnt. Mütter, die sinnlose Laute wispern oder Schlaflieder singen, regulieren unbewusst das Erregungsniveau ihrer Babys. Erstaunlicherweise fördert das Anhören von trauriger Musik die Freisetzung des Stillhormons Prolaktin. Forschungen haben inzwischen gezeigt, dass frühgeborene Babys auf einer Neugeborenenintensivstation in Reaktion auf das Sprechen von Erwachsenen mehr Laute von sich geben. Wenn die Erwachsenen nicht reagieren, registrieren die Kinder das und hören auf. Entsprechende Versuche mit fünf Monate alten Babys haben ebenfalls gezeigt, dass sie aufhörten, Töne von sich zu geben. Je stärker die fünf Monate alten Kinder im Einklang mit dem Verhalten ihrer Pflegeperson waren, desto besser war im Alter von 13 Monaten ihr Sprachverständnis (Goldstein, Schwade und Bornstein 2009).

Am Anfang sind Tonfall und Tempo der Wörter, die Eltern sagen, wichtiger als Inhalt und Bedeutung. Die meisten Sätze in Babysprache, Kinderreimen und Wiegenliedern sind in die gleichen Blöcke von drei bis fünf Sekunden unterteilt wie erwachsene Sprache und Musik. Die Babys reagieren auf Rhythmus und Melodie, und es ergibt sich immer ein Gespräch. Wir lassen Lücken, damit unsere Babys uns antworten könnten, und das tun sie auch. Bei einer wunderbaren Studie von Kimbrough Oller (Oller u. a. 2013) wurden drei bis vier Monate alte Babys belauscht, als sie in ihren Kinderbettchen

»Selbstgespräche« führten. Die Forscher stellten fest, dass die Kinder mit ihrem Grummeln und Glucksen die volle Bandbreite der Gefühle zum Ausdruck brachten. Mit sechs Monaten haben Babys ein großes Repertoire von Lautäußerungen. Neben weinen und lachen können sie auch kreischen, quietschen und brabbeln. Außerdem beherrschen sie etwas, das stimmhafter bilabialer Vibrant heißt, ein feuchter »brr-brr-brr«-Laut, der entsteht, wenn man Luft durch die fast geschlossenen Lippen bläst.

Weinen, Lachen, Singen und Sprechen sind eine natürliche Abfolge in unserer evolutionären Geschichte. Unsere Lautproduktion begann vor Millionen Jahren mit ersten Schreien aus Angst, Erschrecken, Verlangen und Not. Dann kamen Lachen und andere positive Ausrufe, die Munterkeit, Entzücken und Überraschung signalisierten. Diese Lautäußerungen sind sozialer und komplexer zu erzeugen, sie verlangen mehr Kontrolle über den Ausdruck und die Emotion. Als Nächstes entwickelten sich Singen und Sprache, Voraussetzung dafür waren anatomische Veränderungen, die uns von anderen Affenarten unterscheiden. Dafür brauchen wir die genaue Kontrolle über unsere Lungen, unabhängig vom Atmen, damit der Luftstrom zu unserem Kehlkopf je nachdem weitergeht oder stoppt. Wir müssen in der Lage sein, die Geräusche, die wir machen, zu formen und zu modulieren. Unser Brustkorb hat sich bereits verändert, als wir vor rund zwei Millionen Jahren aufrecht zu gehen begannen, aber Fossilfunde sprechen dafür, dass die wichtigsten körperlichen Veränderungen, die Voraussetzungen für Sprechen und Singen waren, vor ungefähr einer halben Million Jahren erfolgten. Besonders wichtig dabei ist, dass das Zungenbein in unserem Hals tiefer sitzt und damit Raum für einen größeren Vokaltrakt und einen tiefer liegenden Kehlkopf lässt, während Veränderungen in der Form unserer äußeren Gehörgänge dafür sorgten, dass sie die Frequenzen menschlicher Sprache besser aufnehmen konnten. Der Nervus hypoglossus wurde länger, was eine bessere Kontrolle der Zunge ermöglichte. Das Gleiche passierte beim Brustkorbnerv, der das Zwerchfell und die Brustmuskeln kontrolliert (Dunbar 2014).

Singen und Sprache bedeuteten eine Aufwertung unserer Stimmen, eine Verbesserung unseres Gehirns und unseres Lebens. Wenn Sprache erst einmal möglich ist, kann sie uns zu den Sternen tragen, wie wir in den nächsten beiden Kapiteln sehen werden. Aber wir können nicht bei der Sprache anfangen und dann rückwärts gehen. Es ist wichtig, zu verstehen, woher die Sprache kam und was sie vorantrieb.

Die Evolution schmiedet keine Pläne. Alles hängt von Zufall und Gelegenheit ab. Dunbars Theorie, dass Lachen und gemeinschaftliches Singen den Zusammenhalt von Gruppen förderten, ist eine großartige Erklärung für die emotionale Ausdruckskraft der menschlichen Stimme. Kleine Gruppen erwachsener Primaten konnten verbale Fellpflege betreiben mit Rufen, die nicht sehr viel komplexer waren als die von Schimpansen. Genauso schreibt Dissanayakes Theorie vom Ursprung der Kunst Müttern, Babys und Musik wichtige Rollen bei der Geburt der Kunst zu. Aber weder die eine noch die andere Theorie skizziert einen Mechanismus, der uns zu der reichen Struktur von Musik oder der symbolischen Macht von Wörtern führt. Das kam vielleicht mit den Kinderreimen.

»Mutterisch« und Kinderreime vermittelten ursprünglich wohl mehr als nur Gefühle. Die Anthropologin Dean Falk meint, die erste wichtige Rolle der kindgerichteten Sprache sei nicht das Erlernen der Sprache gewesen, sondern mitzuteilen, dass die Mutter sich in der Nähe befand. Nach ihrer Überzeugung gab es Mutterisch schon vor der Sprache als eine wichtige Form der Protosprache, aus der dann Musik und Sprache hervorgingen (Falk 2004). Anders als bei anderen Primaten können sich unsere größeren, aber hilfloseren Babys nicht an unserem Fell festklammern. Oft musste eine Hominini-Mutter ihr Baby ablegen, um Nahrung zu sammeln, Essen zuzubereiten oder sich um ältere Kinder zu kümmern. Dean Falk denkt, jede Mutter habe ihre eigenen Muster von Lauten erfunden, damit ihre Babys sie erkannten, und als Mittel genutzt, um »in Verbindung zu bleiben«. Denken wir nur an die Babys, die sich beruhigten, wenn sie die vertrauten Titelmelodien von Seifenopern hörten.

Als sich die vorsprachliche Kommunikation mit Lauten zwischen

Mutter und Kind erst einmal etabliert hatte, konnte sie an Komplexität zunehmen. Die einzelnen Mütter brauchten vielseitige und eindeutig unterscheidbare Laute, um jeweils ihre Babys zu beruhigen. Nur die Mama konnte das. Außerdem gab es einen harten Selektionsdruck, kleinen Kindern Botschaften zu übermitteln. Man kann sich gut vorstellen, dass ein nachdrückliches »Nein!« das erste jemals geäußerte Wort eines Menschen war. Die Mütter brauchten ausreichend Gedächtniskapazität, um sich ihre eigenen Laute auszudenken und sich an eine wachsende Zahl von Befehlen zu erinnern. Dean Falk glaubt, die Evolution habe die Mütter mit dieser Fähigkeit ausgestattet, damit sie sich um ihre Kinder kümmern konnten, und das habe zufällig den Weg für andere Einsatzmöglichkeiten eröffnet. Die Lagerfeuergesänge der Erwachsenen konnten komplexer werden, Jäger und Sammler konnten Informationen austauschen. Dean Falks Theorie erklärt die Entstehung der symbolischen und syntaktischen Eigenschaften von Sprache und Musik und brachte damit einen wichtigen Ball ins Rollen.

Höchstwahrscheinlich entwickelten sich Musik und Sprache parallel. Am Anfang waren sie so miteinander verwoben, dass manche Forscher nicht von Protosprache und Protomusik sprechen, sondern lieber von »Musilanguage« (*music + language*, Brown 2017). In diesen frühesten Stadien waren die wichtigen Aspekte Emotion, Prosodie und Struktur. Über die Bedeutung der Emotionen haben wir schon gesprochen. Prosodie bezeichnet das Muster, wie Betonungen auf Silben verteilt werden:

ROCK-*a-bye* BA-*by* ON *the tree* TOP
WHEN *the wind* BLOWS *the* CRA-*dle will* ROCK

Die Prosodie markiert die Betonungen und organisiert eine Phrase so, dass mehrere Sänger synchron bleiben können. Beim Sprechen kann die Prosodie die Bedeutung eines Wortes oder die Aussage eines Satzes verändern.

Mary hatte ein kleines LAMM	(keine kleine Ziege)
Mary hatte eine KLEINES *Lamm*	(kein großes)
Mary hatte EIN *kleines Lamm*	(nur ein einziges)
Mary HATTE *ein kleines Lamm*	(und hat es jetzt nicht mehr)
MARY *hatte ein kleines Lamm*	(es war ihr Lamm und nicht das von Jack)

Die Prosodie kann aus Nomen Verben machen und aus Aussagen Fragen. Subtilere Variationen können Gefühle wie Begeisterung, Ärger oder Traurigkeit zum Ausdruck bringen. Durch Gruppierung, Einbettung und Wiederholung ergeben sich komplexe lineare Strukturen.

The wheels on the bus go round and round,
Round and round, round and round.
The wheels on the bus go round and round
All day long.

The people on the bus go up and down,
Up and down, up and down.
The people on the bus go up and down
All day long.

Die Räder am Bus drehen sich rundherum
Rundherum, rundherum
Die Räder am Bus drehen sich rundherum
Den ganzen Tag so weiter.

Die Menschen im Bus hüpfen rauf und runter
Rauf und runter, rauf und runter
Die Menschen im Bus hüpfen rauf und runter
Den ganzen Tag so weiter.

Verna Wills, 1939

Auf diese Weise kann man lange Lieder zusammenstellen, die sich der Schöpfer merken kann und denen andere folgen oder in die sie einstimmen können. Wichtig ist dabei, dass diese Eigenschaften lange vor den ersten Wörtern auftauchen und einen Weg zur Sprache weisen können. Um dasselbe Lied noch einmal zu singen, braucht man eine Vorstellung im Kopf, auch wenn man das Lied nur summt. Diese Vorstellung kann die Grundlage für Wörter, Grammatik und Musik sein. Nach Browns Theorie entwickelt sich »*Musilanguage*« weiter und differenziert sich in Musik und Sprache.

Elena Longhi hat sich für ihre Doktorarbeit an der Universität Edinburgh Lieder für Babys und Kinderreime genau angesehen (Longhi 2003). Sie nahm Mütter auf Video auf, die zu Hause ihren Babys vorsangen, auf Englisch und auf Gälisch. Dann führte sie Tiefenanalysen durch, um zu verstehen, was passierte. Elena vergleicht die Mütter mit Orchesterdirigenten. Durch ihre Prosodie geben sie Rhythmus und Tempo vor, genau wie der Dirigent den Takt vorgibt. Die Mütter wissen, dass Musik Bewegung ist, und vermitteln das mit ihrem Körper. Gleichzeitig achten sie auf die synchronisierte Reaktion ihrer Kinder, weil sie wie Dirigenten ihre Babys unterstützen, die Teil der Aufführung sind. Sie variieren ihre Darbietung, die Babys reagieren, und so kommt das Paar in Harmonie. Mütter wissen, dass aufmunternde Lieder, die zum Spielen einladen, und beruhigende Schlaflieder unterschiedlich dargeboten werden sollten, und erzeugen durch unterschiedliches Tempo unterschiedliche Stimmungen. Sie wissen, was richtig ist, und genau wie für Dirigenten ist es ihr oberstes Ziel, den emotionalen Zustand ihres Publikums zu steuern.

Bei solchen lustigen Spielen lernen die Babys die Grundlagen von Musik und Sprache, aber das war nie das primäre Ziel von fröhlichen Liedern und fröhlichem Geplauder. Wir singen und sprechen mit unseren Babys, um sie wissen zu lassen, dass sie *zu uns* gehören. Zufällig bringen sie sich dabei selbst die Sprache bei.

Kapitel elf

Fröhliches Geplauder

Baby being told
»Stop« finds it hilarious
Giggles, waits – giggles.

Baby hört
»Halt«, findet es lustig
lacht, wartet – und lacht.

#2207 aus Calvin Olsons Projekt Zehntausend Haikus
(tenthousandhaiku.com)

Wir können nur mutmaßen, wie Sprache vor einer halben Million Jahren gewesen ist, aber davon, wie sie vor 50.000 Jahren war, haben wir eine ziemlich gute Vorstellung. Damals hatten die Menschen das Feuer, Kleidung, Kunst und Häuser. Sie hatten sich über die ganze Welt verbreitet, und ihre Körper und Gehirne waren anatomisch mit unseren identisch. Unsere Vorfahren waren vom Verhalten her moderne Menschen. Sie sahen aus wie wir, handelten wie wir und dachten wie wir. Wenn wir unsere bessere Ernährung abziehen, die schlaue Technologie und komplexe Kultur, dann können wir in einer ersten Annäherung sagen, sie waren wie wir. Ihre Sprachen sind verloren, aber zweifellos waren sie genauso reich und ausdrucksvoll wie unsere. Wenn es eine Zeitmaschine gäbe, mit der man ein Baby aus der Zeit vor 50.000 Jahren in unsere Gegenwart holen könnte, würde es in unserer Welt gut zurechtkommen.

Sprachen ändern sich rasch, aber das Erlernen einer Sprache bleibt im Wesentlichen gleich. Alle Babys mussten sich in den letzten

50.000 Jahren auf die Laute ihrer Muttersprache einstimmen und ihre Aussprache üben. Sie mussten die Magie der Wörter entdecken, lernen, dass willkürliche Töne für Objekte und Ideen stehen können. Sie mussten die Wörter und Regeln ihrer jeweiligen lokalen Sprache aufnehmen und mit ihrer Welterfahrung zur Deckung bringen. Sie bekamen Hilfe von ihren Eltern und von ihren Genen, aber den Großteil der Arbeit erledigten sie selbst. Babys lernen Sprache durch Sprechen, durch Beobachtung und dauernde Übung. Sie sind hoch motiviert, weil sie schon sehr früh feststellen, dass Sprache es ihnen ermöglicht, mit uns zu kommunizieren, ihre Gedanken, Gefühle und Absichten mitzuteilen.

Im 21. Jahrhundert besteht die größte Herausforderung für Babys womöglich darin, dass es zu viel gibt, über das sie sprechen können. Babys leben heute in einer geschäftigen Welt voller Menschen, Orte, Objekte und Ereignisse; ihre Leben sind unterschiedlicher und abwechslungsreicher als die ihrer Vorfahren in der fernen Vergangenheit. Sie besuchen mehr Orte und lernen viel mehr Menschen kennen. Bei einem Ausflug in die Stadt sieht ein Baby heute womöglich mehr Menschen als ein Mitglied einer Gesellschaft von Jägern und Sammlern in seinem ganzen Leben. Unsere Babys haben mehr Spielzeug und mehr Zeit, damit zu spielen. Sie hören mehr Lieder und Musik. Sie haben Fernsehen und Tablets zur Unterhaltung.

Das moderne Leben kann dazu führen, dass Babys zu viel Stimulation bekommen und zu wenig Sozialisation. Es gibt unendlich viel zu reden, aber es ist nicht immer jemand zum Reden da. Babys haben Möglichkeiten, mit zu viel Information umzugehen, aber sie sind auf uns angewiesen, um Gespräche zu führen. Studien zeigen große Unterschiede zwischen den Familien im Hinblick auf die sprachliche Umwelt, die sie für ihre Kinder schaffen. Es gibt auch große Unterschiede beim Umfang der sozialen Kontakte von Babys, der Anzahl der Wörter, die sie hören oder die direkt zu ihnen gesagt werden, und in der Komplexität und dem Inhalt der Sprache ihrer Eltern. In diesem Kapitel schauen wir uns an, was nötig ist, um eine Sprache zu erlernen, und worauf es dabei ankommt.

Der Turmbau von Brabbel

Māma, mama, mamá, ma, mama, mamā, maa, mama, haha und mamī.

Das Wort für »Mama« in den zehn am meisten gesprochenen Sprachen der Welt.

Wenn ich an das Sprachenlernen von Babys denke, habe ich oft das Bild eines acht Monate alten Mädchens vor Augen, das vor ein paar Jahren in unser Labor kam. Nennen wir sie Barbara. Ihre Mutter stammte aus der französischen Schweiz und sprach Französisch mit Barbara. Ihr Vater war Tscheche und sprach Tschechisch mit ihr. Untereinander sprachen ihre Eltern Deutsch, weil das die gemeinsame Sprache war, die sie beide am besten beherrschten. Sie waren kurz zuvor nach London gezogen, weshalb ein großer Teil des Alltagslebens außerhalb der Wohnung in Englisch stattfand. Außerdem hatten sie ein spanisches Au-pair-Mädchen, das Barbara ermunterte, spanische Wörter zu verwenden. An einem typischen Tag hörte Barbara fünf verschiedene Sprachen. Sie würde sie vermutlich nicht alle fließend beherrschen, aber viele Sprachen zu kennen ist für ein Baby kein Problem. Tatsächlich sind Menschen, die nur eine Sprache sprechen, weltweit eine Minderheit, nur 40 Prozent der Weltbevölkerung können lediglich eine Sprache. Viele Babys wachsen mehrsprachig auf.

Von Geburt an haben wir einen Startvorteil bei unserer Muttersprache. Babys haben eine gedämpfte Version im Mutterleib gehört und ein paar Hinweise aufgeschnappt. Gleich am ersten Lebenstag hat Barbara den Klang der Stimme ihrer Mutter einer fremden Stimme vorgezogen. Wenn man die Stimme ihrer Mutter verändert und sie gedämpft und verzerrt hätte klingen lassen, ganz so wie im Mutterleib, wäre die Präferenz sogar noch deutlicher gewesen. Studien zeigen, dass neugeborene französische Babys den Klang der französischen Sprache dem Klang der russischen vorziehen. Interessanterweise ziehen sie auch Englisch gegenüber Japanisch vor, haben aber bei Englisch und Holländisch keine Präferenz (Nazzi, Bertoncini und Mehler 1998). Das lässt vermuten, dass Babys die groben Muster ihrer Sprache aufnehmen und erkennen, wenn sie eine Sprache aus derselben Sprachfamilie hören.

Babys sind von Geburt an gerüstet, mit jeder Sprache auf dem Planeten zurechtzukommen. Als Englisch sprechender Mensch habe ich die Fähigkeit verloren, den Unterschied zwischen den Hindilauten »Ta« und »ta« oder zwischen den Klicklauten »xa« und »ca« in der Zulu-Sprache zu hören. Wenn ich Japaner wäre, hätte ich Probleme mit dem englischen »ra« gegenüber »la«. Neugeborene Babys können all diese Töne unterscheiden – und noch viel mehr. Die Töne heißen Phoneme und sind die Bausteine von Wörtern. Die gesprochene Sprache ist eine komplizierte Angelegenheit, aber grob gesagt sind die Phoneme die Konsonanten und Vokale einer Sprache. Englisch hat rund 24 konsonantische Laute und 20 vokalische (man denke nur an den unterschiedlichen Klang von »a« in Wörtern wie *back, bra, bay, bat, ma* und *mama*). Französisch und Deutsch sind in dieser Hinsicht dem Englischen ähnlich, aber es gibt eine gewaltige Variationsbreite. Das moderne Arabisch hat nur drei Vokale, die !Kung-Sprache hingegen hat dank der vielen Klickkonsonanten 141 Phoneme. Tonsprachen wie Mandarin machen die Sache interessant, weil Veränderungen in Tonhöhe oder Tonverlauf die Bedeutung verändern. Ausländer, die Mandarin lernen, werden oft mit dem Satz »Mā má mǎ mà ma« konfrontiert. Die unterschiedlichen Akzente zeigen ansteigende und fallende Tonhöhen an, übersetzt lautet der Satz: »Mama ärgert das Zetern des Pferdes – nicht wahr?« Das mag zwar Unsinn sein, aber für einen Muttersprachler ist es klar und eindeutig. Babys hören all diese feinen Unterschiede, doch am Ende ihres ersten Lebensjahrs stellen sie sich auf die Laute der Sprache ein, die sie benutzen werden (Werker und Tees 2003).

Sprechen ist kompliziert. Der Psycholinguist Peter MacNeilage nennt Sprache ein »unsichtbares Wunder«. Er schätzt, damit wir fließend in vollem Tempo sprechen, müssen wir 40 verschiedene Muskeln koordinieren und pro Sekunde rund 225 Muskelbewegungen ausführen (MacNeilage 2008). Kein Wunder, dass es etwa ein Jahr dauert, bis Babys das erste deutliche Wort sagen können. Sie brauchen viel Übung. Von etwa zwei Monaten an gibt es »Guhs« und »Gahs« und eine ganze Fülle anderer zufälliger Kreisch- und Quietschlaute. Die »Oohs« sind der Anfang der Vokale, der Laute, die dadurch entstehen, dass die Luft gleichmäßig durch den Vokaltrakt strömt. Wenn die Position der Zunge im Mund und die Form der Lippen verändert werden, ändern sich die Vokale. Zu den Vokalen kommen im Englischen und Deutschen noch viele Diphthonge, Doppellaute, die von einem Vokalton in einen anderen gleiten wie bei »Auto« und »Eule«. Konsonanten sind noch komplexer. Sie entstehen, wenn der Luftstrom in irgendeiner Weise unterbrochen wird. Die ersten Konsonanten tauchen auf, wenn mit etwa vier Monaten das Baby zu brabbeln beginnt, aber zwei Jahre später sind sie immer noch damit beschäftigt.

Brabbeln ist ein wichtiger Schritt zur Sprache. Wie Musiker, die endlose Tonleitern und Akkorde üben, bevor sie zu Melodien vordringen, kommen Babys dadurch langsam in den Fluss der Sprache. Im Alter von sechs Monaten sind im Brabbeln Silben zu erkennen. Als erste Konsonanten tauchen b, d, m, n und w auf, Babys üben sie jeweils einzeln. Wenn Eltern lauschen, nachdem sie ihr Baby zu Bett gebracht haben, es aber noch wach ist, hören sie »mamamamama« und »dadadadadada« aus dem Babyfon. Die Wörter ma und pa sind ein interessanter Sonderfall. Sie kommen mit kleineren Variationen in Hunderten von Sprachen auf der ganzen Welt vor. Manche Forscher sagen, diese Wörter würden immer wieder neu erfunden, wenn die Eltern diese Töne aus dem begrenzten frühen Repertoire der Babys herauspicken. Die Linguisten Pierre Bancel und Alain de l'Etang vertreten die Auffassung, »ma« und »pa« seien zu weit verbreitet und zu einheitlich, als dass sie durch Zufall hätten entstanden sein können; es müssten vielmehr von einem entfernten gemeinsamen Vorfahren ererbte Wörter sein. Sie hätten sich so lange gehalten, weil Babys die Töne »mmmmm« und »aaaaah« so leicht artikulieren könnten und weil die Wörter so wichtig seien (Bancel und de l'Etang

2013). »Mama« ist nicht immer das erste Wort eines Babys, aber es ist eines der ersten Wörter der Menschheit und zweifellos eines der ältesten Wörter überhaupt.

Das frühe Brabbeln wirkt monoton, doch selbst bei einem Lied mit nur einer Note gibt es für Babys viel zu lernen. Sie lernen, dass sich das Tempo und die Betonung ändern und welche stimmliche Aktion welchen Laut erzeugt. Sie lernen auch Ausdauer. Mit dem Reden ist es wie mit dem Laufen – man muss eine ganze Abfolge von Schritten aneinanderreihen, und man braucht sehr viel Übung. Gehörlose Babys brabbeln in Zeichensprache (Petitto und Marentette 1991). Im Lauf der Entwicklung mischen die Babys das Gebrabbel und reden herrlichen Unsinn, der wie eine Privatsprache klingt. Sie reihen immer mehr unterschiedliche Silben aneinander. Das Gebrabbel von Babys enthält einige Elemente ihrer Muttersprache, vor allem die Intonation. Aber ihre »Wörter« sind meistens nicht zu erkennen. In der Regel können wir anhand des Brabbelns ein französisches Baby von einem englischen und einem chinesischen unterscheiden (Petitto und Marentette 1991). Es ist fast, als würden sie ihre Vorstellung von dem wiedergeben, was sie um sich herum hören. Oder vielleicht ist es Free Jazz?

Um den Babys Gerechtigkeit widerfahren zu lassen, sei angemerkt, dass es schwer sein kann, Erwachsenen zu folgen, auch wenn sie Babysprache sprechen. Bei unserer eigenen Sprache fällt uns das nicht auf, aber eine fremde Sprache hört sich für uns oft schnell und undeutlich an – Kauderwelsch. Manchmal wird das als »Illusion vom schnatternden Ausländer« bezeichnet (Cutler 2012).

Wirallesprechenschnellundmachenbeimsprechennichtvielepausenzwischendenwörtern. Wenn man sich die Wellenform von aufgezeichneter Sprache anschaut, sieht man, dass die Wörter nicht fein säuberlich durch Pausen getrennt sind. Das macht jedem, der eine Sprache lernt, das Leben schwer. Es ist schwierig, Wörter zu isolieren, wenn man keine Vorstellung hat, was ein Wort sein könnte oder wann es endet und ein anderes beginnt.

In den späten 1990er-Jahren erkannten drei amerikanische Forscher, Jenny Saffran, Dick Aslin und Elissa Newport, dass das ein Problem für Babys sein musste, und sie fragten sich, wie die Babys es wohl lösten. Sie entschieden, dass Babys Statistik anwenden. Stellen Sie sich vor, Sie wären ein Baby. Sie hören eine Menge Sätze wie »Willstdueinensaft?«, »Willstdudeinfläschchen?«, »Willstduschmusen?« und »Bistdumüde?«, »Bistduhungrig?«, »Bistdumeinkleinesäffchen?«. Wenn Sie das in Variationen immer wieder hören, denken Sie vielleicht, »Willstdu« und »Bistdu« gehörten zusammen und die Lücken kämen danach. Nach zahllosen Beispielen dieser Art fällt Ihnen womöglich auf, dass manche Silben verschmelzen, und das hilft, Wörter zu unterscheiden. Wenn jemand sagt: »Hallobaby«, hört das Baby »Hallo Baby« und nicht »Hall oh Baby«.

Das war ein vernünftiger Gedanke, und Jenny Saffran und ihre Kollegen hatten eine kluge Idee, wie sie ihn testen konnten (Saffran, Aslin und Newport 1996). Sie spielten acht Monate alten Babys einen computergenerierten Strom von Silben vor, etwa so:

… tupirobidakutupiropadotibidakugolabutupiropadotigolabu bidaku …

Der Computer las die Silben drei Minuten lang ohne Pausen und ohne Variationen bei Tempo und Betonung vor. Die Abfolge bestand aus vier Nonsenswörtern – *tupiro, padoti, bidaku, golabu* –, die in zufälliger Reihenfolge wiederholt wurden. Um zu sehen, ob die Babys das erkannten, nachdem die Aufnahme gestoppt wurde, spielten die Forscher ihnen Beispiele der »Wörter« vor, etwa *tupiro, golabu*, und Beispiele von »Teilwörtern«, wobei das Ende eines Worts mit dem Anfang eines anderen verbunden wurde, etwa *piropa, kugola*, und einige »Nicht-Wörter« mit den gleichen Silben, aber in einer komplett neuen Anordnung wie *dapiku, tilado*. Die Ergebnisse waren eindeutig. Wir wissen, dass Babys alles Neue lieben – bei diesem Versuch achteten sie weniger auf die vertrauten Wörter als auf die neuen Kombinationen.

Diese Art von statistischem Lernen hilft Babys beim Sprechenlernen. Es erlaubt ihnen, die Sprache in Wörter zu unterteilen, bevor sie überhaupt wissen, was Wörter sind, und die Sprache von Grund auf aufzubauen. Das kann jeder. Wenn wir diese Computersprache oder eine Fremdsprache lange genug anhören, erkennen wir Wörter. Mein Kollege Bob French hat ein Computermodell entwickelt, das auf diese Weise lernt. Sein vollständiger Name ist Truncated Recursive Autoassociative Chunk Extractor, aber wir nennen es einfach TRACX (French, Addyman und Mareschal 2011). Was es genau tut, ist hier nicht so wichtig, es genügt die Information, dass es ein neuronales Netz ist, das sehr ähnlich wie ein Gehirn lernt.

Wir setzten TRACX ein, um zu überprüfen, ob sich der Gedanke von Saffran und Kollegen auf echte Sprachen übertragen lässt. Als Erstes bestätigten wir, dass TRACX vereinfachte künstliche Grammatikaufgaben lösen konnte, die die Forscher gestellt hatten. Dann verwendeten wir eine Datenbank mit Babysprache, die 9800 Sätze enthielt wie »Schau den Wauwau an« und »Wer ist am Telefon?«. Wir codierten diese Sätze phonetisch ohne Lücken zwischen den Wörtern und ließen TRACX alles »anhören«. Nach mehreren Durchläufen unterteilte das Programm korrekt Phoneme in Wörter. Wir stellten auch fest, dass es keine Schwierigkeiten mit einem Problem künstlicher Sprachen hatte, das wir als Problem der »gleichen Wahrscheinlichkeiten« bezeichneten und das andere Computermodelle verwirrte. Das ergab die hübsche, überprüfbare Vorhersage, wenn unser Modell realistisch war, dann sollten auch Babys in der Lage sein, das Problem der gleichen Wahrscheinlichkeiten zu lösen.

Barbara war eines der ersten Babys, an dem wir unsere Vorhersage im Labor testeten. Wie Jenny Saffran und Kollegen ließen wir unsere erfundene Sprache von einem Computer vorlesen, während die Babys dasaßen und zuhörten. In unserer Sprache gab es sechs Wörter – feego, feerou, neipau, neikoi, duhlu, duhtai –, und bei drei Wortpaaren war die erste Silbe gleich. Damit war die Aufgabe schwieriger als in den Originalstudien, und deshalb hatten einige andere Computermodelle versagt. Die Babys hatten keine Probleme: Sie konnten Wörter und Teilwörter in unserer erfundenen Sprache unterscheiden. Wir machten uns auch keine Gedanken darüber, dass Barbara bereits mehrsprachig war. Unser Modell hatte keine Probleme damit, wenn zwei verschiedene Sprachen gleichzeitig erlernt wurden. Klassische Studien mit zweisprachigen Kindern haben gezeigt, dass sie Wörter genauso schnell lernen wie einsprachige Kinder (Pearson, Fernández und Oller 1993).

Für Babys scheint Zweisprachigkeit ein Vorteil zu sein. Es gibt eine Fülle von Literatur, wonach zweisprachige Erwachsene Vorteile bei mehreren wichtigen nicht-linguistischen Fähigkeiten haben wie bei der exekutiven Kontrolle und beim Arbeitsgedächtnis (Adesope u. a. 2010). Allerdings gibt es auch Forscher, die das bestreiten und sagen, es seien einseitig nur die positiven Ergebnisse veröffentlicht worden (de Bruin, Treccani und Della Sala 2015). Aber früh im Leben treten die Vorteile deutlicher zutage. Agnes Kovács und Jacques Mehler haben einsprachige und zweisprachige sieben Monate alte Babys verglichen und festgestellt, dass die zweisprachigen bei Tests der exekutiven Kontrolle, bei denen Babys von einer Aufgabe zu einer anderen wechseln mussten, einen Vorteil hatten, (Kovács und Mehler 2009). Natalie Brito und Rachel Barr fanden bei sechs Monate alten zweisprachigen Babys Vorteile beim Gedächtnis (Brito und Barr 2014). Erstaunlicherweise stellten sie in einer anderen Studie fest, dass zweisprachige Babys besser waren als einsprachige und dreisprachige (Brito, Sebastián-Gallés und Barr 2015). Doch die dreisprachigen schneiden nicht schlechter ab als einsprachige, und sie haben den unbestreitbaren Vorteil, dass sie zwei zusätzliche Sprachen beherrschen. Wenn Eltern mich fragen, ob sie ihr Baby mit zwei, drei, vier oder noch mehr Sprachen konfrontieren sollen, nicke ich begeistert.

Eine interessante Ausnahme könnte die Zeichensprache von Babys sein. Meines Wissens nach gibt es keine Untersuchungen mit hörenden Kindern von gehörlosen Eltern, die Zeichensprache und eine gesprochene Sprache erlernen. Aber es wird eine heftige Debatte geführt, ob hörende Eltern hörender Kinder eine vereinfachte Zeichensprache als Sprungbrett zur Sprache verwenden sollten. Die Befürworter sagen, Handzeichen seien leichter als gesprochene Wörter, deshalb könnten sich Babys früher ausdrücken. Kritiker wenden ein, das werde die Sprachentwicklung der Babys verzögern, weil sie das Sprechen nicht bräuchten. Die Wissenschaft nimmt eine neutrale Position ein. Eine Metaanalyse von Studien hat kein eindeutiges Ergebnis erbracht: Es gibt keine offensichtlichen Vorteile, aber auch keine Nachteile (Fitzpatrick u. a. 2014). Wenn hörende Eltern hörender Babys mich fragen, ob sie eine Babyzeichensprache verwenden sollten, zucke ich mit den Achseln.

Die ersten Wörter

> *Am Anfang schuf Gott Himmel und Erde.*
>
> Altes Testament, Gen 1,1

> *Am Anfang war das Wort.*
>
> Neues Testament, Joh 1,1

Wörter definieren uns. Wörter geben unseren Gedanken Gestalt und ermöglichen uns, sie anderen mitzuteilen. Einer der zwölf Apostel, Johannes, sagte gerne, das Jesuskind sei das »Wort Gottes«. Ohne dass wir hier zu tief in die Theologie einsteigen, können wir sagen, Johannes meinte, dass Jesus der Überbringer von Gottes Gesetz war, Gott verwandelt in etwas, das Menschen verstehen konnten – Wörter. Ich denke, es müsste eine interessante theologische Frage sein, ob Jesus' erstes Wort »Mama« oder »Dada« war, obwohl die Gelehrten sich nicht darum kümmern. Die Evangelien wurden aus dem zeitlichen Abstand von vielen Jahrzehnten geschrieben, deshalb konnte niemand die heilige Mama Maria fragen. Sie hätte sich ohne Zweifel daran erinnert. Das erste Lachen, der erste Schritt und das erste Wort sind unauslöschliche Erinnerungen.

Das erste Wort eines Babys ist ein kleiner Schritt und ein gewaltiger Sprung nach vorn. Für die Eltern ist es offenkundig eine große Freude und eine wichtige Leistung – zu begreifen, dass willkürliche Laute für Dinge in der Welt stehen, ist der Beginn des symbolischen

Denkens. Aber der Fortschritt von einem einzelnen Wort zu einem flüssigen Gespräch ist der längste Weg, den ein Baby zurücklegen muss. Innerhalb von Wochen nach dem ersten Schritt laufen sie herum, zwar noch wacklig auf den Beinchen, aber schon erfolgreich. Die Anfänge des Wörterlernens sind im Vergleich dazu langsam und mühsam. Jeder Schritt ist wie der vorige, aber alle Wörter sind verschieden. Darauf kommt es bei Wörtern ja gerade an. Das erste gesprochene Wort taucht irgendwann zwischen dem sechsten und dem zwölften Monat auf, und bis zu der nächsten Handvoll Wörtern kann es dann noch einmal sechs Monate oder noch länger dauern.

Welche sind die ersten Wörter, und warum geht es mit der Sprache so langsam voran? Die Antwort auf die erste Frage hilft, die zweite zu beantworten. Seltsamerweise hat sich bis vor Kurzem niemand dafür interessiert. Twila Tardif von der University of Michigan und ihre Kollegen stellten fest, dass es bei der Forschung zum Wörterlernen größtenteils um die Benennung von Gegenständen ging und dass sich die Forschungen auf Kleinkinder mit einem Wortschatz von rund 100 Wörtern konzentrierten. Im Gegensatz dazu schauten sie sich systematisch die ersten zehn Wörter an, die Babys sagen, und verglichen große Gruppen von Sprechern des Englischen, von Mandarin und Kantonesisch (Tardif u. a. 2008).

Viele unserer frühesten Wörter bezeichnen Menschen und nicht Dinge. Wörter für Mama und Papa waren die häufigsten, und die Hälfte aller Wörter bezog sich auf Personen, ganz besonders in den chinesischen Gruppen, wo sogar von kleinen Kindern erwartet wird, dass sie die korrekten Verwandtschaftsbezeichnungen verwenden (Tante, Onkel und so weiter). Kurz Ausrufe wie »He«, »Bah«, »Huhu« und »Jamjam« waren die nächsthäufigen, gefolgt von Hauptwörtern und Verben. Die frühen Hauptwörter waren in der Regel Bezeichnungen für kleine Gegenstände, meist solche, die die Babys selbst halten konnten wie Bälle, Fläschchen und Essen, und nicht für große Objekte wie Stühle. Das traf vor allem für englische Muttersprachler zu, während in Mandarin und Kantonesisch Verben wie »schlagen« und »packen« vorherrschten.

Die Untersuchung von Tardif zeigt, dass Wörter unterschiedlichen Zwecken dienen und Babys vor vielfältige Herausforderungen stellen. Manche Wörter bestimmen Individuen wie Mama und Papa, andere sind eher allgemeine Bezeichnungen wie Hunde oder Tassen, und wieder andere wie Verben und Ausrufe geben Kommentare zu der Welt ab, ohne dass da etwas ist, nach dem man greifen oder auf das man zeigen kann. Bei einem bestimmten Wort ist nicht offensichtlich, welcher Art von Zweck es dient, und deshalb müssen Babys, wenn sie ihre ersten Wörter lernen, mehrere unterschiedliche Rätsel gleichzeitig lösen. Wir unterschätzen ihre Fortschritte, weil Babys viele Wörter verstehen, bevor sie sie anwenden können.

Als ich Holländisch lernte, dachte ich, ich käme gut voran, weil ich eine Zeitung lesen konnte. Aber wenn ich zu sprechen versuchte, brachte ich nur ein paar kurze, einfache Sätze mit einer fürchterlichen Aussprache zustande. Babys geht es genauso. Meine Mutter sagt, mein erstes Wort sei *duck* (Ente) gewesen. Wenn sie mich abends ins Bett legte, sagte sie allen Tieren auf einem Poster an der Wand Gute Nacht: »Gute Nacht, Kuh!«, »Gute Nacht, Schaf!« Und nach »Gute Nacht, Ente!« gab ich ein unbestimmtes »gruruk« von mir, das sie großzügig als »Ente« interpretierte. Das machte ich öfter, weshalb sie glaubte, dass es kein Zufall war, aber ich bin sicher, dass sie lange Zeit die einzige Person war, die wusste, was ich ausdrücken wollte. Kinder sprechen Wörter oft viele Jahre lang falsch aus, besonders in Sätzen. Viele Jahre war ich Onkel Pasta, weil mein Neffe Tycho Probleme mit der Aussprache von Caspar hatte.

Videos der ersten Wörter von Babys, die junge Eltern begeistert teilen, stellen uns immer vor das gleiche Problem: Wenn man kein vernarrter Elternteil ist, nimmt man nur Kauderwelsch wahr. Ich erinnere mich, dass ich im Alter von sieben oder acht eine Kassette hörte, auf der meine Eltern »Gespräche« zwischen meiner Schwester und mir aufgenommen hatten, als wir Babys waren. Sie waren unverständlich und sehr komisch. Deb Roy, Professor für Ingenieurwissenschaften am Massachusetts Institute of Technology (MIT), und seine Frau hoben solche Beobachtungen auf eine ganz neue Stufe, als ihr

Sohn geboren wurde. Sie zeichneten in ihrem ganzen Haus rund um die Uhr Bild und Ton auf Video auf, jeden Tag seiner ersten drei Lebensjahre. Am Schluss hatten sie 230.000 Stunden Videomaterial. Mit einem cleveren Computerprogramm siebten Professor Roy und sein Forschungsteam die interessanten Aufnahmen heraus und transkribierten jedes einzelne Wort seines Sohnes, von »Mama« mit neun Monaten bis »Eiscreme« um seinen zweiten Geburtstag herum. Mit dieser Multimedia-Bibliothek von rund acht Millionen gesprochenen Wörtern konnten sie nachzeichnen, wie 679 erste Wörter auftauchten und wie sie gelernt wurden (Roy, Frank, DeCamp, Miller und Roy 2015).

Professor Roy bezeichnet das als Human Speechome Project (Humansprachomprojekt) in Anspielung auf das Human Genome Project (Humangenomprojekt), bei dem es darum ging, das menschliche Genom vollständig zu sequenzieren, das heißt die Abfolge der Bausteine der menschlichen Erbinformation vollständig wiederzugeben. Der Datensatz des Speechome-Projekts ist eine faszinierend reichhaltige Quelle, die viele Vorstellungen davon bestätigt, wie frühes Wörterlernen vonstattengeht. Roy junior zeigte, dass kurze, einfache Wörter zuerst kommen. Auf »Mama« folgten »Auto«, »Katze«, »nein« und »ja«. »Ente« war Wort Nummer sieben. Aus den Aufzeichnungen geht hervor, dass alle Wörter viel Übung verlangten. In Deb Roys Vortrag bei einer TED-Konferenz, »Die Geburt eines Wortes«, spielt er eine Abfolge vor, wie sich ein unbestimmtes »Gaga« langsam und über viele, viele Male in das Wort »Wasser« verwandelt. Dank der entsprechenden Videoaufnahmen können die Wissenschaftler sagen, dass die frühen Gagas wirklich Wasser bedeuteten – ein Erwachsener hatte dem Baby etwas zu trinken angeboten oder es in die Badewanne gesetzt.

Professor Roys Datensatz hat die Form einer »Haifischflosse«: Das Lernen neuer Wörter beginnt langsam, steigert sich dann bis zu einer Zacke bei etwa 18 Monaten und nimmt danach wieder ab. Roys Sohn lernte in den ersten drei Monaten des Projekts neun Wörter, von »Mama« im Alter von neun Monaten bis »He« kurz vor seinem ersten Geburtstag. Zwischen zwölf und 15 Monaten lernte er 32 Wörter, darunter »Buch«, »Bus«, »Hund« und »Haus«. Zwischen 15 und 18 Monaten kamen 214 neue Wörter hinzu, darunter »Hase«, »Bett«, »Gott« und »Bäh«. Aber zwischen 18 und 21 Monaten waren es 369 oder fast vier neue Wörter pro Tag, darunter so schöne wie »Iglu«, »lecker« und »Explosion«. Von da an ging die Zahl auf nur 54 Wörter zwischen 21 und 24 Monaten zurück. Dazu gehörten längere drei- und viersilbige wie »Motorrad« und »Hubschrauber« und abstrakte Begriffe wie »schön«. Der Einbruch ist wahrscheinlich eine Fehlwahrnehmung, denn Zweijährige verstehen neue Wörter fast genauso schnell. Aber weil die Wörter, die sie lernen, nicht so häufig sind, tauchen sie in Gesprächen seltener auf.

Die Explosion der Sprache ist eine Realität, und wenn sie einmal begonnen hat, geht sie immer weiter. Mit fünf Jahren haben Kinder einen aktiven Wortschatz von rund 2000 Wörtern, die sie regelmäßig benutzen. Sie verstehen fünfmal so viele Wörter. Genaue Zählungen sind kompliziert, weil Wörter unterschiedliche Zeiten und unterschiedliche Bedeutungen haben. Zum Beispiel gibt das *Oxford English Dictionary* über 400 verschiedene Bedeutungen für das Wort »set« an. Die großen Fragen bei Kindern betreffen die inneren oder äußeren Faktoren, die erfolgreiches Sprechenlernen fördern. Ändert sich etwas in den Gehirnen der Babys, um das Sprechenlernen zu beschleunigen, und welchen Einfluss haben Eltern und Vorschulen? Offensichtlich kann der Datensatz des Speechome-Projekts diese Fragen nicht endgültig beantworten. Es sind Daten von nur einem Kind aus einer wohlhabenden Familie mit hochgebildeten Eltern, die hoch motiviert waren, ihrem Kind die denkbar beste Lernumgebung zu bieten.

Ein Grund für die Explosion neuer Wörter ist, dass Lernen Lernen fördert. Wenn die Aussprache besser wird, können Babys ihre neuesten Wörter ausprobieren. *Écoutez et répétez,* Hören Sie zu und sprechen Sie nach, wie es früher auf den Französisch-Kassetten immer hieß. Mit jedem neuen Wort, das ein Baby lernt, sind andere Wörter leichter zu isolieren und zu verstehen. Denken wir nur daran, wie nützlich es ist, die Wendung »schau, da ist …« zu verstehen, oder den eigenen Namen zu erkennen, um zu wissen, dass jemand zu einem spricht. Babys können noch mehr. Sie lernen neue Wörter durch ein Verfahren, das Fast Mapping heißt. Nehmen wir einmal an, Sie gehen mit einem Baby an einen aufregenden neuen Ort wie etwa ein Aquarium. Sie heben das Baby hoch, damit es in das erste große Becken schauen kann, das voller Fische und Wasserpflanzen ist, und sagen: »Schau, ein Krebs!« Das Baby hatte zuvor schon Fische und Pflanzen gesehen und kennt ihre Namen. Es folgert, dass das unbekannte Lebewesen und das unbekannte Wort zusammengehören (Horst und Samuelson 2008).

Und Babys können noch mehr. Nehmen wir weiter an, in dem Aquarium gebe es viele unbekannte Lebewesen. Beim ersten Becken weisen die Eltern das Baby auf den Krebs hin, auf das Seepferdchen und den Tintenfisch. Im nächsten Becken sagen sie dem Baby, da seien ein Clownfisch, eine Nacktschnecke und ein Krebs. Im Becken danach sind vielleicht ein Seepferdchen, ein Clownfisch und eine Anemone. Sie gehen weiter herum und zeigen nicht mehr auf einzelne Lebewesen. Aber wenn sie dann zurück zum ersten Becken kommen, deutet das Baby auf alle drei und benennt sie korrekt; es hat das Problem gelöst, weil es erkannt hat, dass das Wort »Seepferdchen« nur zu einem Tier in den Becken gehört, die sie angeschaut haben. Linda Smith und Chen Yu führten eine Version dieses Experiments durch und fanden heraus, dass Babys neue Paare von Objekten und Wörtern bildeten, indem sie auf solches statistische Zusammentreffen achteten (Smith und Yu 2008).

Philosophen weisen gerne darauf hin, dass das Erlernen von Wörtern noch weitere Tücken hat. Willard Quine schilderte in seinem auf Englisch 1960 erschienenen Buch *Wort und Gegenstand* (1980) das Gedankenspiel, ein Besucher würde zu einem abgeschiedenen Stamm reisen und versuchen, dessen Sprache zu lernen. Ein Kaninchen springt aus dem Gebüsch, und der Führer ruft: »Gavagai!« Der Besucher vermutet vielleicht, dass das »Kaninchen« bedeutet, aber durchaus logisch könnte es auch »Schlappohr« bedeuten, »mmh, lecker« oder »schau, da«. Die meisten Situationen beim Wörterlernen sind mit solchen Uneindeutigkeiten verbunden, und wir stellen Vermutungen an, um zu kommunizieren. Babyforscher haben herausgefunden, dass Babys die Tendenz haben, ein neues Wort auf den ganzen Gegenstand zu beziehen (Hollich, Golinkoff und Hirsh-Pasek 2007). Oft wird übersehen, dass konkrete Hauptwörter wie Kaninchen leicht sind im Verhältnis zu Verben oder Wörtern für abstrakte Ideen, die in unserer Rede überwiegen (Recchia und Jones 2012). Ich bin die ersten 50 Wörter durchgegangen, die Deb Roys Sohn gelernt hat, und stellte fest, dass nur die Hälfte davon Namen oder Hauptwörter waren. Die übrigen waren abstrakte Begriffe, auf die man nicht zeigen kann, wie »Stoß«, »unten«, »gehen«, »mein« und »hallo«, sowie meine drei liebsten Beispiele für das Wörterlernen kleiner Kinder, »ja«, »nein« und »weg«. Man kann nie wirklich »weg« zeigen. Aber Babys lernen diese Wörter ohne größere Probleme, obwohl wir nicht sagen können, wann sie die Konzepte dahinter verstehen.

Interessant ist, was wir tun können, um kleinen Kindern beim Erlernen der Sprache zu helfen. Eine ganz einfache Möglichkeit ist, viel mit ihnen zu sprechen. In einer sehr einflussreichen Studie zum frühen Spracherwerb wurde behauptet, es gebe eine große Kluft bei der Anzahl der Wörter, die Kinder aus wohlhabenden und aus armen Familien in ihren ersten drei Lebensjahren hörten (Hart und Risley 1995). Betty Hart und Todd Risley zeichneten in einer heroischen Anstrengung Beispiele aus der häuslichen Sprachumgebung von 42 Familien in Kansas auf und transkribierten sie; sie begannen, als die Kinder neun Monate alt waren, und führten das monatlich fort bis zum Alter von drei Jahren. Dabei kamen sie zu dem Schluss, dass Kinder aus armen Familien schlechter abschnitten, weil sie pro Jahr 10 Millionen Wörter weniger gehört hatten. Diese »Lücke von 30 Millionen Wörtern« machte Schlagzeilen, aber nachfolgende Studien ergaben wenig überraschend, dass es genauso auf die Qualität ankommt wie auf die Quantität (Pan, Rowe, Singer und Snow 2005). Der Speechome-Datensatz unterstützt das. Professor Roys Sohn hörte zu Hause nur 6 Millionen Wörter im Jahr, das spricht dafür, dass es nicht auf die Gesamtzahl der Wörter ankommt.

Erstaunlicherweise stellten Roy und sein Team fest, dass die Unterscheidbarkeit eine wichtige Rolle dabei spielt, wie leicht Wörter erlernt werden. Wörter wie Bad, Bums und Kuckuck sind leicht zu lernen, weil sie mit einer bestimmten Situation oder Aktivität verbunden sind (Roy u. a. 2015). Vielleicht haben zweisprachige Babys deshalb keine Probleme mit »Mamas Sprache« und »Papas Sprache« oder der Sprache »zu Hause« und Sprachen, die »draußen« gesprochen werden. Der Kontext ist der Schlüssel, das unterstützt auch Jerome Bruners Gedanke, dass das Erlernen der Sprache immer in einem Kontext vonstattengeht. Babys lernen Wörter da, wo sie sie verwenden, und es kommt auf Veränderung und Beständigkeit gleichermaßen an. Spiele und Reime helfen beim Lernen, weil sie repetitiv und idiosynkratisch sind. Deb Roys Sohn lernte viele Wörter in Verbindung mit Reimen. Er hatte wahrscheinlich keine Gelegenheit, Wörter wie zwinkern, glücklich, klitzeklein und Ticktack außerhalb von Kinderreimen zu verwenden, aber er lernte sie trotzdem. Der Dichter Dylan Thomas sagte über Kinderreime:

> Aus ihnen drang das Schnaufen und Grunzen und Hicksen und Gewieher des üblichen Vergnügens der Erde; und obwohl das, was die Worte bedeuteten, für sich genommen oft wunderbar lustig war, erschienen mir so viel lustiger, zu dieser beinahe vergessenen Zeit, die Form und der Schatten und die Größe und das Geräusch der Wörter, wie sie summten, klimperten, dahinflossen und immer weiter galoppierten.

Es ist kaum anzunehmen, dass Dylan Thomas sich genau an seine frühen Jahre erinnerte. Trotzdem drückt er das vollkommen richtig aus.

Nim beißt Noam

Farblose grüne Ideen schlafen wütend.

Noam Chomsky

*Gib Orange mir gib essen Orange ich essen Orange gib mir
essen Orange gib mir du.*

Nim Chimpsky

Noam Chomsky gehört zu den großen Denkern des 20. Jahrhunderts. Er hat über 100 Bücher geschrieben und fast genauso viele ehrenhalber verliehene akademische Titel und Auszeichnungen erhalten. Seine wissenschaftliche Laufbahn absolvierte er als Professor für Linguistik am MIT in Boston, aber er war vieles gleichzeitig – Linguist, Philosoph, Anarchist, Historiker, gesellschaftlicher Aktivist und politischer Theoretiker. Studienanfänger der Psychologie kennen ihn als »den Mann, der den Behaviorismus erledigt hat«. Deshalb ist es überraschend, dass sein berühmtester Satz absoluter Unsinn ist. Aber genau das ist der Punkt. Chomskys Nonsenssatz tauchte erstmals 1955 in seiner Doktorarbeit auf und danach in vielen Aufsätzen und Büchern. Der Satz hat drei interessante Merkmale. Erstens ist er vollkommen sinnfrei. Zweitens ist er grammatikalisch vollkommen korrekt. Drittens hatte er, bis Chomsky ihn aufschrieb, nicht existiert. Für Chomsky war das eine Illustration, dass Grammatik und Sinn unabhängig voneinander sind und dass die Sprache unendlich flexibel und trotzdem durch Regeln eingeschränkt ist. Daraus folge, so Chomsky, dass Sprache und Grammatik nicht erlernt werden könnten, sondern angeboren sein müssten.

Die Behavioristen glaubten das Gegenteil. Für sie war Sprache eine Fähigkeit, die wir durch Übung erlangen. B. F. Skinner schrieb in seinem 1957 erschienenen Buch *Verbal Behavior*, Babys erlernten eine Sprache durch das Lob, das sie erhielten, wenn sie die Wörter richtig sagten. Eine einleuchtende Idee, aber Chomsky überzeugte sie nicht.

1959 schrieb er eine ausführliche Besprechung von Skinners Buch und griff darin den Gedanken an, dass Menschen eine Sprache lernen wie Labortiere, die für eine Belohnung Aufgaben lösen. Sein Angriff war verletzend und tödlich. Skinners Student Kenneth MacCorquodale schrieb zehn Jahre später über diese Besprechung, sie sei »allzu kleinlich; herablassend, gnadenlos, stumpfsinnig und übellaunig« (MacCorquodale 1970). Chomskys Besprechung war unklar und unfair, aber sehr wirkungsvoll. Wie wir heute unseren Studienanfängern beibringen, stellte Chomsky eine einfache Sicht, wie Spracherwerb funktionieren könnte, infrage. Das trug dazu bei, eine kognitive Revolution in Gang zu setzen und die Idee zu befördern, dass die Inhalte unseres Denkens wichtiger sind als die Handlungen, die sie hervorbringen – Kognition vor Verhalten. Doch die mürrische und aggressive Haltung, die Chomsky und seine Anhänger einnahmen, tat ihrem Anliegen nicht gut.

Nim Chimpsky ist berühmt für das Fehlen intellektueller Leistungen und für sein tragisches Leben, das der Dokumentarfilm *Project Nim* 2011 nachzeichnete. Wie sein Name vermuten lässt, war Nim ein Schimpanse. Er wurde »zu Ehren von« Noam Chomsky so genannt, obwohl nicht klar ist, wer geehrt werden sollte und über wen man sich lustig machen wollte. Nim war ein unfreiwilliger Rekrut im Krieg um die sprachliche Einzigartigkeit des Menschen. 1973, zu Beginn des Projekts, war der verantwortliche Wissenschaftler Herbert Terrace, ein ehemaliger Student von B. F. Skinner, zuversichtlich, dass Nim die Amerikanische Gebärdensprache (American Sign Language, ASL) erlernen und Noams Chomskys Theorien widerlegen würde. Vier Jahre später hatte Terrace seine Meinung geändert und ließ Nim im Stich. Den Rest seines Daseins fristete Nim als Versuchstier in einem Forschungslabor der Pharmaindustrie.

Auf Projekt Nim folgte Projekt Washoe. Washoe war eine Schimpansin, wurde 1965 als Baby eingefangen und sollte beim amerikanischen Raumfahrtprojekt eingesetzt werden. Aber 1967 adoptierten sie Allen und Beatrix Gardner von der University of Nevada in Reno. Sie zogen sie in ihrem Garten auf, machten sie zu einem Familienmitglied und behandelten sie weitgehend wie ein Menschenkind. Washoe hatte ein eigenes Bett und Spielzeug, sie bekam Kleidung, eine Zahnbürste und begleitete die Gardners bei Familienausflügen. Sämtliche Konversation fand in Gebärdensprache statt, niemand sprach in ihrer Gegenwart Englisch. Washoe war glücklich, verspielt und lernte schnell. Sie erwarb ein Vokabular von 350 Wörtern, darunter KUCKUCK, UMARMUNG, KITZELN und BABY.

Obwohl Nim ebenfalls in einer Menschenfamilie aufgezogen wurde, hätte sein Training nicht unterschiedlicher sein können. In der Familie, in der er lebte, nutzte niemand Gebärdensprache, und er wurde nach einem strengen Stundenplan in dreistündigen Einheiten trainiert. Die Unterrichtsstunden fanden in einer kahlen, zwei mal zwei Meter großen Betonzelle statt, »um Ablenkung zu vermeiden«. In den vier Jahren, die das Projekt lief, hatte er 60 verschiedene Lehrer. Wie Skinners Ratten und Tauben, von denen in Kapitel fünf die Rede war, bekam er eine Belohnung, wenn er die richtigen Zeichen ausgewählt hatte.

Nim beherrschte zwischen 25 und 125 Zeichen, je nachdem wer zählte. Alle Beobachter stimmten darin überein, dass er nie etwas erreichte, was Sprache ähnelte. Terrace kam zu dem Schluss, dass Nim lediglich seine Lehrer nachahmte. Er fand, Nim unterbreche sie mehr, als Kinder es tun würden, und verwende keine Grammatik. Grammatikregeln beinhalten die Information, dass die Wortstellung wichtig ist. »Noam beißt Nim« bedeutet etwas ganz anderes als »Nim beißt Noam«. Nim bildete nicht viele lange Sätze, aber wenn er es doch einmal tat, waren es in der Regel Aneinanderreihungen von Wünschen nach Essen mit wenig Anhaltspunkten für Grammatik (Terrace, Petitto, Sanders und Bever 1979).

Als Terrace' Ergebnisse veröffentlicht wurden, nahmen Chomskys Fans sie zum Anlass, alle Sprachexperimente mit Affen mit dem Hinweis auf den »Klugen-Hans-Effekt« abzutun. Hans war ein Pferd, das scheinbar zählen und einfache Rechnungen ausführen konnte. Doch der Psychologe Oskar Pfungst zeigte, dass er dazu nur in der Lage war, wenn er seinen Lehrer sehen konnte. Hans reagierte auf subtile Hinweise durch dessen Körpersprache, die ihm die richtige

Antwort signalisierten. Auch Nims Testsitzungen waren nicht »doppelblind«, und der Experimentator wusste immer, welche Antwort er von Nim haben wollte. Weil Nim mit Bestechung trainiert worden war, entwickelte er großes Geschick, herauszufinden, was man von ihm wollte. Das war clever, aber es hatte nichts mit Sprache zu tun. Terrace bezeichnete Nim als »brillanten Bettler«.

Andere Wissenschaftler, die die sprachlichen Fähigkeiten von Affen erforschten, wussten um den »Klugen-Hans-Effekt« und arbeiteten mit Doppelblindversuchen. Doch Nims Versagen machte Schlagzeilen, und Terrace' schlechte Forschungsmethoden bewirkten, dass kaum noch Forschungsprojekte zur Sprachfähigkeit von Affen finanziert wurden. Etliche Wissenschaftler versuchten, den Schaden wiedergutzumachen, den das gescheiterte Projekt Nim angerichtet hatte. Sie wiesen auf Nims desolate Lernumgebung hin und auf Terrace' Unkenntnis der amerikanischen Gebärdensprache. Der Linguist William Stokoe hatte das offizielle Wörterbuch der ASL erstellt und sich die Videos von Nim und von Affen aus dem Projekt Washoe (bei dem auch mit anderen Affen als Washoe Versuche durchgeführt wurden) angesehen. Er erklärte, dass die Unterbrechungen, die Terrace bemerkt hatte, ein normaler Bestandteil der Sprache sind, und folgerte: »Es gibt wenig Zweifel, dass Schimpansen gut entwickelte Fähigkeiten haben, mit Zeichen zu kommunizieren« (Stokoe 1983). Terrace besuchte das Projekt Washoe nie, weil er überzeugt war, mit seinen Experimenten sei das letzte Wort zu den sprachlichen Fähigkeiten von Affen gesprochen.

Washoe und andere Affen lernten sehr ähnlich wie kleine Kinder. Es gab viele Hinweise, dass sie spontan, ganz ohne Belohnung, lernen konnten. Als Roger Fouts das Projekt Washoe übernahm, kam ein Babyschimpanse dazu, den Washoe adoptieren sollte, nachdem sie zwei eigene Babys verloren hatte. Loulis lernte Zeichen von seiner Mutter. Später lernte ein sprachlicher Star unter den Affen, ein Bonobo namens Kanzi, als Baby den Umgang mit einer Symboltafel, indem er die Wissenschaftler beobachtete, wie sie sich mühten, das seiner Adoptivmutter Matata beizubringen. Und noch erstaunlicher:

Kanzi war mehrsprachig. Im Verlauf mehrerer Jahrzehnte erwarb Kanzi mit seiner Symboltafel ein Vokabular von Hunderten von Zeichen und verstand fast 2000 englische Wörter. Kanzi beherrschte auch ein paar Wörter der »Gorilla-Zeichensprache«, die er aufgeschnappt hatte, als er Videos von Koko anschaute, einem berühmten Gorillaweibchen, das mit Zeichensprache kommunizierte. Auch Koko war zweisprachig. Sie hatte ein Vokabular von 1000 Zeichen und verstand rund 3000 englische Wörter.

Man kann bezweifeln, dass irgendetwas davon Chomsky bewegen könnte, seine Meinung zu ändern. Er nimmt eine sehr dogmatische Haltung ein, wenn es um Sprache geht, und neigt dazu, Belege von Linguisten, die seiner Position widersprechen, zu ignorieren. Für das Sprechenlernen von Babys und dafür, wie sich Sprache entwickelt haben könnte, interessierte er sich nicht. Nach Chomskys Ansicht ist Sprache ein spezielles Modul im Gehirn, das als eine einzelne Mutation auftauchte. Es wird angeschaltet, wenn Babys zu sprechen beginnen. Sie müssen ein paar besondere Parameter erlernen, die für ihre Muttersprache relevant sind, aber die Tiefenstruktur, die durch eine linguistische Analyse aufgedeckt werden kann, ist im Wesentlichen bei allen Sprachen gleich. Die Auffassung, was genau diese »Universalgrammatik« ist, hat sich mehrfach geändert, während Chomsky seine Theorie so anpasste, dass sie Unterschieden zwischen realen Sprachen Rechnung tragen konnte (Chomsky 1995). Gorillas und Schimpansen bleiben außen vor; sie gelten als unfähig zum Spracherwerb, weil ihnen die magische Ausstattung fehlt, die das möglich macht.

Nach 40 Jahren verlieren Chomskys Theorien allmählich ihre Dominanz. Erheblichen Anteil daran haben die akribischen Forschungen von Sue Savage-Rumbaugh, die mit Kanzi gearbeitet hat, um die Kritik an früheren Versuchen zum Spracherwerb von Affen zu widerlegen. Mittlerweile ist weithin akzeptiert, dass Kanzi seine Symboltafel verwenden kann, um auf dem gleichen Niveau zu kommunizieren wie ein dreijähriges Kind (Savage-Rumbaugh und Lewin 1995). Außerdem unterstützt die Annahme einer genetischen Grundlage der Sprache Chomskys Position nicht. Man hat kein Sprachgen gefunden, das zu seiner Theorie passt. Ein Kandidat, Gen FOXP2, hat eindeutig mit der Sprache zu tun, aber es hat sich über Millionen Jahre nur wenig verändert (Atkinson u. a. 2018). Inzwischen hat der vom Missionar zum Linguisten gewordene Daniel Everett gezeigt, dass die Sprache der Pirahã-Indianer im Amazonasgebiet nicht zu Chomskys Annahmen über eine Universalgrammatik passt (Everett 2009).

Pirahã kennt keine »Rekursion«, die in den jüngsten Versionen von Chomskys Theorie die wichtigste Eigenschaft einer Sprache ist (Fitch, Hauser und Chomsky 2005). Nach Chomskys Theorie ist Rekursion das, was uns ermöglicht, Sätze wie »Die Maus die die Katze die der Hund jagte biss lief davon« zu zerlegen und zu verstehen. Dieser Satz mag grammatikalisch richtig sein, aber er ist sehr unübersichtlich. Natürlich sind nicht alle (deutschen) Sätze so. Manche verzweigen sich richtig wie »Das ist die Ratte, die die Körner gefressen hat, die in dem Haus lagen, das Hans gebaut hat«. Solche Sätze sind nicht nur leichter zu verstehen, sie verlangen auch einen einfacheren Mechanismus namens Iteration. Neuerdings haben die Kognitionswissenschaftler Morten Christiansen und Nick Chater argumentiert, man könne sich von der Rekursion komplett verabschieden (Christiansen und Chater 2016). Das vereinfacht die Geschichte der Sprache. Ergebnis ist eine konsistente, integrierte Theorie der Sprache, die dem Spracherwerb in der Kindheit und der schrittweisen Entwicklung wieder eine wichtige Rolle einräumt. Ihre Theorie steckt noch in den Anfängen, und viele Linguisten aus dem Chomsky-Lager sind anderer Meinung, aber Christiansen und Chater haben mit Chomsky vielleicht das gemacht, was Chomsky mit Skinner gemacht hat.

Ich gebe zu, dass ich selbst parteiisch bin. Vor 20 Jahren habe ich Roger Fouts' Buch über seine Arbeit mit Washoe gelesen, *Unsere nächsten Verwandten*. Es ist mehr ein persönlicher Bericht als eine Monografie, er schildert, wie Washoe und ihre Familie zu seiner Familie wurden. Fouts musste seine wissenschaftliche Forschung immer wieder unterbrechen, um für Washoes Freiheit zu kämpfen. In dem Buch finden sich unzählige Beispiele, wie Washoe herumspringt und wie ein fröhliches Kind Kommentare über die Welt abgibt.

Anfang 1969 verhielt sich meine dreijährige Schimpansenschwester nicht nur so wie mein zweijähriger Sohn, sondern sie sprach auch wie er. Um sieben Uhr morgens begrüßte mich Washoe mit einem Schwall von Gebärden – ROGER SCHNELL, KOMM UMARMEN, MICH FÜTTERN, GIB KLEIDER, BITTE HINAUS, ÖFFNEN TÜR –, der die Gebärdenversion dessen war, was ich allmorgendlich von Joshua zu hören bekam (Fouts und Mills 1998, S. 113).

Im selben Monat las ich ein Buch mit dem Titel *Children Talk About the Mind* (Kinder sprechen über den Verstand), in dem Tausende Beispiele von Alltagsgesprächen einer Gruppe Kleinkinder versammelt waren (Bartsch und Wellman 1995). Das verbale Leben eines Kleinkinds ist ein pausenloser Kommentar der Welt, gemischt mit charmanten Aufforderungen wie »mir Schuhe anziehen!«, »mir Socken anziehen!«, »mir Saft geben!«. Die Parallelen zwischen den sprachlichen Fähigkeiten von Affen und Babys waren nicht zu übersehen.

Diese Erkenntnis hat mein Leben verändert. Ich arbeitete damals immer noch im Bankwesen und hätte nicht im Traum daran gedacht, wieder an die Universität zu gehen, um Psychologie zu studieren, geschweige denn, ein Babypsychologe zu werden. Trotzdem tippte ich mühsam lange Passagen aus beiden Büchern ab und postete sie auf meiner Webseite. Washoe und Nim Chimpsky waren nicht annähernd so klug wie Sie, ich oder Noam Chomsky, aber zusammen mit Koko, Kanzi und anderen sprechenden Affen haben sie uns in ihren eigenen Worten gesagt, dass das nur ein gradueller Unterschied ist. Jeder dieser Affen hat nur in einem eingeschränkten Sinn Sprache erlernt, aber fast alle lernten, zu kommunizieren. Sie sind wichtig für unser Verständnis, wie sich die Sprache entwickelt hat, doch Chomskys dogmatische Haltung bedeutete, dass ihre Leistungen abgetan und verspottet wurden. Ich bin zuversichtlich, dass Nim Chimpsky zuletzt lachen wird.

Kapitel zwölf

Ja, Nein, Maybe Baby

Seit mehr als einem Jahrzehnt habe ich verrückt gefärbte Haare. Meistens waren sie türkis, manchmal dunkelblau, gelegentlich violett, rosa oder rot. Es wurde mein Markenzeichen. Wenn ich versuchte, zu meinem normalen Mausbraun zurückzukehren, beklagten sich Freunde und Kollegen, meine Haare hätten die falsche Farbe. Auf dem Foto in meinem Pass sind sie leuchtend blau, insofern haben die Kritiker vielleicht recht. In dieser Zeit hatte ich mit *sehr vielen* Babys und Kleinkindern zu tun. Und das Komische: Soweit ich mich erinnere, nahm kein einziges Baby unter zwei Jahren je davon Notiz. Falls sie es merkten, kümmerte es sie nicht. Wenn sie älter als zwei waren, fiel ihnen meine Haarfarbe *als Erstes* auf, und sie fanden sie lustig. Dieses lang dauernde Experiment ist nur ein Beispiel, wie Sinn und Unsinn unser Bild der Welt prägen. In diesem Kapitel geht es darum, wie das passiert. Und es beginnt mit einem Ausflug in sehr ernsthafte Philosophie.

Sprachspiele

Wenn die Menschen nicht manchmal Dummheiten machten,
geschähe überhaupt nichts Gescheites.

Ludwig Wittgenstein, Philosoph (1889–1951)

Jeder, der Frank Ramsey begegnete, stimmte zu, dass er ein phänomenales Genie war. In den wenigen Jahren bis zu seinem Tod mit sechsundzwanzig im Jahr 1930 leistete er bedeutende und bleibende Beiträge zu Philosophie, Ökonomie und Mathematik. Ein ganzer Zweig der Mathematik ist nach ihm benannt: die Ramsey-Theorie. Als er zum Studium nach Cambridge kam, war sein Genie bereits anerkannt, nicht zuletzt von ihm selbst. Er war charmant, konnte aber auch arrogant und anstrengend sein. Gleich in der Anfangszeit in Cambridge gab ihm ein Tutor – vielleicht, um ihn loszuwerden – ein Buch über deutsche Grammatik, ein englisch-deutsches Wörterbuch und ein abstruses Werk des Philosophen Ernst Mach in deutscher Sprache. Zehn Tage später kam Ramsey wieder – er hatte inzwischen Deutsch gelernt und wollte einige profunde Fragen beantwortet haben. 1923 gelangte aus Österreich das Gerücht nach Cambridge, Ludwig Wittgenstein habe endlich seine Gedanken zu Papier gebracht. Ramsey, der gerade als Jahrgangsbester seinen Abschluss in Mathematik gemacht hatte, wurde nach Österreich geschickt, um das Buch ins Englische zu übersetzen.

Wittgenstein war noch anstrengender und brillanter als Ramsey. Vor dem Ersten Weltkrieg hatte er mehrere Jahre in Cambridge verbracht und die berühmten Philosophen Bertrand Russell und G. E. Moore mit Fragen zur mathematischen Logik verfolgt. 1914 war er nach Österreich zurückgekehrt, um in den Krieg zu ziehen. Während des Krieges schrieb er sein erstes Meisterwerk – *Tractatus logico-philosophicus*. Mit Ramseys Hilfe wurde es ins Englische übersetzt. In dem berühmten ersten und dem letzten Satz ist es perfekt zusammengefasst:

1. Die Welt ist alles, was der Fall ist.
7. Wovon man nicht sprechen kann, darüber muss man schweigen.

Die 100 Seiten dazwischen sind eine Aneinanderreihung knapper, nummerierter Aussagen. Im *Tractatus logico-philosophicus* vertrat Wittgenstein die Auffassung, dass Gedanken aus sprachlichen Aussagen bestehen, die Fakten über die Welt entsprechen, und dass die Philosophie nichts anderes ist als die Analyse der logischen Form dieser Gedanken und Sätze. Wem das zu sauber und ordentlich klingt, der ist wohl ein besserer Philosoph als der frühe Wittgenstein und sollte vielleicht lieber den späten Wittgenstein lesen.

Kurz vor dem Krieg war Wittgensteins Vater gestorben und hatte ihm einen Anteil seines Vermögens hinterlassen, der heute über 80 Millionen Euro wert wäre. Wittgenstein verfiel daraufhin in Depressionen. Er schlug das Erbe aus und verschenkte es an seine Geschwister. Nach dem Krieg verdiente er zehn Jahre sein eigenes Geld als Grundschullehrer und Gärtner in abgelegenen Regionen Österreichs. 1929 überredeten Ramsey und der Ökonom John Maynard Keynes Wittgenstein, zur Philosophie und nach Cambridge zurückzukehren. Keynes holte ihn am Bahnhof in Cambridge ab und schrieb darüber seiner Frau die berühmten Worte: »Gott ist angekommen. Habe ihn um 5.15 Uhr vom Zug abgeholt.« Die nächsten 20 Jahre verbrachte Wittgenstein mit Lehren, Denken und viel Schreiben. Er war nie ganz zufrieden mit seinem Werk, und zu seinen Lebzeiten erschienen nur zwei Bücher, der *Tractatus* und ein phonetisches Wörterbuch des Deutschen für Kinder.

Wittgensteins zweites Meisterwerk, *Philosophische Untersuchungen,* wurde kurz nach seinem Tod veröffentlicht. Darin revidiert er seine früheren Ansichten. Er sagt, es könne keine innere, private Sprache des Denkens geben, und folglich sei Sprache immer in gewissem Sinn öffentlich. Die Bedeutungen der Wörter seien sozial vereinbart und durch ihren Gebrauch festgelegt und deshalb immer vom Kontext abhängig. Wittgenstein illustriert das anhand von zwei unterschiedlichen Ideen. Er stellt sich die einfache Sprache eines Baumeisters vor mit Wörtern für Bausteine und Platten. Es sind schlichte Begriffe, die außerhalb der Baustelle nicht viel bedeuten, aber sie erfüllen ihren Zweck. Nun schaut er sich an, wie schwierig eine Definition des Wortes »Spiel« ist. Jede Definition muss den Wortgebrauch abdecken, wenn man von Brettspielen spricht, von Karten-, Ball- oder Kampfspielen. Eine solche Definition gibt es nicht, aber auch ohne perfekte Definition wissen wir, wie das Wort zu verwenden ist. Das ist eine umständliche Art, auszudrücken, dass Ideen wichtiger sind als Worte und dass Ideen von sozialen Konventionen abhängen und unweigerlich etwas Verschwommenes haben.

John Dewey war mehrere Jahrzehnte vorher zu einer ähnlichen Ansicht gekommen, als er feststellte,»die Sprache ist der Ausdruck des Denkens, aber nicht primär, ja anfangs nicht einmal bewußt. Die Sprache bezweckt an erster Stelle, die Handlungen anderer zu beeinflussen (indem ein Wunsch, ein Gefühl, ein Gedanke ausgedrückt wird); an zweiter Stelle findet sie Verwendung, um mit anderen in nähere soziale Beziehung zu treten« (Dewey 1951 [1910], S. 190f.). Das ist für jeden offensichtlich, der mit kleinen Kindern zu tun hat. Sie haben bereits entschiedene Meinungen zu allen möglichen Dingen, lange bevor sie sie in Worte fassen können. Jedes Kleinkind, das einen Wutanfall bekommt, weil es Papas Smartphone oder Mamas Essen nicht haben kann, drückt einen klaren Wunsch aus.

Leider wurden seit Wittgensteins Lebenszeit Computer erfunden, und das macht sie als Metapher für das Denken reizvoll. Schlimmer noch: Im Grunde sind Gehirne wie Computer. Das Gehirn besteht aus Neuronen, die nach bekannten Gesetzen der Physik und Chemie funktionieren. Deshalb glauben viele Menschen, zum Denken gehöre es, mit Symbolen zu jonglieren, so wie Mathematiker, die Gleichungen lösen, oder Computer, die Bits hin und her schieben. Natürlich machen wir einiges davon, obwohl wir uns oft auf Tricks und Eselsbrücken verlassen, um Dinge zu behalten – wir zählen an unseren Fingern ab oder murmeln leise vor uns hin. Das geschriebene Wort und das verbale Argument sind uns besonders wichtig. Es ist beinahe unmöglich, ohne sie zu kommunizieren, aber der Kern des Denkens ist diffuser. Wenn wir uns an den Beginn der Genesis und des Johannesevangeliums erinnern, hat es fast den Anschein, als hätte »Gott« die Bibel widerlegt. Nicht die Worte waren zuerst da. Die Sprache ist Teil unseres Spiels, aber das Spiel ist wichtiger. Das ist schwer zu verstehen, aber es wird leichter, wenn man an Babys denkt.

Gleicher Unterschied?

A weasel is weasily recognised.
A stoat is stoatally different.

Gleich zwei T hat das Trampeltier,
es hat auch zwei Höcker hier.
Das Dromedar hat zwar nur einen,
aber einen wirklich feinen.

Traditionelle Eselsbrücken

Als ich 2005 mit meiner Doktorarbeit begann, kaufte ich mir als Erstes *The Big Book of Concepts* von Greg Murphy (2002). Der Titel hatte mich fasziniert und begeistert. Ich stellte mir vor, jeder Doktorand würde ein Buch wie dieses bekommen, einen großen Almanach der Ideen. Die erste Aufgabe würde darin bestehen, dass jeder das Konzept heraussuchte, das er erforschen wollte, und dann würde er sich ans Werk machen. Tatsächlich war *The Big Book of Concepts* vollkommen anders. Es geht darin um die Wissenschaft des Kategorienlernens, darum, wie wir zu unseren Konzepten gelangen. Selbst von jemandem, der mit einer Doktorarbeit in Philosophie beginnt, würde man nicht erwarten, als Erstes ein großes Buch über Konzepte zu lesen. Aber ich überlegte, ob das nicht trotzdem sinnvoll wäre. Die Struktur von Konzepten zu verstehen und den Prozess, wie sie erworben werden, gehört grundlegend zum Verständnis des Denkens. Und das war das Thema meiner Doktorarbeit, deshalb bin ich voreingenommen. Andererseits ist die Konzeptbildung ein zentraler Bestandteil der Informationsverarbeitung, und Babys sind darin bemerkenswert gut.

Einen Teil dieses Prozesses haben wir in dem Abschnitt »Kategorien und Wauwaus« in Kapitel sieben kennengelernt. Wir haben gesehen, dass Babys mit fünf Monaten genau die Art unordentlicher Konzepte der realen Welt lernen, für die sich Wittgenstein so begeis-

terte. Die Kategorie Katze hängt nicht davon ab, dass man das Wort
»Katze« kennt. Kleine Babys haben eine Version dieser Kategorie.
Hunde wahrscheinlich auch. Katzen haben sie ganz sicher, sonst
gäbe es keine Kätzchen. Diese Kategorien sind längst nicht so gut definiert, wie es auf den ersten Blick scheinen mag. Oft sagt uns gerade
die Unschärfe, dass eine Kategorie eine Kategorie ist: Sie funktioniert
über Familienähnlichkeit. Mitglieder einer Kategorie sind einander
ähnlicher als Dinge außerhalb der Kategorie.

Eine zweite Kategorie von Kategorien basiert auf einem einzelnen
definierenden Merkmal, etwa die Kategorie der roten Dinge, der Formen mit vier Seiten, der Objekte, die größer sind als ein Haus. Diese
Kategorien sind abstrakter. Solche auf Regeln basierenden Kategorien sehen, oberflächlich betrachtet, nicht wie Kategorien aus. Zu den
roten Dingen gehören Tomaten ebenso wie englische Telefonzellen.
Wittgenstein hat gezeigt, dass immer eine unauflösliche Unschärfe
bleibt: »Rot sein« ist beispielsweise eine unscharfe Kategorie, genauso »die Größe eines Hauses«. Aber es ist die Grundlage des abstrakten Denkens, die Unterschiede zwischen einzelnen Objekten zu ignorieren und sich auf das zu konzentrieren, was sie gleich macht.

Das untersuchte ich in meiner Doktorarbeit. Ich beschloss, herauszufinden, wann Babys erstmals die Konzepte von »gleich« und
»verschieden« verstehen. Dazu zeigte ich Babys in einem standardmäßigen Habituationsexperiment Bildpaare. Ein Baby sah Paare des
gleichen Gegenstands: zwei Gummienten, dann zwei Cowboystiefel,
dann zwei Teebecher und so weiter. Jedes Mal hatten die Gegenstände nichts mit den zuvor gezeigten zu tun, und die Bilder wechselten,
wenn die Babys sich langweilten und wegschauten. Wenn sie vollkommen gelangweilt waren, zeigte ich ihnen ein neues Bildpaar von
Gegenständen, die nicht zusammenpassten, etwa einen Lippenstift
und einen 8-Ball (eine schwarze Billardkugel mit einer Acht darauf).
Bei einer zweiten Gruppe von Babys verfuhr ich genau umgekehrt:
Sie sahen während der Phase der Langeweile die ungleichen Bildpaare und als Test die gleichen. Die Ergebnisse waren eindeutig. Mit
acht Monaten erkannten die Babys, was in beiden Fällen los war,

aber mit vier Monaten merkten sie es nicht (Addyman und Mareschal 2010).

Um zu überprüfen, dass die Babys eine abstrakte Regel erlernten, führten wir ein zweites Experiment durch und stellten dabei die gleiche Frage in ganz anderer Weise. Diesmal verschwanden Paare geometrischer Formen hinter einem Schirm. Wenn es zwei blaue Quadrate oder zwei gelbe Kreise waren, tauchten sie auf der linken Seite wieder auf. Wenn es sich um einen Kreis und ein Quadrat handelte, tauchten sie rechts wieder auf. Wieder begriffen die acht Monate alten Babys, was vor sich ging, aber die vier Monate alten nicht. Mit acht Monaten konnten die Babys sogar verallgemeinern, was sie über Paare von Quadraten und Kreisen im Verhältnis zu Sternen und Herzen gelernt hatten. Ich war sehr angetan von meinem ersten Experiment und feierte meinen Doktortitel damit, dass ich mir Sterne, Herzen, einen Cowboystiefel, einen Lippenstift, eine Gummiente, einen Teebecher, einen Deckel und einen 8-Ball auf meinen linken Arm tätowieren ließ.

Beim Establishment der Babyforschung hielt sich die Begeisterung über unsere Experimente in Grenzen. Eine Zeitschrift lehnte die Veröffentlichung unseres Papers ab mit der Begründung, das sei nichts Neues. Mein Doktorvater und ich wussten das. Wir wussten, dass auch Tauben, Schimpansen, Makaken und sogar Honigbienen den Same-different-Test absolvieren können (Wasserman und Young 2010). Eine Besonderheit unserer Studie war, dass sie sich leicht mit Tierstudien vergleichen ließ. Sie zeigte, dass Babys Konzepte ähnlich wie Tiere erwerben, nur viel schneller. Makaken brauchen etwa 20.000 Versuche, um eine Version der Bildertests zu verstehen. Den acht Monate alten Babys in unserer Studie reichte rund ein Dutzend Beispiele. Den Tierforschern gefiel unser Experiment, und so wurde mein erstes Babyexperiment erstaunlicherweise in einer Zeitschrift mit dem Titel *Animal Cognition* veröffentlicht. Ich bekam einen freundlichen Brief von Ed Wasserman, dem maßgeblichen Experten für Konzeptlernen bei Tieren, der mich über die Gleichgültigkeit der Babyforscher hinwegtröstete.

Konzeptuell gesagt, ist die Unterscheidung von gleich und anders eine große Sache. Wasserman spricht von »Kiel und Rückgrat des Denkens und Rückschließens« (Wasserman und Young 2010). Mein Mitarbeiter Bob French hat ein Buch über *The Subtlety of Sameness* geschrieben, in dem er argumentiert, das Erkennen von Gleichartigkeit liege unserer Fähigkeit, Analogien zu bilden, zugrunde (French 1995). Deshalb dachten wir, es sei wichtig, das direkt zu untersuchen. Die Babywissenschaftler waren auf eine andere Frage fokussiert. 1999 erregten Gary Marcus und Kollegen großes Aufsehen mit einer Studie, in der Babys den Unterschied zwischen Silbenfolgen nach dem Muster AAB und solchen mit dem Muster CDC erkannten. Die Babys verallgemeinerten; wenn sie Beispiele wie *li na li* hörten, verstanden sie, dass *wo fe wo* das gleiche Muster hat (Marcus, Vijayan, Bandi Rao, Vishton und Ausubel 1999). Viele Variationen dieses Experiments folgten. Mein liebstes Beispiel ist eines von Jenny Saffran, bei dem Babys AAB-Muster bei Rassen von Hunden und Katzen erkannten. Die Babys sahen erst drei Hunde hintereinander: Malamut – Malamut – Elchhund, und erkannten das gleiche Muster, wenn sie sahen: Husky – Husky – Labrador (Saffran, Pollak, Seibel und Shkolnik 2007).

Es ist offensichtlich, dass die Unterscheidung von gleich und anders dieser Fähigkeit zugrunde liegt. Ein Malamut ist das Gleiche wie ein anderer Malamut, aber etwas anderes als ein Elchhund. Doch ein Großteil der Diskussion in der Studie von Marcus ging über die feinen Details von Ähnlichkeit hinweg und konzentrierte sich auf Regeln und Symbole. Diese Experimente wurden als Belege genommen, dass das Gehirn mit mentalen Symbolen arbeitet. Das wäre eine große Sache, denn Symbole müssen keine Beziehung zu den Dingen haben, die sie symbolisieren. Das klassische Beispiel sind Wörter. Das Wort »Hund« sieht nicht aus wie ein Hund und klingt auch nicht so. Deshalb sind Wörter und andere Symbole so mächtig. Man kann sagen: »Alle Hunde lieben Wurst«, dann: »Fido ist ein Hund« und daraus folgern: »Fido liebt Wurst.«

Viele Arbeiten zu den Grundlagen der Logik von Bertrand Russell und anderen haben gezeigt, selbst wenn man sich nicht um die Bedeutung der Wörter selbst kümmert, kann man mit einem kleinen Bestand an Regeln, den sogenannten Axiomen, die gesamte Mathematik aufbauen (von ein paar seltsamen Sonderfällen abgesehen). Das heißt formale Logik, weil es dabei auf die Form der Aussagen ankommt, nicht auf ihren Inhalt. Alan Turing ging noch weiter und zeigte, dass alle Rechensysteme einem einfachen idealtypischen Computer entsprechen, einer universellen Turingmaschine (Turing 1937). Diese gewichtigen logischen Ideen bereiteten in Verbindung mit Chomskys Behauptungen, Sprache brauche eine eigene Universalgrammatik, den Boden für viele Jahrzehnte, in denen man bei Denken und Kognition einen symbolischen Ansatz verfolgte. Das Experiment von Marcus und Kollegen schien diesen symbolischen Ansatz zu unterstützen. Marcus schrieb sogar ein Buch mit dem Titel *The Algebraic Mind* (Marcus 2003).

Doch der symbolische Ansatz übersieht die Subtilität der Gleichheit. Das Wort »Hund« ist ein Symbol, aber wie steht es mit der *Idee* eines Hundes? Es wäre unsinnig, wenn die Idee eines Hundes symbolisch wäre. Das würde alles über den Haufen werfen, was wir über Hunde wissen, und würde ihre inhärente Hundehaftigkeit nicht erfassen. Mit einer Idee ohne alle Eigenschaften würde niemand einen unbekannten Hund als Hund erkennen. Immer wenn man an einen Hund denkt, geht es um seine Eigenschaften – die Idee des »Hundes« ist unlösbar mit Vorstellungen von Fell, Freundlichkeit und schwanzwedelnder Freude verbunden. Das Problem, dass Hundsein etwas Reales ist, lässt sich nicht umgehen. Das Hundsein in Eigenschaften aufzuteilen wie ein Fell haben, eine feuchte Nase haben und freundlich sein, verschiebt das Problem nur zu der Frage, wofür diese Symbole stehen. Das ist das »Symbol-Grundproblem«. Wie stellt ein System von Symbolen den Kontakt zur realen Welt her? Jedes Mal, wenn man eine Idee durch ihre Eigenschaften definiert, muss man die Eigenschaften definieren. Anscheinend stößt man überall auf Symbole.

Eine Lösung, die bei Hunden, Katzen und ähnlichen Kategorien funktioniert, ist, dass die Idee eines Hundes hundeartig ist. Sie ähnelt einem Hund, weil sie für einen Hund steht. Die Idee eines Hundes ist mehr als das Symbol für einen Hund: Sie ist ein Bildzeichen oder eine Karte. Der polnische Philosoph Alfred Korzybski hat gesagt: »Eine Karte ist nicht das Territorium, das sie repräsentiert, aber wenn sie korrekt ist, hat sie eine ähnliche Struktur wie das Territorium, und das macht ihre Nützlichkeit aus« (Korzybski 1933, S. 58). Das funktioniert sehr gut bei Dingen, die wir sehen und auf die wir zeigen können. Aber funktioniert es auch bei abstrakten Konzepten wie gleich, verschieden, Wahrheit, Gerechtigkeit, Schönheit oder Philosoph? Bei etlichen funktioniert es tatsächlich. Unsere Vorstellungen von Schönheit oder Liebe sind zweifellos mit unseren persönlichen Erfahrungen verwoben. Shakespeares Vorstellung von Liebe ist nicht von seinen Liebeserfahrungen zu trennen. Man kann wetten, dass einige Seiten von Romeo auf dem basieren, was er selbst als Teenager erlebt hat, und dass eine Schulhofliebe die Inspiration für Julia war. Genauso werden unsere Definitionen von Gedanken und Ideen oft in analoger Form präsentiert. Selbst unsere abstraktesten Überlegungen fügen sich in dieses Modell ein, wie der höchst einflussreiche Mathematiker Henri Poincaré in einer berühmten Formulierung gesagt hat: »Mathematik ist die Kunst, verschiedenen Dingen denselben Namen zu geben.« Russell und Turing entkamen dem Symbol-Grundproblem in der Mathematik, indem sie ihr eigenes System auf Axiomen aufbauten. Gibt es auch Axiome des Denkens?

Susan Carey von der Universität Harvard schlägt etwas Derartiges in ihrem Buch *The Origin of Concepts* (Carey 2009) vor. Sie baut auf dem physikalischen Kernwissen von Elizabeth Spelke auf und nimmt an, dass Babys auch Kernkonzepte haben. Carey meint, wir bräuchten von Anfang an angeborene Ideen, denn »Konzepte wie *Ziel, Handelnder, Objekt* oder *ungefähr 10* kann man nicht in [semantische] Primitiva fassen wie Orte, Bewegungswege, Formen und Farben« (Carey 2009). Leider erklärt *The Origin of Concepts* den Ursprung von Konzepten nicht. Carey sagt, Babys hätten angeborene primitive Konzepte, so wie Konrad Lorenz' Graugänse eine angeborene Fähigkeit haben, auf die Gänsemutter geprägt zu werden. Carey meint, dass es sich mit den Kernkonzepten von Babys wie mit der

Prägung verhält: Sie werden nicht erlernt, sondern sind durch die Evolution angelegt. Mein Problem dabei ist, wie die Evolution sie erlernt hat. Vermutlich durch schrittweise Verbesserung, aber warum sollen Babys nicht genauso lernen können?

Bisher haben die Wissenschaftler noch keine vollständige Erklärung für den Ursprung von Konzepten. Aber eine solche zeichnet sich ab, und die Babys werden uns helfen, dorthin zu gelangen. Die Evolution hat vielleicht einen Teil der Arbeit geleistet, indem sie Lernmechanismen für Konzepte angelegt hat. Das ist das Ziel des bayesschen Lernens. Josh Tenenbaum vom Massachusetts Institute of Technology (MIT) und sein Forscherteam arbeiten an Computermodellen, um das zu erreichen (Tenenbaum, Kemp, Griffiths und Goodman 2011). Außerdem erkennt ein relativ neuer Trend in der Philosophie der Kognitionswissenschaft, dass Symbole beim Denken nicht weiterhelfen und Konzepte eher ähnlich wie Karten oder Bildzeichen sind. Erstens gibt es reichlich neurowissenschaftliche Belege, dass Gehirne voller Karten sind. Menschen und Ratten haben mentale Karten, die sie zur Navigation nutzen und für vieles bei den grundlegenden Systemen für Zeit und Menge. Zweitens bewegt sich dank der Arbeiten von Karl Friston die kognitive Neurowissenschaft weg von der Metapher, das Gehirn sei ein Computer, und sieht es eher als eine statistische Vorhersagemaschine (Williams und Colling 2018).

Susan Carey und ich stimmen darin überein, dass alle Konzepte den Charakter von Bildzeichen haben, nicht nur Konzepte wie »Hund«. Wir unterscheiden uns in der Auffassung, ob Kernkonzepte wie »gleich« und »verschieden« genauso erlernt werden, wie wir über Hunde, Katzen und Mathematik lernen. Doch der Fairness halber sei gesagt, dass die Sache noch nicht entschieden ist. Selbst bei etwas so Einfachem wie »gleich« und »verschieden« wissen wir nicht genau, wie das Gehirn es macht. Allerdings hat uns mein Freund Jean-Rémy Hochmann kürzlich ein Stück weitergebracht. Hochmann, der in Careys Labor in Harvard arbeitet, testete mit Kollegen sieben und zwölf Monate alte Babys mit einer Methode, die verzögertes *Matching-to-sample* heißt. Diese Methode wird häufig in Tierexperimenten angewendet. Sie stellten fest, dass Babys es leichter fanden, »gleich« zu lernen als »verschieden«. »Verschieden« ist vor allem nicht gleich, deshalb kommt »gleich« zuerst (Hochmann, Mody und Carey 2016). Merkwürdigerweise hatte mein eigenes Experiment mit den farbigen Formen genau das entgegengesetzte Ergebnis erbracht, dass nämlich »verschieden« schneller gelernt wurde. Ich bin nicht ganz sicher, warum das so ist, aber ich vermute, es wird sich herausstellen, dass mein Experiment ein Ausreißer war. Hochmanns Modell ist einfacher und passt sehr schön zu unserer intuitiven Auffassung. Gleichheit ist eine sehr auffallende und grundlegende Beziehung; Verschiedenheit wird üblicherweise als die Abwesenheit von Gleichheit definiert.

Als ich meine Doktorarbeit schrieb, stellte ich an den Anfang ein lustiges Gedicht von Ogden Nash mit dem Titel »Der Sprachpedant«. In dem Gedicht wird ein »gewissenhafter Wissenschaftler«, der »niemals pfuscht«, zum Forschen in den »fernen Busch« geschickt. Eine Tragödie ereignet sich, und ein Führer berichtet ihm, seine Frau sei von einem Alligator gefressen worden. Woraufhin

> *der Herr Professor lächelte subtil:*
> *»Du meinst gewiss ein Krokodil.«*

Der Witz dreht sich um die Gleichartigkeit und Verschiedenheit von Alligatoren und Krokodilen. Sie sind so ähnlich, dass man Regeln braucht, um sie unterscheiden zu können (eine nützliche Faustregel ist: Wenn man sich in Afrika befindet, sind es Krokodile). Ogden Nash macht sich lustig über pedantische Wissenschaftler, die das Gesamtbild aus dem Blick verlieren. Das ist eine hilfreiche Analogie für unsere Fixierung darauf, dass Denken algebraisch funktioniert. Die Arbeiten von Karl Friston sprechen dafür, dass die treibende Kraft dabei der Überlebenswille ist. Man macht sich erst Gedanken über die Unterschiede zwischen Krokodilen und Alligatoren, wenn man ihnen entkommen ist. Bei genauer Betrachtung ist Denken immer eine chaotische Angelegenheit. Säuberliche logische Regeln sind die Ausnahme und nicht die Regel.

Nein! Nein! Nein!

Die ältesten und kürzesten Wörter – Ja und Nein – erfordern das meiste Nachdenken.

Vielleicht oder vielleicht auch nicht von Pythagoras von Samos, 6. Jahrhundert v. Chr.

Meine Freundin Claire und ihre Kinder wohnen gerade bei mir. Sascha-Jack, kurz SJ, ist 15 Monate alt, und die beiden wichtigsten abstrakten Konzepte in seiner Welt sind »Ja« und »Nein«. Er plappert viel, ist aber immer noch in dem Stadium, wo die meisten Dinge anscheinend in einer Privatsprache benannt werden, die seine Wünsche ohne viele Worte, die Erwachsene verstehen, zum Ausdruck bringt. »Ja« ist ein Beispiel; SJ benutzt nicht dieses Wort, sondern lieber »Mehr!«. Das Wort wird hauptsächlich für Essen verwendet, aber bei der grenzenlosen Energie und Begeisterung eines Kleinkinds gibt es viele Dinge, von denen SJ mehr will: mehr Erdbeeren, mehr lustige Spiele, mehr Peppa Wutz, mehr kopfunter baumeln. Lachen und Lächeln sind natürlich auch nützliche Hinweise, wie wunderbar diese Dinge sind, aber »Mehr!« ist eine bessere Bezeichnung für das Konzept, wenn man versucht, mit dem Erwachsenen zu kommunizieren, der dafür zuständig ist, mehr zu liefern. Oft verstehen wir Erwachsene die Botschaft nicht, also unterstreicht SJ die Dringlichkeit oder Wichtigkeit von mehr Früchten oder mehr Kitzeln, indem er mit den Armen rudert und wedelt.

SJ verwendet auch nicht die Wörter »nein« und »nicht«, aber er hat eine sehr klare, gestaffelte Skala, um Ablehnung auszudrücken. Eine Drehung des Kopfes oder andere physische Abwehr funktioniert sehr gut, um höflich einen weiteren Löffel Brei zurückzuweisen. Der nächste Schritt ist ein entnervtes Einfrieren des gesamten Körpers mit zusammengepresstem Kiefer und zu Fäusten geballten Händen. Das ist die negative Reaktion auf schwerer wiegende Ungerechtigkeiten wie etwa, dass ihm jemand die Fernbedienung wegnimmt oder ihn vom Herd wegträgt. Lautes Heulen mit flammend rotem Gesicht steht für unmenschliche Behandlungen zur Verfügung, zum Beispiel kein Glas Rotwein trinken, nicht mit dem Smartphone spielen und nicht Peppa Wutz anschauen zu dürfen, und wenn die Geisterstunde schlägt, wird dieses besonders nachdrückliche »Nein« praktisch für alles verwendet.

Eltern, die mit solchen dionysischen »Jas« und titanischen »Neins« konfrontiert sind, haben wahrscheinlich nicht viel Zeit, darüber nachzudenken, was Pythagoras vor zweieinhalbtausend Jahren gemeint haben könnte. Ich kann da freier spekulieren, und mir gefällt der Gedanke, dass der große Philosoph und Mathematiker die Theorien von Karl Friston vorweggenommen hat. Ich denke, im Kern geht es darum, dass »ja« und »nein« unsere Wünsche ausdrücken und unsere beabsichtigten Handlungen kundtun. Ganz sicher verwenden Sascha-Jack und andere Babys diese Wörter so, und das gibt uns einen guten Hinweis auf ihre alten Ursprünge. Es sind die ältesten Wörter, weil sie unsere primären Begierden ausdrücken, gute wie schlechte. SJs Zustimmung und Abwehr kommen aus dem Bauch und sind in die Zukunft gerichtet; er setzt den ganzen Körper ein, um zu erklären, dass das die Zukunft ist, die er will oder eben nicht will. Darin klingt Fristons Auffassung an, dass innere Zustände existieren, damit wir in der Welt handeln können. Unsere Entscheidungen sind für uns wichtig. »Ja« und »nein« erfordern die meiste Denkarbeit, weil sie für Entscheidungen stehen, die wir üblicherweise nicht zurücknehmen können.

»Ja« und »nein« sind beides große Konzepte, aber »nein« ist interessanter, wichtiger und älter. Ein gellendes »Nein!« hat zweifellos seinen Ursprung in den Alarmrufen unserer Vorfahren, die noch auf Bäumen lebten. Für Eltern ist es eine besonders praktische Möglichkeit, in einem Notfall ihren Kindern etwas zuzurufen. Babys reagieren erstmals im Alter von etwa sechs Monaten auf »Nein!«, sie erstarren jäh, wenn sie »Nein!« hören. So wie »verschieden« aus »nicht gleich« hervorgegangen ist, könnte möglicherweise »ja« aus »nicht nein« hervorgegangen sein. Die kanadischen Psychologen Viktoria

Man dachte lange, diese Art der Babysprache wäre durch und durch ungrammatikalisch, aber der Psycholinguist Kenneth Drozd argumentiert anders, wie aus dem Titel seines Papers glasklar hervorgeht: »Vorsentenzielle kindliche Negation im Englischen als metalinguistische exklamatorische Satznegation« (Drozd 1995). Verblüffenderweise ist dieses Kauderwelsch eine Verbesserung gegenüber der alternativen Theorie einer »nichtanaphorischen präkausalen Negation«. Schlicht ausgedrückt, meint er, dass die meisten Babys das Wort »Nein« genauso verwenden wie viele Erwachsene Ausdrücke wie »Unsinn« oder »Papperlapapp«.

Babys erfassen Konzepte besser als die Sprache, in denen sie ausgedrückt werden. Eine wunderschöne Studie fand heraus, dass Kleinkinder Verneinungen besser verstehen, wenn sie nützlich sind. Es ist sinnvoll, ihnen zu sagen, dass eine Tasse kein Becher ist, aber es ist unsinnig, zu sagen, dass eine Tasse kein Tisch ist (De Villiers und Flusberg 1975). Aktuellere Forschungen sprechen dafür, dass Kleinkinder das Prinzip der Negation verstehen, aber oft kreativ damit umgehen, weil sie die Komplexität der Grammatik noch nicht beherrschen (Cameron-Faulkner, Lieven und Theakston 2007) – so ging es mir bei meinen Versuchen mit Holländisch. Weil ich mir über den korrekten Gebrauch der Negation nicht sicher war, erfand ich eigene Sätze. Stirnrunzeln und verzogene Mienen signalisierten mir, dass ich es nicht richtig gemacht hatte, aber die Bedeutung wurde meistens verstanden.

Es ist auch falsch anzunehmen, Erwachsene folgten beim Gebrauch von Verneinungen immer den Gesetzen der formalen Logik. In vielen Experimenten haben Nick Chater und Mike Oaksford gezeigt, dass sie bei klassischen logischen Problemen häufig mit bayesschen Netzen und Wahrscheinlichkeitstheorien operieren. Chater und Oaksford nennen das bayessche Rationalität (Oakesford und Chater 2007). Verblüffenderweise basiert dieser Ansatz auf einem Test, den Frank Ramsey entwickelt hat (Ramsey 1980 [1931]). Die Details des Tests und die Schlüsse von Oaksford und Chater gehen weit über das hinaus, was in diesem Buch behandelt wird. Aber sie implizieren, dass Menschen selten klassische Logik anwenden, sondern Wahrscheinlichkeit vorziehen.

Man könnte nun denken, das alles übersteige den Horizont von Babys, doch es gibt Hinweise, dass kleine Kinder rationale Bayesianer sind. In dem Kapitel zu Überraschungen haben wir bereits gesehen, dass Babys über die Wahrscheinlichkeit roter und weißer Tennisbälle nachdenken (Xu und Kushnir 2013). Einige genauso einfallsreiche Experimente von Ernő Téglás, Luca Bonatti und Kollegen deckten ähnliche probabilistische Vorgehensweisen in einer ganzen Fülle von Situationen auf (Téglás u. a. 2011). Ihr jüngstes Experiment, in dem sie die logische Negation untersuchten, ist vielleicht inspiriert von dem klassischen Bilderbuch *Das ist nicht mein Dino* von Fiona Watt. Bei ihrem Experiment zeigten sie zwölf und 19 Monate alten Kindern zwei Objekte, einen Dinosaurier und eine Blume (Cesana-Arlotti u. a. 2018). Die Objekte sind sorgfältig so gestaltet, dass die Schuppen auf dem Rücken des Dinosauriers exakt genauso aussehen wie die Blütenblätter der Blume. Wenn man beide mit einer Art Becher verdeckt, wirken die Teile, die herausragen, identisch. In einer Version der Studie sehen die Babys die Blume und den Dinosaurier nebeneinander. Ein Schirm taucht auf, und beide Objekte verschwinden, dann hebt der Becher ein Objekt an und platziert es neben dem Schirm. Der Schirm geht weg und gibt die Blume frei. Daraus können die Babys folgern, dass in der Schale »nicht Blume« ist, also »Dinosaurier«. Der Schirm und die Blume gehen weg, und es bleibt nur der Becher mit seinem Inhalt übrig. Schließlich wird auch der Becher weggezogen, und sichtbar wird entweder der logisch erschlossene Dinosaurier oder die unmögliche Blume. Alle Babys, deren »Erwartung verletzt« wurde, weil der Dinosaurier nicht da ist, schauten länger hin.

Noch weiß man nicht, wie Babys das machen. Chater und Oaksford führten ihre Experimente mit Erwachsenen durch und haben keine Entwicklungsversion ihrer Theorie, die erklärt, wie wir dahin gelangen. Die Datenbanken zum Wörterlernen und das Experiment über kindliches Schlussfolgern scheinen die bayessche Rationalität zu bestätigen, aber Wörterlernen ist eine ziemlich chaotische Sache, und die Experimente zum Schlussfolgern lassen sich unterschiedlich interpretieren. Nicht überraschend ist, dass die Fans des bayesschen Gehirnmodells Fei Xu und Josh Tenenbaum sehr optimistisch sind, dass sich bestätigen wird, dass Babys nach diesem Modell lernen. Hingegen ist Gary Marcus, ein Anhänger des algebraischen Gehirnmodells, höchst skeptisch (Marcus und Davis 2013). Téglás und Bonatti scheinen jeweils mit einem Bein in beiden Lagern zu stehen und verweisen bei ihren Wahrscheinlichkeitsexperimenten auf bayessche Erklärungen und bei den Dinosauriern auf die formale Logik. Am bemerkenswertesten ist jedoch, dass man die Debatte nicht allein mit Logik entscheiden kann. Wir brauchen Experimente wie dieses, um die Grundlagen unseres Denkens zu verstehen. Wir haben bereits gesehen, dass Babys Descartes überlisten; jetzt nehmen sie Wittgenstein ins Visier.

Magie, Mutwille und Machtkämpfe

Niemand ist frei davon, Banalitäten zu sagen. Schlimm wird
es erst, wenn man sie wichtigtuerisch vorträgt.

Michel de Montaigne, Essais, Drittes Buch, 1580

Ich könnte mir gut vorstellen, dass mein Kollege Gustav Kuhn ein paar Tricks mit Bechern und Dinosauriern vorführt. Er ist Psychologe und Zauberer. Er hat eine Version des berühmten Tricks mit Becher und Kugel mit einer Zitrone auf Lager, die mich sprachlos macht. Bei seinen Forschungen setzt Gustav Zaubertricks zur Untersuchung unserer Wahrnehmung, unserer Aufmerksamkeit und natürlich der Psychologie von Magie ein. Zaubertricks funktionieren, weil sie mit unserer Wahrnehmung, unserer Aufmerksamkeit und unseren Erwartungen spielen. Wie ich bereits gesagt habe, ähneln Studien, bei denen Erwartungen verletzt werden, Zaubertricks. Gustav und ich haben darüber diskutiert, welche Tricks wir mit Babys im Babylabor am Goldsmiths College ausprobieren könnten. Die meisten üblichen Zaubertricks beeindrucken Babys nicht sonderlich. Ein

Kartentrick versetzt sie nicht in Begeisterung. Sie strahlen, wenn eine Taube auftaucht oder ein weißes Kaninchen, aber sie werden nicht würdigen, dass sie vollkommen aus dem Nichts aufgetaucht sind. Und ich würde nicht empfehlen, Mami in der Mitte durchzusägen.

Wenn wir Erwachsene uns eine Zaubershow ansehen, wissen wir, dass wir hinters Licht geführt werden, obwohl wir nicht verstehen, wie es passiert. Bei Erwartungsverletzungsexperimenten mit Babys (Violation-of-Expectation-Experimente, VoE) haben die Babys keinen Grund, Tricks zu vermuten. Die Theorie der natürlichen Pädagogik von Csibra und Gergely, von der in Kapitel neun die Rede war, besagt, dass kleine Kinder ein natürliches Vertrauen in die Informationen haben, die sie von Erwachsenen bekommen (Csibra und Gergely 2009). Aber es zeigt sich, dass Babys um den Unterschied zwischen Witzen, Fehlern und Schwindeleien wissen. Sie kennen den Unterschied zwischen real und vorgespiegelt. Sie wissen, dass ein Spielzeugflusspferd kein richtiges Flusspferd ist. Aber sie wissen auch, dass ein Spielzeugflusspferd ein hervorragendes Reittier, Auto und Telefon abgibt. Vor allem als Telefone eignen sie sich, denn die richtigen Telefone geben wir ihnen nicht. Heute Nachmittag hat mein 15 Monate alter Mitbewohner Sascha-Jack mit einem Spielzeugauto, meiner Uhr und jeder Fernbedienung im Haus Telefon gespielt. Mein richtiges Telefon bekommt er nicht mehr, weil ich schnell gelernt habe, dass ich es nicht mehr zurückbekomme. Das ist ein eindeutiger Beweis, dass er sich des Unterschieds zwischen Vortäuschung und Realität sehr genau bewusst ist.

Was wir vielleicht Lügen und Vorspiegelungen nennen, bezeichnen Philosophen lieber als Kontrafakten. Philosophen lieben Kontrafakten, was nicht verwunderlich ist, weil der Großteil der Philosophie selbst eine Übung in kontrafaktischem Denken ist. Babys lieben Kontrafakten ebenfalls. Sie können gar nicht genug von Vortäuschungen, Neckereien und Streichen bekommen. Alison Gopnik weist darauf hin, dass es vielleicht seltsam erscheinen mag, warum kleine Kinder, die so viel über die reale Welt lernen müssen, so viel Zeit mit Als-ob-Spielen verbringen. Die Gründe sind bei ihnen weitgehend die gleichen wie bei Philosophen. Um wirkungsvoll über die Welt nachzudenken, muss man in der Lage sein, alternative Standpunkte zu erwägen, einzunehmen und anzupassen: Um für die Zukunft zu planen, muss man eine Alternative haben und mehrere Schritte über den Ausgangspunkt hinaus verfolgen (Weisberg und Gopnik 2013). Als-ob-Spiele trainieren diese Fähigkeit.

Bildungstheorien besagen, dass es beim guten Lernen darauf ankommt, die Fähigkeit zum logischen Denken zu verbessern, und nicht, endlos Fakten aufzusaugen. Das gilt genauso für Kinder unter zwei Jahren, und bei Als-ob-Spielen üben sie das. Alle jungen Säugetiere spielen, aber nur Menschen praktizieren kontrafaktisches »Was-wäre-wenn«-Denken. So können wir die Als-ob-Spiele von Babys vom spielerischen »Jagen« kleiner Kätzchen und spielerischen »Kämpfen« von Hundewelpen unterscheiden. Kleinkinder üben auch Fertigkeiten von Erwachsenen. Es ist herrlich zu beobachten, mit welchem Ernst und welcher Konzentration sie Einkaufen spielen, mit Autos spielen oder Eltern für ihre Puppen und Teddys spielen. Aber die wahren Lektionen, die sie dabei lernen, sind verbessertes Planen, Überlegen, exekutive Kontrolle und Perspektivenübernahme. Als-ob-Spiele stärken auch das Vertrauen der Babys in die Realität. Für Erwachsene sind Psychosen ängstigend und einschränkend, und der größte Unterschied zwischen Fantasie und einer Psychose ist, dass man den Unterschied kennt.

Wichtig bei all dem ist, dass Babys den Unterschied kennen zwischen Spaß machen, so tun als ob und sich irren. Im nächsten Kapitel komme ich auf die sozialen Aspekte von Als-ob-Spielen und falschen Annahmen zu sprechen. Aber woher wissen Babys, wenn wir Unsinn machen? Bringen wir sie in Verwirrung, wenn wir sagen, sie seien kleine Stinker, oder so tun, als wollten wir ihr Eis stehlen? Elena Hoicka von der Universität Bristol hat untersucht, ob und wie Babys Humor und Vortäuschung verstehen. Die Grundaussage ist, dass wir auch weiterhin mit unseren Babys albern und sarkastisch sein dürfen. In einem klugen Experiment konnten Zweieinhalbjährige unterscheiden, wenn ein Fremder Fehler machte und ein Muttersprachler einen Witz (Hoicka und Akhtar 2011). Sie verstanden Witze und Vortäuschung und erkannten den Unterschied zwischen scherzhaft und ehrlich (Hoicka und Gattis 2011). Das beeinflusste auch ihr Handeln. Kleinkinder setzten sich ein Spielzeugküken häufiger als Hut auf, wenn ein Elternteil es ihnen vormachte (Hoicka und Martin 2016).

Wie genau Scherze machen, lügen und so tun als ob die kognitive Entwicklung von Babys beeinflussen, ist immer noch ungeklärt. Aber in einer vielversprechenden Studie mit Kleinkindern zeigten Rana Esseily und ihre Kollegen von der Universität Paris Nanterre, dass es ein guter Indikator für Lernen über die Welt ist, wenn ein Kind »den Witz kapiert« (Esseily u. a. 2016). Sie stellten 18 Monate alten Babys eine Aufgabe in einer ernsthaften und in einer scherzhaften Version. Bei der ernsthaften Version zog eine Experimentatorin eine Gummiente mit einem Rechen zu dem Baby und ließ es damit spielen. Die Babys waren nicht sehr gut darin, diese Handlung nachzuahmen, nur 25 Prozent gelang es, die Ente heranzuziehen. Die scherzhafte Version war identisch bis auf die Abweichung im Ablauf, dass die Experimentatorin, wenn sie die Ente mit dem Rechen erwischt hatte, das Kind anlächelte und die Ente auf den Boden warf. Bei dieser Version des Experiments unterschieden sich die Babys darin, ob sie lachten oder nicht. Nur 19 Prozent der Babys, die nicht lachten, zogen die Ente mit dem Rechen zu sich. Aber 15 von 16 (93 Prozent), die lachten, schafften es, das Spielzeug zu sich zu ziehen. Wer den Witz mitkriegt, kriegt auch die Ente.

Diese Ergebnisse sind sehr aufregend. Wie Elena sagt, sieht es so aus, als wäre »das Verstehen von Witzen gut, um Beziehungen zu erhalten, unkonventionell zu denken und das Leben zu genießen. So tun als ob hilft Kindern, neue Fähigkeiten zu trainieren und neue Informationen aufzunehmen.« Aber die Forschungen stecken noch in den Kinderschuhen. Selbst bei Erwachsenen wissen wir nicht, wie Kreativität, Intelligenz und kognitive Kontrolle zusammenhängen (Benedek, Jauk, Sommer, Arendasy und Neubauer 2014). Scherze und so tun als ob nehmen im Alltag eines Babys großen Raum ein und spielen wahrscheinlich eine zentrale Rolle bei der Entwicklung von Kreativität und Intelligenz. Mit der kognitiven Kontrolle kommt ein weiteres überraschendes Element hinzu – Wutanfälle.

Wutanfälle sind für alle Beteiligten nicht lustig, aber sie sind im Leben eines Kleinkinds natürlich und unausweichlich. Alle Eltern können davon erzählen – Sandwiches, die dreieckig hätten sein sollen und nicht quadratisch; keine Socken anziehen wollen; *diese* Socken nicht anziehen wollen, und die 1001 Versuche, nicht ins Bett gehen zu müssen. Es gibt sehr wenig wissenschaftliche Forschung zu Wutanfällen, denn wer wollte sich schon freiwillig mit diesen außer Rand und Band geratenen kleinen Monstern einlassen? Schlimmer noch, ein Großteil der Ratgeberliteratur stellt Wutanfälle als Problem dar oder konzentriert sich auf Machtkämpfe. Mir gefällt der Satz »Ihr Baby testet seine Grenzen aus« nicht, und noch weniger gefällt mir der Satz »Ihr Baby testet Ihre Grenzen aus«. Diese Sätze implizieren, dass Babys machiavellistisch sind und immer darauf aus, noch um das kleinste bisschen Macht zu kämpfen. Aber so erleben sie das ganz und gar nicht. Wutanfälle sind zwar unangenehm, können aber auch ein wichtiger Teil unserer intellektuellen Entwicklung sein. Sie eskalieren schnell ins Absurde und Unlogische, doch am Anfang haben sie etwas sehr Überlegtes. Wutanfälle sind kontrafaktisch. Ein Kleinkind will etwas, was es nicht hat, aber unbedingt haben will. Im Wutanfall erscheint die lebhafte Vorstellung einer alternativen Welt, und obwohl der Wunsch außer Kontrolle gerät, ist es ganz und gar nachvollziehbar, wie er zustande gekommen ist.

Professor Michael Potegal von der Medizinischen Fakultät der University of Minnesota ist einer der wenigen tapferen, masochistischen Wissenschaftler, die Wutanfälle im Detail untersucht haben. Er analysierte ausführliche Befragungen der Eltern von 335 Kindern, um die Bestandteile und den zeitlichen Ablauf von Wutanfällen zu erforschen (Potegal und Davidson 2003; Potegal, Kosorok und Davidson 2003). Er kam zu dem Ergebnis, dass Wutanfälle aus hochkochender Wut und langsam ansteigender Verzweiflung entstehen. Wut ist ein scharfes, intensives Gefühl, dass sich rasch mit unterschiedlicher Stärke aufbaut, das aber ebenfalls rasch wieder verfliegen kann. Potegal fand heraus, dass Wutanfälle, die schnell einen Höhepunkt erreichen, auch schnell wieder enden. Verzweiflung ist ein eher diffuses Gefühl von Kummer, das sich langsamer aufbaut und von dem sich Kinder schwerer wieder befreien können. Wut ist eine von Jaak Panksepps biologischen Schlüsseltriebkräften, aber der Wutanfall eines Kleinkinds enthält mehr als die Wut eines Raubtiers. Wut ist für Kleinkinder Energie: Sie werden zu ihren Wünschen hingetrieben. Unter anderen Umständen betrachten wir Beharrlichkeit als etwas Positives, und positiv ausgedrückt kann man sich Wut als eine »Annäherungsemotion« vorstellen. Sie ist eine Erweiterung der unersättlichen Neugier und Entschlossenheit von Kleinkindern.

Leider sind die Wünsche von Kleinkindern oft zum Scheitern verurteilt. Weil sie nicht genug über die Welt wissen oder sie zu wenig beherrschen, werden sie Unmögliches versuchen oder fordern. Warum dürfen sie nicht das Auto fahren oder das glänzende Küchenmesser in die Hand nehmen? Wenn die Energie nicht in eine neue Richtung gelenkt wird, verzweifeln sie an ihrer eigenen Wut, und es folgt ein Zusammenbruch. Wie sollten wir also mit Wutanfällen umgehen? Der erste Schritt ist, Ruhe zu bewahren: Wenn auch die Eltern wütend und frustriert sind, wird alles nur noch schlimmer. Wutanfälle sind eine natürliche Nebenwirkung unserer Fantasie und unserer Fähigkeit zum kontrafaktischen Denken. Eltern sollten nicht versuchen, daraus Gelegenheiten zum Lernen zu machen, denn Vernunft hilft in dieser Situation nicht weiter. Wenn ein Kleinkind einen Wutanfall hat, wird es nur noch schlimmer, wenn jemand Fragen stellt. Fragen verstärken nur den Fokus auf das unerreichte Ziel und schaffen eine »Wutfalle«, in der die Verzweiflung die Oberhand gewinnt. Professor Potegal rät zu diplomatischer Neutralität.

Zur Beruhigung sei gesagt, dass Eltern es höchstens noch 20 Jahre mit eigensinnigem Ungehorsam zu tun haben werden. Sie können über die Absurdität vieler Wutanfälle ihrer Kleinkinder klagen, aber die meisten Auseinandersetzungen von Erwachsenen sind genauso schlimm. Sie entbrennen über belanglose Fragen und eskalieren über das hinaus, was für alle Beteiligten gesund und vernünftig ist. Unsere Kriege sind noch schlimmer. Die »Trotzphase« mit ungefähr zwei Jahren ist als negativer Stempel für die späte Kleinkindzeit zu hart, denn um diese Zeit entwickeln sich auch viele wunderbare Eigenschaften wie Empathie und Sorge. Sich der eigenen Verzweiflung bewusst zu werden fördert die Sensibilität für die Gefühle anderer Menschen. In diesem Alter entfaltet sich die Fähigkeit der Kinder, sich als eigenständige Individuen wahrzunehmen und das Gleiche auch bei anderen zu erkennen. Darum geht es im letzten Kapitel.

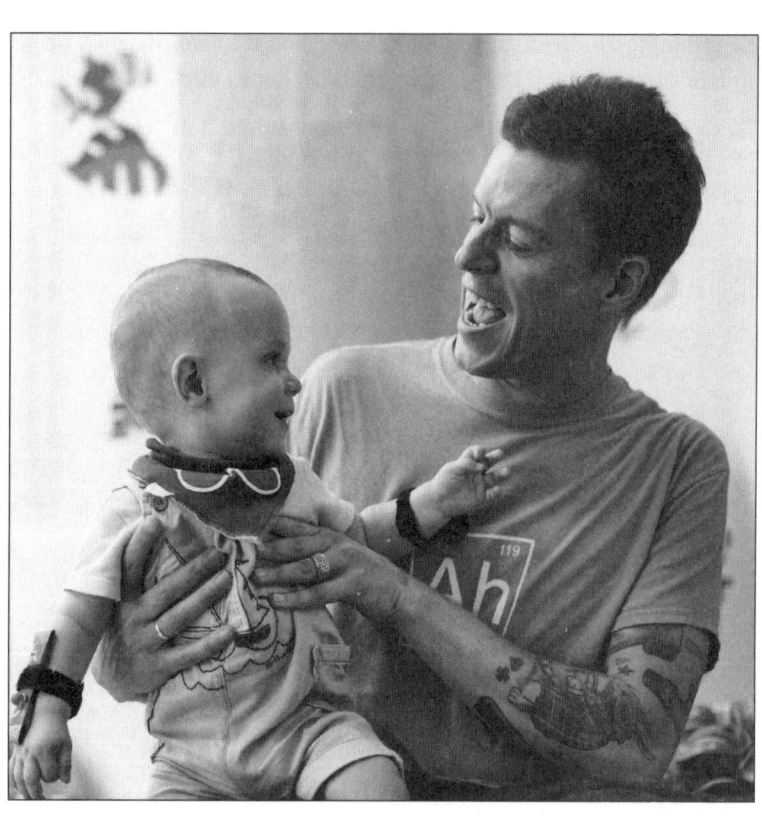

Kapitel dreizehn

Freunde

Man kann sich keine Freunde machen. Man kann nur
ein Freund sein.

Anonym, in Anlehnung an Ralph Waldo Emerson,
amerikanischer Schriftsteller (1803–1882)

Es muss schön sein, ein Baby zu sein. Wohin man auch kommt, alle
freuen sich, das Baby zu sehen. Die ganze Welt ist dein Freund. Deine Mami, dein Papa, Opa und Oma, alle Erwachsenen, die man als
Baby trifft, haben ein Lächeln und ein freundliches Wort für dich.
Ältere Kinder sind magische Geschöpfe, die du anhimmelst und die
sich meistens freundlich und gnädig verhalten, weil sie froh sind,
wenn jemand zu ihnen aufschaut. Aber bei den ersten Begegnungen
mit Gleichaltrigen, den ersten Freunden des Babys, ist etwas anders.
Abgesehen von dem Sonderfall von Zwillingen oder Mehrlingen beginnen die ersten Freundschaften meistens zwischen dem ersten
und zweiten Lebensjahr. Vorher sind Babys noch nicht dafür gerüstet, miteinander zu interagieren. Wenn man zwei Babys unter einem Jahr zusammenbringt, werden sie vergnügt, aber jedes für sich
spielen. Im zweiten Lebensjahr erkennen Babys Gleichaltrige, spielen mit ihnen und entwickeln echte Freundschaften. Vielleicht ist
das der Zeitpunkt, an dem wir nicht mehr von Babys sprechen sollten, denn sie entfernen sich langsam aus der ständigen Abhängigkeit von ihren Bezugspersonen und fangen an, ein eigenes Leben zu
führen.

Nach innen und nach außen blicken

Als die zwölf Monate alte Tochter meiner Schwester zum ersten Mal in ihr Abendessen prustete, musste meine Schwester unwillkürlich lachen. Also machte es Mirabelle wieder – und wieder, und wieder. Beim zweiten Mal lachte meine Schwester nicht mehr ganz so sehr und beim zehnten Mal gar nicht mehr. Sie wollte aber ihren Ärger nicht zeigen, weil sie mit ihrem Lachen das Spiel in Gang gebracht hatte. Das erste Mal war ein spontanes Experiment gewesen. Die Reaktion der Mutter hatte dazu geführt, dass Mirabelle es wiederholte. Sie war sich bewusst geworden, dass sie die Macht hatte, ihre Mama zum Lachen zu bringen. Diese Erkenntnis trifft alle Babys irgendwann um diesen Zeitpunkt herum und begeistert sie. Lustige Spiele aller Art sind ein großer Spaß, aber nur wenig ist mit dem überdrehten Spiel eines Kleinkinds vergleichbar, das erkennt, dass es ein Publikum hat. Das ist auch der Zeitpunkt, an dem das Bewusstsein für das eigene Selbst in der Beziehung zu anderen erwacht.

Unser Selbstgefühl entwickelt sich langsam. Es entsteht aus unseren Beziehungen. Wie wir in Kapitel zehn gesehen haben, sind Vasi Reddy und Colwyn Trevarthen der Ansicht, dass es bereits mit sechs Monaten passiert, in den frühen Neckereien von Babys und Eltern (Reddy 2001). Es ist ein schrittweiser Prozess, der im zweiten Lebensjahr richtig in Gang kommt. Wenn Kinder zum ersten Mal registrieren, dass sie einen anderen zum Lachen bringen können, ist das ein wichtiger Hinweis, dass sie in der Lage sind, nach innen auf sich selbst als Individuen zu schauen und nach außen auf andere, die sie als »anders« wahrnehmen. Wenn das Leben eine Vorstellung ist, dann betreten wir um die Zeit unseres ersten Geburtstags bewusst die Bühne. Vorher sind wir zu arglos, zu hilflos, zu nichts ahnend, um absichtsvoll zur Unterhaltung von anderen beizutragen. Vielleicht passiert es sogar bei der Party zum ersten Geburtstag, wenn wir im Mittelpunkt eines Ereignisses stehen, das eigens für uns veranstaltet wird. Wenn Kinder erkennen, dass sie die Macht haben, uns zum Lachen zu bringen, eröffnet das eine ganz neue Dimension. Von da an sind sie Clowns, die für die Menge spielen.

Die Kehrseite der Medaille ist Schüchternheit. Wenn Kinder sich ihrer selbst im Verhältnis zu anderen stärker bewusst werden, zeigen sie erhebliche Schüchternheit. Das ist mehr als die Scheu, die Vasi Reddy bei sehr kleinen Kindern registrierte. Scheu war der Rückzug aus einer direkten Interaktion, die zu stimulierend wirkte. Anhänglichkeit ist oft ähnlich. Zwischen zwölf und 18 Monaten taucht eine andere, stärker von innen kommende Form der Schüchternheit auf. Jetzt sind Babys erkennbar verlegen und gehemmt, wenn sie unbekannte Personen treffen, seien es Fremde oder Freunde, die sie einige Zeit nicht gesehen haben. Sie ziehen sich zu einem Elternteil zurück oder verhalten sich äußerst vorsichtig und achten darauf, dass sie der unvertrauten Person nicht zu nahe kommen.

Den Clown spielen und schüchtern sein wirken so, als würden sie den erwachsenen Zügen Extraversion und Introversion entsprechen, Etiketten, die wir gern für unsere Freunde, für uns selbst aber eher zurückhaltend verwenden. Extravertierte Menschen sind aufgeschlossen, voller Energie und Enthusiasmus. Durch die Interaktion mit anderen werden sie regelrecht aufgeladen. Introvertierte Menschen sind zurückhaltend, überlegt und schüchtern. Sie brauchen Zeit für sich allein, um nach einer sozialen Interaktion wieder Kraft zu sammeln. Carl Gustav Jung unterteilte die Menschen in solche, die nach innen, und solche, die nach außen blicken. Aber popularisiert wurde die Dichotomie von Extraversion und Introversion von dem hoch umstrittenen und hoch produktiven Psychologen Hans Eysenck, der sie mit einem biologischen Prozess verknüpfte, den er »Erregbarkeit« nannte. Eysenck meinte, introvertierte Menschen seien physiologisch überstimuliert und bräuchten das Alleinsein, um ihr Erregungsniveau zu verringern. Extravertierte Menschen seien unterstimuliert und bräuchten die Energie aus der äußeren Stimulation, um ihr Erregungsniveau zu erhöhen (Eysenk 1967). Die moderne Psychologie sieht eine gewisse biologische Grundlage für Introversion und Extraversion und erkennt an, dass es die beiden Enden eines

Spektrums sind. Die meisten Menschen liegen irgendwo in der Mitte und zeigen je nach Umständen Merkmale von beidem (DeYoung 2010). Wenn Jimi Hendrix nicht auf der Bühne stand, war er das klassische Beispiel eines introvertierten Menschen. Eysenck war selbst schüchtern und introvertiert, trotzdem liebte er das Rampenlicht, schrieb populäre Bücher und ergriff jede Gelegenheit, im Fernsehen aufzutreten.

Extraversion ist nur eine Dimension der Persönlichkeit. Das geläufigste Persönlichkeitsmodell hat noch vier weitere Dimensionen. Die »Big Five« sind Offenheit für neue Erfahrungen, Gewissenhaftigkeit, Extraversion, Verträglichkeit und Neurotizismus, oft werden sie mit dem Akronym OCEAN nach den englischen Begriffen bezeichnet. Wir wollen uns hier nicht in die Komplexitäten der erwachsenen Persönlichkeit vertiefen, sondern nur festhalten, dass binäre Etiketten eine simplifizierende Art sind, Menschen zu beschreiben. Kein Persönlichkeitstest kann einen Menschen definieren, denn alle Messungen verändern sich je nach Situation und im Verlauf des Lebens. Eine bemerkenswerte Langzeitstudie, die sich über 63 Jahre erstreckte, zeigte im Wesentlichen keinerlei Korrelation zwischen der Persönlichkeit, wie sie mit 14 erhoben wurde, und der Persönlichkeit mit 77 Jahren (Harris, Brett, Johnson und Deary 2016).

Es ist nicht sinnvoll, die Persönlichkeitsdimensionen von Erwachsenen auf Babys zu übertragen, wir sprechen lieber über frühkindliche Temperamente. Am häufigsten eingesetzt wird dafür der Revised Infant Behaviour Questionnaire (IBQ-R) von Mary Rothbart (Gartstein und Rothbart 2003), den auch ich bei meiner Studie zu schlafenden Babys in Brasilien nutzte. Er identifiziert drei Dimensionen, die als Begeisterungsfähigkeit/Extraversion (*surgency/extraversion*), negative Affektivität (*negative affectivity*) und Orientierung/Regulierung (*orientation/regulation*) bezeichnet werden und darauf basieren, wie die Eltern die Reaktionen ihrer Kinder auf alltägliche Situationen beurteilen. Schon allein die Bezeichnungen zeigen, dass Tests der frühkindlichen Persönlichkeit ihre Tücken haben. Beginnen wir von hinten: »Orientierung« meint die Fähigkeit von Babys, auf Dinge fokussiert zu bleiben. Babys, die hier hohe Werte haben, lassen sich leicht beruhigen und freuen sich, wenn die Eltern ihnen vorlesen, Musik vorspielen oder sie in den Arm nehmen und wiegen. Dieser Aspekt korreliert nicht mit einem erwachsenen Persönlichkeitsmerkmal und sagt ein solches auch nicht direkt voraus. »Negative Affektivität« ist ein Maß, wie schnell ein Baby in Verzweiflung gerät; es beschreibt Babys, die schnell weinen und sehr anhänglich sind, und entspricht der Dimension Neurotizismus bei Erwachsenen. Die Dimension »Extraversion« trifft für Babys zu, die voller Tatendrang sind; sie wird aus Fragen ermittelt wie etwa, wie sehr das Baby zappelt, wenn die Windeln gewechselt werden oder es im Autositz festgeschnallt wird. Solche Babys interessieren sich in der Regel sehr für neue Umgebungen und geben viele Laute von sich. Es sind die Babys, die lachen, wenn sie gebadet oder in die Luft geworfen werden.

Frühkindliche Extraversion deckt sich ziemlich weitgehend mit Extraversion im Erwachsenenalter, obwohl keine der relevanten Fragen im IBQ-R darauf zielt, wie diese Babys auf andere Menschen reagieren. Stattdessen konzentriert sich der Fragebogen auf die eher biologischen Aspekte, das, was Eysenck als Erregbarkeit bezeichnet hätte. Es scheint, dass extravertierte Babys energiegeladen und aufgeschlossen sind, weil sie Stimulation suchen. Züge wie Schüchternheit fallen dagegen in die Dimension der negativen Affektivität. Früh im Leben ist es schwierig, die soziale Angst von Babys von anderen Ängsten zu unterscheiden. Das ergibt ein Bild, wonach unbekümmerte Babys extravertierte Erwachsene werden und vorsichtige Babys introvertierte. Aber die Soziabilität von Babys hängt nicht nur von angeborenen biologischen Faktoren ab. Babys sind noch wandelbarer als Erwachsene. Studien, die das Temperament mit einem Jahr und mit zwei Jahren verglichen, zeigen eine Übereinstimmung von nur 30 Prozent (Casalin, Luyten, Vliegen und Meurs 2012). Psychologen betrachten das häufig als einen hohen Wert, aber tatsächlich bedeutet es, dass man schwer sagen kann, wie ein bestimmtes Baby als Kleinkind sein wird. Ein Jahr ist immerhin die Hälfte der Lebenszeit eines zweijährigen Babys.

Die Entwicklung von Freundschaft geht Hand in Hand mit der Entwicklung des Selbstgefühls und der Fantasie. Ein paar herrlich einfallsreiche Experimente erforschten das in den 1990er-Jahren mithilfe des Spiegeltests, den ich in Kapitel neun erwähnt habe (Asendorpf, Baudonnière und Warkentin 1996; Asendorpf und Baudonnière 1993). Die Fähigkeit, sich selbst im Spiegel zu erkennen, ist ab etwa 18 Monaten vorhanden. Vorher ist die Selbstwahrnehmung noch eingeschränkt. Bei diesem Test bekommen die Kinder einen Klecks rotes Make-up ins Gesicht, ohne dass sie es merken. Dann werden sie vor einen Spiegel gesetzt. 18 Monate alte Babys berühren den Fleck in ihrem Gesicht und haben damit den Test bestanden. Die Forscher argumentieren, dass es einige Fantasie braucht, sich selbst von außen zu sehen. Clever an den Studien von Asendorpf und Kollegen war, dass sie auch untersuchten, wie diese Kinder ein Gegenüber im Spiel imitierten. Die Ergebnisse waren eindeutig: Nur Kleinkinder, die den Spiegeltest bestanden, ahmten auch ein Gegenüber nach. Wahrscheinlich entwickeln sich Freundschaft und Selbstgefühl, wenn Kinder besser in der Lage sind, sekundäre Repräsentationen zu bilden – Kontrafakten und andere Ideen über Ideen. Echte Freundschaften entstehen erst, wenn die Babys Fantasie entwickeln und Als-ob-Spiele spielen.

Ich kenne mich, ich kenne dich

> *Du weißt dass ich weiß dass du weißt, aber ich will dass du*
> *weißt dass ich weiß dass du weißt dass ich weiß dass du weißt*
> *dass ich weiß. Es ist wichtig, dass du das weißt, weißt du?*
>
> Jarod Kintz, There Are Two Typos Of People In
> This World, 2010

Stellen Sie sich folgende Szene vor: Sie sehen zwei Puppen, Amy und Becky, die synchron klatschen und hüpfen und dann zusammen lachen. Amy geht aus dem Zimmer, schaut aber durch das Fenster hinein. Eine andere Puppe, Claire, kommt dazu, und Sie und Amy sehen beide, wie Becky Claire absichtlich schlägt, sodass sie zu Boden fällt. Jetzt geht Claire hinaus und Amy kommt wieder zurück. In der letzten Szene passiert eines von zwei Dingen: Entweder lachen Amy und Becky und bewegen sich synchron wie vorher, oder Becky lacht und bewegt sich allein, und Amy ignoriert sie. Die Beschreibung ist ein bisschen umständlich, aber wir verstehen die Szene schnell und würden wahrscheinlich eine Geschichte darum herum spinnen. Wenn Amy schweigt, stellen wir uns vor, dass sie den Gewaltausbruch ihrer Freundin nicht gutheißt. Wenn Amy und Becky beide lachen, sind wir überrascht und beschließen, dass beide Claire nicht mögen. Als You-Jung Choi und Yuyan Luo von der University of Missouri diese Szenen 13 Monate alten Babys vorspielten, fanden sie ein ähnliches Muster. Die Babys schauten länger auf die herzlose, lachende Freundin. Einer anderen Gruppe von Babys wurden die Szenen ähnlich vorgespielt, aber mit dem Unterschied, dass Amy nicht mitbekam, wie Claire von Becky geschlagen wurde. Damit kehrten sich die Ergebnisse um. Die Babys waren überraschter über die schweigende Freundin. In einer letzten Kontrollsituation kam der Schlag zufällig, und da zeigten die Babys keinen Unterschied in ihren Reaktionen (Choi und Luo 2015). Kurz gesagt, die Babys registrierten, was Amy gesehen hatte, und passten ihre Erwartungen entsprechend an. Bereits mit 13 Monaten scheinen sie eine »Theory of Mind« zu besitzen, die sie einsetzen, um die Handlungen und Absichten von anderen zu verstehen.

Theory of Mind ist auch als Mentalisierung bekannt, Gedankenlesen, Alltagspsychologie oder Laienpsychologie. Es ist die Fähigkeit, von der die meisten Menschen glauben, sie stehe im Zentrum der Psychologie. Auf Partys werden Psychologen oft gefragt: »Wissen Sie, was ich denke?« Ich antworte dann immer: »Nein, aber ich weiß, wie Sie denken.« Allerdings sind wir, wenn es um Mentalisierung geht, nicht ganz sicher, wie die Menschen es machen und was sie überhaupt machen. Entschuldigung, wenn das verwirrend klingt, aber es ist ein verwirrendes Thema. Theory of Mind scheint unsere mentale Repräsentation der mentalen Repräsentationen einer anderen Person zu sein. Wie das Zitat am Anfang dieses Abschnitts illustriert, kann das ein bisschen so sein, als versuche man, die Hinterseite des eigenen Kopfes anzuschauen.

Menschen denken seit Jahrtausenden über das Denken nach, aber erst vor vier Jahrzehnten, als wir uns für das Innenleben von Schimpansen zu interessieren begannen, geriet das Problem der Theory of Mind in den Fokus. Der Ausdruck »Theory of Mind« und die Komplexität des Problems wurden bekannt durch ein Paper, in dem es darum ging, ob Schimpansen die gleichen Mentalisierungsfähigkeiten haben wie wir (Premack und Woodruff 1978). In dem Experiment wurden einer von Menschen aufgezogenen Schimpansin namens Sarah Videos gezeigt, wie ihr Trainer Keith Kennel versuchte, unterschiedliche Rätsel zu lösen. Sarah sollte seinen mentalen Zustand erschließen. Die Hälfte der Rätsel knüpfte an einige klassische Experimente des deutschen Psychologen Wolfgang Köhler (1925) an; dabei ging es darum, dass Keith sich bemühte, an Bananen heranzukommen, die außerhalb seiner Reichweite lagen. Bei den anderen Experimenten war er in einen Käfig eingesperrt oder ihm war kalt. In fast allen Fällen wählte Sarah ein Foto aus, auf dem die richtige Lösung dargestellt war: eine Kiste, auf die er sich stellen konnte, um die Banane zu erreichen; ein Bild mit Schlüsseln für den Käfig; oder ein brennender Docht, um eine offenbar ausgefallene Heizung wieder in Gang zu setzen. Premack und Woodruff entschieden, dass Sarah mentale Zustände bei Keith erschließen konnte und dass sie und andere Schimpansen eine Theory of Mind hatten.

Dieses Fazit war durchaus umstritten. 30 Jahre später kamen Derek Penn und Daniel Povinelli zu dem Ergebnis, es gebe keinen Hinweis, dass »nicht-menschliche Lebewesen etwas besitzen, was entfernt an eine ›Theory of Mind‹ erinnert«, trotz »jahrzehntelanger Bemühungen einiger unserer klügsten menschlichen und nichtmenschlichen Köpfe« (Penn und Povinelli 2007, S. 731). Das Fazit von Premack und Woodruff löste auch eine Kontroverse über mentale Repräsentationen generell aus, nicht weil es die Grundsätze des damals aus der Mode kommenden Behaviorismus infrage stellt, son-

342

dern wegen der indirekten Belege. Wir können hinsichtlich unserer eigenen mentalen Zustände sicher sein, weil wir sie erfahren und darüber sprechen können. Aber bei Schimpansen und Kindern ist das nicht so leicht. Ein großes Problem ist, wie die Menschen wohl zu dem Trick mit dem Gedankenlesen gekommen sind. Der schottische Kleinkindforscher Alan Leslie hat das Thema knapp auf den Punkt gebracht mit der Feststellung, »es ist schwer, zu erkennen, wie perzeptuelle Evidenz jemals einen Erwachsenen, geschweige denn ein kleines Kind dazu bringen könnte, die Idee nicht beobachtbarer mentaler Zustände zu erfinden« (Leslie 1987, S. 422). Wenn wir selbst keine mentalen Zustände hätten, würden wir sie bei anderen nicht vermuten. Aber wenn es so ist, woher kommt die Theory of Mind und was unterstützt sie? Wie lernt ein Baby, was es mit Überzeugungen, Wünschen und anderen unsichtbaren Begierden auf sich hat?

Alan Leslies Antwort lautete, Vortäuschung ermögliche eine Theory of Mind. Kontrafakten sind schon für sich allein ein mächtiges kognitives Werkzeug. Aber Leslie hält die Fantasie für die Quelle der Metarepräsentation: die Fähigkeit, über das Denken nachzudenken. Zu glauben, dass das gelbe Objekt eine Banane ist, ist etwas sehr anderes, als so zu tun, als wäre die Banane ein Telefon. Die erste Meinung ist sehr eng mit der Welterfahrung verknüpft, die zweite erfordert einen Entkopplungsmechanismus, der der Beginn der Fähigkeit ist, sich mentale Zustände vorzustellen. An dem Punkt kann es sein, dass ich Bananen mag, dass ich weiß, dass ich Bananen mag, und ich kann mir sogar vorstellen, dass jemand anderer keine Bananen mag. Wenn ich mit einer merkwürdigen Person zu tun habe, die immer, wenn sie die Wahl zwischen Bananen und Brokkoli hat, zuverlässig Brokkoli wählt, weiß ich, welches Nahrungsmittel ich ihr anbiete. Genau das hat Alison Gopnik bei einem Experiment mit 18 Monate alten Babys festgestellt, allerdings verwendete sie Goldfisch-Cracker mit Käsegeschmack, die Babys noch mehr lieben als Bananen (Repacholi und Gopnik 1997). Spätere Experimente erbrachten nicht das gleiche Ergebnis, wenn 18 Monate alte Babys getestet wurden, bestätigten das Ergebnis aber bei zweieinhalb Jahre alten Kleinkindern (Ruffman, Aitken, Wilson, Puri und Taumoepeau 2018).

Auf etwas zeigen ist eine weitere faszinierende Fertigkeit, die uns hilft, zu erkennen, wie Babys die Fähigkeit entwickeln, die Perspektive einer anderen Person zu verstehen. Für uns Erwachsene ist Zeigen ganz selbstverständlich, und wir übersehen die Tatsache, dass es eine kulturgebundene Geste ist. Kein anderes wild lebendes Tier nutzt Zeigegesten, aber von Menschen aufgezogene Schimpansen setzen sie rudimentär ein. Hunde können es auch lernen, doch die meisten werden einfach auf die Hand des Menschen starren. Einige isoliert lebende Stämme zeigen lieber mit dem Kinn. Babys beginnen etwa mit zwölf Monaten zu zeigen und verstehen etwa um dieselbe Zeit, wenn ein Erwachsener auf etwas deutet. Lange glaubte man, Babys würden mit »imperativem« Zeigen beginnen und mit dieser Geste nach Objekten außerhalb ihrer Reichweite verlangen, bevor sie dann weiter zu »deklarativem« Zeigen voranschritten, um auf etwas Interessantes zu deuten (Tomasello, Carpenter und Liszkowski 2007).

Aber während meiner Zeit am Birkbeck Babylab machte sich ein Team von Kollegen unter der Leitung von Vicky Southgate daran, eine andere Erklärung zu liefern. In einer Studie zeigten Kleinkinder öfter, um Informationen zu verlangen, wenn sie mit einem sachkundigen Erwachsenen zusammen waren, als wenn sie es mit einem »dummen« Erwachsenen zu tun hatten. Der sachkundige Erwachsene hatte sich vorher bei der Benennung vertrauter Gegenstände bewährt, während der dumme eine Banane als Schuh bezeichnet hatte und eine Tasse als Apfel (Begus und Southgate 2012). In einer zweiten Studie lernten Kleinkinder mehr über neue Objekte, die sie durch Zeigen aktiv ausgewählt hatten (Begus, Gliga und Southgate 2014). Vicky glaubt, dass Zeigen bei Kleinkindern immer »interrogativ« ist: Mit dem Zeigen verlangen sie Informationen. Diese Einschätzung passt gut zu den Vorstellungen von natürlicher Pädagogik, die wir in Kapitel neun kennengelernt haben (Southgate, van Maanen und Csibra 2007). Ich glaube auch, dass diese Experimente auf die korrekte Erklärung für die Theory of Mind hindeuten.

Wie bei vielen Theorien über Babys gibt es hauptsächlich zwei Optionen – Natur oder Umwelt, *Nature* oder *Nurture*. Die Theory of Mind ist eine hervorragende Kandidatin für das Wirken der Natur. Es ist eine spezifisch menschliche Fähigkeit, die einen großen evolutionären Vorteil mit sich bringt. Dazu kommt noch, dass Autismus eine Störung zu sein schein, bei der selektiv die Theory of Mind beeinträchtigt ist. Der Psychologe Simon Baron-Cohen hat in seiner Doktorarbeit gezeigt, dass Kinder mit Autismus schlecht beim Sally-Anne-Test abschnitten, einer Aufgabe, die mit der Theory of Mind zu tun hat. Dabei holt die Puppe »Anne« einen Ball aus einem verborgenen Platz und legt ihn an einen anderen, ohne dass die Puppe »Sally« sieht, wohin. Die Kinder werden dann gefragt, wo Sally nach dem Ball suchen wird (Baron-Cohen, Leslie und Frith 1985). Es ist eine komplexe Aufgabe, und den Kindern werden verbal komplexe Fragen dazu gestellt. Kinder, die sich in der typischen Weise entwickeln, bestehen den Test erst zwischen drei und vier Jahren, aber viele Kinder mit Autismus bestehen ihn auch viel später noch nicht, selbst wenn sie ansonsten fortgeschrittene mentale Fähigkeiten erlangt haben. Das veranlasste Baron-Cohen und seine Betreuer Alan Leslie und Uta Frith vorzuschlagen, dass es im Gehirn ein Modul für die Theory of Mind gibt, das bei Autismus beeinträchtigt ist (Leslie 1992).

30 Jahre später betrachten wir Autismus deutlich anders. Er ist nicht Folge eines fehlerhaften Moduls für die Theory of Mind, sondern das Ergebnis eines komplexen Zusammenspiels von Genen und Umwelt. Vor allem aber sieht die Psychiatrie Autismus allmählich als ein Beispiel für Neurodiversität – nicht als Krankheit oder Störung, die »behandelt« werden muss, sondern als eine Abweichung oder Besonderheit, auf die man sich einstellen und stolz sein kann (Baron-Cohen 2017).

Auch die Erklärungen für die Theory of Mind haben sich weiterentwickelt. Man hat keine Gehirnregion gefunden, die Sitz eines Moduls für eine Theory of Mind sein könnte, und wir glauben nicht mehr, dass ein spezielles Modul helfen könnte, zu verstehen, was in anderen Köpfen vorgeht. Erstens ist ein Modul im Wesentlichen eine Blackbox, die durch ihre spezielle Rolle vom übrigen Gehirn getrennt ist; sie ist mit dem Gehirn verbunden, aber strikt davon abgegrenzt. Doch das Ziel des Mentalisierens ist es, das Erleben einer anderen Person nachzuvollziehen. Zu wissen, dass ein Freund nach einem Glas Saft greift, weil er Durst hat, ist viel einfacher, wenn man auf eigene Erfahrungen von Durst zurückgreifen kann. Zu wissen, dass der Freund aufschreckt, wenn er sich sein eiskaltes Getränk über die Brust schüttet, ist offensichtlich, wenn man sich selbst in seine Situation versetzen kann, und andernfalls praktisch nicht nachvollziehbar. Es ist so, als würde man neben die andere Person in die Blackbox schlüpfen, und das widerspricht der Annahme einer Blackbox. Zweitens ist der ganze Ansatz, Überzeugungen und Wünsche als Dinge zu sehen, die wir benennen können – in unseren eigenen Köpfen und in den Köpfen von anderen –, ein weiteres Beispiel für die Vorstellung einer »Privatsprache«, wie sie Wittgenstein ablehnte (Carpendale und Lewis 2004).

Glücklicherweise gibt es eine Alternative namens Simulationstheorie, die diese Probleme löst. Sie besagt, dass wir andere Menschen verstehen, weil wir uns vorstellen, sie wären wir (Gallese und Goldman 1998). Simulation ist ein bisschen wie Method Acting, bei dem Schauspieler ganz in einen Charakter eintauchen: In ähnlicher Weise sagen wir voraus, wie andere handeln werden, indem wir so tun, als wären wir sie, und dabei stützen wir uns auf unsere Erfahrung und Fantasie. Damit ist Wittgenstein zufriedengestellt, und es passt sehr schön zu dem antisymbolischen Ansatz bei Konzepten, den wir im letzten Kapitel kennengelernt haben (Williams und Colling 2018). Es erscheint auch ökonomischer. Warum nutze ich nicht einfach mein eigenes Entscheidungssystem, um die Entscheidungen anderer Personen zu verstehen? Warum sollte ich dafür ein spezialisiertes Modul brauchen? Das beste Argument für die Simulationstheorie ist, dass sie mit dem übereinstimmt, was wir über das Funktionieren unserer Gehirne wissen.

Die Simulationstheorie bekam gewaltigen Auftrieb mit der Entdeckung der Spiegelneuronen durch Giacomo Rizzolatti und Kollegen (Gallese u. a. 1996; Rizzolatti u. a. 1996). Das sind Neuronen im prämotorischen System, die aktiviert werden, wenn wir eine Handlung planen oder wenn wir jemand anderen dabei beobachten. Genau so etwas wird man wollen, um sich vorzustellen oder zu simulieren, wie man selbst oder jemand anderer etwas tut. Zum Beispiel könnte das Spiegelsystem Babys helfen zu verstehen, dass ihr eigenes Zeigen ähnlichen Gesten ihrer Bezugsperson entspricht. Das ist unglaublich nützlich, weil die eigene Perspektive von der dritten Person her anders aussieht. Um zu den machiavellistischen Schimpansen aus Kapitel sechs zurückzukehren: Ihre Dramen und ihre Lösungen waren höchst physisch und emotional in einer Weise, die gut mit der Simulationstheorie und Spiegelsystemen zusammengeht. Penn und Povinelli mögen recht haben, dass Schimpansen kein Äquivalent zu unserer Theory of Mind besitzen, aber sie sind in einer Weise gegenseitig für ihre mentalen Zustände sensibel, die dank der Simulationstheorie einen evolutionären Weg zu unseren Fähigkeiten aufzeigt.

Die Simulationstheorie wurde noch nicht in allen Einzelheiten ausgearbeitet, und einige Psychologen glauben, Affen und Babys hätten überhaupt keine Mentalisierungsfähigkeiten (Burge 2018). Doch ich bin zuversichtlich, dass die Theorie auf der richtigen Spur ist. Wir können hier nicht weiter in die Details gehen, aber nach einem aktuellen Vorschlag von Katerina Fotopoulou und Manos Tsakiris sind das früheste Selbstgefühl von Babys und unsere Fähigkeit, mentale Vorstellungen von uns selbst und anderen zu haben, durch Simulation miteinander verbunden (Fotopoulou und Tsakiris 2017). Der Kern des Selbst ist eine Kombination der Empfindung, ein körperhaftes Individuum zu sein, und der Anerkennung der Ähnlichkeit mit anderen. Fotopoulou und Tsakiris meinen, »die minimalsten Aspekte des Selbstseins, nämlich das Gefühl, ein körperhaftes, handelndes Subjekt zu sein, werden grundlegend durch körperhafte Interaktionen mit anderen Menschen in der frühen Kindheit geprägt« (ebd., S. 6). Ihr Vorschlag schöpft auch aus dem sogenannten *predictive coding* (der Theorie, dass das Gehirn permanent selbst Modelle er-

347

zeugt, was es in einer bestimmten Situation erleben wird) und dem Prinzip der freien Energie und hat die Billigung von Karl Friston gefunden, der sagt, er »passt gut zu der Vorstellung eines Spiegelneuronensystems, das Vorhersagen meines eigenen und Ihres Verhaltens liefert« (Friston 2017). Eltern und Betreuungspersonen sind die wichtigsten Menschen, die diese frühe Identität prägen, aber die Fähigkeit dazu ist vorhanden, damit wir mit der weiteren Welt interagieren können.

Das Zitat zu Beginn dieses Absatzes ist bewusst verwirrend, um auszudrücken, wie unübersichtlich mehrere Bezugsebenen sein können. In der Realität wird es leichter, zu wissen, was im Kopf eines anderen vorgeht, weil das Einnehmen von Perspektiven enaktiv ist (das heißt im Austausch mit der Umwelt stattfindet) und körperlich anstatt symbolisch. Alle dramatischen Künste bauen darauf auf, dass die Personen auf der Bühne nicht dauernd innere Monologe halten müssen, damit wir verstehen, warum sie so handeln, wie sie handeln. Nehmen wir den klassischen doppelten Bluff in alten Kriminalfilmen, wenn der Detektiv vorgibt, eine Waffe in der Manteltasche zu haben. Wir wissen, dass er nur so tut als ob, aber der Verbrecher weiß es nicht. Vielleicht ist es nur eine Banane? Wir sehen zu, wie der Bösewicht versucht herauszufinden, ob der Detektiv blufft. Wir wissen, dass der Held weiß, dass sein Gegner das abwägt, und ihn täuschen muss. Außerdem wissen wir, dass beide Schauspieler sind und die Täuschung spielen. Dafür haben wir keinen Theory-of-Mind-Computer, sondern wir versetzen uns in den Detektiv hinein. Darum haben wir Herzklopfen beim Zuschauen. Die Simulationstheorie ermöglicht uns, solche Dramen zu verstehen, reale wie fiktionale. Aber eines sagt sie uns nicht: Sind wir die Guten oder die Bösen?

Freundlich und gerecht

Hallo Babys, willkommen auf der Erde! Sie ist im Sommer
heiß und im Winter kalt. Sie ist rund und nass und
übervölkert. Allerhöchstens, Babys, habt ihr hundert Jahre
hier. Es gibt nur eine Regel, von der ich weiß, Babys –
Gottverdammt, ihr müsst freundlich sein.

Kurt Vonnegut jr., *Gott segne Sie, Mr. Rosewater*, 1965

Meine Mitarbeiterin bei *Joys of Toys*, Nathalia Gjersoe, hat den denk-
würdigen Ausspruch getan: »Wenn Sie jemals Erfahrungen mit Babys gemacht haben, sei Ihnen verziehen, wenn Sie sie für durch und
durch egoistische, selbstsüchtige kleine Biester halten, die sich nicht
viel um andere scheren« (Gjersoe 2013). Natürlich hat sie das scherzhaft gesagt, um auf einen ernsthaften Punkt hinzuweisen. Freundlichkeit und Gerechtigkeit, auch bekannt als Empathie und moralisches
Verhalten, bringen uns erheblich weiter als Theory of Mind. Beides
ist voneinander unabhängig – ein gefühlloser Roboter kann eine
ziemlich gute Theory of Mind haben und sogar eine Vorstellung von
falsch und richtig, aber ihm fehlt jegliche Empathie. So verhält es sich
wohl bei den wenigen Menschen mit einer antisozialen Persönlichkeitsstörung – was früher als Soziopathie oder Psychopathie bezeichnet wurde. Donald Trump mit seiner schwachen Impulskontrolle,
seinen Problemen, Aggressionen zu beherrschen, und seinem fehlenden moralischen Kompass wird häufig als großes orangerotes Baby
dargestellt. Aber das ist zutiefst unfair gegenüber den Babys. Babys
haben ein starkes Moralgefühl und ausgeprägte natürliche Empathie,
eine überraschende und schwierig zu erklärende Tatsache.

Oft heißt es, die Moral habe ihren Sitz im Kopf und die Empathie
im Herzen. Aber Moral und Empathie sind miteinander verwobene
Konzepte. Religionsstifter wie Jesus und Gautama Buddha definieren
sich durch ihre Weisheit und ihr Mitgefühl, und Philosophen debat-
tieren darüber, ob man das eine ohne das andere haben kann. Die

349

Entwicklungspsychologie bringt eine wertvolle Perspektive in diese Debatte ein. Wenn Forscher diese Frage bei Babys untersuchen, heben die Schlagzeilen immer die moralische Dimension hervor – »moralische Babys« klingt verblüffend, »empathische Babys« hingegen klingt tautologisch. Wir können uns ohne Weiteres ein Baby vorstellen, dass mit jemandem mitfühlt, der aufgewühlt ist, aber eher weniger ein Baby, das abwägt, ob etwas gerecht ist.

Das passt zu der weiten Definition von Moral, die Jean Decety und Jason Cowell gegeben haben. Sie sagen, »ein zentraler Fokus von Moral ist das Urteil über Recht oder Unrecht von Handlungen oder Verhaltensweisen, die Menschen wissentlich schaden« (Decety und Cowell 2014, S. 527). Sie meinen, »Empathie« sei als Begriff zu vage, um nützlich zu sein. Ihrer Ansicht nach sollte »Empathie« in drei separate Verhaltensweisen aufgespalten werden: emotionale Anteilnahme, empathische Sorge und Perspektivenübernahme. Einfach ausgedrückt, handelt es sich um die Unterschiede zwischen »ich spüre«, »ich fühle mit« und »ich verstehe«. Emotionale Anteilnahme ist die Grundlage dieses Systems. Ein hübscher Aspekt der körperhaften Selbstvergewisserung der Simulationstheorie ist, dass man die Empathie »kostenlos« dazubekommt. Und das führt schnell zu empathischer Sorge. Wenn man die Schmerzen einer anderen Person spüren kann, ist es sinnvoll, ihr zu helfen. Um zu helfen, muss man natürlich verstehen, was nicht in Ordnung ist, und möglicherweise muss man dabei selbstlos sein. Empathische Sorge erwächst aus der Sorge um Mitglieder der Familie und der eigenen Gruppe und entwickelt sich zu etwas Beschränktem, Spaltendem und potenziell Unmoralischem (Decety und Cowell 2014). Selbstsüchtige Begierden und Parteilichkeit für die eigene Gruppe zu überwinden erfordert Selbstkontrolle und Wissen. Das hilft uns, Empathie und Moral voneinander abzugrenzen. Das mag die Fähigkeiten von Babys übersteigen, aber nicht nur von Babys, wie Jesus gern betonte.

Babys sind durchaus zu emotionaler Anteilnahme in der Lage. Von der Zeit im Mutterleib an reagieren sie auf den emotionalen Zustand der Mutter, und das Band, das sie mit ihren Eltern verbindet, führt in beide Richtungen (Trevarthen 2005). Aber ihre Sorge erstreckt sich noch weiter. Neugeborene Babys schreien, wenn sie andere kleine Babys schreien hören, jedoch nicht, wenn sie ein älteres Baby oder ein Schimpansenbaby schreien hören. Das könnte ein frühes Zeichen von Empathie sein, oder vielleicht sind Schreie von Neugeborenen ein besonders quälender Stimulus. Bislang sind die Meinungen dazu geteilt (Ruffman, Lorimer und Scarf 2017). Ohne Zweifel nehmen Babys emotional immer mehr Anteil an anderen Menschen, je älter sie werden, und sie versuchen, andere zu trösten, wenn sie leiden (Roth-Hanania, Davidov und Zahn-Waxler 2011). Diese kleinen Heiligen können unglaublich süß sein – sie streicheln sanft und reichen aufgelösten Personen ihr Fläschchen oder ihr Spielzeug. In sehr ernsten Situationen bieten sie sogar ihre Schmusedecke an. Hier liegen die Ursprünge des Verständnisses – »Das hilft mir, wenn ich traurig bin, und vielleicht hilft es auch dir«. Eine andere hübsche Studie mit eineiigen und zweieiigen Zwillingen zeigte einen großen Zuwachs an Sorge und prosozialem (freundlichem, hilfreichem) Verhalten im Lauf der Zeit in beiden Gruppen (Zahn-Waxler, Robinson und Emde 1992). Die genetischen Effekte waren gering, was dafürspricht, dass es kein »Empathie-Gen« gibt. Carolyn Zahn-Waxler von der University of Wisconsin-Madison, die Initiatorin beider Studien, glaubt, dass wir lernen, nett zu sein.

Babys können uns auch Empathie lehren. Erinnern wir uns an die »genau beobachteten Säuglinge« aus Kapitel zehn, die Teil der psychotherapeutischen Ausbildung waren. Durch die Beobachtung sollten die Therapeuten Erkenntnisse über die emotionalen Reaktionen von Erwachsenen – die ihrer Klienten und ihre eigenen – erlangen, indem sie sahen, wie der Prozess bei Babys beginnt. Erstaunlicherweise gibt es in Kanada etwas Ähnliches in Schulen. Seit zwei Jahrzehnten besuchen Babys Grundschulklassen im Rahmen des Programms »Roots of Empathy«, das Mary Gordon 1996 in Toronto ins Leben gerufen hat; sie sollen den Grundschulkindern beibringen, nett zu sein. Ein Baby (das ein Mini-T-Shirt mit dem Aufdruck »Lehrperson« trägt) und seine Bezugsperson kommen im Lauf eines Schuljahres neun Mal in eine

Klasse. Die Kinder lernen aus der direkten Interaktion mit den Babys und durch die Reflexion des Erlebten. Mary Gordon entwarf das Programm ursprünglich, um Kindern elterliche und familiäre Kompetenzen beizubringen, aber der Gedanke, kleine Kinder zu lehren, »Eltern zu sein«, stieß auf Widerstand (Gordon 2005). Abgesehen davon schien der Nutzen viel größer zu sein. Zu sehen, wie die Babys unmittelbar auf sie reagierten, veränderte das Verständnis der Kinder von Empathie. Untersuchungen des Programms haben gezeigt, dass es das prosoziale Verhalten verbessert und Mobbing reduziert (Schonert-Reichl, Smith, Zaidman-Zait und Hertzman 2012). Mittlerweile gibt es das Programm in ganz Kanada und in zwölf weiteren Ländern.

Wenn in dem Experiment von Choi und Luo (2015) eine Puppe die andere schlägt, interpretieren wir die Reaktion der Babys als Überraschung, wenn die Zeugin, Ami, weiterhin freundlich zu der Aggressorin, Becky, ist. Doch die Babys reagieren nicht, wenn der Schlag versehentlich passierte. Sie verfolgen nicht nur, wer was gesehen hat, sondern fällen offensichtlich auch ein moralisches Urteil. Das stimmt mit Studien überein, die zeigen, dass Babys bereits mit sechs Monaten Listen haben, wer nett ist und wer nicht nett ist. Eine frühe Studie dazu führten Kiley Hamlin und ihre Kollegen am Yale Infant Cognition Center durch (Hamlin, Wynn und Bloom 2007), allerdings war das Drama in ihrer Studie harmloser. Die Darsteller waren farbige Flächen mit Glupschaugen und die Versuchspersonen sechs und zehn Monate alte Babys. Die Babys sahen, wie ein roter Kreis versuchte, einen steilen Berg hinaufzugelangen, und dabei scheiterte. Dann kam ein gelbes Dreieck und half dem Kreis nach oben. Die Szene begann von vorn, aber diesmal kam ein blaues Quadrat dazu und schubste den Kreis zurück nach unten. Am Ende hatten die Babys die Auswahl, nach dem hilfreichen Dreieck oder dem hinderlichen Quadrat zu greifen. Alle zwölf jüngeren Babys und 14 von den 16 älteren wählten die hilfreiche Form. Durch eine Fülle von Kontroll- und Ausgleichsmaßnahmen wurden banalere Erklärungen ausgeschlossen, etwa dass die Babys Gelb vorzogen oder von den Eltern oder den Experimentatoren Hinweise erhielten.

Es ist nicht alles rosig im Babyland. Als einer der Beteiligten, Paul Bloom, diese Studie in der *New York Times* schilderte, schrieb er, einige Babys hätten der unfreundlichen Form einen Klaps gegeben, bevor sie die nette Form zum Spielen auswählten (Bloom 2010). Spätere Experimente zeigten, dass Babys – wie Erwachsene – Menschen in »wir« und »sie« unterteilen und die Angehörigen der eigenen Gruppe vorziehen. Mahajan und Wynn ließen Babys zwischen zwei Paar Fäustlingen wählen und konfrontierten sie dann mit zwei Puppen; eine teilte ihre Vorliebe, die andere drückte ihr Missfallen aus. 14 von 16 Babys zogen die Puppe vor, die den gleichen Modegeschmack hatte wie sie. In einem noch raffinierteren Experiment waren Babys mehr darauf erpicht, dass Feinde schlecht behandelt wurden, als dass Freunde gut behandelt wurden (Hamlin u. a. 2013). Ein seltsames Muster ergab sich bei den Zwillingen in der Studie von Carolyn Zahn-Waxler. Die eineiigen Zwillinge, die stärker aufeinander reagierten, waren weniger empathisch gegenüber Außenstehenden. Hingegen waren die zweieiigen Zwillinge, die sich stärker prosozial untereinander verhielten, auch sozialer gegenüber Außenstehenden. Es ist nicht klar, warum das so ist, möglicherweise hatten die eineiigen Zwillinge eine engere Vorstellung, was es bedeutet, »wie ich« zu sein.

Meistens jedoch sind Kleinkinder »wahllose Altruisten«, die allen helfen wollen. Das ist die Sicht von Felix Warneken, einem deutschen Psychologen, der gegenwärtig an der University of Michigan arbeitet. Er hat die Hilfsbereitschaft von Kleinkindern in vielen wundervollen, einfallsreichen Experimenten untersucht (Warneken 2018). Wenn man Felix begegnet, fällt zuerst auf, dass er viel lächelt und sehr groß ist. Ich bin eins achtzig groß und muss meinen Kopf unbequem weit nach hinten beugen, wenn ich mit ihm spreche. Für die 18 Monate alten Babys in seiner Studie ist er ein freundlicher Riese. Aber sie betrachten ihn als hinreichend »wie ich«, dass sie ihm helfen wollen. In den Experimenten spielt Felix einen ungeschickten Tölpel, der immer Stifte fallen lässt oder gegen Türen läuft. Die Kleinkinder beobachten ihn, wie er vergebens versucht, mit einem Arm voller Bücher den Stift aufzuheben oder einen geschlossenen Schrank zu öffnen. Wenn man sich die Videos von Felix' Experimenten anschaut, sieht man, dass die Babys seiner Ungeschicklichkeit nicht ganz trauen, aber trotzdem Mitleid mit ihm haben und ihm helfen wollen (Warneken und Tomasello 2006). Ich erinnere mich, wie ich zum ersten Mal dabei war, als Felix seine Arbeit vorstellte. Es wurde sehr deutlich, dass Babys gute Menschen sind. Und ich zog daraus auch die Lehre, dass bei einem guten Vortrag Videos von süßen Babys gezeigt werden sollten, die sich süß verhalten.

Andere Experimente bestanden aus kooperativen Spielen, etwa einer langen Röhre mit Griffen an beiden Enden, sodass zwei Personen nötig waren, um sie zu öffnen, oder einer großen Scheibe, die Bälle zurückprallen ließ, wenn zwei Personen zusammenarbeiteten. Kleinkinder ließen sich von diesen Spielen schnell faszinieren. Interessanterweise konnten auch Schimpansen einige Hilfeaufgaben bewältigen, aber an diesen kooperativen Spielen scheiterten sie vollkommen (Warneken, Chen und Tomasello 2006). Felix glaubt, dass es bei der erfolgreichen Kooperation zwei Herausforderungen gibt. Zum einen muss man wissen, wie man das Spiel spielt, und zum anderen, mit wem man es spielt. Er spricht davon, dass es um »die Erzeugung und Verteilung von Nutzen« gehe (Warneken 2018). Biologen und Spieltheoretiker wissen, dass die Entwicklung von Kooperation eine sorgfältige Balance erfordert, um nicht von Schmarotzern übertölpelt zu werden. Menschen haben diese Fähigkeiten, Schimpansen nicht. Regeln für Fairness und Gegenseitigkeit schaffen die moralische Dimension, um unseren Drang zur Empathie effizient zu lenken. Vor allem aber macht Helfen Kleinkinder glücklich. Aktuelle Forschungen zu ihrer Körpersprache haben ergeben, dass sie Stolz zeigten, wenn sie in der Lage waren, einem Erwachsenen zu helfen (Hepach, Vaish und Tomasello 2017).

Paul Bloom stimmt dem bis zu einem gewissen Punkt zu. Seine letzten beiden Bücher hatten die Titel *Jedes Kind kennt Gut und Böse* (2014), und *Against Empathy* (2016), und seine Position hat sich in diesen zwei Jahren ziemlich dramatisch verändert. Im ersten Buch verteidigte er die Position, Empathie und Moral seien Babys angeboren. Aber damit stellte sich das Problem, zu verstehen, wie sie wirkungsvoll über die Familie und den Kreis der eigenen Gruppe hinaus ausgedehnt werden können. Im zweiten Buch griff er die Herausforderung auf und kam zu dem Schluss, Empathie sei der Feind in uns. Empathie sei zu »engstirnig, beschränkt und blind«. Stattdessen plädiert Bloom für rationales Mitgefühl. Wir können hier nicht im Detail auf seine Argumente eingehen, und womöglich gelten sie für Babys gar nicht, denn er räumt ein, »vielleicht ist Empathie wie Milch. Erwachsene brauchen sie nicht, wir kommen gut ohne zurecht. Aber Babys brauchen Milch zum Wachsen« (Bloom 2016). Ich halte es lieber mit Buddha, für den es das Ziel war, die Empathie so auszuweiten, dass alle Menschen eingeschlossen sind. Das ist leichter gesagt als getan (aber ich schlage vor, darüber zu meditieren). Unterdessen und solange es um Babys geht, sollten wir zu der einfacheren Herausforderung zurückkehren, wie man ein Freund wird.

Wir sind doch Freunde, nicht wahr?

> *Ich werde für dich da sein, wenn es anfängt zu regnen.*
> *Ich werde für dich da sein, wie ich es immer gewesen bin.*
> *Ich werde für dich da sein, weil auch du für mich da bist.*
> Refrain »I'll Be There for You« von The Rembrandts,
> Titelmelodie der TV-Serie *Friends*

Denken Sie einen Augenblick an Ihren besten Freund oder Ihre beste Freundin. Wie sind Sie Freunde geworden und warum sind Sie beste Freunde? Wir alle haben unterschiedliche Antworten, wie wir unsere Freunde gefunden haben, aber die Frage, warum wir Freunde geblieben sind, beantworten wir bemerkenswert ähnlich. Debra Oswald und ihre Kollegen haben vier Faktoren identifiziert, die erfolgreichen Freundschaften unter Erwachsenen zugrunde liegen: positives Denken, Unterstützung, Offenheit und Austausch (Oswald, Clark und Kelly 2004). Wir wollen, dass unsere besten Freunde gut für uns und für uns da sind. Wir wollen auch, dass sie uns so akzeptieren, wie wir sind. Freunde müssen nicht bei allem einer Meinung sein oder alle Interessen teilen, aber es muss Raum für Vertrautheit geben, und sie müssen gegenseitig das Identitätsgefühl stützen. Und wie es in dem Song heißt, das funktioniert nur, wenn die Beziehung wechselseitig ist. Oswalds Forschungen galten von »siebzehn bis siebzig«, aber die Grundlagen von Babyfreundschaften sind nicht viel anders.

Babys werden Freunde durch das Spielen. Frühestens mit zwei Jahren können sie längere Zeit hübsch zusammen spielen, aber Freundschaften können schon viel früher beginnen. Mitte der 1920er-Jahre ging die Wiener Psychologin Charlotte Bühler nach New York und führte Experimente durch, bei denen sie immer zwei Babys (zwischen sechs und zwölf Monaten) in ein Bettchen legte und schaute, was passierte. Sie unterteilte die Babys in drei Typen – sozial abhängig, sozial unabhängig und sozial blind (Bühler 1931). Diese Unterscheidungen wurden meistens ignoriert, und es setzte sich der Gedanke durch, dass Babys in der Frühzeit nur zu »parallelem Spiel« in der Lage seien (Green 1933). Wenn man zwei Babys unter 18 Monaten, die sich nicht kennen, zusammenbringt, werden sie sich weitgehend ignorieren und sich allein beschäftigen, aber sie registrieren durchaus, dass da noch ein Baby ist. Ich erlebe das jedes Mal, wenn zwei neue Babys in mein Labor kommen. Sie sehen sich an, und es gibt einen Moment des wechselseitigen Erkennens – »Du bist wie ich«. Dann spielen sie jedes für sich, aber in dem Bewusstsein, dass das andere Baby da ist. Bei Babys, die sich regelmäßig sehen, entwickeln sich Freundschaften und Bevorzugung etwa ab dem ersten Geburtstag.

In der psychoanalytischen Tradition werden die frühen sozialen Fähigkeiten von Babys schon lange anerkannt. Esther Bick war Doktorandin von Charlotte Bühler, und in ihrer Doktorarbeit vertiefte sie sich gründlich in das komplexe emotionale Leben von Kleinkindern. Wie wir in Kapitel neun gesehen haben, führten sie und John Bowlby in der Tavistock Clinic die Säuglingsbeobachtung als Teil der psychotherapeutischen Ausbildung ein. Seither haben Mitarbeiter der Klinik noch einmal nachgelegt mit »Babys in Gruppen«: Jeweils vier Babys im Alter von acht Monaten werden in ein Laufställchen gesetzt, und dann beobachtet man ihre Interaktionen. Die Babys führen ein »Gespräch« mit einer komplexen, ausgeklügelten sozialen Dynamik. Die »Gruppensitzungen« dauern nur fünf bis zehn Minuten, beinhalten jedoch Hunderte von Bemühungen um Aufmerksamkeit und Fokuswechsel. Die Babys »ergreifen« abwechselnd »das Wort« und durchlaufen komplexe Zyklen von intensiver und geringer Interaktion mit der Gruppe (Bradley, Selby und Urwin 2012). Eine Freundin, deren Tochter an einer solchen Sitzung teilnahm, sagte, das sei das Eindrücklichste gewesen, was sie je gesehen habe.

Wenn wir darauf achten, stellen wir fest, dass kleine Kinder überraschend kompetente soziale Akteure sind. William Corsaro, Autor des höchst einflussreichen Handbuchs *The Sociology of Childhood* (Corsaro 1997) verbrachte viel Zeit in Kindergärten und beobachtete, wie Kinder ihre ersten Freundschaften aushandeln. Er vergleicht Kindergärten mit den Cocktailpartys von Erwachsenen, wo Gruppen von Teilnehmern mit unterschiedlichen Dingen beschäftigt sind. Die Kinder wandern herum und verschaffen sich Zugang zu neuen Gruppen. Genauso wie Erwachsene selten direkt bitten, in eine neue Gruppe aufgenommen zu werden, fragen Kinder nicht direkt, ob sie bei Spielen mitmachen dürfen. Sie warten auf eine Gelegenheit, sich in ein Spiel einzuschalten, und bisweilen gibt es auch »Zugangsrituale« für neue Teilnehmer. Die Kinder spielen viele Als-ob-Spiele mit identifizierbaren Rollen, etwa wenn zwei Kinder übereinkommen, dass sie beide »Mütter« sind und ein drittes ihr Kind ist. Die Kinder in den meisten Untersuchungen von Corsaro waren drei Jahre und älter und konnten sich gegenseitig die Frage stellen: »Wir sind doch Freunde, nicht wahr?« (Corsaro 1979)

Jüngere Kinder, die noch nicht sprechen können, können trotzdem sehr gesellig sein. Beobachtungen mit Kindern in Kitas und anderen Betreuungseinrichtungen zeigen, dass Begrüßungsrituale zu Beginn des Tages häufig sind, wenn Freunde und Betreuungspersonen erkannt und registriert werden. Selbst Kinder unter einem Jahr in einem »Babyzimmer« freuen sich, ihre Freunde zu sehen. Die täglichen Begrüßungen sind ein wichtiger Teil des Prozesses, Freunde zu gewinnen (Engdahl 2012). Babys können noch sozial blind erscheinen, und häufig ignorieren sie einen anderen Säugling, der neben ihnen weint. Aber dabei spielen ihre sozialen Bindungen eine Rolle: Sie reagieren mit dreimal größerer Wahrscheinlichkeit, wenn das weinende Baby ein Freund oder eine Freundin ist. Babys, die selbst öfter weinen, reagieren mit höherer Wahrscheinlichkeit anteilnehmend, was für eine empathische Reaktion des Wiedererkennens spricht (Howes und Farver 1987). Bei frühen Freundschaften geht es darum, solche wechselseitigen Ähnlichkeiten aufzubauen. Mit 14 Monaten können Babys sich dann beim Spielen nachahmen. Wenn ein Baby mit einem Klötzchen auf etwas schlägt, machen die anderen Babys zeitgleich mit. Im Lauf der Zeit wird daraus komplementäres Spielen: Jetzt agieren sie der Reihe nach, und es werden komplexere Spiele möglich, bei denen Spielzeuge hin und her gehen, und Spiele, bei denen es einen »Anführer« gibt, dem die anderen folgen (Eckerman, Davis und Didow 1989).

Die Spielzeit birgt immer noch Gefahren. Kleinkinder besitzen Empathie, aber ihnen fehlt es an Wahrnehmungsvermögen und Selbstkontrolle – deshalb müssen in Betreuungseinrichtungen so viele Erwachsene arbeiten. Die Kinder schlagen und beißen sich und nehmen sich Spielzeuge weg. Das ist wohl Theory of Mind in Aktion: »Dieses Spielzeug muss gut sein, sonst würdest du nicht damit spielen.« Im gemeinsamen Spiel gibt es viele derartige Herausforderungen. Wenn ein Kleinkind auf ein anderes zukommt, weiß das erste Kind nicht, ob das andere Kind ein Spielzeug teilen und wegnehmen, ob es umarmen, schlagen, beißen oder was es sonst will. Sie wollen auch keine Hilfe von jemand anderem. Wer schon einmal versucht hat, einem entschlossenen, aber nicht dazu fähigen Kleinkind dabei zu helfen, Klötzchen zu stapeln oder Formen durch Löcher zu schieben, weiß, dass Hilfe definitiv *nicht* willkommen ist. Sie wollen es selbst machen. Babys, die zusammen spielen, wollen sich gegenseitig helfen, aber sie wollen auch alles alleine machen. Bei der frühen

Freundschaft geht es ganz wesentlich darum, diese Fähigkeiten des Gebens und Nehmens zu entwickeln (Whaley und Rubenstein 1994).

Auch wenn Kinder nicht direkt miteinander interagieren, sondern vielleicht auf den Erwachsenen fokussiert sind, der eine bestimmte Aktivität anleitet, sind sie eine soziale Gruppe, und in der Gruppe ist Lachen die wichtigste soziale Währung. Zusammen mit meinen Studentinnen Lotta Fogelquist, Lenka Levakova und Sarah Rees führte ich eine einfache Studie durch, um das zu beweisen (Addyman, Fogelquist, Levakova und Rees 2018). In einer ruhigen Ecke einer Kita sahen sich Vorschulkinder lustige Zeichentrickfilme an, allein, zu zweit oder in größeren Gruppen von sechs oder acht. Wir zählten jeweils ihr Lachen und Lächeln. Der Unterschied zwischen den Kindern, die allein waren, und denen, die wenigstens zu zweit waren, fiel deutlich aus: Wir zählten dreimal so viel Lächeln und achtmal so viel Lachen. Die Kinder lachten, um das Erlebnis zu teilen. Vor allem aber stellten wir fest, dass die Zahlen für das Lachen pro Kind in Zweier- und in größeren Gruppen gleich waren. Das heißt, dass es sich bei dem häufigeren Lachen um ein soziales Signal handelte, mit dem die Kinder sich gegenseitig ihre Reaktionen mitteilten, und nicht um gegenseitige Nachahmung.

Über den Nutzen von Vorschuleinrichtungen wird heftig gestritten. Die Befürworter sagen, der frühe Umgang mit anderen habe soziale und kognitive Vorteile. Kritiker wenden ein, es sei Stress für die Kinder, und sie würden dadurch manipulativ. Einer meiner ehemaligen Professoren in Birkbeck, Jay Belsky, löste in den 1980er- und 1990er-Jahren eine Kontroverse aus mit der Aussage, Tagesbetreuung sei für Kinder unter zwei Jahren schlecht. Er behauptete, sie mache die Kinder aggressiver und trotziger und führe zu Verhaltensproblemen im späteren Alter (Belsky 1990, 2009). Andere Experten interpretierten dieselben Daten anders und behaupteten, sie zeigten, dass Kinder, die Betreuungseinrichtungen besuchten, sozialer seien. Damit setzten sie eine erbitterte neue Schlacht in den »Mütterkriegen« in Gang. Es gab sogar das Gerücht, Belsky habe die Stelle in London angenommen, um dem amerikanischen Schlachtfeld zu entkommen. Ich bezweifle das, weil Professor Belsky nie den Eindruck machte, er gehe Kontroversen aus dem Weg. Sein Wechsel nach Birkbeck war der Debatte förderlich. Zusammen mit Ted Melhuish und Jacqueline Barnes evaluierte Belsky das »Sure-Start«-Programm, das die britische Labour-Regierung 1998 eingeführt hatte. Ihre Arbeit ergab, dass qualitativ hochwertige Tagesbetreuung auch für kleine Babys eindeutig gut ist und dass das Geld, das für eine verbesserte Kinderbetreuung ausgegeben wird, die beste Investition ist, die ein Land tätigen kann (Melhuish, Belsky und Barnes 2010).

Leider sagen Forschungen zu politischen Programmen uns nichts über die Erfahrungen einzelner Kleinkinder. Es ist überraschend schwierig, in dieser Altersgruppe Beobachtungen durchzuführen. Wenn schon ausgebildete Wissenschaftler Probleme haben, den Überblick zu behalten, ist es nicht verwunderlich, dass Kleinkinder von den Interaktionen mit anderen überwältigt werden. Aber bei diesen Dramen werden Vertraulichkeiten ausgetauscht und Identitäten aufgebaut. Freude und Traurigkeit bei einem anderen Kind zu sehen ist eine Chance, Einsichten in die eigene geistige und seelische Verfassung zu gewinnen. Ich persönlich wünsche mir, es gäbe mehr Forschung zu Freude. Das Positive, das Freunde in unser Leben bringen, war in Debra Oswalds Studie zu Freundschaft bei Erwachsenen der erste und wichtigste Faktor (Oswald, Clark und Kelly 2004). Eine große, 2015 publizierte Metaanalyse, die Untersuchungen mit Tausenden Menschen im Alter von sechs Monaten bis zu 68 Jahren abdeckte, kam zu dem Ergebnis, dass Freundschaft und Glück einen positiven Kreislauf in Gang setzen: Freundschaft macht uns glücklich, und Glück bewirkt, dass wir bessere Freunde sind (M. A. Ramsey und Gentzler 2015). Freunde sind für uns da, weil wir für sie da sind, und das beginnt, sobald wir lächeln können.

Lachen ist wichtig

Babys lachen.
Babys lachen viel.
Sie lachen ihre Mamas und Papas an.
Sie lachen ihre Geschwister und Großeltern an.
Sie lachen Katzen an. Sie lachen Hunde an.
Sie lachen, wenn sie in ihren Bettchen schlafen.
Sie lachen beim Singen und beim Kuckuck-Spiel.
Sie lachen viel mehr als Sie und ich.
Sie lachen, wenn wir sie herumschwingen,
und bei vielen anderen Dingen.

Ich, TEDx, Bratislava, Juli 2017

Es ist ein Donnerstag, ich sitze allein in einem kleinen Café in Rickmansworth, und weil ich ein Fan von Douglas Adams bin, drehen sich meine Gedanken natürlich darum, wie wir die Welt zu einem guten und glücklichen Ort machen können. Ich will das Schicksal nicht herausfordern, indem ich behaupte, ich hätte DIE Antwort, aber wenn Sie einen Hinweis wollen, kann ich sagen, dass Babys mehr wissen, als sie verraten. Ich habe gerade für die BBC einen Dokumentarfilm gedreht mit dem Titel *Babies: Their Wonderful World* (Die wunderbare Welt der Babys). Wir haben eines unserer Experimente zum Lachen vorgestellt, und ich sollte in einem Satz erklären, warum Lachen im Leben so wichtig ist. Die Frage ist einleuchtend, aber aus dem Stegreif schwer zu beantworten. Ich weiß nicht mehr genau, was ich sagte, aber hoffentlich werden sie meine Worte so zusammenschneiden, dass ich klug klinge. Jetzt denke ich darüber nach, was ich hätte sagen sollen.

Auf die Frage nach dem Sinn des Lebens haben Babys sicher eine freudvollere Antwort als die meisten Philosophen. 2004 schrieb ich alle professionellen Philosophen im Vereinigten Königreich an und fragte sie nach dem Sinn des Lebens, des Universums und von allem. Falls es Sie interessiert, ich habe die Antworten als Einschub in meinem Roman *Help Yourself* (Addyman 2013) gesammelt. Aber – Achtung, Spoiler! – sie sind ein bisschen enttäuschend. Von 644 Personen, die ich angeschrieben habe, haben nur 22 geantwortet, und viele erklärten mir geduldig, das sei keine richtige philosophische Frage. Ich bekam sogar eine philosophische Todesdrohung. »Das Leben ist Vorbereitung auf den Tod. Ich hoffe, Sie sind gut vorbereitet.« Am lustigsten und optimistischsten antwortete Michael Rush von der University of Manchester. Michael meinte, Aristoteles sei auf der richtigen Spur mit der Frage »Wie sollen wir uns verhalten?«, aber die beste Antwort sei der kluge Rat von Bill und Ted: »Seid großartig zueinander.«

Die Babys würden dem zustimmen. Wohin sie kommen, immer sind alle großartig zu ihnen, und wie wir im letzten Kapitel gesehen haben, sind sie geneigt, im Gegenzug auch großartig zu sein. Die Regeln für gutes Benehmen beherrschen sie vielleicht noch nicht perfekt, aber sie haben das Herz am richtigen Fleck. Aristoteles würde auch die Art und Weise gutheißen, wie die Babys diese wichtige Frage beantworten. Sie antworten mit Taten, nicht mit Worten. Babys zeigen uns den Sinn des Lebens dadurch, wie sie leben. Die ersten beiden Jahre des Lebens wirken so, als wären sie weit weg von den Herausforderungen der Erwachsenenwelt, aber Babys haben eine Dynamik und einen Optimismus, der Erwachsene in den Schatten stellt.

Im Juli 2017 reiste ich nach Bratislava, um bei einer TEDx-Konferenz über glückliche Babys zu sprechen. Ich gab meinem Vortrag die Überschrift »Was lachende Babys uns über das Leben lehren«. Es war eine Herausforderung und ein großes Vergnügen, all die wonnigen Dinge, die Babys tun, in eine 15-minütige Präsentation zu pressen. Ich war sehr zufrieden, als ich eine schriftliche Version mit zwölf Stichpunkten hatte. Aber die Organisatoren drängten mich, noch weiter zu gehen. Was war der Kern der Lehren? Ich verkürzte die kindliche Weisheit auf vier Punkte: LIEBE, GLEICH, HEUREKA, GLÜCKLICH. Zu dem Zeitpunkt hatte ich erst die Hälfte dieses Buchs geschrieben. Aber jetzt, am Ende der Reise, denke ich, dass ich die Liste nicht weiter reduzieren kann.

Babys lachen, weil sie geliebt werden. Das Band zwischen Babys und ihren Eltern ist das Geheimnis ihres Erfolgs. Die Eltern brauchen die Liebe, die sie von ihren Babys bekommen, damit sie die schlaflosen Nächte, die Windelberge und alles andere aushalten. Die Babys brauchen ihre Eltern für alles, aber nicht zuletzt für die Liebe. Babys brauchen emotionale Unterstützung, und sie brauchen enge Verbundenheit. Freud und andere Psychoanalytiker hatten recht mit der Feststellung, dass Mütter wichtig sind, aber sie hatten unrecht, als sie die frühen Jahre mit so viel Psychodrama anfüllten. Sie übersahen, wie wichtig die Erfolge sind, die Babys jeden Tag erleben, und die Freuden, die sie mit uns teilen: Freuden, die mit jedem geteilt werden können.

Lachende Babys zeigen uns, dass wir alle gleich sind. Der Comedian Victor Borge tritt in der ganzen Welt auf und bringt Menschen zum Lachen. Er hat verstanden, dass Lachen immer eine echte Verbindung herstellen kann, auch wenn Sprache und Kultur fremdartig sind. Robert Provine und Robin Dunbar haben uns weitergeführt und gezeigt, dass Lachen eine zentrale soziale Fähigkeit mit einer hohen evolutionären Bedeutung ist. Wir können hinzufügen, dass das ganz besonders für Babys zutrifft. Sie müssen sich mit uns verbinden, um von uns zu lernen, und ihr Lachen ist der Goldstaub, mit dem sie uns für unsere Aufmerksamkeit bezahlen – ein Handel, der seinen schlichtesten Höhepunkt im Kuckuck-Spiel erreicht, dem Spiel, das alle Kinder zum Strahlen bringt.

Babys lachen über Überraschungen aller Art. Kleine Freudenquietscher sind das »Heureka!« unserer Babywissenschaftler, die sich selbst überraschen, wenn sie die Grenzen ihres Wissens immer weiter ausdehnen und die Gesetze ihres Universums entdecken. Sie sind bayessche Gehirne, eingewickelt in Markow-Decken. Sie waren die ersten Wissenschaftler, und wie Alison Gopnik und Karl Friston übereinstimmend sagen, sind Wissenschaftler große Kinder, sie benutzen die gleiche Methode und versuchen, etwas von der gleichen Freude zu fassen. Wir lachen, wenn wir einen Witz verstehen, und genauso ist es bei einem Baby. Ein lachendes Baby hat häufig gerade etwas Neues über die Welt herausgefunden.

Und das macht sie glücklich. Kehren wir noch einmal zu Aristoteles zurück. Er meinte, Vergnügen rühre von dem Gefühl her, die Welt zu beherrschen. Damit lag er nicht falsch. Als Mihaly Csikszentmihalyi besonders glückliche Menschen studierte, stellte er fest, dass das ihr Geheimnis war. All seine Erkenntnisse galten natürlich auch für Babys, die sich jeden Tag an den Grenzen ihrer Fähigkeiten bewegen und mühelos den »Flow-Zustand« erreichen, wenn sie spielen. Spielen ist ihre Arbeit, und zufällige Entdeckungen und hilfreiche Anstöße von uns bringen sie weiter, während sie versuchen, uns nachzueifern.

Babys drängen immer weiter vorwärts, aber sie sind nie so in Eile, dass sie die Magie des Augenblicks nicht wahrnehmen: das Wissen und Lernen für sie selbst. Babys jagen dem Glück nicht hinterher. Sie sind glücklich. Sie sind kleine Zen-Meister, immer präsent, und erleben die Welt immer neuartig und lebendig. Sie leben im Augenblick und machen das Beste daraus. Sie wachen glücklich auf und freuen sich an kleinen Dingen. Durch Lachen teilen sie ihr Glück mit ihren Familien, ihren Freunden und mit der Welt.

Lachen macht das Leben lebenswert. Es verbindet uns miteinander. Es tröstet uns. Es beschwingt uns. Es ist ansteckend. Lachen ist die Hintergrundmusik unserer Triumphe und lässt das Unmögliche möglich werden. Es ist der Refrain unserer geteilten Glücksmomente und vertieft unsere Liebe und unsere Freuden. Wenn Sie glücklich sind, nutzen Sie es aus. Halten Sie inne und genießen Sie das Leben – Sie werden froh sein, dass Sie das gemacht haben. Wenn Sie nicht genau wissen, wie es geht, fragen Sie ein Baby.

Literaturverzeichnis

AAP (American Academy of Pediatrics) Council on Communications and Media (2016), Media and young minds, *Pediatrics*, 138(5), e20162591.

Dass. und Brown, A. (2011), Media use by children younger than 2 years, *Pediatrics*, 128(5), S. 1040–1045.

Adam, K. und Oswald, I. (1983), Protein synthesis, bodily renewal and the sleep-wake cycle, *Clinical Science*, 65(6), S. 561–567.

Adams, D. (1995 [1979]), *Per Anhalter durch die Galaxis*, Frankfurt am Main.

Addyman, C. (2013), *Help yourself*, London, online verfügbar unter: http://onemonkey.org/help-yourself.

Ders., Fogelquist, C., Levakova, L. und Rees, S. (2018), Social facilitation of laughter and smiles in preschool children, *Frontiers in Psychology*, online verfügbar unter: https://www.frontiersin.org/articles/10.3389/fpsyg.2018.01048/full.

Ders. und Mareschal, D. (2010), The perceptual origins of the abstract same/different concept in human infants, *Animal Cognition*, 13(6), S. 817–833.

Ders. und Mareschal, D. (2013), Local redundancy governs infants' spontaneous orienting to visual-temporal sequences, *Child Development*, 84(4), S. 1137–1144.

Ders., Rocha, S., Fautrelle, L., French, R. M., Thomas, E. und Mareschal, D. (2016), Embodiment and the origin of interval timing: kinematic and electromyographic data, *Experimental Brain Research*, 235(3), S. 923–930.

Ders., Rocha, S. und Mareschal, D. (2014), Mapping the origins of time: Scalar errors in infant time estimation, *Developmental Psychology*, 50(8), S. 2030–2035.

Adesope, O. O., Lavin, T., Thompson, T. und Ungerleider, C. (2010), A systematic review and meta-analysis of the cognitive correlates of bilingualism, *Review of Educational Research*, 80(2), S. 207–245.

Adolph, K. E. (2000), Specificity of learning: Why infants fall over a veritable cliff, *Psychological Science*, 11(4), S. 290–295.

Dies., Cole, W. G., Komati, M., Garciaguirre, J. S., Badaly, D., Lingeman, J. M. und Sotsky, R. B. (2012), How do you learn to walk? Thousands of steps and dozens of falls per day, *Psychological Science*, 23(11), S. 1387–1394.

Ali, A. (2015, 15. Juni) Give children iPads from birth – they're better than books, say scientists, *The Independent*, online verfügbar unter: http://www.independent.co.uk.

Amsterdam, B. (1972), Mirror self-image reactions before age two, *Developmental Psychobiology*, 5(4), S. 297–305.

Asada, M., Hosoda, K., Kuniyoshi, Y., Ishiguro, H., Inui, T., Yoshikawa, Y. und Yoshida, C. (2009), Cognitive developmental robotics: A survey, *IEEE Transactions on Autonomous Mental Development*, 1(1), S. 1–44.

Asendorpf, J. B., Baudonnière, P.-M. und Warkentin, V. (1996), Self-awareness and other awareness: Mirror self-recognition, social contingency awareness, and synchronic imitation, *Developmental Psychology*, 32(2), S. 313.

Ders. und Baudonnière, P.-M. (1993), Self-awareness and other-awareness: Mirror self-recognition and synchronic imitation among unfamiliar peers, *Developmental Psychology*, 29(1), S. 88–95.

Atkinson, E. G., Audesse, A. J., Palacios, J. A., Bobo, D. M., Webb, A. E., Ramachandran, S. und Henn, B. M. (2018), No evidence for recent selection at FOXP2 among diverse human populations, *Cell*, 174(6), S. 1424–1435.

Baillargeon, R., Spelke, E. S. und Wasserman, S. (1985), Object permanence in five-month-old infants, *Cognition*, 20(3), S. 191–208.

Bancel, P. J. und de l'Etang, A. M. (2013), Brave new words, in: C. Lefebvre, B. Comrie und H. Cohen (Hg.), *New perspectives on the origins of language*, Amsterdam, S. 333–378.

Baron-Cohen, S. (2017), Editorial perspective: Neurodiversity – A revolutionary concept for autism and psychiatry. *Journal of Child Psychology and Psychiatry*, 58(6), S. 744–747.

Ders., Leslie, A. M. und Frith, U. (1985), Does the autistic child have a theory of mind?, *Cognition*, 21(1), S. 37–46.

Barrett, L. Feldman (2018), *How emotions are made: The secret life of the brain*, London.

Bartsch, K. und Wellman, H. M. (1995), *Children talk about the mind,* Oxford.

Bedford, R., Saez de Urabain, I. R., Cheung, C. H. M., Karmiloff-Smith, A. und Smith, T. J. (2016), Toddlers' fine motor milestone achievement is associated with early touchscreen scrolling, *Frontiers in Psychology,* online verfügbar unter: https://www.frontiersin.org/articles/10.3389/fpsyg.2016.01108/full.

Begum Ali, J., Spence, C. und Bremner, A. J. (2015), Human infants' ability to perceive touch in external space develops postnatally, *Current Biology,* 25(20), R977–R978.

Begus, K., Gliga, T. und Southgate, V. (2014), Infants learn what they want to learn: Responding to infant pointing leads to superior learning, *PLOS ONE,* 9(10), e108817.

Dies. und Southgate, V. (2012), Infant pointing serves an interrogative function, *Developmental Science,* 15(5), S. 611–617.

Belsky, J. (1990), Parental and nonparental child care and children's socioemotional development: A decade in review, *Journal of Marriage and Family,* 52(4), S. 885–903.

Ders. (2009), Classroom composition, childcare history and social development: Are childcare effects disappearing or spreading? Debate, *Social Development,* 18(1), S. 230–238.

Benedek, M., Jauk, E., Sommer, M., Arendasy, M. und Neubauer, A. C. (2014), Intelligence, creativity, and cognitive control: The common and differential involvement of executive functions in intelligence and creativity, *Intelligence,* 46(1), S. 73–83.

Berne, E. (1970), *Spiele der Erwachsenen. Psychologie der menschlichen Beziehungen,* Reinbek bei Hamburg.

Berridge, K. C. und Kringelbach, M. L. (2011), Building a neuroscience of pleasure and well-being, *Psychology of Well-Being: Theory, Research and Practice,* 1(1), S. 3.

Blakemore, S.-J., Wolpert, D. M. und Frith, C. D. (1998), Central cancellation of self-produced tickle sensation, *Nature Neuroscience,* 1(7), S. 635–640.

Block, R. A., Hancock, P. A. und Zakay, D. (2010), How cognitive load affects duration judgments: A meta-analytic review, *Acta Psychologica,* 134(3), S. 330–343.

371

Bloom, P. (2011), *Descartes' baby: How child development explains what makes us human,* New York.

Ders. (2010, 9. Mai), The moral life of babies, *New York Times, Sunday Magazine,* MM44.

Ders. (2011), *Sex und Kunst und Schokolade. Warum wir mögen, was wir mögen,* Heidelberg.

Ders. (2014), *Jedes Kind kennt Gut und Böse. Wie das Gewissen entsteht,* München.

Ders. (2016), *Against empathy: the case for rational compassion,* New York.

Bowlby, J. (1975 [1969]), *Bindung. Eine Analyse der Mutter-Kind-Beziehung,* München.

Ders. (1983 [1969]), *Verlust, Trauer und Depression,* Frankfurt am Main.

Bradley, B., Selby, J. und Urwin, C. (2012), Group life in babies: Opening up perceptions and possibilities, in: C. Urwin und J. Sternberg (Hg.), *Infant observation and research,* London.

Bremner, A. J., Mareschal, D., Lloyd-Fox, S. und Spence, C. (2008), Spatial localization of touch in the first year of life: Early influence of a visual spatial code and the development of remapping across changes in limb position, *Journal of Experimental Psychology. General,* 137(1), S. 149–162.

Brito, N. und Barr, R. (2014), Flexible memory retrieval in bilingual 6-month-old infants, *Developmental Psychobiology,* 56(5), S. 1156–1163.

Dies., Sebastián-Gallés, N. und Barr, R. (2015), Differences in language exposure and its effects on memory flexibility in monolingual, bilingual, and trilingual infants, *Bilingualism,* 18(4), S. 670–682.

Brown, S. (2017), A joint prosodic origin of language and music, *Frontiers in Psychology,* 8, S. 1894.

Brown, W. M., Cronk, L., Grochow, K., Jacobson, A., Liu, C. K., Popović, Z. und Trivers, R. (2005), Dance reveals symmetry especially in young men, *Nature,* 438(7071), S. 1148ff.

Bruner, J. S. und Sherwood, V. (1976), Peekaboo and the learning of rule structures, in: J. Bruner, A. Jolly und K. Sylva (Hg.), *Play: Its role in development and evolution,* Harmondsworth, S. 277–285.

Bryant, G. A. und Aktipis, C. A. (2014), The animal nature of spontaneous human laughter, *Evolution and Human Behavior,* 35(4), S. 327–335.

Buchen, L. (2010), Neuroscience: In their nurture, *Nature*, 467(7312), S. 146ff.

Buckley, S. J. (2015), Hormonal physiology of childbearing: Evidence and implications for women, babies, and maternity care, *The Journal of Perinatal Education* (Bd. 24), Washington, D.C.: Childbirth Connection Programs, National Partnership for Women & Families.

Bühler, C. (1931), The social behavior of the child, in: C. Murchison (Hg.), *A handbook of child psychology*, Worcester, MA, S. 392–431.

Burgdorf, J. und Panksepp, J. (2001), Tickling induces reward in adolescent rats, *Physiology and Behavior*, 72(1–2), S. 167–173.

Burge, T. (2018), Do infants and nonhuman animals attribute mental states?, *Psychological Review*, 125(3), S. 409–434.

Cameron-Faulkner, T., Lieven, E. V und Theakston, A. (2007), What part of ›no‹ do children not understand? A usage-based account of multiword negation, *Journal of Child Language*, 33, S. 251–282.

Cantor, R. S. (2015), The evolutionary origin of the need to sleep: An inevitable consequence of synaptic neurotransmission?, *Frontiers in Synaptic Neuroscience*, online verfügbar unter: https://www.frontiersin.org/articles/10.3389/fnsyn.2015.00015/full.

Carey, S. (2009), The origin of concepts, *Behavioral and Brain Sciences* (Bd. 34), Oxford.

Carhart-Harris, R. L. und Friston, K. J. (2010), The default-mode, ego-functions and free-energy: A neurobiological account of Freudian ideas, *Brain*, 133(4), S. 1265–1283.

Carpendale, J. I. M. und Lewis, C. (2004), Constructing an understanding of mind: The development of children's social understanding within social interaction, *Behavioral and Brain Sciences*, 27(01), S. 79–151.

Carr, J. und Greeves, L. (2006), *The Naked Jape: Uncovering the hidden world of jokes*, London.

Casalin, S., Luyten, P., Vliegen, N. und Meurs, P. (2012), The structure and stability of temperament from infancy to toddlerhood: A one-year prospective study, *Infant Behavior and Development*, 35(1), S. 94–108.

Cesana-Arlotti, N., Martín, A., Téglás, E., Vorobyova, L., Cetnarski, R. und Bonatti, L. L. (2018), Precursors of logical reasoning in preverbal human infants, *Science*, 359(6381), S. 1263–1266.

Charles, M. (2012), A laughing party, online verfügbar unter: https://worship
.calvin.edu/resources/resource-library/a-laughing-party/.

Cheung, C. H. M., Bedford, R., Saez De Urabain, I. R., Karmiloff-Smith, A.
und Smith, T. J. (2017), Daily touchscreen use in infants and toddlers is associated with reduced sleep and delayed sleep onset, *Scientific Reports*, 7, Ar-
tikelnr. 46104.

Choi, S. (1988), The semantic development of negation: A cross-linguistic longitudinal study, *Journal of Child Language*, 15(3), S. 517–531.

Choi, Y.-J. und Luo, Y. (2015), 13-month-olds' understanding of social interactions, *Psychological Science*, 26(3), S. 274–283.

Chomsky, N. (1995), *The minimalist program*, Cambridge, MA.

Christiansen, M. H. und Chater, N. (2016), *Creating language: Integrating evolution, acquisition, and processing*, Cambridge, MA.

Cohen, L. B. (1972), Attention-getting and attention-holding processes of infant visual preferences, *Child Development*, 43(3), S. 869–879.

Conde-Agudelo, A., Diaz-Rossello, J. L. und Belizan, J. M. (2003), Kangaroo
mother care to reduce morbidity and mortality in low birthweight infants,
Birth, 30(2), S. 133f.

Corsaro, W. A. (1979), »We're friends, right?«: Children's use of access rituals
in a nursery school, *Language in Society*, 8(2–3), S. 315–336.

Ders. (1997), *The sociology of childhood*, Thousand Oaks, CA.

Cowles, H. (2017), Child's play, online verfügbar unter: https://aeon.co/essays
/how-the-scientific-method-came-from-watching-children-play.

Cross, I. und Morley, I. (2008), The evolution of music: theories, definitions
and the nature of the evidence, in: S. Malloch und C. Trevarthen (Hg.), *Communicative musicality*, Oxford, S. 61–82.

Csibra, G., Bíró, S., Koós, O. und Gergely, G. (2003), One-year-old infants use
teleological representations of actions productively, *Cognitive Science*, 27(1),
S. 111–133.

Ders. und Gergely, G. (2009), Natural pedagogy, *Trends in Cognitive Sciences*,
13(4), S. 148–153.

Csikszentmihalyi, M. (1992), *Flow. Das Geheimnis des Glücks*, Stuttgart.

Cutler, A. (2012), *Native listening: Language experience and the recognition of
spoken words*, Cambridge, MA.

Darwin, C. (2000 [1872]), *Der Ausdruck der Gemütsbewegungen bei dem Menschen und den Tieren,* hg. von P. Ekman, Frankfurt am Main.

Davila Ross, M., Owren, M. J. und Zimmermann, E. (2009), Reconstructing the evolution of laughter in great apes and humans, *Current Biology,* 19(13), S. 1106–1111.

de Bruin, A., Treccani, B. und Della Sala, S. (2015), Cognitive advantage in bilingualism: An example of publication bias?, *Psychological Science,* 26(1), S. 99–107.

Decety, J. und Cowell, J. M. (2014), Friends or foes: Is empathy necessary for moral behavior?, *Perspectives on Psychological Science,* 9(5), S. 525–537.

Dekker, T., Mareschal, D., Sereno, M. I. und Johnson, M. H. (2011), Dorsal and ventral stream activation and object recognition performance in school-age children, *NeuroImage,* 57(3), S. 659–670.

Denil, M., Agrawal, P., Kulkarni, T. D., Erez, T., Battaglia, P. und de Freitas, N. (2016), Learning to perform physics experiments via deep reinforcement learning, online verfügbar unter: http://arxiv.org/abs/1611.01843.

Dennett, D. C. (1994), *Philosophie des menschlichen Bewusstseins,* Hamburg.

De Villiers, J. und Tager Flusberg, H. B. (1975), Some facts one simply cannot deny, *Journal of Child Language,* 2 (2), S. 279–286.

Dewey, J. (1951 [1910]), *Wie wir denken,* Zürich.

Dezecache, G. und Dunbar, R. (2012), Sharing the joke: The size of natural laughter groups, *Evolution and Human Behavior,* 33 (6), S. 775–779.

DeYoung, C. G. (2010), Personality neuroscience and the biology of traits, *Social and Personality Psychology Compass,* 4(12), S. 1165–1180.

Dissanayake, E. (1994), *Homo aestheticus: Where art comes from and why and what is art for?,* Seattle.

Dies. (2000), *Art and intimacy – How the arts began.* Washington DC.

Donald, I., Macvicar, J. und Brown, T. (1958), Investigation of abdominal masses by pulsed ultrasound, *The Lancet,* 7. Juni, 1(7032), S. 1188–1195.

Donaldson, O. F. (2004), *Von Herzen spielen. Vision und Praxis der Zugehörigkeit,* Freiamt im Schwarzwald.

Donate-Bartfield, E. und Passman, R. H. (2004), Relations between children's attachments to their mothers and to security blankets, *Journal of Family Psychology,* 18(3), S. 453–458.

Drozd, K. F. (1995), Child English pre-sentential negation as metalinguistic exclamatory sentence negation, *Journal of Child Language*, 22(3), S. 583–610.

Dunbar, R. I. M. (2012), On the evolutionary function of song and dance, in: N. Bannon (Hg.), *Music, language, and human evolution*, Oxford, S. 201–214.

Ders. (2012), Bridging the bonding gap: The transition from primates to humans, *Philosophical Transactions of the Royal Society B: Biological Sciences*, 367(1597), S. 1837–1846.

Ders. (2014), *Human evolution: A Pelican introduction*, London.

Ders. (2017), Group size, vocal grooming and the origins of language, *Psychonomic Bulletin & Review*, 24(1), S. 209–212.

Dunsworth, H. M., Warrener, A. G., Deacon, T., Ellison, P. T. und Pontzer, H. (2012), Metabolic hypothesis for human altriciality. *Proceedings of the National Academy of Sciences of the United States of America*, 109(38), S. 15212–15216.

Eckerman, C. O. C., Davis, C. C. C. und Didow, S. M. (1989), Toddlers' emerging ways of achieving social coordinations with a peer, *Child Development*, 60(2), S. 440–453.

Einstein, A. (1905), Über die von der molekularkinetischen Theorie der Wärme geforderte Bewegung von in ruhenden Flüssigkeiten suspendierten Teilchen, *Annalen der Physik*, 322(8), S. 549–560.

Elman, J. L., Bates, E., Johnson, M. H., Karmiloff-Smith, A., Parisi, D. und Plunkett, K. (1996), *Rethinking innateness: A connectionist perspective on development*, Cambridge, MA.

Engdahl, I. (2012), Doing friendship during the second year of life in a Swedish preschool, *European Early Childhood Education Research Journal*, 20(1), S. 83–98.

Enright, A. (2005), *Ein Geschenk des Himmels. Erlebnisse einer Mutter*, Köln.

Esseily, R., Rat-Fischer, L., Somogyi, E., O'Regan, K. J. und Fagard, J. (2016), Humour production may enhance observational learning of a new tool-use action in 18-month-old infants, *Cognition & Emotion*, 9931(Mai), S. 1–9.

Everett, D. L. (2009), Pirahã culture and grammar: A response to some criticisms, *Language*, 85(2), S. 405–442.

Eysenck, H. (1967), *The biological basis of personality*, Springfield, IL.

Falk, D. (2004), Prelinguistic evolution in early hominins: Whence motherese?, *Behavioral and Brain Sciences*, 27(04), S. 491–541.

Farroni, T., Csibra, G., Simion, F. und Johnson, M. H. (2002), Eye-contact detection in humans from birth, *Proceedings of the National Academy of Sciences of the United States of America*, 99(14), S. 9602–9605.

Feldman, R. (2007), Mother-infant synchrony and the development of moral orientation in childhood and adolescence: Direct and indirect mechanisms of developmental continuity, *American Journal of Orthopsychiatry*, 77(4), S. 582-597.

Dies. (2012), Parent–infant synchrony: A biobehavioral model of mutual influences in the formation of affiliative bonds, *Monographs of the Society for Research in Child*.

Dies. (2015), The adaptive human parental brain: Implications for children's social development, *Trends in Neurosciences*, 38(6), S. 387–399.

Dies., Rosenthal, Z. und Eidelman, A. I. (2014), Maternal-preterm skin-to-skin contact enhances child physiologic organization and cognitive control across the first 10 years of life, *Biological Psychiatry*, 75(1), S. 56–64.

Dies., Singer, M. und Zagoory, O. (2010), Touch attenuates infants' physiological reactivity to stress, *Developmental Science*, 13(2), S. 271–278.

Ferber, R. (1996), *Schlaf, Kindlein, schlaf. Schlafprobleme bei Kindern*, Kehl.

Ferber, S. G., Feldman, R. und Makhoul, I. R. (2008), The development of maternal touch across the first year of life, *Early Human Development*, 84(6), S. 363–370.

Fernald, A. und O'Neill, D. K. (1993), Peekaboo across cultures: How mothers and infants play with voices, faces, and expectations, in: K. MacDonald (Hg.), *Parent-Child Play: Descriptions and Implications*, Albany, NY, S. 259–285.

Field, T. (2003) *Streicheleinheiten. Gesundheit und Wohlergehen durch die Kraft der Berührung*, München.

Fiser, J., Chiu, C. und Weliky, M. (2004), Small modulation of ongoing cortical dynamics by sensory input during natural vision, *Nature*, 431(7008), S. 573–578.

Fitch, W. T., Hauser, M. D. und Chomsky, N. (2005), The evolution of the language faculty: Clarifications and implications, *Cognition*, 97(2), S. 179–210.

Fitzpatrick, E. M., Thibert, J., Grandpierre, V. und Johnston, J. C. (2014), How

HANDy are baby signs? A systematic review of the impact of gestural communication on typically developing, hearing infants under the age of 36 months, *First Language*, 34(6), S. 486–509.

Flohr, J. W., Atkins, D. A., Bower, T. G. R. und Aldridge, M. A. (2000), Infant music preferences: Implications for child development and music education, in: C. Mizener (Hg.), *Annual meeting of the Texas Music Educators Association*, San Antonio, Texas, S. 26–31.

Ford, G. (2010 [2004]), *Das zufriedene Baby. Entspannt durch das erste Lebensjahr*, Frankfurt am Main.

Fosse, M. J., Fosse, R., Hobson, J. A. und Stickgold, R. J. (2003), Dreaming and episodic memory: A functional dissociation?, *Journal of Cognitive Neuroscience*, 15(1), S. 1–9.

Fotopoulou, A. und Tsakiris, M. (2017), Mentalizing homeostasis: The social origins of interoceptive inference-replies to commentaries, *Neuropsychoanalysis*, 19(1), S. 3–28.

Fouts, R. und Mills, S. (1998), *Unsere nächsten Verwandten. Von Schimpansen lernen, was es heißt, ein Mensch zu sein*, München.

Fraiberg, S. (1977), *Insights from the blind: Comparative studies of blind and sighted infants*, New York.

Frank, M. C., Braginsky, M., Yurovsky, D. und Marchman, V. A. (2017), Wordbank: An open repository for developmental vocabulary data, *Journal of Child Language*, 44(3), S. 677–694.

French, R. M. (1995), *The subtlety of sameness: A theory and computer model of analogy-making*, Cambridge, MA.

Ders., Addyman, C. und Mareschal, D. (2011), TRACX: A recognition-based connectionist framework for sequence segmentation and chunk extraction, *Psychological Review*, 118(4), S. 614–636.

Ders., Addyman, C., Mareschal, D. und Thomas, E. (2014), GAMIT – A fading-Gaussian activation model of interval-timing: Unifying prospective and retrospective time estimation, *Timing & Time Perception*, 1 (December), S. 1–17.

Ders., Mareschal, D., Mermillod, M. und Quinn, P. C. (2004), The role of bottom-up processing in perceptual categorization by 3- to 4-month-old infants: simulations and data, *Journal of Experimental Psychology, General*, 133(3), S. 382–397.

378

Freud, S. (1970 [1905]), *Der Witz und seine Beziehung zum Unbewussten,* in: Ders., *Studienausgabe,* Bd. IV, Frankfurt am Main 1970, S. 13–219.

Friedman, W. J. (2001), The development of an intuitive understanding of entropy, *Child Development,* 72(2), S. 460–473.

Ders. (2002), Arrows of time in infancy: The representation of temporal-causal invariances. *Cognitive Psychology,* 44(3), S. 252–296.

Friston, K. (2010), The free-energy principle: A unified brain theory? *Nature Reviews Neuroscience,* 11(2), S. 127–138.

Ders. (2013), Life as we know it, *Journal of the Royal Society, Interface,* 10(86), Nr. 2013.0475.

Ders. (2017), Self-evidencing babies: Commentary on »Mentalizing homeostasis: The social origins of interoceptive inference« by Fotopoulou & Tsakiris, *Neuropsychoanalysis,* 19(1), S. 43–47.

Gallese, V., Fadiga, L., Fogassi, L. und Rizzolatti, G. (1996), Action recognition in the premotor cortex, *Brain,* 119(2), S. 593–609.

Ders. und Goldman, A. (1998), Mirror neurons and the mind-reading, *Trends in Cognitive Sciences,* 2(12), S. 493–501.

Gallup, G. G. (1970), Chimpanzees: Self-recognition, *Science,* 167(3914), S. 86f.

Gartstein, M. A. und Rothbart, M. K. (2003), Studying infant temperament via the Revised Infant Behavior Questionnaire, *Infant Behavior and Development,* 26(1), S. 64–86.

Gaskin, I. M. (2017) *Die selbstbestimmte Geburt. Handbuch für werdende Eltern. Mit Erfahrungsberichten,* München.

Gergely, G., Bekkering, H. und Király, I. (2002), Developmental psychology: Rational imitation in preverbal infants, *Nature,* 415(6873), 755.

Ders. und Csibra, G. (2003), Teleological reasoning in infancy: The naive theory of rational action, *Trends in Cognitive Sciences,* 7(7), S. 287–292.

Gerhardt, S. (2006), *Die Kraft der Elternliebe. Wie Zuwendung das kindliche Gehirn prägt,* Düsseldorf.

Gibson, E. J. und Walk, R. D. (1960), The »visual cliff«, *Scientific American,* 202(4), S. 64–71.

Dies. und Walker, A. S. (1984), Development of knowledge of visual-tactual affordances of substance, *Child Development,* 55(2), S. 453–460.

Gjersoe, N. (2013, 12. Oktober), The moral life of babies, *The Guardian,* online

379

verfügbar unter: https://www.theguardian.com/science/2013/oct/12/babies-moral-life.

Goldstein, M. H., Schwade, J. A. und Bornstein, M. H. (2009), The value of vocalizing: Five-month-old infants associate their own noncry vocalizations with responses from caregivers, *Child Development*, 80(3), S. 636–644.

Gopnik, A. (1997), The scientist as child, *Philosophy of Science*, 63(4), S. 485–514.

Dies., Meltzoff, A. und Kuhl, P. (2003), *Forschergeist in Windeln. Wie Ihr Kind die Welt begreift*, München und Zürich.

Dies. und Tenenbaum, J. B. (2007), Bayesian networks, Bayesian learning and cognitive development, *Developmental Science*, 10(3), S. 281–287.

Gordon, M. (2005), *Roots of empathy: Changing the world child by child*, Toronto.

Goren, C., Sarty, M. und Wu, P. (1975), Visual following and pattern discrimination of face-like stimuli by newborn infants, *Pediatrics*, 56 (4), S. 544–549.

Gradisar, M., Jackson, K., Spurrier, N. und Gibson, J. (2016), Behavioral interventions for infant sleep problems: A randomized controlled trial, *Pediatrics* 137 (6), e20151486.

Green, E. H. (1933), Friendships and quarrels among preschool children, *Child Development*, 4, S. 237–252.

Greenwood, C. (2009, Oktober), Child's play: Mattel's Neil Friedman has built a career out of toying around – and making kids smile, *Success*.

Gregory, A. (2018) *Nodding Off*, London.

Hall, G. S. (1898), Some aspects of the early sense of self, *The American Journal of Psychology*, 9(3), S. 351–395.

Hall, W., Hutton, E., Brant, R. und Collet, J. (2015), A randomized controlled trial of an intervention for infants' behavioral sleep problems, *BMC*, online verfügbar unter: https://bmcpediatr.biomedcentral.com/articles/10.1186/s12887-015-0492-7.

Hamlin, J. K. J., Mahajan, N., Liberman, Z. und Wynn, K. (2013), Not like me = bad: Infants prefer those who harm dissimilar others, *Psychological Science*, 24(4), S. 589–594.

Dies., Wynn, K. und Bloom, P. (2007), Social evaluation by preverbal infants. *Nature*, 450(7169), S. 557–559.

Harris, M. A., Brett, C. E., Johnson, W. und Deary, I. J. (2016), Personality stability from age 14 to age 77 years, *Psychology and Aging*, 31(8), S. 862–874.

Hart, B. und Risley, T. (1995), *Meaningful differences in the everyday experience of young American children,* Baltimore, MD.

Hasson, U., Ghazanfar, A. A., Galantucci, B., Garrod, S. und Keysers, C. (2012), Brain-to-brain coupling: A mechanism for creating and sharing a social world, *Trends in Cognitive Sciences*, 16(2), S. 114–121.

Hawkes, K., O'Connell, J. F. und Jones, N. G. B. (1989), Hardworking Hadza grandmothers, in: V. Standen und R. Foley (Hg.), *Comparative socioecology: The behavioural ecology of humans and other mammals,* Oxford, S. 341–366.

Heap, I. (2017, 4. Juli), *The happy baby song,* ImogenHeap.com. Online verfügbar unter: http://imogenheap.com/home.php?article=2619

Held, R. und Hein, A. (1963), Movement-produced stimulation in the development of visually guided behaviour, *Journal of Comparative and Physiological Psychology*, 56(5), S. 872–876.

Hepach, R., Vaish, A. und Tomasello, M. (2017), The fulfillment of others' needs elevates children's body posture, *Developmental Psychology*, 53(1), S. 100–113.

Hepper, P. G. P. (1991), An examination of fetal learning before and after birth, *The Irish Journal of Psychology*, 12(2), S. 95–107.

Herman, B. H. und Panksepp, J. (1981), Ascending endorphin inhibition of distress vocalization, *Science* (New York, NY), 211(4486), S. 1060–1062.

Hochmann, J.-R., Mody, S. und Carey, S. (2016), Infants' representations of same and different in match- and non-match-to-sample, *Cognitive Psychology*, 86 (März), S. 87–111.

Hoicka, E. und Akhtar, N. (2011), Preschoolers joke with jokers, but correct foreigners. *Developmental Science*, 14(4), S. 848–858.

Dies. und Gattis, M. (2011), Acoustic differences between humorous and sincere communicative intentions, *British Journal of Developmental Psychology*, 30(4), S. 531–549.

Dies. und Martin, C. (2016), Two-year-olds distinguish pretending and joking, *Child Development*, 87(3), S. 916–928.

Hollich, G., Golinkoff, R. M. und Hirsh-Pasek, K. (2007), Young children associate novel words with complex objects rather than salient parts, *Developmental Psychology*, 43(5), S. 1051–1061.

Horst, J. S. und Samuelson, L. K. (2008), Fast mapping but poor retention by 24-month-old infants, *Infancy*, 13(2), S. 128–157.

Howes, C. und Farver, J. (1987), Toddlers' responses to the distress of their peers, *Journal of Applied Developmental Psychology*, 8(4), S. 441–452.

Hrdy, S. (2010), *Mütter und Andere. Wie die Evolution uns zu sozialen Wesen gemacht hat*, Berlin.

Hurley, M. M., Dennett, D. C. und Adams, R. B. (2011), *Inside jokes: Using humor to reverse-engineer the mind*, Boston, MA.

Jakubowski, K., Finkel, S., Stewart, L. und Müllensiefen, D. (2017), Dissecting an earworm: Melodic features and song popularity predict involuntary musical imagery, *Psychology of Aesthetics, Creativity, and the Arts*, 11(2), S. 122–135.

James, W. (1874), What is an Emotion?, *Mind*, 9(34), S. 188–205.

Ders. (1890), *The principles of psychology*, New York.

Johanson, R., Newburn, M. und Macfarlane, A. (2002), Has the medicalisation of childbirth gone too far?, *BMJ (Clinical Research Ed.)*, 324(7342), S. 892–895.

Johnson, M. H. (1990), Cortical maturation and the development of visual attention in early infancy, *Journal of Cognitive Neuroscience*, 2(2), S. 81–95.

Ders., Dziurawiec, S., Ellis, H. und Morton, J. (1991), Newborns' preferential tracking of face-like stimuli and its subsequent decline, *Cognition*, 40, S. 1–19.

Ders.. und Morton, J. (1991), *Biology and cognitive development: The case of face recognition*, Oxford.

Joseph, R. (2000), Fetal brain behavior and cognitive development, *Developmental Review*, 20(1), S. 81–98.

Kandel, E. R. (1976), *Cellular basis of behaviour: An introduction to behavioural neurobiology*, Oxford.

Karp, H. (2011), *Das glücklichste Baby der Welt. So beruhigt sich Ihr schreiendes Kind*, München.

Katz, L. (2016, Winter), Pleasure, in: E. N. Zalta (Hg.), *The Stanford encyclopedia of philosophy*, online verfügbar unter: https://plato.stanford.edu/archives/win2016/entries/pleasure/

Keltner, D. und Ekman, P. (2015, 3. Juli), The science of »Inside Out«, *New York Times*, online verfügbar unter: https://www.nytimes.com/2015/07/05/opinion/sunday/the-science-of-inside-out.html, abgerufen am 10. Mai 2018.

Kettner, V. A. und Carpendale, J. I. M. (2013), Developing gestures for no and yes: Head shaking and nodding in infancy, *Gesture*, 13(2), S. 193–209.

Kidd, C., Piantadosi, S. T. und Aslin, R. N. (2012), The Goldilocks effect: Human infants allocate attention to visual sequences that are neither too simple nor too complex, *PLOS ONE*, 7(5), e36399.

Kim, P. S., Coxworth, J. E. und Hawkes, K. (2012), Increased longevity evolves from grandmothering, *Proceedings. Biological Sciences*, 279(1749), S. 4880–4884.

Kintz, J. (2011) *There are two types of people in this world: Those who can edit and those who can't*, Amazon Media.

Kishi, T., Nozawa, T., u. a. (2016), One DoF robotic hand that makes human laugh by tickling through rubbing underarm, in: *2016 IEEE/RSJ International Conference on Intelligent Robots and Systems (IROS)*, S. 404–409, Institute of Electrical and Electronics Engineers.

Klein, M. (1996 [1935]), Beitrag zur Psychogenese der manisch-depressiven Zustände, in: Dies., *Gesammelte Schriften*, hg. von R. Cycon, I,2, Stuttgart-Bad Cannstatt, S. 29–75.

Knutson, B., Burgdorf, J. und Panksepp, J. (1998), Anticipation of play elicits high frequency ultrasonic vocalizations in young rats, *Journal of Comparative Psychology*, 112(1), S. 65–73.

Kobayashi, H. und Kohshima, S. (2008), Evolution of the human eye as a device for communication, in: T. Matsuzawa (Hg.), *Primate Origins of Human Cognition and Behavior*, Tokio, S. 383–401.

Koch, C. (2009), When does consciousness arise?, *Scientific American Mind*, 20(5), S. 20f.

Koestler, A. (1966), *Der göttliche Funke. Der schöpferische Akt in Kunst und Wissenschaft*, Bern und München.

Köhler, W. (1925), *The Mentality of Apes*, London.

Kool, A. D. (2015), Where's the baby?, online verfügbar unter: http://www.vice.com/read/wheres-the-baby-183, abgerufen am 9. September 2015.

Korzybski, A. (1933), *Science and sanity*, Lakeville, CT.

Kovács, A. M. und Mehler, J. (2009), Cognitive gains in 7-month-old bilingual infants, *Proceedings of the National Academy of Sciences of the United States of America*, 106(16), S. 6556–6560.

Kuhl, P. K., Andruski, J. E., u. a. (1997), Cross-language analysis of phonetic units in language addressed to infants, *Science*, 277(5326), S. 684–686.

Lancy, D. F. (2014), »Babies aren't persons«: A survey of delayed personhood, in: H. Otto und H. Keller (Hg.), *Different Faces of Attachment*, Cambridge, S. 66–110.

Lancy D. F. (2015), *The anthropology of childhood*, Cambridge.

Leach, P. und Matthews, J. (2001), *Die ersten Jahre deines Kindes*, München.

Leclair-Visonneau, L., Oudiette, D., Gaymard, B., Leu-Semenescu, S. und Arnulf, I. (2010), Do the eyes scan dream images during rapid eye movement sleep? Evidence from the rapid eye movement sleep behaviour disorder model, *Brain*, 133(6), S. 1737–1746.

Lee, R. B. (1979), *The !Kung San: Men, women, and work in a foraging society*, Cambridge.

Leong, V., Byrne, E., u. a. (2017), Speaker gaze increases information coupling between infant and adult brains, *Proceedings of the National Academy of Sciences*, 114(50), S. 13290–13295.

Leslie, A. M. (1987), Pretense and representation: The origins of »Theory of Mind«, *Psychological Review*, 94, S. 412–422.

Ders. (1992), Pretense, autism, and the Theory-of-Mind module, *Current Directions in Psychological Science*, 1(1), S. 18–21.

Lewis, M., Sullivan, M. W. und Brooks-Gunn, J. (1985), Emotional behaviour during the learning of a contingency in early infancy, *British Journal of Developmental Psychology*, 3(3), S. 307–316.

Longhi, E. (2003), *The temporal structure of mother-infant interactions in musical contexts*, Dissertation, University of Edinburgh.

MacCorquodale, K. (1970), On Chomsky's review of Skinner's verbal behaviour, *Journal of the Experimental Analysis of Behavior*, 13(1), S. 83–99.

MacNeilage, P. F. (2008), *The origin of speech*, Oxford.

Manita, S., Suzuki, T., u. a. (2015), A top-down cortical circuit for accurate sensory perception, *Neuron*, 86(5), S. 1304–1316.

Marcus, G. F. (2003), *The algebraic mind*, Cambridge, MA.

Ders. und Davis, E. (2013), How robust are probabilistic models of higher-level cognition? *Psychological Science*, 24(12), S. 2351–2360.

Ders., Vijayan, S., Bandi Rao, S., Vishton, P. M. und Ausubel, F. M. (1999),

Rule learning by seven-month-old infants, *Science*, 283 (Januar), S. 77–80.

Marx, V. und Nagy, E. (2015), Fetal behavioural responses to maternal voice and touch, *PLOS ONE*, 10(6), S. 1–15.

Maurer, D. und Werker, J. F. (2014), Perceptual narrowing during infancy: A comparison of language and faces, *Developmental Psychobiology*, 56(2), S. 154–178.

McCabe, J. (1966), *Mr. Laurel and Mr. Hardy,* New York.

Melhuish, E., Belsky, J. und Barnes, J. (2010), Evaluation and value of Sure Start, *Archives of Disease in Childhood*, 95(3), S. 159–161.

Meltzoff, A. N. und Borton, R. W. (1979), Intermodal matching by human neonates, *Nature*, 282(5737), S. 403f.

Ders. und Moore, M. K. (1977), Imitation of facial and manual gestures by human neonates, *Science,* 198(4312), S. 75–78.

Mennella, J. A., Jagnow, C. P. und Beauchamp, G. K. (2001), Prenatal and postnatal flavor learning by human infants, *American Journal of Pediatrics*, 107(6), e88.

Miller, L. (1989), *Closely observed infants,* London.

Mindell, J. A., Kuhn, B., Lewin, D. S., Meltzer, L. J. und Sadeh, A. (2006), Behavioral treatment of bedtime problems and night wakings in infants and young children, *Sleep*, 29(10), S. 1263–1276.

Dies. und Lee, C. (2015), Sleep, mood, and development in infants, *Infant Behavior and Development*, 41, S. 102–107.

Moore, S. R., McEwen, L. M., u. a. (2017), Epigenetic correlates of neonatal contact in humans, *Development and Psychopathology*, 29(05), S. 1517–1538.

Morris, P. H., Reddy, V. und Bunting, R. C. (1995), The survival of the cutest: Who's responsible for the evolution of the teddy bear?, *Animal Behaviour*, 50(6), S. 1697–1700.

Murphy, Gregory L. (2002), T*he big book of concepts*, Cambridge, Mass.

Nazzi, T., Bertoncini, J. und Mehler, J. (1998), Language discrimination by newborns: Toward an understanding of the role of rhythm, *Journal of Experimental Psychology: Human Perception and Performance*, 24(3), S. 756–766.

Oaksford, M. und Chater, N. (2007), *Bayesian rationality: The probabilistic approach to human reasoning,* Oxford.

Oatley, K. und Johnson-Laird, P. N. (2014), Cognitive approaches to emotions, *Trends in Cognitive Sciences*, 18(3), S. 134–140.

O'Higgins, M., James, R. I. S., Glover, V., Roberts, I. und Glover, V. (2008), Postnatal depression and mother and infant outcomes after infant massage, *Journal of Affective Disorders*, 109, S. 189–192.

Oller, D. K., Buder, E. H., Ramsdell, H. L., Warlaumont, A. S., Chorna, L. und Bakeman, R. (2013), Functional flexibility of infant vocalization and the emergence of language, *Proceedings of the National Academy of Sciences of the United States of America*, 110(16), S. 6318–6323.

Oostenbroek, J., Slaughter, V., Nielsen, M. und Suddendorf, T. (2013), Why the confusion around neonatal imitation? A review, *Journal of Reproductive and Infant Psychology*, 31(4), S. 328–341.

Dies., Suddendorf, T., u. a. (2016), Comprehensive longitudinal study challenges the existence of neonatal imitation in humans, *Current Biology*, 26(10), S. 1–5.

Oswald, D. L., Clark, E. M. und Kelly, C. M. (2004), Friendship maintenance: An analysis of individual and dyad behaviors, *Journal of Social and Clinical Psychology*, 23(3), S. 413–441.

Pan, B. A., Rowe, M. L., Singer, J. D. und Snow, C. E. (2005), Maternal correlates of growth in toddler vocabulary production in low-income families, *Child Development*, 76(4), S. 763–782.

Panksepp, J. (1998), *Affective neuroscience: The foundations of human and animal emotions*, Oxford.

Ders. (2001), The long-term psychobiological consequences of infant emotions: Prescriptions for the twenty-first century, *Neuropsychoanalysis*, 3(2), S. 149–178.

Ders. und Burgdorf, J. (1999), Laughing rats? Playful tickling arouses high frequency ultrasonic chirping in young rodents, in: S. R. Hameroff, A. W. Kaszniak und D. J. Chalmers (Hg.), *Toward a science of consciousness III*, Cambridge, MA, S. 231–244.

Pearl, J. (1982), Reverend Bayes on inference engines: A distributed hierarchical approach, in: *Proceedings of the AAAI National Conference on AI*, S. 133–136.

Pearson, B. Z., Fernández, S. C. und Oller, D. K. (1993), Lexical development in bilingual infants and toddlers: Comparison to monolingual norms, *Language Learning*, 43(1), S. 93–120.

Penn, D. C. und Povinelli, D. J. (2007), On the lack of evidence that non-human animals possess anything remotely resembling a »theory of mind«, *Philosophical Transactions of the Royal Society of London,* Series B, Biological Sciences, 362(1480), S. 731–744.

Petitto, L. A. und Marentette, P. F. (1991), Babbling in the manual mode: Evidence for the ontogeny of language, *Science*, 251, S. 1493–1496.

Piantadosi, S. T. und Kidd, C. (2016), Extraordinary intelligence and the care of infants, *Proceedings of the National Academy of Science*, 113 (25), S. 6874–6879.

Piazza, E. A., Iordan, M. C. und Lew-Williams, C. (2017), Mothers consistently alter their unique vocal fingerprints when communicating with infants, online verfügbar unter: http://www.princeton.edu/~miordan/materials/piazza-iordan-lewwilliams-currbiol-2017.pdf

Plooji, F. X. (1978), Some basic traits of language in wild chimpanzees?, in: A. Lock (Hg.), *Action, gesture and symbol: The emergence of language,* New York, S. 111–131.

Potegal, M. und Davidson, R. J. (2003), Temper tantrums in young children: 1. Behavioural composition, *Journal of Development and Behavioral Pediatrics*, 24(3), S. 140–147.

Ders., Kosorok, M. R. und Davidson, R. J. (2003), Temper tantrums in young children: 2. Tantrum duration and temporal organization, *Journal of Developmental and Behavioral Pediatrics*, 24(3), S. 148–154.

Pratchett, T. (2005), *Das Erbe des Zauberers,* München.

Premack, D. und Woodruff, G. (1978), Does the chimpanzee have a theory of mind? *Behavioral and Brain Sciences*, 1(4), S. 515–526.

Provine, R. R. (2014), *Ein seltsames Wesen. Warum wir gähnen, rülpsen, niesen und andere komische Dinge tun,* Reinbek bei Hamburg.

Quine, W. V. O. (1980 [1960]), *Wort und Gegenstand,* Stuttgart.

Ramaswamy, C. (2016), *Expecting: The inner life of pregnancy,* Glasgow.

Ramsey, F. P. (1980 [1931]), *Grundlagen. Abhandlungen zur Philosophie, Logik, Mathematik und Wirtschaftswissenschaft,* Stuttgart-Bad Cannstatt.

Ramsey, M. A. und Gentzler, A. L. (2015), An upward spiral: Bidirectional associations between positive affect and positive aspects of close relationships across the life span, *Developmental Review*, 36, S. 58–104.

Rathunde, K. und Csikszentmihalyi, M. *The developing person: An experiential perspective*, Hoboken, NJ, S. 465–515.

Rauscher, F. H., Shaw, G. L. und Ky, C. N. (1993), Music and spatial task performance. *Nature*, 365(6447), 611.

Recchia, G. und Jones, M. N. (2012), The semantic richness of abstract concepts. *Frontiers in Human Neuroscience*, 6, 315.

Rechtschaffen, A., Gilliland, M., Bergmann, B. und Winter, J. (1983), Physiological correlates of prolonged sleep deprivation in rats, *Science*, 221(4606), S. 182–184.

Reddy, V. (2000), Coyness in early infancy, *Developmental Science*, 3(2), S. 186–192.

Dies. (2001), Infant clowns: The interpersonal creation of humour in infancy, *Enfance*, 53, S. 247–256.

Dies. (2008), *How infants know minds*, Boston, MA.

Dies. und Mireault, G. (2015), Teasing and clowning in infancy. *Current Biology*, 25(1), R20–R23.

Dies. und Trevarthen, C. (2004), What we learn about babies from engaging their emotions. *Zero to Three*, 24(3), S. 9–16.

Reissland, N., Francis, B., Mason, J. und Lincoln, K. (2011), Do facial expressions develop before birth?, *PLoS ONE*, 6(8), e24081.

Repacholi, B. M. und Gopnik, A. (1997), Early reasoning about desires: Evidence from 14- and 18-month-olds, *Developmental Psychology*, 33(1), S. 12–21.

Rizzolatti, G., Fadiga, L., Gallese, V. und Fogassi, L. (1996), Premotor cortex and the recognition of motor actions, *Cognitive Brain Research*, 3(2), S. 131–141.

Robbins, A. M., Gray, M., Basabose, A., Uwingeli, P., Mburanumwe, I., Kagoda, E. und Robbins, M. M. (2013), Impact of male infanticide on the social structure of mountain gorillas, *PLOS ONE*, 8(11), e78256.

Rocha, S. und Mareschal, D. (2017), Getting into the groove: The development of tempo-flexibility between 10 and 18 months of age, *Infancy*, 22(4), S. 540–551.

Dies., Southgate, V. und Mareschal, D. (2017), Infant spontaneous motor tempo, in: P. M. C. Harrison (Hg.), *Proceedings of the 10th International Conference of Students of Systematic Musicology (SysMus17)*, London, S. 86.

Rochat, P. (1989), Object manipulation and exploration in 2- to 5-month-old infants, *Developmental Psychology*, 25(6), S. 871–884.

Ders. und Striano, T. (2000), Perceived self in infancy, *Infant Behavior and Development*, 23(3–4), S. 513–530.

Rosch, E. H. (1975), Cognitive representations of semantic categories, *Journal of Experimental Psychology: General*, 104(3), S. 192–233.

Roth-Hanania, R., Davidov, M. und Zahn-Waxler, C. (2011), Empathy development from 8 to 16 months: Early signs of concern for others, *Infant Behavior and Development*, 34(3), S. 447–458.

Roy, B. C., Frank, M. C., DeCamp, P., Miller, M. und Roy, D. (2015), Predicting the birth of a spoken word, *Proceedings of the National Academy of Sciences*, 112(41), S. 12663–12668.

Royal College of Obstetricians and Gynaecologists (RCOG) (2010), *Fetal awareness: Review of research and recommendations for practice*, London.

Dass. (2017), *Maternal Mental Health – Women's Voices*, London.

Ruffman, T., Aitken, J., Wilson, A., Puri, A. und Taumoepeau, M. (2018), A reexamination of the broccoli task: Implications for children's understanding of subjective desire, *Cognitive Development*, 46 (December 2016), S. 79–85.

Ders., Lorimer, B. und Scarf, D. (2017), Do infants really experience emotional contagion?, *Child Development Perspectives*, 11(4), S. 270–274.

Rustin, M. (2009), Esther Bick's legacy of infant observation at the Tavistock – Some reflections 60 years on, *Infant Observation*, 12(1), S. 29–41.

Saffran, J. R., Aslin, R. N. und Newport, E. L. (1996), Statistical learning by 8-month-old infants, *Science*, 274(5294), S. 1926–1928.

Dies., Pollak, S. D., Seibel, R. L. und Shkolnik, A. (2007), Dog is a dog is a dog: Infant rule learning is not specific to language, *Cognition*, 105(3), S. 669–680.

Samson, D. R. und Nunn, C. L. (2015), Sleep intensity and the evolution of human cognition, *Evolutionary Anthropology*, 24(6), S. 225–237.

Savage-Rumbaugh, S., und Lewin, R. (1995), *Kanzi, der sprechende Schimpanse. Was den tierischen vom menschlichen Verstand unterscheidet*, München.

Schellenberg, E. G. und Hallam, S. (2005), Music listening and cognitive abilities in 10- and 11-year-olds: The blur effect, *Annals of the New York Academy of Sciences*, 1060(1), S. 202–209.

Schmidt, M. H. (2014), The energy allocation function of sleep: A unifying theory of sleep, torpor, and continuous wakefulness, *Neuroscience and Biobehavioral Reviews*, 47, S. 122–153.

Schonert-Reichl, K. A., Smith, V., Zaidman-Zait, A. und Hertzman, C. (2012), Promoting children's prosocial behaviors in school: Impact of the »Roots of Empathy« program on the social and emotional competence of school-aged children, *School Mental Health*, 4, S. 1–21.

Sear, R. und Mace, R. (2008), Who keeps children alive? A review of the effects of kin on child survival, *Evolution and Human Behavior*, 29(1), S. 1–18.

Shapiro, C., Bortz, R., Mitchell, D. und Bartel, P. (1981), Slow-wave sleep: A recovery period after exercise, *Science*, 214 (4526), S. 1253f.

Shemella, P. (2013), Life in the baby universe, *Physics World* (September), 56.

Sherman, L. W. (1975), An ecological study of glee in small groups of preschool children, *Child Development*, 46(1), S. 53–61.

Shultz, T. R. und Zigler, E. (1970), Emotional concomitants of visual mastery in infants: The effects of stimulus movements of smiling and vocalizing, *Journal of Experimental Child Psychology*, 10(3), S. 390–402.

Sirois, S. und Mareschal, D. (2004), An interacting systems model of infant habituation, *Journal of Cognitive Neuroscience. Special Issue on Developmental Cognitive Neuroscience*, 16(8), S. 1352–1362.

Slater, A., Mattock, A. und Brown, E. (1990), Size constancy at birth: Newborn infants' responses to retinal and real size, *Journal of Experimental Child Psychology*, 49(2), S. 314–322.

Smith, A. (1977 [1851]), *Theorie der ethischen Gefühle*, hg. von W. Eckstein, Hamburg.

Smith, L. und Yu, C. (2008), Infants rapidly learn word-referent mappings via cross-situational statistics, *Cognition*, 106(3), S. 1558–1568.

Southgate, V., van Maanen, C. und Csibra, G. (2007), Infant pointing: Communication to cooperate or communication to learn?, *Child Development*, 78(3), S. 735–740.

Spelke, E. S. und Kinzler, K. D. (2007), Core knowledge, *Developmental Science*, 10, S. 89–96.

Spencer, H. (1859), The physiology of laughter, *Macmillan's Magazine*, 1, S. 395–402.

Stahl, A. E. und Feigenson, L. (2015), Cognitive development. Observing the unexpected enhances infants' learning and exploration, *Science*, 348(6230), S. 91–94.

Steiner, J. E., Glaser, D., Hawilo, M. E. und Berridge, K. C. (2001), Comparative expression of hedonic impact: Affective reactions to taste by human infants and other primates, *Neuroscience and Biobehavioral Reviews*, 25(1), S. 53–74.

Stokoe, W. C. (1983), Apes who sign and critics who don't, in: J. De Luce & H. T. Wilder (Hg.), *Language in Primates*, New York, S. 147–158.

Street, S. E., Navarrete, A. F., Reader, S. M. und Laland, K. N. (2017), Coevolution of cultural intelligence, extended life history, sociality, and brain size in primates, *Proceedings of the National Academy of Sciences*, 114(30), S. 7908–7914.

Stumm, S. von und Plomin, R. (2015), Breastfeeding and IQ growth from toddlerhood through adolescence, *PLOS ONE*, (9), e0138676.

Sully, J. (1902), *An Essay on Laughter*, London.

Sutcliffe, T. (1997), *Believing in Opera*, Princeton.

Tardif, T., Fletcher, P., Liang, W., Zhang, Z., Kaciroti, N. und Marchman, V. A. (2008), Baby's first 10 words, *Developmental Psychology*, 44(4), S. 929–938.

Téglás, E., Vul, E., Girotto, V., Gonzalez, M., Tenenbaum, J. B. und Bonatti, L. L. (2011), Pure reasoning in 12-month-old infants as probabilistic inference, *Science*, 332(6033), S. 1054–1059.

Tenenbaum, J. B., Kemp, C., Griffiths, T. L. und Goodman, N. D. (2011), How to grow a mind: Statistics, structure, and abstraction, *Science*, 331(6022), S. 1279–1285.

Terrace, H., Petitto, L., Sanders, R. und Bever, T. (1979), Can an ape create a sentence?, *Science*, 206(4421), S. 891–902.

Tomasello, M., Carpenter, M. und Liszkowski, U. (2007), A new look at infant pointing, *Child Development*, 78(3), S. 705–722.

Tononi, G. und Cirelli, C. (2014), Sleep and the price of plasticity: From synaptic and cellular homeostasis to memory consolidation and integration, *Neuron*, 81(1), S. 12–34.

Trainor, L. J. (1996), Infant preferences for infant-directed versus non-infant-directed playsongs and lullabies, *Infant Behavior and Development*, 19(1), S. 83–92.

Trehub, S. E. und Trainor, L. J. (1998), Singing to infants: Lullabies and play songs, in: C. K. Rovee-Collier, L. P. Lipsitt und H. Hayne (Hg.), *Advances in infancy research*, Bd. 12, Stamford, CT, S. 43–64.

Trevarthen, C. (2005), Stepping away from the mirror: Pride and shame in adventures of companionship, in: C. S. Carter (Hg.), *Attachment and Bonding: A New Synthesis*, Cambridge, MT, S. 55–84.

Ders. und Reddy, V. (2017), Consciousness in infants, in: S. Schneider und M. Velmans (Hg.), *The Blackwell companion to consciousness*, London, S. 45–62.

Tronick, E., Als, H., Adamson, L., Wise, S. und Brazelton, T. B. (1978), The infant's response to entrapment between contradictory messages in face-to-face interaction, *Journal of the American Academy of Child Psychiatry*, 17(1), S. 1–13.

Turing, A. M. (1937), On computable numbers, with an application to the Entscheidungsproblem, *Proceedings of the London Mathematical Society*, s2-42(1), S. 230–265.

Vallortigara, G. (2012), Core knowledge of object, number, and geometry: A comparative and neural approach, *Cognitive Neuropsychology*, 29(1–2), S. 213–236.

Van Der Helm, E., Yao, J., Dutt, S., Rao, V., Saletin, J. M. und Walker, M. P. (2011), REM sleep depotentiates amygdala activity to previous emotional experiences, *Current Biology*, 21(23), S. 2029–2032.

van der Meer, A. L. (1997), Keeping the arm in the limelight: Advanced visual control of arm movements in neonates, *European Journal of Paediatric Neurology*, 1(4), S. 103–108.

Victora, C. G., Bahl, R., u. a. (2016), Breastfeeding in the 21st century: Epidemiology, mechanisms, and lifelong effect, *The Lancet*, 387(10017), S. 475–490.

Ders., Horta, B. L., de Mola, C. L., Quevedo, L., Pinheiro, R. T., Gigante, D. P., Barros, F. C. (2015), Association between breastfeeding and intelligence, educational attainment, and income at 30 years of age: A prospective birth cohort study from Brazil, *The Lancet Global Health*, 3(4), S. 199–205.

von Zimmermann, J., Vicary, S., Sperling, M., Orgs, G. und Richardson, D. C.

(2018), The choreography of group affiliation, *Topics in Cognitive Science*, 10(1), S. 80–94.

Vrontou, S., Wong, A. M., Rau, K. K., Koerber, H. R. und Anderson, D. J. (2013), Genetic identification of C fibres that detect massage-like stroking of hairy skin in vivo, *Nature*, 493(7434), S. 669–673.

Warneken, F. (2018), How children solve the two challenges of cooperation, *Annual Review of Psychology*, 69(1), S. 205–229.

Ders., Chen, F. und Tomasello, M. (2006), Cooperative activities in young children and chimpanzees, *Child Development*, 77(3), S. 640–663.

Ders. und Tomasello, M. (2006), Altruistic helping in human infants and young chimpanzees, *Science*, 311(5765), S. 1301–1303.

Wasserman, E. A. und Young, M. E. (2010), Same–different discrimination: The keel and backbone of thought and reasoning, *Journal of Experimental Psychology: Animal Behavior Processes*, 36(1), S. 3–22.

Waters, S. F., West, T. V. und Mendes, W. B. (2014), Stress contagion: Physiological covariation between mothers and infants, *Psychological Science*, 25(4), S. 934–942.

Watson, J. S. (1972), Smiling, cooing and »The Game«. *Merrill-Palmer Quarterly of Behavior and Development*, 18(4), S. 323–339.

Watt Smith, T. (2017), *Das Buch der Gefühle*, München.

Weaver, I. C. G., Cervoni, N., u. a. (2004), Epigenetic programming by maternal behaviour, *Nature Neuroscience*, 7(8), S. 847–54.

Weisberg, D. S. und Gopnik, A. (2013), Pretense, counterfactuals, and Bayesian causal models: Why what is not real really matters, *Cognitive Science*, 37(7), S. 1368–1381.

Werker, J. F. und Tees, R. C. (2003), Influences on infant speech processing: Toward a new synthesis, *Annual Review of Psychology*, 50, S. 509–535.

Whaley, K. L. und Rubenstein, T. S. (1994), How toddlers »do« friendship: A descriptive analysis of naturally occurring friendships in a group child care setting, *Journal of Social and Personal Relationships*, 11(3), S. 383–400.

Whitehead, A. N. (2012 [1967]), *Die Ziele von Erziehung und Bildung und andere Essays*, Berlin.

Wildgruber, D., Szameitat, D. P., Ethofer, T., Brück, C., Alter, K., Grodd, W. und Kreifelts, B. (2013), Different types of laughter modulate connectivity within distinct parts of the laughter perception network, *PLOS ONE*, 8(5), S. 10–13.

Wilhelm, I., Diekelmann, S., Molzow, I., Ayoub, A., Mölle, M. und Born, J. (2011), Sleep selectively enhances memory expected to be of future relevance, *Journal of Neuroscience*, 31(5), S. 1563–1569.

Williams, D. und Colling, L. (2018), From symbols to icons: The return of resemblance in the cognitive neuroscience revolution, *Synthese*, 195(5), S. 1941–1967.

Williamson, L. (1978), Infanticide: An anthropological analysis, in: M. Kohl (Hg.), *Infanticide and the value of life*, New York, S. 61–75.

Winnicott, D. W. (1964), *The child, the family and the outside world*, Harmondsworth.

Ders. (1969), *Kind, Familie und Umwelt*, München (leicht gekürzte Übersetzung).

Wulf, K. (1985), History of fetal heart rate monitoring, in: W. Kunzel (Hg.), *Fetal heart rate monitoring*, Berlin, S. 3–15.

Xie, L., Kang, H., u. a. (2013), Sleep drives metabolite clearance from the adult brain, *Science*, 342(6156), S. 373–377.

Xu, F. und Kushnir, T. (2013), Infants are rational constructivist learners, *Current Directions in Psychological Science*, 22(1), S. 28–32.

Yoshida, H. und Smith, L. B. (2008), What's in view for toddlers? Using a head camera to study visual experience, *Infancy: The Official Journal of the International Society on Infant Studies*, 13(3), S. 229–248.

Zahn-Waxler, C., Robinson, J. A. L. und Emde, R. N. (1992), The development of empathy in twins, *Developmental Psychology*, 28(6), S. 1038–1047.

Zentner, M. und Eerola, T. (2010), Rhythmic engagement with music in infancy, *Proceedings of the National Academy of Sciences*, 107(13), S. 5768–5773.

Bildnachweis

Anna Machin
Papa werden
Die Entstehung des modernen Vaters

Papa werden überwindet die alten Stereotype der Vaterschaft
in einer unterhaltenden und informativen Reise durch die
historischen Rollen des Vaters. Ein Buch für alle – für die,
die gerade erst Vater werden, und für die, die es schon sind.

»In ihrer sozialen Rolle sind Männer und insbesondere
Väter gänzlich unbekannte Wesen. Ihre Erforschung hat erst
begonnen. Die britische Evolutionsanthropologin Anna
Machin ist eine Pionierin. Man kann ihr für ihre Arbeit
nicht dankbar genug sein.«
Patrick Imhasly, NZZ am Sonntag

Verlag Antje Kunstmann